에바그리우스의 기도론 연구

-오리게네스의 기도론과의 비교-

유은호 지음

예수영성

에바그리우스의 기도론 연구-오리게네스의 기도론과의 비교-

발행일 : 초판 1쇄 발행 2019년 1월 30일
저　자 : 유은호
발　행 : 예수영성
펴낸이 : 유은호
펴낸곳 : 예수영성
편　집 : 유현우
디자인 : 통독원
홈페이지 : http://www.windowchurch.com
이 메 일　: windowchurch@naver.com
출판등록일 2010년 1월 26일 제2010-000035호
주　소 : 05713 서울시 송파구 가락본동 74-2번지 2층
전　화 : 02-403-3350
팩　스 : 02-403-3350

ISBN : 978-89-963960-1-7(93230)
값 : 20,000원

* 이 도서의 국립중앙도서관 출판예정도서목록(CIP)은 서지정보유통지원시스템
　홈페이지(http://seoji.nl.go.kr)와 국가자료공동목록(http://www.nl.go.kr/kolisnet
　이용하실 수 있습니다.(CIP 제어번호: CIP2018042727)

에바그리우스의 기도론 연구
-오리게네스의 기도론과의 비교-

A Study of Evagrius' Prayer:

A Comparison with Origenes' Prayer

머리말

이 책은 2018년 11월 30일 서강대학교 신학대학원 영성 신학 박사학위 논문 심사에서 통과한 것을 책으로 출판한 것입니다. 먼저 이 책이 나올 수 있도록 인도해 주신 하나님께 감사와 영광을 돌립니다. 그리고 저의 영성 신학을 지도해 주신 서강대학교 신학대학원의 영성 신학 교수님이신 존경하는 심종혁 신부님께 진심으로 감사를 드립니다. 신부님의 지도가 없었다면 이 논문은 세상에 나오지 못했을 것입니다. 그리고 서강대 영성연구반원들에게도 감사를 드립니다. 특히, 이 책을 출판하도록 격려와 후원 그리고 후원을 주선해 주신 서현 교회 이상구 목사님의 수고에 감사를 드리며, 이 책이 나올 수 있도록 후원해 주신 모든 분께 감사를 드립니다.

아울러 이 책이 나오기까지 기도를 해 주신 창문교회 성도님들께 감사를 드립니다. 창문교회 영성고전반 목사님들께도 감사를 드립니다. 사랑하는 아내 강보경과 두 아들 유현우와 유현수에게 이 책을 바칩니다. 이 책은 에바그리우스의 「기도」가 그리스도교 최초의 관상 기도 책이라는 것을 밝히고 있습니다. 관상 기도에 관심 있는 분들에게 유익한 자료가 되기를 바랍니다.

2019년 1월 30일 가락동 창문교회 서재에서

유 은 호

목 차

ABSTRACT

A Study of Evagrius' Prayer:
A Comparison with Origenes' Prayer

You, Eun Ho
The Graduate School of Theology
Sogang University

This dissertation attempts to reveal the theological or igins of Christian Contemplative Prayer through a com parative study on the theologies of prayer developed by Origenes(AD 185~254) and Evagrius(AD 345~399). It foc uses on two texts, representative of the authors' work on prayer, namely Origenes' *On Prayer* (Περὶ Εὐχῆς) an d Evagrius' *On Prayer* (Περὶ Προσευχῆς). The study ad opts a comparative research methodology to compare the two core texts in terms of their continuity, discontinuit y, and specificity. Taking a synchronic approach, it ana lyzes the texts according to Pseudo-Dionysius' three sta ges of spiritual progress; that is, purification, illumina tion, and perfection. In addition, the dissertation adopts a diachronic approach. More specifically, it applies tradio- historical criticism to elucidate the similarities and diffe rences between, on the one hand, the *On Prayer* of Ev agrius, and on the other, the *On Prayer* of Origenes, the

Enneades of Plotinus, and the works of the Eastern Fathers. The thesis reveals three key points. First of all, although Evagrius' *On Prayer* has been labelled as Origenist, this was the original work on Christian Contemplative Prayer, and unaffected by Origenes. Secondly, a further comparison of Evagrius' *On Prayer* with the *Enneads* of Plotinus and the works of the Eastern Fathers, indicates that only the Evagrius text deals with Contemplative Prayer. Thirdly, through Evagrius's *On Prayer*, this dissertation sought renewal of the Contemplative Prayer which was emphasized in the Second Vatican Council, and suggested an alternative on how this prayer should proceed in the future.

The study draws the following conclusions: First of all, Evagrius' Contemplative Prayer is not merely a mystery experience seeking unity with God, but also has the character of intercessory prayer for helping neighbors as 'another angel'. Secondly, Evagrius' Contemplative Prayer is directed toward the activity in contemplation. Finally, the heart of Evagrius' Contemplative Prayer is meeting with God and meeting with neighbors. Therefore, the lesson of Evagrius' Contemplative Prayer is that the contemplator who has met God must be an activist who practices love toward his neighbors. The dissertation will be a valuable resource for those interested in Contemplative Prayer, because it deals with the source of Christian Contemplative Prayer. It reveals and elucidates the nature and spirit of the first Christian Contemplative Prayer in spiritual theology and contributes to

establishing a basis for comparison with the Contemp
lative Prayer that appeared in the Eastern and Western
churches after Evagrius' works.

국문 초록

이 논문은 오리게네스와 에바그리우스의 기도론 비교 연구를 통하여 그리스도교 관상 기도의 신학적 원천을 밝히고 있다. 이 과정에서 두 사람의 대표적인 기도 책인 오리게네스의 「기도」(Περὶ Εὐχῆς)와 에바그리우스의 「기도」(Περὶ Προσευχῆς)를 중심으로 연구했다. 이 연구는 두 작품의 연속성, 비연속성, 그리고 특이성을 비교하는 방법론을 사용했다. 이 과정에서 두 작품을 위 디오니시우스의 영적 진보의 삼 단계 곧, 정화, 조명, 그리고 완전에 따라 분석한 공시적(共時的) 방법을 사용했다. 나아가 이 논문은 전승사비평을 통해 에바그리우스의 「기도」와 오리게네스의 「기도」, 플로티노스의 「엔네아데스」, 그리고 동방 교부들의 작품과의 상이점과 유사점을 밝히기 위해 통시적(通時的) 방법을 사용했다. 이 논문은 세 가지 목적을 달성했다. 첫째, 오리게네스 주의자로 알려진 에바그리우스의 「기도」는 오리게네스에게 영향을 받지 않은 독창적인 그리스도교 최초의 관상 기도라는 것을 밝혔다. 둘째, 에바그리우스의 「기도」를 플로티노스의 「엔네아데스」, 그리고 동방 교부들의 작품들과 비교한 결과 에바그리우스의 「기도」가 유일하게 관상 기도를 다루고 있다는 것을 밝혔다. 셋째, 에바그리우스의 「기도」를 통하여 제2차 바티칸 공의회에서 강조한 관상 기도에 대한 쇄신을 모색해 보고, 미래에 관상 기도가 나아가야 할 길에 대안을 제시했다.

이 연구의 결론은 다음과 같다. 첫째, 에바그리우스의 관상 기도는 단순히 하느님과 합일을 추구하는 신비체험에 머물지 않고, '또 다른 천사'가 되어 이웃을 돕는 중보기도의 성격을 가진다는 것이다. 둘째, 에바그리우스의 관상 기도는 관상 중의 활동을 지향한다. 마지막으로 에바그리우스의 관상 기도의 핵심은 하느님과의 만남이며, 이웃과의 만남이다. 따라서 에바그리우스의 관상 기도가 주는 교훈은 하느님을 만난 관상가는 반드시 이웃을 향해 사랑을 실천하는 활동을 해야 한다는 것이다. 이 논문은 그리스도교 관상 기도의 원천을 다루었기 때문에 관상 기도에 관심 있는 사람들에게 귀중한 자원을 제공한다. 아울러 이 논문은 영성 신학에서 그리스도교 최초의 관상 기도의 성격을 규명했기 때문에 에바그리우스 이후에 동방교회와 서방교회에 나타난 관상 기도와 비교할 수 있는 기초를 마련하는 데 이바지했다.

제1장 서 론

1. 문제 제기와 연구 목적

1.1 문제 제기

이 논문의 관심은 다음의 질문에 나타난다. "어떤 책이 그리스도교 최초의 관상 기도 책인가?" 이전의 연구들은 이 질문에 깊이 있게 답하지 못했다. 그러나 본 논문은 오리게네스(기원후 185~254)와 에바그리우스(기원후 345~399)의 기도론 비교 연구를 통하여 이 질문에 답을 찾았다. 가톨릭교회의 제2차 바티칸 공의회 문헌은 여러 곳에서 관상 생활의 중요성을 강조했다. 교회 헌장 6장 46절에서 그리스도의 사역 가운데 관상을 제일 먼저 언급하면서 그리스도께서 "때로는 산에서 관상하시고."라고 했다. 수도 생활 교령 5장에서는 "관상을 사도적 사랑과 합치해야 한다."고 했으며, 7장에서도 "관상 생활을 거룩히 보존해야 한다."고 했다. 나아가 선교 교령 제2장 제3절 18항에서는 "신생 교회들에서는 어디서든지 관상 생활이 다시 시작되어야 한다."고 했다. 더욱이 관상 전통에 관하여 언급하기를 "때로는 복음 선포에 앞서 하느님께서 그 씨앗을 이미 고대 문화에 심어 주신 수덕과 관상의 전통들을 어떻게 그리스도교 수도 생활로 받아들일 수 있는지 주의 깊게 고찰하여야 한다."고까지 말했다.[1] 그렇다면 하느님께서 이미 복음 선포에 앞서 고대 문화에 심어 주신 수덕과 관상 전통을 어떻게 그리스도교 수도 생활로 받아들일 수 있을까? 그 방법의 하나는 복음 선포 이전의 고대 문화의 관상 전통[2]을

---

1) 『제2차 바티칸 공의회 문헌』(서울: 한국천주교 중앙협의회, 2008), 273, 802~805, 1012~1015.

최초로 그리스도교 관상 기도로 발전시킨 것으로 추정되는 4세기 동방의 이집트 수도사 폰투스의 에바그리우스의 「기도」(*Περὶ Προσευχῆς*)[3]를 연구하는 것은 하나의 방법이 될 수 있다.[4] 따라서 에바그리우스의 「기도」에 대한 연구는 앞으로 그리스도교 관상이 나아가야 할 올바른 방향을 제시해 주는 대안이 될 수 있을 것이다.

나아가 루이 부이에는 가톨릭교회의 영성 생활은 하느님의 말씀과 기도에 기초를 두어야 한다고 했다. 더욱이 부이에는 영성 생활 가운데 기도 생활을 강조하면서 성무일도가 가장 뛰어난 교회의 기도이지만, 묵상과 관상 기도가 더 중요하며, 관상 기도가 더욱 우월한 형태의 기도라고 했다.[5] 아울러 20세기 중반 엄률 트라피스트 수도승 토마스 머튼은 관상 기도를 수도자들만이 아니라 일반 평신도들에게까지 대중화시켰다.[6] 따라서 글렌 힌슨은 토마스 머튼을 '관상의 보편화'에 공헌 사람이라고 평가했다. 그는 언급하기를 "나는 교회의 기도생활에서 머튼이 '관상의 보편화'를 이룬 것은 그의 특별한 공헌이며, 미래 세대들은 그를 '관상의 보편화 박사'(*Doctor Universalis Contempla*

---

2) 고대 그리스 철학에 나타난 관상 전통에 관해서는 다음을 참조하라. 임성철, 「고대 희랍 철학에 나타난 '관상적 생활' -이상(理想)의 기원과 의미에 관한 연구」『철학탐구』 제21집 (2007), 121~154.

3) 문자적으로 *Περὶ Προσευχῆς*는 '기도에 관하여'로 번역되지만, 본서에서는 「기도」라고 표기하겠다. 에바그리우스의 「기도」의 저본으로는 *Patrologiae cur ses completus...Series graeca et orientalis*, 79. J. P. Migne(ed.). Parigi, 1857~1886을 사용했다. 앞으로는 *PG* 79로 표기하겠다.

4) 제2차 바티칸 공의회 문헌의 일치 교령 제3장 15절에서도 동방의 수도 생활에 풍요로운 관상 전통이 있다고 언급했다.『제2차 바티칸 공의회 문헌』, 707.

5) 루이 부이에/ 정대식 옮김,『영성 생활 입문』(서울: 가톨릭출판사, 1991), 7~144.

6) 토마스 머튼이 관상 기도를 일반 대중에게 대중화시킨 대표적인 책들로는 토머스 머턴/ 조철웅 올림,『명상의 씨』(서울: 경향신문사, 1961); 토마스 머튼/ 오지영 옮김,『새 명상의 씨』(서울: 가톨릭출판사, 2005); 토머스 머튼/ 윤종석 옮김,『묵상의 능력』(서울: 두란노, 2006)이 있다.

tionis)로 부르며 존경할 것이라."고 했다.7) 또한, 1983년에 예수회의 로버트 페리시 신부는 관상과 식별에 관한 통찰력을 주는 탁월한 책을 집필하기도 했다.8) 이처럼 20세기 중반 제2차 바티칸 공의회 이후 가톨릭교회는 수도자들뿐만 아니라 평신도들에게까지 관상에 관한 관심이 일어나기 시작했다. 복잡한 현대를 살아가는 사람들에게 하느님과의 깊은 관상의 필요성이 대두하였기 때문일 것이다. 21세기로 들어서면서 이러한 관상 기도의 관심은 가톨릭교회뿐만 아니라 개신교회에서도 큰 관심을 불러일으키고 있다.9) 그런 차원에서 앞으로 그리스도교 관상 기도의 바람직한 방향을 위해서 그리스도교 관상 기도의 원천을 찾는 일은 의미 있는 일이라고 할 수 있을 것이다.

한편, 루카복음서는 다른 복음서와 비교할 때 예수가 한 기도를 가장 많이 기록한 복음서이다. 루카복음서에는 예수가 관상 기도를 한 것으로 보이는 구절이 나타난다.10) 그러나 루카복음서는 체계적으로 관상 기도하는 방법을 제시하고 있지는 않다. 나아가 교부시대에 개인이 기도 책을

---

7) E. Glenn Hinson, "The Catholicizing of Contemplation - Thomas Merton's Place in the Church's Prayer Life," *Perspectives in Religious Studies* Vol. 1, No 1 (Spr., 197 4), 70.

8) 로버트 페리시/ 심종혁 옮김, 『관상과 식별』 (서울: 성서와 함께, 2009).

9) 한국 개신교회의 경우, 21세기에 들어서면서부터 관상 기도에 관한 관심이 고조되고 있다. 2000년도 이후 개신교 학자들이 관상 기도에 관한 논문을 집중적으로 쓰고 있다. 예를 들면, 이후정, 「쎈터링기도와 그 역사적 기원」 『신학과 세계』 제51집 (2004), 147~168; 남성현, 「관상기도 전통에 대한 소고」 『한국교회사학회지』 제21권 (2007), 95~123; 오방식, 「개혁교회 전통에서 바라본 관상기도」 『장신논총』 제3집 (2010), 267~300; 유은호, 「이세종의 생애와 영성 사상에 관한 연구」 『신학논단』 제74집 (2013.12), 87~117; 권명수 · 김기범, 「관상기도와 명상의 효과에 관한 연구」 『신학과 실천』 제41집 (2014), 151~176; 김수천, 「신을 향한 갈망-관상기도(Contemplative Prayer)의 역사와 적용 고찰-」 『한국기독교 신학논총』 제99집 (2016.1), 121~153을 들 수 있다.

10) 유은호, 「누가복음에 나타난 기도의 영성」 『신학과 실천』 제32호 (2012.9), 585~586.

집필한 경우가 몇 명 있다. 첫 번째는 동방 그리스도교 교부 알렉산드리아의 클레멘스(기원후 150~215)가 있다. 클레멘스는 기도에 관한 책을 단독으로 집필하지는 않았지만 여러 가지 주제를 다루고 있는「양탄자」(*Stromata*)[11] 7장에서 기도에 관해 언급했다.[12] 그러나「양탄자」는 독자적인 관상 기도 책은 아니다. 클레멘스의 사상을 이어받은 오리게네스도 독자적인「기도」(*Περὶ Εὐχῆς*)[13] 책을 집필했다.[14] 오리게네스의「기도」는 그리스도교 영성 전통에서 가장 체계가 잡힌 학문적으로 규명한 최초의 그리스도교 기도 신학의 결정판이라고 평가받고 있다.[15] 그러나 이 책 역시 관상 기도를 논한 책은 아니다. 나아가 오리게네스 신학에 영향을 받은 카파도키아의 나지안주스의 그레고리우스(기원후 329~390)의「연설」[16]이나 니사의 그레고리

---

11) 클레멘스는「양탄자」*Stromata*에서 이교도 사상가들과 영지주의의 도전으로부터 그리스도교의 가르침을 변증하고, 무지한 그리스도인들에게 철학의 필요성을 옹호했다. 오유석,「알렉산드리아의 클레멘트에 있어서 철학과 믿음 그리고 진정한 그노시스-Stromata의 저술의도를 중심으로」『기독교 철학』제11권 (2010), 82.

12) *Patrologiae Graeca* 9, 401~558.

13) 문자적으로 *Περὶ Εὐχῆς*는 "기도에 관하여"이지만 본 논문에서는「기도」라고 표기하겠다. 오리게네스「기도」의 저본으로는 *PG* 11을 사용했다. 비평 본을 보기 위해서는 다음을 참조하라. P. Koetschau, *Origenes Werke, Zweiter Band : Buch V-VIII gegen Celsus. Die Schriftvom Gebet*, Die griechischen christlichen schriftsteller der ersten jahrhunderte 3=Orig. 2 (Leipzig: Hinrichs, 1899), 297~403: Maria-Barbara von Stritzky, *Origenes Werke mit deutsher übersetzung, Band 21: über das Gebet* (Berlin: De Gruyter, 2014), 96~285.

14) *PG* 11, 415~561.

15) 오리게네스/ 이두희 번역·장용재 주해,『오리게네스 기도론』(서울: 새물결플러스, 2018), 20.

16) *PG* 35(1~26권)와 *PG* 36(27~45권)에「연설」이 나온다; 참고로 나지안주스의 그레고리우스는 *De seipso*에서 악령과 논쟁을 담은 여덟 개의 짤막한 기도문을 소개하고 있다. *PG* 37, 13 97~1406; 그레고리우스의 여덟 개의 기도문에 대해서는 다음 논문을 참조하라. Dayna S. Kalleres, "Demons and Divine Illumination A Consideration of Eight Prayers by Gregory of Nazianzus," *Vigiliae*

우스(기원후 335~394)의 「기도」 17) 역시 관상 기도를 다룬 책은 아니다. 또 한편, 서방 라틴 교부 떼르뚤리아누스와 치쁘리아누스도 독자적인 기도 책을 집필했다. 떼르뚤리아누스는 「기도」라는 제목의 책을 썼고18), 치쁘리아누스도 떼르뚤리아누스의 기도 신학을 이어받아 「주의 기도문」이라는 책을 집필했다.19) 그러나 이 두 작품 역시 관상 기도를 다룬 책은 아니다.

또한, 가톨릭교회에서는 5세기 요한 카시아누스(기원후 365~435)가 프랑스 남부에 빅토르 수도원을 세워 관상 기도를 전파한 것으로 알려졌다. 그의 대표적인 작품 「담화집」9장과 10장은 관상 기도를 소개하고 있다. 그러나 이 부분도 관상 기도를 체계적으로 쓴 것이 아니라 동방 이집트 사막 교부들과의 면담 내용을 자신이 재해석해서 적어놓은 내용이다. 서방의 대표적인 관상 수도회인 베네딕도 수도회도 요한 카시아누스의 관상에 영향을 받았다. 그러나 베네딕도 「수도규칙」도 부분적으로 렉시오 디비나 관상을 언급하지만, 전체적으로 관상 기도를 다룬 책은 아니다.20) 나아가 요한 카시아누스의 「담화집」를 보면 카시아누스는 동방의 이집트 사막 교부들로부터 관상 기도를 배운 것으로 알려졌다. 그렇다면 동방의 누구한테 관상 기도를 배워 서방에 전달했는가? 많은 학자는 요한 카시아누스가 에바그리우스의 제자였다고 추정한다. 만약 요한 카시아누스가 에바그리우스의 제자였다면 요한 카시아누스가

Christianae Vol. 61, No. 2 (2007), 157~188.

17) _PG_ 44, 1119~1194.

18) _Patrologiae Latina_ 1, 1143~1196. 앞으로 나오는 라틴 교부 총서 _Patrologiae curses completus..._Series latina, J. P. Migne(ed.). Parigi, 1844~1864는 _PL_로 표기하겠다.

19) _PL_ 4, 535~562.

20) 베네딕도 수도규칙에 나타난 렉시오 디비나 관상에 관해서는 허성준, 「베네딕도 규칙서에 나타난 렉시오 디비나」 『神學展望』 (2006), 70~89를 참조하라.

서방에 전달한 관상 기도는 에바그리우스에서 배웠을 가능
성이 높다.21) 한스 우르 폰 발타사르도 폰투스의 에바그리
우스의 신비 신학은 전 시리아와 비잔틴 신비 신학에 절대
적인 영향을 준 지도자이며, 나아가 서방의 수덕 신학과
신비 신학에도 영향을 끼친 중요한 인물이라고 평가했다.
22) 버나드 맥긴도 4세기 이집트 사막 켈리아에서 수도생활
을 했던 폰투스의 에바그리우스가 관상 기도를 체계적으로
정리한 최초의 인물이라고 했다.23) 데이비드 린지 역시 에
바그리우스는 4세기 이집트 사막에서 관상 기도 훈련을 보
여준 가장 유명한 선생이라고 했다.24) 이런 평가들을 고려
해 보면 에바그리우스가 4세기 이집트 사막 교부들이 실천
하고 있던 관상 기도를 종합하고, 체계화시켜 그리스도 최
초의 관상 기도 책을 집필한 인물일 가능성이 높다. 그러
나 만약 그렇다고 하더라도 몇 가지 해결할 문제가 남아
있다. 첫째는 에바그리우스는 4세기 이집트 사막교부 가운
데 대표적인 오리게네스 주의자로 알려졌다. 따라서 에바
그리우스가 집필한「기도」가 에바그리우스의 독창적인 관
상 기도 책인지를 밝히기 위해서는 오리게네스의「기도」
와 비교하여 성격이 다르다는 것을 증명해야 한다. 만약
이 비교를 통해 기도에서 에바그리우스가 오리게네스로부

---

21) 에바그리우스의 제자로 알려진 서방의 루마니아 출신의 요한 카시아누스는
「제도서」와「담화집」를 통하여 서방 수도원 운동에 영향을 미쳤다. 요한 카
시아누스의「제도서」는 금욕수행을 강조한다는 점에서 에바그리우스의「프락
티코스」와 성격이 비슷하고,「담화집」은 관상 기도를 논한다는 점에서 에바그
리우스의「기도」와 그 성격이 비슷하다.

22) Hans Urs von Balthasar, "The Metaphysics and Mytical Theology of Eva
grius," *Monastic Studies* 3 (1965), 183.

23) Bernard McGinn, *The Foundations Mysticism: Origins to the fifth Century*
(New York : The Crossroad Publishing Company, 1991), 151.

24) David E. Linge, "Leading the Life of Angels Ascetic Practice and Reflec
tion in the Writings of Evagrius of Pontus," *Journal of the American Acad
emy of Religion* Vol. 68, No. 3 (Sep., 2000), 538.

터 영향을 받지 않고, 에바그리우스의 「기도」가 독창적으로 쓴 관상 기도 책이라는 것이 증명되면 에바그리우스의 「기도」가 그리스도교 최초의 관상 기도 책이라는 것이 우선 확보될 수 있다. 따라서 이 두 작품을 비교하여 연구하는 것은 에바그리우스의 「기도」의 성격을 규명하는 데 꼭 해야 할 선행 작업이다.

두 번째는 에바그리우스의 「기도」가 고대 문화에 하느님이 씨앗으로 뿌려 놓은 관상 전통과는 어떤 연관성이 있는가를 연구해야 한다. 에바그리우스가 고대의 문화에 내재해 있었던 관상의 전통을 그대로 답습했는가? 아니면 변용시켰는가? 더욱이 에바그리우스와 신플라톤주의자 플로티노스(기원후 203~270)의 「엔네아데스」와는 어떤 연관성이 있는가?를 밝혀야 한다. 그래야 에바그리우스가 쓴 「기도」가 독창적인 그리스도교 최초의 관상 기도 책이라는 것이 증명된다. 세 번째는 실제로 그리스도교 교부들이 집필한 기도 작품과의 비교이다. 예를 들어, 에바그리우스의 「기도」에 영향을 주었을 가능성이 있는 알렉산드리아의 클레멘스의 「양탄자」, 나지안주스의 그레고리우스의 「연설」, 그리고 니사의 그레고리우스의 「기도」와 비교하여 이들의 기도와 에바그리우스의 기도의 비연속성을 증명해야 에바그리우스의 「기도」가 그리스도교 최초의 관상 기도 책이라는 것이 증명될 수 있다.

따라서 본 논문은 에바그리우스의 「기도」를 통해서 그리스도교 최초의 관상 기도의 특징을 규명하여 현대 그리스도교 관상 기도의 쇄신을 모색해 보고, 미래에 관상 기도가 나아가야 할 길을 제시해 보겠다.

1.2 연구 목적

이 논문의 연구 목적은 에바그리우스의 기도론을 연구하기 위해 오리게네스의 기도론과 비교하여 에바그리우스의 「기도」가 중기 플라톤주의자 필로의 「관상 생활에 관하여」와 같이 관상 기도를 논한 책이라는 것을 밝히려는 것이다.25) 밝혀진 결과를 가지고 에바그리우스의 관상 기도의 관점에서 21세기 가톨릭교회가 추구하는 관상을 위한 바람직한 방향을 제시해 보려는 것이 목적이다. 나아가 이 논문은 지금까지는 에바그리우스가 오리게네스 주의자로 알려져 왔지만, 기도에는 오리게네스보다는 플로티노스에게 더 많은 영향을 받았다는 것을 제시하려고 한다. 이에 따라 에바그리우스가 신플라톤주의자 플로티노스의 「엔네아데스」26)에서 관상 기도의 구조를 빌려 왔다는 것을 제시하려고 한다. 그러나 이 과정에서 에바그리우스가 플로티노스의 관상을 그대로 답습하지 않고 그리스도교 신학에 맞게 변용시켰음을 아울러 드러내려고 한다. 곧, 이 논문은

---

25) 알렉산드리아 학파이며 유대인 출신으로 플라톤주의자인 필로가 「관상 생활에 관하여」를 집필했기 때문에 에바그리우스도 그리스도교 관상 기도 책을 집필했을 가능성이 있다. 다만 에바그리우스는 필로 같이 제목을 「관상 생활에 관하여」 Περὶ Βιος Θεωρητικου라고 하지 않고 「기도에 관하여」 Περὶ Προσευχῆςς라고 했다. 하지만 에바그리우스의 Περὶ Προσευχῆςς는 내용상으로는 관상 기도를 논하고 있다. 필로가 쓴 「관상 생활에 관하여」의 그리스어 원문은 다음을 참조하라. *The Loeb Classical Library Philo IX* E. H. Warmington (ed.). (Mcm lxvii : Harvard University Press, 1967), 103~169.

26) 「엔네아데스」는 신플라톤주의자 플로티노스가 쓴 9권의 책을 그의 제자 포르피리우스가 묶은 전집을 가리킨다. Aedibus B.G. Teubneri에서 Vol I과 Vol II로 출판했다. Plotini, *Plotini Enneades Praemisso porphyrii De Vita Plo tini Deque Ordine Librorum Eius Libello* Vol I Ricardus Volkmann(ed.). (Lipsiae : Aedibus B. G. Teubneri, 1883~1884), pp, 42~300에 있고, Vol II는 pp, 3~524에 있다. 「엔네아데스」는 총 781페이지로 되어 있다. Vol I에는 1~3권을 담고 있고, Vol II는 4~9권을 담고 있다. 이후로 「엔네아데스」 원문을 인용할 때는 Plotini, *Plotini Enneades*로 표기하겠다.

에바그리우스가 플로티노스로부터 고대 문화의 관상 전통을 빌려 와서 자신만의 독창적인 그리스도교 관상 기도를 체계화시켰다는 것을 밝히는 것이 목적이다.

한편, 오리게네스와 에바그리우스와의 연관성에 관하여 학자들은 크게 두 부분으로 나뉜다. 첫 번째 그룹은 에바그리우스가 오리게네스 주의자라는 연속성을 주장하는 학자들이 있다. 대표적인 학자로는 한스 우르 폰 발타사르[27], 앙뚜안 귀오몽, 앤드루 라우스, 쿠르젤[28], 루이 부이에, 오라우그린[29], 스미더, 버나드 맥긴, 그리고 수주키를 들 수 있다. 예를 들어, 앙뚜안 귀오몽은 에바그리우스가 오리게네스 주의자로 정죄를 받았다고 했다.[30] 나아가 앤드루 라우스는 에바그리우스가 오리게네스 신학의 철저한 신봉자였으며, 에바그리우스의 작품들은 오리게네스의 작품을 발전시킨 것이라고 했다.[31] 루이 부이에도 에바그리우스는 오리게네스 사상을 체계화시키고 엄밀하게 따랐다고 했다.[32] 아울러 스미더도 에바그리우스가 카파도키아에서 바실리우스(기원후 329/330~379)와 나지안주스의 그레고리우스, 그리고 니사의 그레고리우스를 통해 오리게네스 사상의 영향을 받았으며, 예루살렘에서는 오리게네스 사상에

---

27) Hans Urs von Balthasar, "Metaphysik und Mstik des Evagrius Ponticus," *Zeitschrift Für Aszese und Mystik* 14 (1939), 31~47.
28) Henri Crouzel, *Origen: the Life and Thought of the First Great Theologian* (San Fracisco, CA, Haper & Row, 1989).
29) Michael Wallace O'Laughlin, *Origenism in the Desert: Anthropology and integration in Evagrius Ponticus* (Harvard University, ProQuest Dissertations Publishing, 1987).
30) A. Guillaumont, *Les 'Képhalaia gnostica' d'Évagre le Pontique* (Patsor 5: Paris du Se uil, 1962).
31) Andrew Louth, *The Origins of the Christian Mystical Tradition* (New York : Oxford University Press, 2007), 97.
32) Louis Bouyer, *The Spirituality of the New Testament and the Fathers* (New York : Desclee Company, 1963), 394.

심취해 있던 멜라니아와 루피누스를 통해 오리게네스 사상을 배웠다고 했다.[33] 또한, 버나드 맥긴도 에바그리우스의 창조론은 오리게네스를 따라 창조, 타락과 제2 창조, 그리고 복귀 사상을 주장했다고 했다.[34] 수주키도 에바그리우스는 오리게네스의 「원리론」에 대한 독특한 신학적 이해 때문에 오리게네스 주의 역사에서 치명적인 흠집이 생겼다고 했다.[35] 이러한 이유로 에바그리우스는 오리게네스 주의자로 몰려 기원후 553년 제2차 콘스탄티노플 공의회와 그 후 세 차례의 공의회에서 이단 정죄를 받게 된다.[36]

또 한편, 오리게네스와 에바그리우스 사상의 비연속성을 주장하는 학자들이 있다. 대표적인 학자로는 가브리엘 붕게, 토마스 그레우만, 그리고 반 던을 들 수 있다. 예를 들어, 가브리엘 붕게는 에바그리우스의 정신사적 위치를 연구한 논문에서 오늘날 에바그리우스가 오리게네스 주의자로 인식된 것은 히에로니무스의 사상에 기인했기 때문이라고 했다. 아울러 에바그리우스의 영지 사상도 오리게네스보다는 알렉산드리아의 클레멘스에 더 가깝다고 했다.[37]

---

33) Edward Smither, "Lessons from a Tentmaking Ascetic in the Egyptian Desert The Case of Evagrius of Pontus," *Missiology* Vol. 39, No. 4 (Oct., 2011), 487.

34) 버나드 맥긴/ 방성규 · 엄성옥 공역, 『서방 기독교 신비주의의 역사 신비주의의 토대: 그 기원부터 5세기까지』(서울: 은성출판사, 2000), 234.

35) Jun Suzuki, "The Evagrius Concept of Apatheia and his Origenism," in *Ori geniana Nova* G. Heidi-R. Somos (ed.). (Uttgeveru Peeters Leuven-Paris-Walpole, 2009), 605.

36) John Eudes Bamberger, *Evagrius Ponticus: The Praktikos & Chapters on Prayer* (Michigan, Kalamazoo : Cistercian Publications, 1981), xxv. 여기서 말하는 세 차례의 공의회는 기원후 680년의 제6차 공의회, 기원후 781년의 제7차 공의회, 기원후 869년의 제8차 공의회이다. 여기에 덧붙여 고백자 막시무스가 참석했던 기원후 649년 라테란 공의회에서도 정죄를 받았다.

37) Gabriel Bunge, "Origenismus-Gnostizismus: zum Geistesgeschichtlichen St andort des Evagrios Pontikos," *Vigiliae Christianae* Vol. 40, No. 1 (Mr., 19 86), 26~47.

더욱이 토마스 그라우만은 오리게네스의 「기도」에는 에바그리우스의 「기도」에서 강조하는 형상 없는 기도의 개념이 없으며, 그 대신 주기도문 주석을 가장 중요한 부분으로 다루고 있다고 했다. 나아가 오리게네스의 「기도」에는 성부에만 기도를 드려야 한다는 종속론을 주장한 것에 견주어서 에바그리우스는 종속론을 주장하지 않는다는 상이점을 보인다고 했다.[38] 나아가 반 던이 '유케'와 '프로슈케'의 차이점을 논한 것 같이[39] 본 논문도 오리게네스와 에바그리우스의 비연속성을 주장한다. 예를 들어, 제목에서도 비연속성을 보인다. 오리게네스는 「기도」의 제목으로 '페리 유케'($\Pi\varepsilon\rho\acute{\iota}$ $E\grave{\upsilon}\chi\widetilde{\eta}\varsigma$)를 사용한다. 오리게네스는 「기도」에서 '프로슈케'보다 '유케'를 더 많이 사용한다.[40] 이에 비

---

38) Thomas Graumann, "Reading De Oratione: Aspects of Religious Practice Condemnation of Origen," in *Origeniana Nona* G. Heidl-R. Somos(ed.). (Utt geveru Peeters Leuven - Paris-Walpole, MA 2009), 167~168.

39) P. Van Deun은 '유케'와 '프로슈케'의 차이점을 논한 논문에서 성서와 동방교부 알렉산드리아의 클레멘스, 오리게네스, 크리소스토무스, 니사의 그레고리우스, 에바그리우스, 그리고 비잔틴 작가 고백자 막시무스의 작품들에 나타난 두 용어의 차이점을 주장했다. P. Van Deun, "EYXH Distingué De ΠΡΟΣΕΥΧΗ: Un Essai De Précision Terminologique Les Pères Grecs Et les Ecrivains Byzantins," in *The Impact of Scripture in Early Christianity* J. Den Boeft and M. L. Van Poll-Van De Lisdonk(ed.). (Brill Leiden · Boston · Köln, 1999), 202~222. 더욱이 211~212의 오리게네스 부분을 참조하라.

40) 오리게네스는 「기도」에서 '유케'를 총 286회 사용했다. 오리게네스가 주로 '유케'를 사용하는 경우는 자기 말로 기도를 풀어서 설명하거나 주장할 때 사용했다. 다음을 참조하라. 2장에 23회, 3장에 26회, 4장에 15회, 5장에 27회, 6장에 11회, 7장에 2회, 8장에 11회, 9장에 9회, 10장에 12회, 11장에 18회, 12장에 13회, 13장에 12회, 14장에 6회, 15장에 2회, 16장에 3회, 17장에 2회, 18장에 2회, 19장에 2회, 20장에 1회, 21장 6회, 22장에 2회, 24장에 7회, 25장에 8회, 26장에 13회, 27장에 4회, 28장에 3회, 29장에 15회, 31장에 20회, 32장에 3회, 33장에 8회 나타난다. 이에 비해, 오리게네스는 「기도」에서 '프로슈케'는 총 161회 사용했다. 그러나 오리게네스가 「기도」에서 '프로슈케'를 사용할 때는 성경을 재인용하는 경우이다. 다음을 참조하라. 2장에 27회, 3장에 2회, 4장에 6회, 5장에 5회, 8장에 3회, 9장에 2회, 10장에 2회, 11장에 5회, 12장에 9회, 13장에 15회, 14장에 15회, 15장에 22회, 16장에 3회, 18장에 8회, 19장에 15회, 20장에 3회, 21장 1회,

해, 에바그리우스는 「기도」의 제목을 '페리 프로슈케'($Περ$ $ὶ$ $Προσευχῆς$)[41]를 사용한다. 에바그리우스는 「기도」 본문에서 '유케'보다는 '프로슈케'를 더 많이 사용한다. 오히려 에바그리우스는 기도 제목에는 니사의 그레고리우스를 기도를 따르는 듯하다.[42] 이렇듯 에바그리우스와 오리게네스의 비연속성을 주장하는 학자들이 있다.

나아가 에바그리우스의 「기도」가 신플라톤주의자 플로티노스의 영향이 있다고 주장하는 학자들이 있다. 대표적인 학자로는 호셔, 소모스, 그리고 데이비드 린지를 들 수 있다. 예를 들어, 호셔는 에바그리우스가 신플라톤주의자

22장에 4회, 25장에 1회, 28장에 4회, 29장에 3회, 31장에 5회 32장에 1회 나타난다.

41) 에바그리우스는 「기도」에서 '프로슈케'를 총 141회 사용했다. 다음을 참조하라. 3장에 1회, 5장에 1회, 6장에 1회, 7장에 2회, 9장에 1회, 10장에 3회, 11장에 2회, 12장에 1회, 13장에 1회, 14장에 1회, 15장에 1회, 16장에 1회, 17장에 1회, 18장에 2회, 19장에 1회, 20장에 1회, 21장에 3회, 22장에 1회, 23장에 1회, 24장에 1회, 25장에 1회, 26장에 1회, 27장에 1회, 28장에 2회, 29장에 2회, 30장에 1회, 31장에 2회, 32장에 1회, 34장에 1회, 35장에 1회, 36장에 1회, 37장에 1회, 38장에 1회, 41장에 2회, 42장에 1회, 43장에 2회, 44장에 2회, 45장에 1회, 46장에 1회, 47장에 2회, 48장에 2회, 49상에 1회, 50장에 1회, 51장에 1회, 52장에 1회, 53장에 1회, 55장에 1회, 56장에 1회, 58장에 1회, 59장에 1회, 60장에 2회, 61장에 1회, 62장에 2회, 64장에 1회, 65장에 2회, 66장에 1회, 67장에 1회, 68장에 1회, 69장에 2회, 70장에 2회, 71장에 1회, 72장에 2회, 75장에 2회, 76장에 1회, 77장에 1회, 78장에 1회, 80장에 1회, 81장에 2회, 82장에 1회, 83장에 1회, 84장에 1회, 86장에 1회, 87장에 1회, 88장에 2회, 89장에 1회, 91장에 1회, 97장에 1회, 98장에 1회, 99장에 1회, 101장에 1회, 102장에 2회, 103장에 2회, 105장에 2회, 106장에 1회, 109장에 1회, 110장에 1회, 111장에 1회, 112장에 1회, 113장에 1회, 114장에 1회, 117장에 1회, 119장에 1회, 120장에 1회, 126장에 1회, 127장에 1회, 128장에 2회, 131장에 1회, 134장에 1회, 135장에 1회, 142장에 1회, 145장에 2회, 146장에 1회, 148장에 1회, 149장에 3회, 150장에 1회, 151장에 2회, 152장에 1회, 153강에 2회 나타난다. 이에 비해, '유케'는 불과 8회 사용했다. 47장에 1회, 58장에 2회, 94장에 1회, 106장에 1회, 109장에 1회, 111장에 1회, 118장에 1회 나타난다.

42) 니사의 그레고리우스의 「기도」의 그리스어 원문의 제목이 '$Εἰς$ $Τηv$ $Προσευχ$ $ῆv$' (에스 텐 프로슈켄) 곧, '프로슈켄안으로'이기 때문이다. 더욱이 제목이 나오는 *PG* 44, 1119를 참조하라.

플로티노스의「엔네아데스」에서 영향을 받았을 가능성을 제기했다. 호셔는 에바그리우스의「기도」50장, 57장, 60장, 그리고 142장에 신플라톤주의 교리를 담고 있으며. 더욱이 「기도」110장은 플로티노스의「엔네아데스」1권 2장 그리고 3장과 유사하다고 했다.[43] 이처럼 호셔는 에바그리우스의「기도」가 신플라톤주의의 교리, 더욱이 플로티노스의 「엔네아데스」와 연관성이 있다고 주장했다. 더 나아가 최근에 소모스도 에바그리우스의「기도」에서 중요한 역할을 하는 아파테이아 개념은 플로티노스의「엔네아데스」1권 2장의 이론과 비슷한 용어라고 했다.[44] 데이비드 린지도 에바그리우스의 작품 안에 나타나는 발출과 복귀의 도식은 플라톤 사상 곧, 플로티노스에서 빌려 온 사상이라고 했다.[45] 본 논문도 부분적으로 이러한 입장에 서 있다. 흥미로운 것은 오리게네스가 자신의 신학 사상의 완성기에 집필한「기도」에는 신플라톤주의자 플로티노스가 주장한 복귀 교리나 신과의 합일 사상이 나타나지 않는다는 것이다. 이에 비해, 에바그리우스의「기도」에는 복귀 교리와 신과의 합일 사상이 나타난다. 이런 점도 에바그리우스「기도」가 오리게네스의「기도」에서 영향을 받지 않았다는 것을 보여주는 내용이다.

한편, 에바그리우스는 오리게네스의「기도」에는 없는 아파테이아 개념을 사용하여 그의 기도론을 전개했다는 점이 중요하다. 에바그리우스는「기도」에서 아파테이아를 가장 중요한 개념으로 사용한다. 곧, 에바그리우스는 스토

---

43) Irénée Hausherr, *Les Leçons D'un Contemplatif: Le Traite de l'Oraison d'Evagre le Pontique* (Paris: Beauchesne Et Ses Fils, 1960), 7.
44) Robert Somos, "Origen, Evagrius Ponticus and the ideal of Impassibility," in *Origeniana Septima* Origenes in den Auseinandersetzungen des 4. Jahrhunderts, (peeters, 1999), 371.
45) David E. Linge, *op. cit.*, 543.

아학파의 전문 용어인 아파테이아46)를 빌려 와서 자신의
기도 신학에 맞게 중요한 곳에 위치시킨다. 물론, 에바그리
우스는 스토아학파의 아파테이아 개념을 빌려 와서 그대로
사용하지 않고 자기의 기도 신학에 맞게 변용시켜 사용한
다. 또한, 에바그리우스의 「기도」의 구조는 오리게네스의
「기도」 구조와는 다르게 플로티노스의 「엔네아데스」의
세 자립체의 위계구조(ιεραρχια)47)와 유사하다. 내용면에서
도 에바그리우스의 「기도」는 플로티노스의 「엔네아데스」
와 여러 부분에서 유사성을 보인다. 실제로 오리게네스와
에바그리우스의 「기도」를 비교 연구해 보면 연속성보다
비연속성이 더 많이 나타난다. 반면에 에바그리우스 「기
도」와 플로티노스의 「엔네아데스」를 비교하면 많은 부분
에서 연속성을 보인다. 이상에서 제시되듯 본 논문은 에바
그리우스의 「기도」는 오리게네스의 「기도」와는 많은 부
분에서 비연속성을 보이는 데 견주어서 플로티노스의 「엔
네아데스」와는 상당 부분 연속성을 보인다는 것을 제시했
다. 그런데도 에바그리우스는 그의 기도론을 쓰면서 플로
티노스의 세 사립체의 위계구조를 빌려 와서 자신의 독자
적인 기도론을 위해 변용시켜 사용했다는 점도 아울러 밝
히려고 한다.

따라서 이 논문은 지금까지의 연구를 바탕으로 에바그리
우스가 신학적으로는 일정 부분 오리게네스에게서 영향을
받았지만, 기도에는 오리게네스보다는 플로티노스의 영향

---

46) 손병석, 「무정념(ἀπάθεια) : 현인(賢人)에 이르는 스토아적 이상과 실천」 『哲學研究』 제80권 (2008), 41.

47) 플로티노스/ 소규홍 옮김, 『영혼-정신-하나』(경기도: 나남출판사, 2008), 11~127. 김태규는 '위계구조'(hierarchia)라는 용어는 플로티노스 안에서 발견되지 않기 때문에 플로티노스가 사물들을 질서 지우는 수단으로 사용하고 있는 표현 '앞섬'(proteros)과 '뒷섬'(husteros) 곧, 선행성과 후행성이라는 용어를 통하여 위계적 개념을 논해야 한다고 주장 한다. 김태규, 「Plotinos에 있어서 실재의 위계구조」 『범한철학』 제79권 (2015.12), 188~189.

을 더 많이 받았다는 것을 밝히려고 한다. 그런데도 에바그리우스는 플로티노스를 그대로 답습한 플로티노스 주의자는 아니라는 점을 주장했다. 곧, 에바그리우스는 오리게네스 주의자도, 플로티노스 주의자가 아닌 자신만의 독자적인 에바그리우스 주의자라는 것을 강조했다. 아울러 이 논문은 오리게네스와 플로티노스의 작품에는 없는 관상 중에 활동을 지향한다는 점을 부각하려는 목적이 있다.

2. 연구 방법과 범위와 절차

2.1 연구 방법

이 논문은 첫째, 에바그리우스의 「기도」가 그리스도교 최초의 관상 기도 책이라는 것을 밝히기 위해 오리게네스의 「기도」와 에바그리우스의 「기도」를 전승사 비평 방법론을 사용하여 연구했다. 이 전승사 비평 방법론을 통해 오리게네스의 「기도」와 에바그리우스의 「기도」의 신학적 용어의 역사적 변화를 추적하는 통시적(通時的, diachronic) 방법론을 사용했다. 이 통시적 관점으로 두 작품을 분석하여 연속성과 비연속성을 추적했다. 따라서 이 통시적 관점에서 분석한 결과 에바그리우스의 전문 용어의 원천이 오리게네스인지 혹은 다른 원천이 있는지를 드러냈다. 나아가 에바그리우스의 「기도」와 플로티노스의 「엔네아데스」를 비교하여 전승사적으로 연속성과 비연속성이 있는지도 함께 관찰했다. 또한, 그리스도교 동방 교부들 곧, 알렉산드리아의 클레멘스의 「양탄자」, 나지안주스의 그레고리우스의 「연설」, 그리고 니사의 그레고리우스의 「기도」와도 비교하여 상이점과 유사성을 찾았다. 결과적으로 이 전승사 비평을 통하여 에바그리우스의 「기도」 안에 있는 신학적 용어들이 어떻게 생성, 발전되었는가를 밝혀냈다.

두 번째, 이 논문은 에바그리우스의「기도」를 그리스도교 영성 전통에서 관상의 전형적인 도식으로 알려진 위 디오니시우스의 영적 진보의 삼 단계 상승 구조인 정화, 조명, 그리고 완전의 도식으로 분석하는 공시적(共時的, synchronic) 방법을 사용했다. 이 공시적 관점으로 분석해서 두 작품의 연속성과 비연속성을 찾아냈다. 한편, 신플라톤주의자로 알려진 위 디오니시우스의 영적 진보의 삼 단계 상승 구조는 신플라톤주의자 플로티노스가「엔네아데스」에서 주장한 일자와의 합일을 위한 삼 단계 구조와 유사하다. 이 삼 단계 구조 방법을 통하여 오리게네스의「기도」와 에바그리우스의「기도」를 분석한 결과 두 작품의 연속성과 비연속성, 그리고 특이성을 드러냈다. 곧, 위 디오니시우스의 삼 단계 상승 구조 방법으로 두 작품의 연속성, 비연속성, 그리고 특이성을 찾아내어 에바그리우스의「기도」의 원천이 오리게네스의「기도」인지 아니면 플로티노스의「엔네아데스」인지 혹은 에바그리우스의 독창적인 작품인지를 드러냈다.

2.2 연구 범위

이 논문의 연구 범위는 오리게네스의「기도」와 에바그리우스의「기도」로 범위를 한정했다. 로렌조 포론은 오리게네스는 그의 생애와 여러 작품에서 기도를 중요하게 강조하고 있으며, 기도가 오리게네스의 모든 교리적인 구조 속에 중심 특징을 가진다고 했다. 더욱이 포론은 오리게네스의「기도」에서 기도에 대한 매우 귀중한 내용을 제시했다고 했다.48) 이처럼 오리게네스의 기도론의 핵심 사상은

---

48) Lorenzo Perrone, "Prayer in Origen's Contra Celsum," *Vigiliae Christianae*

그의「기도」에 집중되어 있다. 그러므로 본 논문은 오리
게네스의 기도론의 핵심을 함축하고 있는「기도」로 범위
를 한정했다. 한편, 콜룸바 스트와트는 에바그리우스의 기
도의 삼부작으로「기도」,「생각에 관하여」, 그리고「성
찰」이라고 주장했다.49) 그러나「생각에 관하여」와「성
찰」은「기도」의 내용을 보충하는 정도의 내용을 담고 있
기 때문에 보충자료로 사용했다. 요컨대, 에바그리우스의
기도의 핵심을 파악하기 위해서 그의「기도」로 범위를 한
정했다. 아울러 오리게네스와 에바그리우스의 기도에 관한
연구는 두 작품의 그리스어 원문을 1차 사료로 사용했
다.50) 두 사람이 각각 최초로 쓴 그리스어 원문을 통해서
만 두 사람의 기도 신학을 분명하게 밝혀낼 수 있기 때문
이다. 오리게네스의 작품 가운데 그리스어 1차 사료들이
많이 유실되어 전수되지 않았지만, 다행히 그 가운데 오리
게네스의「기도」는 유실되지 않고 그리스어 원문이 보존
되어 전승되었다. 나아가 에바그리우스의 작품도 이단 정
죄로 많은 그리스어 1차 사료가 유실되었지만, 다행히「기
도」만은 닐루스의 이름으로 그리스어 원문이 보존되어 전
승되었다. 그러므로 이 논문은 오리게네스의「기도」와 에
바그리우스의「기도」의 1차 사료인 그리스어 원문으로 범
위를 한정했다. 그리스어가 아닌 2차 사료로는 두 사람의
기도 신학을 선명하게 파악하기에는 한계를 가지고 있기

Vol. 55, No 1 (2001), 1.

49) Columba Stewart, "Imageless Prayer and the Theological Vision of Evagri
us Ponticus," *Journal of Early Christian Studies* Vol. 9, No. 2 (Sum., 2001),
182.

50) 오리게네스의「기도」의 그리스어 원문은 *Περί Εύχῆς* in *Patrologiae curses
completus...*Series graeca et orientalis. 11. J. P. Migne(ed.). (Parigi, 1857⁻
1886). 415⁻561를 참고했으며, 에바그리우스의「기도」의 그리스어 원문은 *Περί
Προσεύχῆς* in *Patrologiae curses completus...*Series graeca et orientalis. 40,
79. J. P. Migne (ed.). (Parigi, 1857⁻1886), 1165⁻1200을 참고했다.

때문이다.

2.3 연구 절차

이 논문의 연구 절차는 다음과 같이 진행하였다.

제1장 서론에서는 에바그리우스의 기도론 연구를 위한 문제 제기와 연구 목적, 연구 방법과 범위와 절차 그리고 연구사를 살펴보았다. 우선, 문제 제기와 연구 목적에서는 21세기를 사는 현대인들에게 관상의 필요성을 제시하고 최초의 그리스도교 관상 기도 책인 에바그리우스의「기도」를 통하여 관상 기도를 위한 바람직한 방향을 제시했다. 연구 방법으로는 에바그리우스의「기도」가 오리게네의「기도」의 영향을 받았는지 추적하기 위해 두 작품을 전승사 비평을 통한 통시적 관점에서 분석했다. 이 과정에서 플로티노스의「엔네아데스」, 알렉산드리아의 클레멘스의「양탄자」, 나지안주스의 그레고리우스의「연설」, 그리고 니사의 그레고리우스의「기도」도 간접적인 비교 자료로 삼았다. 아울러 위 디오니시우스의 삼 단계 상승 구조로 두 작품을 공시적 관점에서 분석하여 연속성, 비연속성, 그리고 특이성을 찾아서 에바그리우스의「기도」가 독창적인 관상 기도 책이라는 것을 증명했다. 연구의 범위는 오리게네스와 에바그리우스의 기도론을 직접 기술하고 있는 오리게네스의「기도」와 에바그리우스의「기도」로 범위를 한정했다.

제2장에서는 오리게네스와 에바그리우스에 관한 예비적 고찰로서 기도론의 관점에서 두 사람의 생애와 신학을 살펴보았다. 예비적 고찰을 통해서 에바그리우스는 오리게네스에게 일정 부분 신학적 영향을 받았지만, 기도에는 오리게네스의「기도」보다는 플로티노스의「엔네아데스」에 더

많은 영향을 받았다는 것을 제시했다. 그런데도 에바그리우스는 플로티노스와는 다른 자신만의 독특한 기도론을 펼쳤다는 점도 아울러 주장했다.

제3장에서는 에바그리우스의「기도」를 신플라톤주의자위 디오니시우스의 하느님을 향한 영적 진보의 삼 단계 상승 구조방법으로 분석했다. 에바그리우스의「기도」를 분석한 결과 에바그리우스의「기도」에 위 디오니시우스가사용한 정화, 조명, 그리고 완전의 구조가 나타나고 있는지를 연구했다. 이 과정에서 에바그리우스의「기도」에는 위디오니시우스보다 먼저 정화, 조명, 그리고 완전의 구조가나타나고 있다는 것을 부각했다.

제4장에서는 오리게네스의「기도」와 에바그리우스의「기도」를 통시적 관점에서 분석하여 연속성과 비연속성을 찾았다. 곧, 오리게네스의「기도」와 에바그리우스의「기도」를 위 디오니시우스의 삼 단계 상승 구조 방법으로 분석하여 여섯 가지의 정념에서는 연속성을 보였지만에바그리우스의「기도」에만 나타나는 스물한 가지의 정념에서는 비연속성을 보였다는 것을 제시했다. 이 과정에서에바그리우스는 오리게네스보다는 신약 성서와 플로티노스의「엔네아데스」, 그리고 그리스도교 동방교부 곧, 알렉산드리아의 클레멘스의「양탄자」, 나지안주스의 그레고리우스의「연설」, 그리고 니사의 그레고리우스의「기도」에서정념의 개념을 빌려 와서 에바그리우스만의 독창적인 기도론에 맞게 변용시켰다는 것을 주장했다. 한편, 오리게네스는 정념의 개념을 사용할 때 어떤 구조를 염두에 두지 않지만, 에바그리우스는 정념을 사용할 때 정념의 정화 이후에 있을 조명의 단계를 염두에 두고 있다는 것을 강조했다. 이런 점은 플로티노스의「엔네아데스」에 나오는 신과합일을 위한 세 자립체의 위계구조와 유사하다. 그런 차원

에서 에바그리우스의 정념의 구조는 오리게네스보다는 플로티노스에 더 가깝다는 것을 들어냈다.

제5장에서는 오리게네스의「기도」와 에바그리우스의「기도」를 공시적 관점에서 분석하여 연속성과 비연속성을 찾았다. 이 과정에서 오리게네스의「기도」와 에바그리우스의「기도」에는 연속성이 나타나지 않았으며, 오히려 비연속성이 나타난다는 것을 밝혔다. 곧, 위 디오니시우스의 삼 단계 상승 구조로 분석하여 두 작품의 비연속성을 보이는 부분이 위 디오니시우스의 조명 부분에 해당한다는 점을 주장했다. 더욱이 에바그리우스에게만 나타나는 비연속성 부분인 아파테이아 조명, 정신의 빛 조명, 그리고 천사와 성령의 조명 가운데 아파테이아 조명과 정신의 빛 조명은 플로티노스의「엔네아데스」에서 일자와 합일할 때 나타나는 조명의 현상과 유사하다는 점을 주장했다. 아울러 에바그리우스의 아파테이아가 일정 부분 플로티노스의「엔네아데스」에 나타난 아파테이아와 유사하다는 점도 제시했다. 그런데도 에바그리우스는 플로티노스의「엔네아데스」에는 없는 성령과 천사의 조명을 강조하고 있다는 점을 부각했다. 아울러 플로티노스에는 없는 에바그리우스의 두 단계 아파테이아를 제시함으로 아파테이아에 있어서도 플로티노스와는 상이점이 있다는 것을 들어냈다. 다시 말해서, 에바그리우스는 플로티노스의 아파테이아 개념을 빌려 오지만 그대로 답습하지 않고 자신의 기도 신학에 맞게 변용시켜 독자적인 관상 기도론을 구축했다는 점을 주장했다.

제6장에서는 오리게네스의「기도」와 에바그리우스의「기도」를 비교하여 특이성을 찾았다. 두 작품에 공통으로 나타나는 주제는 '정신의 기도'를 강조한 점이다. 예를 들어, 오리게네스는 주로 성서에 나타난 정신의 기도를 인

용한 데 비해, 에바그리우스는 여러 전승을 빌려 와서 정신의 기도를 자신의 기도론의 핵심 주제로 삼았다는 점을 부각했다. 이 과정에서 에바그리우스가 정신의 기도를 강조한 것은 오리게네스보다는 플로티노스의 신비 철학에 영향을 받았다는 점을 드러냈다. 그런데도 에바그리우스는 플로티노스가 강조한 정신의 상승과 유사점을 보이지만 정신이 추구한 대상이 다르다는 점에서 플로티노스와 상이점을 보인다는 점을 지적했다. 따라서 제6장에서도 에바그리우스의 기도가 오리게네스와 플로티노스와 유사점을 가지지만 에바그리우스는 전승들을 자신의 기도 신학에 맞게 독창적으로 변용시켰다는 점을 강조했다. 더욱이 에바그리우스의「기도」에서 가장 특이한 점은 오리게네스와 플로티노스에게는 없는 관상 중에 활동을 지향하고 있다는 점을 강조했다.

마지막 제7장 결론에서는 이상의 연구 결과를 토대로 결론을 내렸다. 곧, 에바그리우스는 기도에는 오리게네스보다는 플로티노스에 가깝지만 그런데도 에바그리우스는 플로티노스를 그대로 답습한 플로티노스 주의자가 아니라 독창적인 에바그리우스 주의자라는 결론을 내렸다. 다시 말해서, 에바그리우스는 오리게네스의「기도」와 플로티노스의「엔네아데스」, 알렉산드리아의 클레멘스의「양탄자」, 나지안주스의 그레고리우스의「연설」, 그리고 니사의 그레고리우스의「기도」에서 전승들을 빌려 와서 자기의 기도의 신학에 맞게 변용시켜 그리스도교 최초의 관상 기도 책을 집필했다는 것으로 결론을 내렸다.

3. 연구사

3.1 오리게네스의 「기도」 연구사

1963년 허버트 무서일로는 그동안 오리게네스의 연구를 종합적으로 정리하면서 20세기는 그리스도교 역사에서 어느 시대와도 비교할 수 없는 오리게네스 연구에 부활을 맞이한 시기라고 했다. 더욱이 무서일로는 1941년 여름에 이집트의 투라(Tourah) 근처의 채석장에서 일하던 베두인들이 발견한 5세기에 쓰여진 그리스도교 그리스어 사본 가운데 오리게네스를 언급한 세 개의 초기 단편을 발견하면서 오리게네스 연구에 자극제가 되었다고 했다.[51] 나아가 1981년 조셉 트리그는 무서일로 이후 발전한 오리게네스 연구 결과를 자세히 소개했다. 그러면서 대부분의 연구가 오리게네스가 플라톤주의에 가까운지 성서나 그리스도교 교리에 가까운지에만 초점을 맞춰 소개했다고 했다.[52] 이처럼 무서일로나 트리그가 소개한 오리게네스 연구사에는 주로 교리적인 문제를 다루는 학자들을 소개하고 있을 뿐 두 사람 모두 오리게네스의 「기도」를 논한 학자를 소개하고 있지는 않다. 한편, 오리게네스의 「기도」에 관한 학문적인 연구가 미미했지만 없었던 것은 아니다. 오리게네스의 「기도」에 관한 최초의 학문적인 작업은 1899년 쾻샤우가 오리게네스의 「기도」의 비평 본문을 출판하면서 시작되었다.[53] 그후 1903년에 프랑스의 게네(D. Genet)의 *L'en*

---

51) Herbert Musurillo, "The Recent Revival of Origen Studies," *Theological Stu dies* 24 (1963), 250~251.

52) Joseph W. Trigg, "A Decade of Origen Studies," *Religious Studies Review* Vol. 7, No. 1 (Jan., 1981), 21~27.

53) P. Koetschau, *op. cit.*, 297~403. 쾻샤우는 그리스어 비평 본만 실었다.

*seignement d'Origène sur la prière*와 1955년 이태리의
안토니오노(N. Antoniono)의 박사논문 *'De oratione' di Or
igene*가 출판되었다.54) 또한, 1988년에 헨리 쿠르젤은 1970
년부터 1988년까지 이루어진 오리게네스 연구를 다양한 주
제로 소개했다. 곧, 삼위일체론, 그리스도론, 교회론, 인간
론, 성례론, 그리고 교회론을 다룬 학자들의 책과 논문을
다양하게 소개한 후에 맨 마지막에 오리게네스의 영성을
소개하는 부분에서 유일하게 1975년 빌하임 게쎌(Wilheim
Gessel)의 책 *Die Theologie des Gebetes nach De Orat
ione von Origenes*를 소개했다.55) 이 책에서 게쎌은 오리
게네스의 「기도」가 체계적인 신학 저서라기보다는 하나의
설교요, 영적 교훈서라고 하면서 기도의 종류, 그리스도인
이 왜 기도를 해야 하는지, 성령의 역할, 기도와 하느님의
섭리 문제, 그리고 기도의 내용을 다루고 있고, 하느님의
형상론, 하느님의 섭리와 자유의지의 관계, 그리고 신자의
영성 생활에 관한 가르침이 핵심이라고 했다.56) 다행스러
운 것은 20세기 후반부터 21세기에 들어서서 오리게네스의
「기도」에 관한 연구가 활기를 띠게 된 점이다. 2011년도
에 장용재는 오리게네스의 「기도」를 가지고 쓴 학위 논문
에서 그리스-로마 사회의 비기독교인, 티로스의 막시모스,
플로티노스, 포르피리우스의 기도론과 오리게네스의 기도
론을 비교하면서 섭리론과 연관하여 연구했다.57) 2014년도

---

54) 장용재, 「기도와 섭리, 모순인가? 조화인가?-막시모스와 세네카, 그리고 오리게
  네스의 기도이해를 중심으로」『한국교회사학회지』 제29집 (2011), 9~10.
55) Henri Crouzel, "Current Theology The Literature on Origen 1970~1988," *The
  ological Studies* 49 (1988), 508~514.
56) 정용석, 「오리게네스 영성신학의 연구동향(I)」『기독교사상』 제35권 제7호 (19
  91), 146.
57) Y. J. Chang, *Origenes: Über das Gebet. Studien Zur theologie und From
  migkeit in der fruhen Kirche* (Dr.theol. diss, Philipps-Universität Marburg.
  2011), 1~302.

에 스트리츠키는 쾻샤우 이후 오리게네스「기도」의 새로운 비평 본을 제시했다.58) 아울러 오리게네스의 「기도」에 관한 학술논문으로는 1974년에 반 빈덴의「기도」14장 2절의 '감사'에서 오리게네스의 기도 정의(Definition)를 다뤘다.59) 나아가 1988년에 이직은 오리게네스의 「기도」 6장 1~2절에 관한 논문에서 자유의지에 관한 오리게네스의 변호를 다뤘다.60) 그러나 게네로부터 시작된 오리게네스의 「기도」에 관한 연구는 최근에 이직에 이르기까지 대부분의 연구가 단어 연구나 주제연구에 머무는 아쉬움이 있다. 나아가 2011년에 염창선은 오리게네스「기도」에 관한 논문에서 기도 이해와 뜻을 다뤘다. 염창선은 이 논문에서 오리게네스의 「기도」가 3세기 알렉산드리아에 부유한 그리스도교인들의 정황을 반영하고 있으며, 당대 철학-문화 문맥 속에서 기도에 접근했다고 했다. 연이어 오리게네스 기도의 효력과 타당성을 하느님의 예지와 섭리, 그리고 인간의 자유의지를 통해 설명하면서 하느님과 인간의 협력이라는 관점에서 철학 사유에서 비롯된 기도에 대한 비판을 논박했다.61) 아울러 2011년에 장용재는 오리게네스의 「기도」에 관한 학술논문에서 중기 플라톤주의자 막시모스와 후기 스토아주의자 세네카의 주장 곧, 기도는 아무런 효력을 가지지 못하며, 단지 위로와 심적인 안정을 위해 사용되고, 기도로 운명을 바꿀 수 없다는 기도 무용론을 펼친 것에 비해, 오리게네스는 하느님의 섭리와 인간의 자유가

---

58) Maria-Barbara von Stritzky, *op. cit.*, 96~285. 스트리츠키는 그리스어 비평 본과 독일어 번역을 함께 실었다.
59) J. C. M. Van Winden, "Origen's Definition of εὐχαριστία in De Orationc 14,2," *Vigiliae Christiana* Vol. 28, No. 2 (Jan., 1974), 139~140.
60) Ph. J. Van Der Eijk, "Origenes' Verteidigung des Freien Willens in De Oratione 6,1~2," *Vigiliae Christianae* Vol. 42, No. 4 (Dec., 1988), 339~351.
61) 염창선,「오리게네스의 "Peri Euches"의 이해와 의미」『한국교회사학회지』제28권 (2011), 35~56.

상호연관 작용을 통해 기도할 수 있다는 기도 유용론을 주장했다고 했다. 또한, 오리게네스는 하느님의 섭리는 인간이 기도한다는 것을 포함하기 때문에 인간의 기도와 하느님의 섭리는 모순이 아니라 조화로 보아야 한다고 주장했다.[62] 이처럼 21세기에 들어서면서 오리게네스의「기도」에 관한 연구가 활발해지는 것은 고무적인 일이지만 지금까지의 오리게네스의「기도」에 관한 연구는 주로 오리게네스의「기도」에만 국한하여 단어나 주제 혹은 주변의 철학적 상황과의 연관 속에서만 연구했다. 오리게네스의「기도」와 에바그리우스의「기도」를 직접 연관하여 쓴 논문은 거의 찾아보기 어렵다. 다행히 거의 유일하게 2006년도에 힐러리 케이스가 자기 인식의 관점에서 두 사람의 기도론을 비교하여 분석한 석사학위 논문이 있다.[63]

3.2 에바그리우스의「기도」연구사

에바그리우스는 기원후 553년 제2차 콘스탄티노플 공의회에서 오리게네스 주의자로 낙인찍혀 이단 정죄를 받은 이래로 근대까지 그의 작품에 관한 연구는 거의 이루어지지 못했다. 그러다가 17세기 말 홀스테니우스(Holstenius)에 의해 에바그리우스에 관한 연구가 처음으로 시작되었다. 그 후에 고텔리어(Cotelier)가 에바그리우스의「프라티코스」를 출판했다. 그리고 한 세기가 지난 19세기 말에 죄커(Zöcker)가「에바그리우스 폰티쿠스」를 출판했다. 이 때까지는 아직도 에바그리우스에 관한 연구는 미미했다.

---

62) 장용재, *op. cit.*, 7~41.
63) Hilary Case, *Becoming One Spirit-Origen and Evagrius Ponticus on Prayer* (M.A diss. of Saint John's University, 2006), 1~240.

그러다가 1907년 사르쥐시안(H. B. Sarghisian)이 에바그리우스의 아르메니아 전집을 출판하면서 에바그리우스에게 관한 관심이 고조되기 시작했다. 이 전집에는 에바그리우스의 전기를 포함한 중요한 작품들이 광범히 하게 수집되었다. 그러나 모두 아람어로 되어 있기 때문에 학문적인 영향력은 적었다.[64]

한편, 에바그리우스의 「기도」도 그동안 학계의 주목을 받지 못하다가 20세기에 들어서면서 비로소 주목을 받기 시작했다.[65] 1912년 프랑켄베르그(Frankenberg)는 에바그리우스의 그리스어 원본 작품인 「기도」를 학계에 처음으로 소개했다.[66] 나아가 1930년 호셔(I. Hausherr)와 빌러(M. Viller)도 에바그리우스의 「기도」가 성 닐루스(St. Nilus)의 작품으로 묶인됐다는 사실을 입증했다.[67] 더욱이 호셔는 1934년에 최초로 에바그리우스의 「기도」에 관한 논문을 발표했다.[68] 이 논문에서 호셔는 「기도」가 성 닐루스의 작품이 아니라 에바그리우스의 가르침과 연속성이 있으며,[69] 에바그리우스는 오리게네스와 니사의 그레고리우스의 작품을 대중에게 알린 작가이고, 비잔틴 전통의 관상 영성의 최고의 원천이라고 주장했다.[70] 1979년에 우슬리(David Alan Ousley)는 그의 박사논문에서 에바그리우스의 기도 신학과 영성의 삶을 주제로 연구하면서 에바그리

64) John Eudes Bamberger, *op. cit.*, xxx.
65) Columba Stewart, *op. cit.*, 2001, 182.
66) Louis Bouyer, *op. cit.*, 380~381.
67) Ibid.
68) Irénée Hausherr, "Le Traite de l'Oraison d'Evagre le Pontique(Pseudo Nil)," *RAM* 15 (1934), 113~170. 이 논문은 1960년에 Irénée Hausherr, *Les Leçons D'un Contemplatif: Le Traite de l'Oraison d'Evagre le Pontique* (Paris: Beauchesne Et Ses Fils, 1960)라는 제목으로 책으로 출판되었다.
69) Louis Bouyer, *op. cit.*, 381.
70) John Eudes Bamberger, *op. cit.*, xxxii.

우스의 기도 신학의 특징은 비물질적이며, 무감각 적이고, 형상 없는 기도이며, 개념 없는 기도 곧, 순수기도라고 주장했다.71) 그러나 우슬리는 에바그리우스의 「기도」를 독자적으로 다루지 않고, 에바그리우스의 작품 전반에 나타난 일반적인 기도론을 다루었다. 나아가 1981년에 밤버거는 에바그리우스의 「프락티코스」와 「기도」에 담겨 있는 관상과 악한 생각들의 정화, 삼위일체 하느님과의 연합, 그리고 아파테이아를 소개하면서 본문을 주석했다.72) 2012년에 나우(Sr. Pascale-Dominique Nau)는 에바그리우스의 「기도」는 구약과 신약 성서의 구원사 관점의 배경을 가지고 있다고 주장했다.73) 또한, 2013년에 유재경은 그의 에바그리우스에 관한 논문에서 에바그리우스는 성경과 삼위일체 하느님에 기초한 그리스도교 이해 속에서 순수기도 곧, 관상 기도를 이해하고 발전시켰다고 주장했다.74) 그러나 유재경의 논문은 에바그리우스의 「기도」를 직접 다룬 논문이 아니라 에바그리우스의 작품 전반에 나타난 기도 사상과 하일러의 신비 기도를 비교한 논문이다. 비로소 2016년에 유은호는 학술 논문으로는 거의 최초로 보이는75)

---

71) David Alan Ousley, *Evagrius Theology of Prayer and the Spiritual Life* (Ph. D. diss. University of Chicago, 1979). 1~375.
72) John Eudes Bamberger, *op. cit.*, 45~80, 더욱이 45~51을 참조하라.
73) Sr. Pascale-Dominique Nau, *Evagrius Ponticus' Chapters on Prayer* (Rome , 2012), 5~50, 더욱이 13을 참조하라. Nau는 구원사의 예로 서론에 야곱, 78장에 이사야, 80장에 다니엘, 서론 끝에 마가복음의 과부, 그리고 104장에 파산채무자에 관한 것을 언급했다.
74) 유재경, 「하일러의 신비적 기도와 에바그리우스의 관상기도에 대한 비교분석」 『신학논단』 제71집 (2013), 203~237. 유재경의 에바그리우스에 관한 다른 논문은 다음을 참조하라. 유재경, 「영적 성장의 관점에 본 에바그리우스의 인간 이해」 『한국기독교 신학논총』 제79집 (2012), 327~352; 유재경, 「에바그리우스 폰티쿠스의 신비신학에 나타난 영적 성장의 역동적 구조에 대한 연구」 『신학과 실천』 제52집 (2016), 445~472.
75) 에바그리우스의 「기도」에 관해서는 호셔의 유명한 논문 Irénée Hausherr, "Le Traite de l'Oraison d'Evagre le Pontique(Pseudo Nil),"이 있다. 하지만 이 논

에바그리우스의 「기도」를 그리스어 원문을 토대로 분석한 논문을 발표했다. 유은호는 그의 논문에서 에바그리우스는 「기도」에서 신플라톤주의자 위 디오니시우스보다 먼저 정화, 조명, 그리고 완전의 구조를 사용하여 그의 기도론을 썼다고 주장했다.76) 이상에서 제시되듯 지금까지 오리게네스의 「기도」와 에바그리우스의 「기도」를 독자적으로 연구한 논문들은 있지만 두 작품을 비교하여 연구한 논문은 찾아보기 어렵다. 그런 점에서 본 논문은 에바그리우스의 기도론 연구를 위해 오리게네스의 「기도」와 에바그리우스의 「기도」를 비교한 최초의 학문적인 논문이 될 것이다.

다음 2장에서는 서론적인 고찰로 오리게네스와 에바그리우스의 생애와 신학을 살펴보겠다.

문은 학술논문이라기보다는 약 200페이지에 달하는 에바그리우스의 「기도」를 1장부터 153장까지 주석 한 주석서에 가까운 논문이다.
76) 유은호, 「에바그리우스의 기도에 관한 연구-Περὶ Προσευχῆς 를 중심으로」 『신학논단』 제83집 (2016.3), 257˜287.

제2장 오리게네스와 에바그리우스에 관한 예비적 고찰

제2장에서는 오리게네스와 에바그리우스에 관한 예비적 고찰로써, 오리게네스의 「기도」와 에바그리우스 「기도」를 중심으로 오리게네스와 에바그리우스의 생애와 시대 배경, 그리고 두 사람의 「기도」에 미친 철학과 신학의 영향, 성서에 나타난 기도 용어, 교부들의 작품에 나타난 기도, 오리게네스의 「기도」에 관한 고찰, 그리고 에바그리우스 기도의 삼부작 「기도」, 「생각에 관하여」, 그리고 「성찰」을 살펴보겠다. 아울러 예비적 고찰을 통하여 에바그리우스의 기도론에 가장 결정적인 영향을 미친 철학사상과 신학 사상이 무엇이었는지를 살펴보겠다.

2.1 오리게네스의 생애와 「기도」에 미친 철학과 신학의 영향에 관한 고찰

2.1.1 오리게네스의 생애와 시대적 배경

기원후 185년 알렉산드리아에서 태어난 오리게네스는 젊은 시절 신플라톤주의자[77] 암모니아 삭카스 문하에서 공부하면서 플라톤주의, 피타고라스주의, 그리고 스토아주의 같은 당대를 대표하는 학파의 영향을 받았다. 그러나 오리게네스는 그들의 철학을 그대로 수용하지 않고 자기의 신학에 맞게 변용시켜 사용했다.[78] 오리게네스는 열여덟 살의

---

[77] 파울 틸리히는 신플라톤주의를 플라톤적인 사상과 스토아적 사상, 그리고 아리스토텔레스적인 사상을 서로 융합시킨 하나의 체계로 보았다. 파울 틸리히/ 송기득 옮김, 『그리스도교 사상사』(서울: 대한기독교서회, 2005), 108.

[78] 트자말리코스는 오리게네스가 스토아 철학의 영향을 받았지만 자기의 신학에 맞게 변용시켰다고 했다. 예를 들어, 오리게네스는 시간에 대한 스토아의 확장(extention)개념을 수용했지만, 자신의 시간 개념으로 변용시켰다고 보았으며,

어린 나이에 알렉산드리아의 교리 문답 학교의 교사로 임명받아 십삼 년 동안 성서와 그리스도 교리를 가르쳤다. 그 당시 오리게네스는 음식과 옷과 잠을 절제하는 엄격한 생활로 많은 학생의 관심을 끌었다.[79] 기원후 215년 오리게네스가 팔레스타인의 가이사랴를 방문했을 때 예루살렘의 주교 알렉산더와 가이사랴의 주교 테오티스투스가 오리게네스에게 교회에서 성서를 해설해 달라고 요청했다. 이 소식을 들은 알렉산드리아의 주교 데메트리우스는 오리게네스가 평신도라는 이유로 이를 반대하여 오리게네스를 알렉산드리아로 소환했다. 알렉산드리아로 돌아온 오리게네스는 부자 친구 암부로시에(Ἀμβρόσιε)의 도움으로 속기사와 필경사를 두고 본격적으로 신학 작품을 쓰기 시작했다. 첫 번째 작품으로 요한복음 주석과 「원리론」(De Principiis)을 집필했다. 그 후 기원후 226년에 예루살렘과 가이사랴의 주교들이 오리게네스를 장로로 임명하자 알렉산드리아의 주교 데메트리우스는 오리게네스를 출교시켰다.[80] 가이사랴로 출교된 오리게네스는 그곳에서 작품 활동과 설교를 하며, 교리학교를 세웠다. 바로 이때 오리게네스가 「기도」를 집필한 것으로 보인다. 그리고 오리게네스는 기원후 250년 데시우스 황제의 핍박 때 당한 고문 때문에 253년 티르에서 68세의 나이로 숨을 거둔다. 그러나 불행하게

이러한 오리게네스의 관점은 특이하면서도 독창적이라고 했다. Panayiotis Tzamalikos, "Origen and the Stoic View of Time," Journal of the History of Ideas Vol. 52, No. 4 (Oct.~Dec., 1991), 536.

79) 유진 드 페이/ 박창훈 옮김, 『오리게네스의 영성-그의 생애와 사상』(서울: 누멘, 2010), 22; 노성기, 「알렉산드리아 학파와 안티오키아 학파」『신학전망』제 147호. (2004), 170; Eric George Jay, Origen's Treatise on Prayer (London : SPCK, 1954), 47~48. 이 교리 문답 학교의 일반 과목은 기하학, 생리학, 천문학을 가르쳤으며, 그다음으로 철학을 가르쳤다. 철학 후에는 윤리를 가르쳤다. 신학은 그 과목 중에 최고의 위치를 차지했다.

80) John J. O'Meara, Origen : Prayer, Exhortation to Martyrdom (New York: Newman Press, 1954), 5.

도 오리게네스는 기원후 553년 제2차 콘스탄티노플 공의회에서 알렉산드리아의 디디무스와 폰투스의 에바그리우스와 함께 단죄를 받는다. 그러나 이 공의회가 단죄한 명제들 가운데 많은 것이 오리게네스의 저서가 아니라 그를 숭배한 에바그리우스의 저서에서 유래한 인용이었기 때문에 객관적으로 볼 때 오리게네스의 명제들이 단죄받았다기보다는 에바그리우스의 명제들이 단죄받았다고 할 수 있다.81) 아울러 당시 교회가 오리게네스 작품을 왜곡 해석했던 것도 문제가 되었다. 당시 교회 안에 반 철학 운동이 오리게네스 논쟁의 주요 원인으로 작용했기 때문이다.82) 더욱이 그라우만은 오리게네스가 이단시 된 것은 테오필루스의 정치적 방편 때문이며, 오리게네스의 작품 가운데서도 전체가 아닌 삼위일체론이나 부활론, 그리고 영혼론같은 일부에서 이단시 되는 부분을 발췌했기 때문이라고 했다.83) 나아가 오틀러도 오리게네스가 작품 전반에서 주장한 '믿음의 규정'(Rule of Faith)은 성경과 정통적인 그리스도교 믿음에 입각한 것이었다고 하면서, 오리게네스를 진정한 교회의 사람이었다고 평가했다.84) 더 나아가 하이네는 오리게네스가 기원후 553년 제2차 콘스탄티노플 공의회에서 정죄를 받았지만 20세기 중반에 로마 가톨릭교회에서 다시 복귀됐다고 긍정적으로 평가했다.85)

---

81) Eric George Jay, op. cit., 49~50; 오리게네스/ 이성효 · 이형우 · 최원오 · 하성수 해제 · 역주, 「해제」in 『원리론』(서울: 아카넷, 2014), 136~137.
82) Cyril C. Richardson, "The Condemnation of Origen," Church History Vol. 6 , No. 1 (Mr., 1937), 50~60, 63. 기원후 6세기에 그리스도교회의 이방 세계에 대한 반감은 그리스 철학의 혐오로 나타났다. 오리게네스에 대한 잘못된 해석은 그의 조직신학논문에서 찾아낸 것이 아니라 흩어져 있던 자료들에서 기인했기 때문이다.
83) Thomas Graumann, op. cit., 160~162.
84) Albert C. Outler, "Origen and the Regulae Fidei," Church History Vol. 8, No. 3 (Sep., 1939), 218~221.

2.1.2 오리게네스의「기도」에 미친 철학과 신학의 영향

이 장에서는 오리게네스의「기도」에 영향을 미친 철학과 신학을 중심으로 살펴보겠다. 더욱이 오리게네스의 기도 신학에 영향을 미친 플라톤, 플로티노스, 그리고 알렉산드리아의 클레멘스를 중심으로 살펴보겠다.

2.1.2.1 플라톤 철학의 영향

오리게네스는 그리스도교와 철학을 함께 붙잡아야 할 것으로 생각했다. 이에 따라 오리게네스는 그리스도교 신앙을 플라톤 철학86)의 확고한 기초위에 세우려고 했다.87) 따라서 오리게네스의 대표적인 신학 작품인「원리론」의 제목도 엄격한 의미에서 플라톤 학파에 걸맞은 명칭이다. 플라톤학파의 철학자들은 창조되지 않고 처음부터 존재한 세 원리 곧, 신과 물질, 그리고 관념에 대해 인지하고 있었기 때문이다.88) 아울러 오리게네스는「기도」31장 3절에서 "이 문제를 주의 깊게 다룬 사람들은 몸이 둥근 모양(球刑)임을 보여 주었다."라고 하면서, 부활 후에 몸이 둥글다고 했다. 이것은 플라톤의「티마이오스」에 나오는 천체가 둥글다는 우주론의 영향을 받은 것이다. 나아가 오리게네

---

85) Ronald E. Heine, "Origen and Hermeneutic for Spirituality," *Stone Campbell Journal* Vol. 14, No. 1 (Spr., 2011), 68.

86) 플라톤 철학에 대해서는 다음을 참조하리. Lloyd P. Gerson, "What is Plato nism," *Journal of the History of Philosophy* Vol. 43, No. 3 (July., 2005), 25 3~276.

87) Cyril C. Richardson, *op. cit.*, 52.

88) 오리게네스/ 이성효 · 이형우 · 최원오 · 하성수 해제 · 역주,「해제」in『원리론』, 147.

스는「기도」1장 1절에서 "부패한 육체가 영혼을 짓누르고 있다."고 했는데, 이러한 표현 역시 영혼과 육체의 관계를 논하는 플라톤의 입장과 유사하다.「기도」24장 3절에서는 "하느님의 것들을 분명하게 아는 모든 사람은 스스로 거룩한 신비를 발견한다고 생각할지라도 사실 그것들을 배운다기보다는 기억하는 것이다."라고 했는데, 이런 표현도 플라톤의 회상론을 시사하는 구절로 보인다. 더 나아가「기도」27장 2절에 "오늘 우리에게 일용할 양식을 주시옵고."라는 구절에서도 물질세계에 대한 플라톤 개념에 사로잡혀서 이 기도의 문자의 뜻을 배제하고 있는 것 같이 보인다. 오리게네스는 물질적인 양식에 대해 기도하는 것을 거부해야 한다고 주장했다. 우리가 달라는 '양식'은 식탁 위에 놓인 양식이 아니라 영생으로 이어지는 음식이며, 인자가 주는 음식이기 때문이다. 이처럼 오리게네스는 물질보다는 영적인 것을 강조하는 해석을 함으로 플라톤적인 사고를 하는 것같이 보인다.[89] 이상에서 제시되듯 오리게네스의 신학은 주로 플라톤 철학의 영향을 받은 것 같이 보인다. 한편, 큐스펠은 오리게네스에게서 플라톤 철학의 영향을 배제할 수는 없지만, 오히려 영지주의자 발란티누스의 영지주의에서 더 영향을 받았다고 보았다. 오리게네스의 모든 것들은 영적인 세계에서 일어나지만, 플라톤의 모든 것들은 영적인 세계에서 일어나지 않는다는 것이다. 따라서 오리게네스의 영지 구조가 발렌티누스의 영지와 상당한 유사성을 보인다고 했다.[90] 그러나 큐스펠의 주장도 어느 정도 가능성이 있지만, 오리게네스는 영적 해석(ἀναγωγή)뿐만 아니라 알레고리(αλληγορια)도 사용하기 때문에 오리

---

89) Hilary Case, op. cit., 231.
90) G. Quispel, "Origen and The Valentinian Gnosis," Vigiliae Christianae Vol. 28, No. 1 (Mar., 1974), 29~31, 41.

게네스를 발렌티누스와 연관시키는 것은 다소 무리가 있어 보인다. 전제적으로 볼 때 오리게네스는 플라톤 철학에 더 많은 영향을 받은 것으로 보인다.

2.1.2.2 신플라톤주의자[91] 플로티노스 철학의 영향

오리게네스는 희랍철학과 유대주의, 그리고 신플라톤주의자 플로티노스의 형이상학을 통합시킨 것 같다. 더욱이 오리게네스의 삼위일체론은 플로티노스의 세 자립체의 위계구조와 유사점을 보인다. 요컨대, 오리게네스는 아버지를 '호 데오스'(ὁ θεός)라고 했고, 아들을 '데오스'(θεός)라고 하면서 등급을 두고 있는데, 이것은 플로티노스가 '일자'(τὸ ἕν)와 '정신'(ὁ νους)에 등급을 두는 것과 유사하다.[92] 오늘날에도 플로티노스의 저서와 오리게네스의 저서에서 이성과 계시에 대한 문제, 본문을 해석하는 방법을 비교하면 두 사람이 여러 주제를 유사하게 인식했음을 알 수 있다.[93] 이렇듯 오리게네스는 신론에 있어서는 플로티노스에게 영향을 받은 것처럼 보인다.

2.1.2.3 알렉산드리아 클레멘스 신학의 영향

오리게네스는 알렉산드리아의 클레멘스에서 시작한 기도 전통을 발전시켰다.[94] 클레멘스는 완전한 그리스도인은 사

---

91) '신플라톤주의 철학'이란 용어는 1744년 뷰싱(A. F Bushing)에 따라 처음 사용되었다. '신플라톤주의 철학'은 일반적으로 플로티노스의 철학과 그 제자들의 사상을 일컬어 말한다. 유재경, 「영적 상승의 방법으로서의 위 디오니시우스의 부정신학의 분석」『신학과 목회』제31호 (2009), 249.

92) 이종성, 『삼위일체론』(서울: 대한기독교출판사, 1991), 374.

93) 오리게네스/ 이성효 · 이형우 · 최원오 · 하성수 해제 · 역주, 「해제」in 『원리론』, 23.

랑과 영지를 하나의 같은 이상으로 결합한 사람이라고 했다.[95] 이 결합을 위해 클레멘스는 두 단계의 기도론을 제시했는데, 첫째는 도덕적 정화의 단계이며[96], 두 번째 단계는 관상 혹은 하느님에 대한 지식의 수용 단계이다.[97] 클레멘스는 「양탄자」(Stromata) 7권 7장 49절에서 "하느님과 교류하기 위해서는 영혼은 더럽혀지지 않아야하고, 절대적으로 순수해야만 하며, 지식으로 나아가야 하고, 갈망해야 하며, 사악한 일로부터는 완전히 떨어져 있어야 한다."고 했다.[98] 오리게네스는 클레멘스의 이 두 단계 곧, 정화와 관상의 구조를 자신의 기도 신학에서 발전시켰다. 따라서 오리게네스는 「기도」 10장에서 정화의 기능을 뚜렷하게 언급하고 있으며,[99] 아울러 「기도」 30장에서는 하느님에 대한 지식 수용의 뚜렷한 방법으로 진리를 관상(Θεω ρηµάτων)해야 한다고 했다.[100] 이처럼 오리게네스는 클레멘스의 정화와 관상에 영향을 받아 자신의 기도 신학을 발전시켰다.

요컨대, 오리게네스의 신학은 주로 플라톤 철학에 영향을 받았으며, 신관에서는 플로티노스, 그리고 기도 신학은 클레멘스의 정화와 관상의 사상에 영향을 받았다고 볼 수 있다.

---

94) Hilary Case, op. cit., 4~6.
95) 유진 드 페이/ 박창훈 옮김, op. cit., 18-25; 알렉산드리아의 클레멘스 · 오리게네스/ 정용석 · 주승민· 이은혜 · 김시호 옮김, 『알렉산드리아 기독교: 클레멘스와 오리게네스』 (서울: 두란노 아카데미, 2011), 125~201.
96) 클레멘스는 완전한 그리스도인이 되기 위해서는 감각세계로부터 영혼을 분리하는 정화의 과정을 거쳐야 한다고 했다. 오유석, op. cit., 2010, 76.
97) Hilary Case, op. cit., 163.
98) 알렉산드리아의 클레멘스 · 오리게네스/ 정용석· 주승민· 이은혜 · 김시호 옮김, op. cit., 159.
99) PG 11, 445 (87).
100) Ibid., 549 (18).

다음 장에서는 에바그리우스의 생애와 신학에 관하여 살펴보겠다.

2.2 에바그리우스의 생애와 「기도」에 미친 신학과 철학의 영향에 관한 고찰

2.2.1 에바그리우스의 생애와 시대 배경

기원후 4세기 역사가 팔라디우스(기원후 363~430)의 「라우수스의 역사」(*The Lausiac History*)에 따르면 폰투스의 에바그리우스는 기원후 345년 폰티코스의 이베론에서 태어났다. 에바그리우스가 태어난 이베론은 바실리우스의 가족 소유지와 가까이 있었으며, 바실리우스는 은퇴 후에 이곳에서 금욕적인 생활을 했다. 그 당시 폰티코스에는 수도원 주의가 가장 생동감 있는 운동이었는데, 바실리우스와 그의 친구 나지안주스의 그레고리우스도 수도원 운동의 지도자들이었다. 이때 에바그리우스는 그들에게서 오리게네스 주의와 수도원 생활을 배운 것으로 보인다. 그러나 에바그리우스는 바실리우스가 강조하는 병원이나 보육원 사업[101]보다는 콘스탄티노플의 지적 생활에 더 관심을 보여 콘스탄티노플로 떠난다.[102] 그러나 불행하게도 콘스탄티노플에서 여자 문제가 생겨 예루살렘으로 다시 피하게 된다. 예루살렘에 도착한 에바그리우스는 올리브 산 근처에서 수도생활을 하고 있던 오리게네스 주의자 멜라니아와

---

101) 바실리우스가 행한 활동을 보기 위해서는 다음을 참조하라. 노성기, 「바실리우스가 세운 사랑의 도시, '바실리아드'」 『신학전망』 제200호 (2018.3), 39~68.
102) 바실리우스의 수도원 생활의 수행 강조에 대해서는 다음 논문을 참조하라. 남성현, 「바실리우스(Basilius)의 4~5세기 공주수도원을 위한 편람(便覽)」 『한국기독교신학논총』 제53권 (2007), 141~167.

루피누스를 만나 오리게네스 신학에 영향을 받는다.103) 그
러다가 기원후 383년 에바그리우스는 멜라니아의 권유로
다시 이집트 사막으로 떠나 본격적인 수도원 생활을 시작
하게 된다. 처음에 에바그리우스는 알렉산드리아 근처인
니트리아에서 2년 동안 수도생활을 하면서 오리게네스 주
의자들을 만난다. 기원후 385년에는 다시 켈리아로 들어가
사본을 필사하는 일을 한다. 여기서 다시 에바그리우스는
켈리아에서 암모니우스와 함께 오리게네스의 작품에 대한
알레고리 해석 방법을104) 사용하면서 오리게네스 수도승
그룹의 지도자로서 많은 작품을 남긴다. 기원후 399년에
에바그리우스는 16년의 이집트 사막 생활을 마감하고 55세
에 죽는다. 에바그리우스의 인생 여정을 보면 폰티코스에
서 시작해서 이집트의 켈리아에서 죽을 때까지 오리게네스
주의자들의 영향을 받은 것으로 보인다.

한편, 기원후 399년 에바그리우스가 죽자 에바그리우스의
추종자들은 알렉산드리아의 테오필루스에 따라 오리게네스
주의자라는 이유로 이단자로 핍박을 받는다. 그 결과 훗날
에바그리우스는 기원후 553년 제2차 콘스탄티노플 공의회
에서 이단으로 정죄를 받는다.105) 이렇듯 에바그리우스는

---

103) 에바그리우스의 수도 생활 이전의 생애를 살펴보기 위해서는 다음을 참조하
라. *PG 34,* 1188, 1193~1194; Louis Bouyer, *op. cit.,* 382.
104) 코트는 오리게네스가 사용한 알레고리는 당시에 문화를 지배하고 있던 유대교
해석자들, 이방인 철학자들, 기독교 영지주의자들, 그리고 기독교인들과 대항하
기 위해 문화적으로 주변화된 사람들을 위해 사용한 특별한 유형이라고 주장했
다. Delman L. Coates, "Origen of Alexandria," *Union Seminary Quarterly
Review* Vol. 59, No. 3~4 (2005), 109~112.
105) 에바그리우스의 수도 생활에 관해서는 다음을 참조하라. John Eudes Bam
berger, *op. cit.,* xlvi~xlvii; H. J. M. Turner, "Evagrius Ponticus, Teacher of
prayer," *Eastern Churches Review* 7 (1975), 145; Gabriel Bunge, *Despon
dency: The Spiritual Teaching of Evagrius Ponticus on Acedia,* trans.
Anthony P. Gythiel (Yonkers, New York: St Vladimir's Seminary Press,
2012), 11~19; George Tsakiridis, *Evagrius Ponticus Cognitive Science: A*

그의 생애를 통해 여러 명의 오리게네스 주의자들로부터 영향을 받았다. 이러한 역사적 사실을 보면 에바그리우스를 오리게네스 주의자라고 말하는 것은 타당하다. 그러나 에바그리우스가 기도에서도 오리게네스 주의자인지는 오리게네스의「기도」와 에바그리우스의「기도」를 직접 비교해야 더 분명해질 것이다.

2.2.2 에바그리우스의「기도」에 미친 철학과 신학의 영향

에바그리우스는 철학에서 신플라톤주의자 플로티노스에게 영향을 받은 것으로 보인다. 신학에는 오리게네스의 신학과 카파도키아 교부들의 신학, 그리고 영성적으로는 멜라니아와 루피누스, 이집트 켈리아 수도승들로부터 받은 수도원의 신학의 영향을 받은 것으로 보인다. 이 장에서는 에바그리우스에게 철학적으로 영향을 미친 플로티노스와 신학적으로 영향을 미친 오리게네스와 카파도키아 교부들, 그리고 영성적으로 영향을 미친 멜라니아와 루피누스, 그리고 이집트 켈리아 수도승을 중심으로 살펴보겠다.

Look at Moral Evil and the Thoughts (Eugene, Oregon: Pickwick Publications, 2010), 14~17; Julia Konstantinovsky, *Evagrius Ponticus: The Making of a Gnostic* (England: Ashgate, 2009), ix~x; A. M. Casiday, *Evagrius Ponticus* (London and New York: Routledge, 2006), 5~22; Jeremy Driscoll, *Steps to Spiritual Perfection: Studies on Spiritual Progress in Evagrius Ponticus* (Mahwah, New York: The Newman Press, 2005), 1~9; Luke Dysinger, *Psalmody and Prayer in the Writings of Evagrius Ponticus* (New York: Oxford University Press, 2005), 7~17; Kevin Corrigan, *Evagrius and Gregory: mind, Soul and Body in the 4th Century* (England: Ashgate, 1988), 1~8등이 있다.

2.2.2.1 신플라톤주의자 플로티노스 철학의 영향

리끄레르그는 에바그리우스가 오리게네스와 니사의 그레고리우스에게 신학적 영향을 받았지만, 더욱더 철학적이라고 했다.106) 오라우그린은 에바그리우스는 알렉산드리아 전통의 플라톤 철학을 받아들였으며, 더욱이 신플라톤주의 용어로 수도승의 하느님에 대한 내적 경험을 설명했다고 했다.107) 이런 평가는 에바그리우스가 대표적인 신플라톤주의자 플로티노스 철학에 영향을 받았을 가능성을 암시한다. 한편, 니사의 그레고리우스는 신플라톤 사상을 통해 창조주라서 범접하기 어려워도 인간 영혼이 하느님을 향해 나아갈 수 있다는 합일사상을 발견했으며,108) 신플라톤 사상을 자신의 신비 사상을 발전시키는 데 적용했다.109) 니사의 그레고리우스에서 배운 에바그리우스는 자연스럽게 신플라톤주의자 플로티노스의 영향을 받았을 것이다.110) 플로티노스는 영의 세계를 세 계급으로 나누었다. 첫째는 일자(ἕν), 둘째는 정신(νους), 그리고 셋째는 영혼(Φυχής)이다. 이 세 가지 존재만 참 존재이고 나머지는 가상적인 존재이다. 플로티노스에게 일자를 창조자라고 부르는 것은 일자로부터 모든 것이 유출되었기 때문이다. 정신은 일자에서

---

106) J. Leclercq, "Preface," in John Eudes Bamberger, *op. cit.*, xi~xii
107) Michael Wallace O'Laughlin, "Evagrius Ponticus in Spiritual Perspective," *stpatr* 30 (1997), 226~227.
108) *PG* 44, 297~430.
109) 전영준, 「니사의 그레고리우스의 신비사상과 부정신학」『가톨릭 신학과 사상』 66 (2010), 25.
110) 송현종·박규철, 「테오리아(Theoria)인가 테우르기아(Theurgia)인가 De Mysteriis에 나타난 이암블리코스의 영적 플라톤주의」『동서철학연구』제63집 (2012), 30. 신플라톤주의 학파 구성원들의 주요 출신 지역은 플로티노스는 이집트, 포르피리오스는 페니키아-티레, 이암블리코스는 시리아-칼키스, 아파메아, 프로클로스는 리키아, 그리고 다마스키오스는 시리아 출신이다.

넘쳐흘러 나온 것이다.111) 영혼도 정신의 창조물이 아니라 정신에서 흘러나온 것이다. 그러므로 플로티노스에게 모든 존재의 목적은 그것이 흘러나온 본원지로 돌아가는 것이다. 영혼은 정신으로, 정신은 일자로 돌아가서 일자와 합일하는 것이 구원이다.112) 플로티노스는「엔네아데스」6권 9장 8절에서 영혼은 관상을 통해 '일자'와 합일 여부에 따라 존재들이 구분된다고 주장했다.

> 저 '일자'와 합일한 존재가 신이라고 일컬어지지만, 저 '일자'와 멀찍이 떨어져 있는 존재는 속세에 속한 자로서 인간과 짐승이라 일컬어지기 때문이다.113)

에바그리우스도 정신의 관상 정도에 따라 천사, 인간, 그리고 마귀로 구분했다. 에바그리우스의「기도」에서도 영혼이 정신의 관상을 통해 삼위일체 하느님과 합일을 추구했다. 이런 점은 플로티노스의「엔네아데스」의 논리와 유사하다. 이런 점들을 보면 에바그리우스의「기도」와 플로티노스의「엔네아데스」가 연속성을 보이는 듯하다.

---

111) 플로티노스의 일자와 정신의 존재론적 유사성에 대해서는 다음을 참조하라. Georgios Lekkas, "Plotinus Towards an Ontology of Likeness (On the One and Nous)," *International Journal of Philosophical Studies* Vol. 13, No. 1 (Mar., 2005), 53~68.

112) 이종성, *op. cit.*, 368˜369. Plotinus, *Enneades*, V. 3. 12; VI, 8; V. 5, 13, 14; VI, 9, 1, 3; V, 1, 10; VI, 6, 9; V, 2, 1; IV, 1, 1; IV, 7, 1; V, 1, 2; III, 8, 5; IV, 4, 1; IV, 3, 15; Jong Sung Rhee, "Plotinus and His Triad-Doctrine," 『연세논총』 Vol. 3, No. 1 (1964), 153˜211.

113) 플로티노스/ 조규홍 옮김, 『플로티노스의 <하나>와 행복』 (서울: 누멘출판사, 2010), 42.

2.2.2.2 오리게네스 신학의 영향

앤드루 라우스는 에바그리우스의 작품에서 발견되는 신학은 오리게네스에게 의존된 지성 주의 신학 전통이라고 했다.114) 버나드 맥긴도 에바그리우스의 실재(reality)에 대한 개념은 오리게네스와 같이 창조, 타락과 제2 창조, 그리고 복귀로 파악하고 있다고 했다.115) 나아가 밤버거는 에바그리우스가 오리게네스의 영혼의 선재 교리, 모든 영혼의 궁극적인 복귀 교리, 심지어 마귀도 복귀한다는 교리, 신과 연합의 교리를 오리게네스보다 더욱 과감하게 적용하여 이단 정죄의 빌미를 제공했다고 했다.116) 아울러 루이 부이에도 에바그리우스는 오리게네스 사상을 재고하면서 그것을 전하는 과정에서 약간은 감추는 경향이 있지만, 오리게네스 사상을 강력하게 체계화시키고, 엄밀하게 따랐다고 했다.117) 그러면서도 에바그리우스는 나지안주스의 그레고리우스와 니사의 그레고리우스의 영향으로 정통 삼위일체론의 입장에서 오리게네스의 종속론적 삼위일체 교리를 거부했다. 이처럼 에바그리우스는 오리게네스 사상을 받아들여 체계화시키면서도 자신의 신학에 맞게 수정했다.118) 그런 차원에서 에바그리우스가 오리게네스의 기도 신학을 그대로 답습했는지, 아니면 수정했는지를 관찰할 필요가 있다.

---

114) 앤드루 라우스/ 배성옥 옮김, 『서양 신비사상의 기원』 (왜관: 분도출판사, 2001), 153.
115) 버나드 맥긴/ 방성규 · 엄성옥 공역, *op. cit.,* 234.
116) John Eudes Bamberger, *op. cit.*, xxv.
117) Louis Bouyer, *op. cit.*, 394.
118) Hilary Case, *op. cit.*, 27~28.

2.2.2.3 카파도키아 교부들의 신학의 영향

에바그리우스는 카파도키아의 세 명의 교부들로부터 신학적 영향을 받았다. 첫째는 바실리우스로부터 사회복지 수도원 신학에 영향을 받았다.119) 둘째는 나지안주스의 그레고리우스에서 정통 삼위일체 신학에 영향을 받았다. 이런 이유 때문에 기원후 381년 나지안주스의 그레고리우스는 제1차 콘스탄티노플 공의회 때 아리아니즘과의 논쟁에서 에바그리우스를 맨 앞에 세우기도 했다.120) 세 번째는 니사의 그레고리우스에서 금욕적 수도원 신학의 영향을 받았다.121) 아울러 에바그리우스는 바실리우스와 나지안주스의 그레고리우스가 오리게네스의 작품에서 발췌한 것을 연구하기도 했다. 그런데도 카파도키아 교부들은 오리게네스 신학을 자신들이 이해한 정통 삼위일체론의 관점에서 연구했기 때문에 그들을 전적인 오리게네스 주의자라고 말할 수는 없다. 예를 들어, 오리게네스 신학에 대한 나지안주스의 그레고리우스의 변경은 에바그리우스의 「기도」 29장의 영적 여정의 모델이 되기도 했다.122) 이처럼 에바그리우스는 카파도키아 교부들로부터 수도원 신학, 정통 삼위일체 신학, 그리고 오리게네스 신학의 영향을 받았다.

---

119) C. P. M. 존스, G. 와인라이트, E. 야놀드 편/ 권순구 옮김, 『기독교 영성학』 (서울: 도서출판 영성, 2000), 259.
120) John Eudes Bamberger, op. cit., xxxvii~xxxviii; 에바그리우스는 나지안주스의 그레고리우스의 신학적 기초자로 활동했다. 다음을 참조하라. Johannnes Dräseke, "Zu Euagrios Pontikos," Zeitschrift für wisenschaftliche Theologie 37 (1894), 127.
121) Louis Bouyer, op. cit., 382~383.
122) Hilary Case, op. cit., 23~24.

2.2.2.4 멜라니아와 루피누스 그리고 이집트
켈리아의 영향

에바그리우스는 예루살렘에서 오리게네스 주의자인 멜라니아와 루피누스를 만나 오리게네스 신학의 영향을 받는다. 멜라니아와 루피누스는 오리게네스의 작품을 읽고 연구했으며, 그들의 금욕적인 생활을 오리게네스 신학과 연관시켰다.123) 더욱이 루피누스는 오리게네스의 많은 작품을 라틴어로 번역했으며, 오리게네스 신학을 서방에 알리는데 큰 공헌을 했다.124) 에바그리우스가 멜라니아의 권유로 예루살렘을 떠나 이집트의 니트리아에 도착했을 때 그곳에는 이미 오리게네스 신학이 널리 퍼져 있었다. 이에 이집트 출신의 콥틱 수도승들은 헬레니즘 배경의 세련된 수도승들의 지성적 수행에 대해 의심의 눈길을 보냈다.125) 에바그리우스도 의심을 받는 대상자 중의 하나였다. 그 당시 이집트 수도승들 가운데는 루피누스의 스승인 소경 디디무스를 비롯해 오리게네스 추종자들이 있었다. 더욱이 스케테스 사막에 사는 수도승들은 오리게네스 사상을 진보적 태도에서 펼쳐 나감으로써 논쟁이 격화되었다.126) 나아가 에바그리우스는 마귀에 대한 영적 승리에 대한 오리게네스 신학을 혼합한 안토니우스의 편지와 아타나시우스가 쓴 「안토니우스의 생애」를 읽으며, 오리게네스 주의를 통하여 사막에서 정념과 유혹에 맞서서 싸우는 금욕적인 투쟁의 삶을 살았다.127) 이처럼 에바그리우스는 오리게네스 사상에

---

123) Ibid., 25.
124) 에바그리우스 · 요한 카시아누스/ 허성준 옮김, 『스승님, 기도란 무엇입니까?』(서울: 생활성서사, 2007), 15.
125) John Eudes Bamberger, *op. cit.*, xlviii~xlix.
126) 오리게네스/ 이성효 · 이형우 · 최원오 · 하성수 해제 · 역주, 「해제」in 『원리론』, 129.

영향을 받은 안토니우스의 영향을 받는다.128) 이러한 상황
에서 오리게네스 신학을 따르는 수도승들에게 불만을 품은
이집트 콥틱 수도승들은 이집트 사막에서 오리게네스 주의
를 신봉하는 수도승들을 몰아내기 위하여 알렉산드리아 총
대주교 테오필루스에게 항의를 하자 알렉산드리아의 주교
회의는 이집트 사막에서 오리게네스 주의자들을 추방하기
로 결정을 내린다. 에바그리우스는 이 추방이 있기 1년 전
에 사망했지만, 오리게네스 주의 운동의 중심에는 에바그
리우스가 있었다. 이 사건으로 키 큰 형제들, 팔라디우스,
요한 카시아누스, 그리고 게르마누스의 동료는 도망하여
콘스탄티노플의 총대주교인 요한 크리소스토무스(기원후
349년경~407)에게 피신한다. 이 과정에서 에바그리우스의
추종자들이었던 팔라디우스와 요한 카시아누스를 통해
서방세계에 에바그리우스의 신학이 전파된다.129) 요컨대,
에바그리우스는 예루살렘에서 멜라니아와 루피누스, 그리
고 이집트 켈리아 수도승을 통하여 수도원 신학과 오리게
네스 신학에 영향을 받았다.

    요약하면, 에바그리우스는 철학적으로는 신플라톤주의자
플로티노스의 영향을 받았으며, 신학적으로는 오리게네스
와 카파토기아교부들의 영향을 받았고, 영성적으로는 예루
살렘의 멜라니아와 루피누스, 그리고 이집트 켈리아 수도

---

127) Hilary Case, *op. cit.*, 25~27.
128) Michael Wallace O'Laughlin, "Closing the Gap between Antony and Eva
    grius," in *Origeniana Septima* Origenes in den Auseinandersetzungen des 4.
    Jahrhunderts (peeters, 1999), 345~354. 이 논문에서 오라우그린은 안토니우스를
    오리게네스 사상의 충실한 지지자라고 했다. 더욱이 안토니우스와 에바그리우스
    가 같이 오리게네스 사상을 지지했다는 점에서 두 사람 간의 유사점을 강조했
    다. 다만 안토니우스는 에바그리우스보다 정통 그리스도론을 강조하고, 성서의
    문자적 의미에 관심했다면, 에바그리우스는 사변적인 사상가였다고 주장했다.
129) John Eudes Bamberger, *op. cit.*, xlix~l.

승들을 통하여 수도원 신학과 오리게네스 신학에 영향을
받았다.

다음 장에서는 오리게네스의 기도와 에바그리우스의 기
도 용어와 관계된 성서의 기도 용어를 살펴보겠다.

2.3 성서에 나타난 기도 용어에 관한 고찰

이 장에서는 성서에 나타난 기도 용어 가운데 오리게네
스「기도」와 에바그리우스「기도」의 제목과 연관된 것을
중심으로 살펴보겠다. 구약 히브리 성서(BHS)[130]에 나타나
는 기도에 해당하는 대표적인 용어는 '네데르'(נדר/neder)
와 '테필라'(תפלה/tepillah)가 있다. 그 외에도 구약 성서에
는 기도에 해당하는 용어들이 여럿 나타난다.[131] 오리게네
스는 구약 히브리어 성서에서 서원을 뜻하는 '네데르'를 구
약 70인 역에서 유케(ευχη)로 번역한 것을 자신의「기도」
의 제목으로 사용했다. 이에 비해, 에바그리우스는 구약 히
브리어 성서에서 기도를 뜻하는 '테필라'를 구약 70인 역에
서 프로슈케(προσευχης)로 번역한 것을 자신의「기도」의
제목으로 사용했다. 신약 성서도 대표적인 기도 용어로 유
케와 프로슈케를 사용한다. 이 장에서는 오리게네스의「기

---

130) 본 논문에서 사용한 히브리 구약성서는 *Biblia Hebraica Stuttgartensia*, K.
Elliger et W. Rudolph(ed.). (Stuttgart : Deutsche Bibelgesellschaft, 1984)이다.
131) 구약 히브리어 성서에는 기도를 나타내는 네데르(נדר/neder)와 테필라(תפלה
/tepillah)외에도 '간절히 구하다'('athar עתר/창세 25:21), '외치다', 부르짖다' (ṣa'
aq צעק/하바 1:2), '구하다'(sha'al שאל/ 시편 122:6), '부르짖음'(ṣaqah צעקה;
rinnah רנה ; shaw'a שוע), '간구' (teḥinnah תחנה/ 1 왕상 8:28), '음성, 소리'
(qol קול/신명 26:7), '구하다' (paga פגע/ 예레 7:16), '간절히 구하다' (ḥillah
חלה) '(죄)를 속한다', '감정을 풀다'(kipper כפר)등이 있다. 박준서, 『구약세계
의 이해』 (서울: 한들출판사, 2001), 301~304; 더욱이 ṣa'aq צעק에 대에서는 Ee
Kon Kim, ""Outcry" Its context in Biblical Theology," *Interpretation* Vol. 42,
No. 3 (July., 1988), 229~239를 참조하라.

도」와 에바그리우스의 「기도」 용어와 관련된 '네데르'와
'테필라', 그리고 '유케'와 '프로슈케'를 중심으로 살펴보겠
다.

2.3.1 구약 성서에 나타난 기도 용어들

2.3.1.1 네데르(נדר)

구약 히브리어 성서에 나타난 대표적인 기도 용어는 '네
데르'이다.[132] 이 네데르는 서원의 뜻을 담고 있다. 네데르
는 그리스어 70인 역에서는 주로 유케로 번역하고 있다.
구약 히브리어 성서에 네데르는 총 58회 나타나는데,[133] 70
인 역에서는 총 50곳에서 네데르를 유케로 번역하고 있다.
나머지 여덟 곳에는 다른 단어를 사용했다. 곧, 레위 22장
18절에서는 호몰기안(ὁμολγίαν)으로, 신명 12장 11절에서
는 에크레톤(ἐκλετὸν)으로, 잠언 31장 2절은 70인 역에는
구절 자체가 생략되어 있다. 예레 44장 25절은 구약 히브
리어 성서는 한 절안에 세 번 나오는 데 70인 역에는 구절
자체가 없다. 시편 116편 14절과 18절도 70인 역에는 구절

132) *The New Brown, Driver, and Briggs Hebrew and English Lexicon of the Old Testament,* S. R. Driver and Charles A. Briggs(ed.). (London : Houghton, Mifflin & Co. Boston and Oxford University, 1981), 623⁻624.
133) Gerhard Lsowsky, *Konkordanz zum Hebräischen Alten Testament,* Zweite Auflage (Stuttgart : Deutsche Bibelgesellschaft, 1981), 905⁻906. 레위 4회(7:16; 22:18, 23; 23:38), 민수 5회(6:5, 21; 29:39; 30:10, 13, 14), 신명 2회(12:11; 23:19), 시편 1회(61:6), 잠언 2회(20:25; 31:2), 주어로 사용된 쓰이는 경우는 민수 5회(30:5, 6, 7, 8, 12), 시편 2회(56:13; 65:2), 목적어로 쓰이는 경우는 창세 2회(28:20; 31:13), 레위 2회(22:21; 27:2), 민수 9회(6:2; 15:3, 8; 21:2; 30:3, 4, 5, 9, 15), 신명 4회(12:6, 17, 26; 23:22), 판관 2회(11:30, 39), 1사무 2회(1:11, 21), 2 사무 2회(15:7, 8), 이사 1회(19:21), 예레 3회(44:25, 25, 25), 요나 1회(1:16), 나훔 1회(2:1), 시편 5회(22:26; 50:14; 66:13; 116:14, 18), 욥기 1회(22:27), 잠언 1회(7:14), 코헬 1회(5:3)등 총 58회 나타난다.

자체가 없다.134) 오리게네스는 서원의 의미를 담은 히브리
어 네데르를 그리스어 유케로 번역한 것을 자신의 「기도」
의 제목으로 사용했다.

2.3.1.2 테필라(תפלה)

구약 히브리어 성서의 또 다른 대표적인 기도 용어는
'테필라'이다.135) 구약 히브리어 성서에서 테필라는 총 79회
나타난다.136) 이 가운데 70인 역에서는 총 72곳에서 '프로

---

134) *SEPTUAGINTA* Alfred Rahlfs(ed.). (Germany: Deutsche Bibelgesellschaft
Stuttgart, 1979). 레위 4회(7:16/εὐχή; 22:18/ὁμολΥΐαν, 23/εὐχήν; 23:38/εὐχων),
민수 5회(6:5/εὐχης, 21/εὐχης; 29:39/εὐχων; 30:10/εὐχἠ, 13/εὐχὰς, 14/εὐχἠ), 신
명 2회(12:11/ἐκλετὸν; 23:19/εὐχήν), 시편 1회(61:6/εὐχων), 잠언 2회(20:25/εὔξα
σθαι; 31:2/없음), 주어로 쓰이는 경우는 민수 5회(30:5/εὐχὰς, 6/εὐχὰς, 7/εὐχαὶ,
8/εὐχαὶ, 12/εὐχαὶ,) 시편 2회(56:13/εὐχαὶ; 65:2/εὐχἠ), 목적어로 쓰이는 경우는
창세 2회(28:20/εὐχὴν; 31:13/εὐχήν), 레위 2회(22:21/εὐχὴν; 27:2/εὐχήν), 민수 9
회(6:2/εὐχὴν; 15:3/εὐχὴν, 8/εὐχὴν; 21:2/εὐχήν; 30:3/εὐχὴν, 4/εὐχὴν, 5/εὐχαὶ,
9/εὐχαὶ, 15/εὐχὰς), 신명 4회(12:6/εὐχὰς, 17/εὐχάς, 26/εὐχάς; 23:22/εὐχὴν), 판
관 2회(11:30/εὐχὴν, 39/εὐχὴν), 1사무 2회(1:11/εὐχὴν, 21/εὐχὰς), 2 사무 2회
(15:7/εὐχάς, 8/εὐχὴν), 이사 1회(19:21/εὐχὰς), 예레 3회(44:25/없음, 25/없음, 25/
없음), 요나 1회(1:16/εὐχάς), 나훔 1회(2:1/εὐχάς), 시편 5회(22:26/εὐχάς; 50:14/
εὐχάς; 66:13/εὐχάς; 116:14/없음, 18/없음), 욥기 1회(22:27/εὐχάς), 잠언 1회
(7:14/εὐχάς), 코헬 1회(5:3/εὐχὴν)등 총 58회 나타난다.
135) *Wilhelm Geesenius' Hebräisches und Aramäisches Handwörterbuch über
das Alte Testament,* 17. Auflage, Bearbeitet von Frants Buhl (Berlin/ Götti
ngen/ Heidelberg : Springer-Verlag, 1962), 886.
136) Gerhard Lsowsky, *op. cit.*, 1527~1528. 1열왕 3회(8:18, 29, 38), 이사 2회(56:7,
7), 시편 10회(17:1; 42:9; 66:19; 80:5; 86:1; 90:1; 102:1, 18; 109:4; 142:1), 애가 1
회(3:44), 다니 2회(9:17, 21), 느헤 3회(1:6,11; 11:17), 2역대 7회(6:19, 20, 29, 40;
7:15; 33:18, 19), 주어로 쓰이는 경우는 요나 1회(2:8), 하바 1회(3:1), 시편 8회
(35:13; 69:14; 72:20; 88:3,14; 109:7; 141:2,5), 욥 1회(16:17), 잠언 2회(15:8; 28:9),
2 역대 1회(30:18), 목적어로 쓰이는 경우는 2사무 1회(7:27), 1열왕 4회(8:45, 48,
54; 9:3), 2열왕 2회(19:4; 20:5), 이사 3회(1:15; 37:4; 38:5), 예레 2회(7:16; 11:14),
시편 13회(4:2; 6:10; 17:1; 39:13; 54:4; 55:2; 61:2; 65:3; 66:20; 84:9; 86:6; 102:2;
143:1), 잠언 1회(15:29), 애가 1회(3:8), 다니 1회(9:3), 2역대 3회(6:35, 39; 7:12)
이다. Lsowsky는 시편 66편 19절만 언급하여 총 73회로 기록하고 있지만, 실제

슈케'로 번역했다. 나머지 일곱 곳 가운데 번역을 하지 않은 곳이 두 곳 있으며(느헤 1회(11:17/없음), 시편 1회(72: 20/없음), 유케로 번역한 곳이 세 곳 나타나고(욥 1회(16:17 /εὐχὴ), 잠언 1회(15:8/εὐχαὶ), 잠언 1회(15:29/εὐχαις), 데에시스(δέησις)로 번역한 곳이 두 곳 나타난다(이사 2회(1: 15/δέησιν; 37:4/δεηθήσῃ).[137] 에바그리우스는 구약 히브리어 성서에서 중보 기도의 뜻을 담은 히브리어 테필라에 해당하는 그리스어 프로슈케를 자신의 「기도」의 제목으로 사용했다.

로 1사무 1장 10절과 26절에도 한 번씩 더 나온다. 1사무 2:25에 한 번 더 나온다. 2역대 6장 19절과 20절에 한 번씩 더 나온다. 예레 11장 14절에 한 번 더 나온다. 곧, 총 79회 나타난다.

137) *SEPTUAGINTA* 1 열왕 3회(8:18/προσεύχεται, 29/προσεύχεται, 38/προσεύχ ήν), 이사 2회(56:7/προσεύχης, 7/προσεύχης), 시편 11회(17:1/προσευχή; 42: 9/π ροσευχή; 66:19/προσέσχεν, 20/προσευχήν; 80:5/προσευχήν; 86:1/προσευχή; 90:1/προσευχή; 102:1προσευχή/, 18προσευχήν/; 109:4/προσευχόμην; 142:1/προσ ευχή), 애가 1회(3:44/προσευχης), 다니 2회(9:17/προσευχης, 21/προσευχῆ), 느헤 3회(1:6/προσευχήν, 11/προσευχήν; 11:17/없음), 2 역대 7회(6:19/προσευχήν, 19/ προσεύχεται, 20/προσευχης, 20/προσεύχεται, 29/προσευχὴ, 39(40)/προσευχης; 7:15/προσευχῆ; 33:18/προσευχὴ, 19/προσευχης), 주어로 쓰이는 경우는 요나 1회 (2:8/προσευχή), 하바 1회(3:1/προσευχὴ, 시편 8회(35:13/προσευχή; 69:14/προσευ χῆ; 72:20/(없음); 88:3/προσευχή, 14/προσευχή); 109:7/προσευχὴ; 141:2/προσευχ ή, 5/προσευχή), 욥 1회(16:17/εὐχὴ), 잠언 2회(15:8/εὐχαὶ; 28:9/προσευχὴν), 2역 대 1회(30:18/προσηύξατο), 1 사무 (1;10/προσηύξατο) 목적어로 쓰이는 경우는 1 사무 1회(1:26/προσεύξασθαι), 1사무 1회(2:25/προσεύξονται), 2 사무 1회(7:27/προ σεύξασθαι), 1열왕 4회(8:45/προσευχης, 48/προσεύξονται, 54/προσευχήν; 9:3/προσ ευχης), 2열왕 2회(19:4/προσευχὴν; 20:5/προσευχης), 이사 3회(1:15/δέησιν; 37:4/δεηθήσῃ; 38:5/προσευχης), 예레 3회(7:16/προσεύχου; 11:14/πρυσεύχου, 14/προσευχῆ), 시편 13회(4:2/προσευχης; 6:10/προσευχήν; 17:1/προσευχὴ; 39:13/ προσευχης; 54:4/προσευχης; 55:2/προσευχήν; 61:2/προσευχῆ; 65:3/προσευχης; 66:20/προσευχήν; 84:9/προσευχης; 86:6/προσευχήν; 102:2/προσευχης; 143:1/προ σευχης), 잠언 1회(15:29/εὐχαις), 애가 1회(3:8/προσευχήν), 다니 1회(9:3/προσευ χὴν), 2역대 3회(6:35/προσευχης,39/προσευχης; 7:12/προσευχης) 나타난다.

2.3.2 신약성서에 나타난 기도 용어

그리스어 신약 성서138)에는 기도 용어가 여러 개 나타난다. 그 가운데 가장 대표적인 용어는 명사형인 프로슈케(προσευχή)와 동사형인 프로슈코마이(προσεύχομαι)이다, 이외에 명사형 유케(εὐχή), 동사형 유코마이(εὐχομαι), 동사형 아이테오(αἰτέω)139), 동사형 에로타오(ἐρωτάω)140), 동사형 프로스퀴네오(προσκυνέω)141), 동사형 율로게오(εὐλογέω)142), 동사형 유카리스테오(εὐχαριστέω)143), 명사형 데에시

---

138) 본 논문에서 인용한 그리스어 신약 성서는 *Novum Testamentum Graece*, 28 th edition Aland, K. & Aland, B. & Karavidopoulos, J. & Martini, C. M. & Metzger, B. M.(ed.). (Stuttgart : Deutsche Bibelgesellschaft, 2012)를 사용했다.

139) '아이테오.'는 신약성서에 마태 14회, 마르 10회, 루카 12회, 요한 10회, 사도 10회, 1코린 1회, 에페 2회, 콜로 1회, 야고 5회, 1베드 1회, 1요한 5회로 총 71회 나타난다. 동사형 아이테오(αἰτέω)는 부탁하다(ask), 빌다(beg)의 뜻이 있다. *Lid dell and Scott's Greek-English Lexicon Abridged* (the Little Liddell) (Simo n Wallenberg Press, 2007), 22.

140) '에로타오.'는 신약성서에 마태 4회, 마르 4회, 루카 16회, 요한 29회, 사도 7회, 필리 1회, 1 테살 2회, 2 테살 1회, 1 요한 1회, 2 요한 1회로 총 66회 나타난다. 동사형 에로타오(ἐρωτάω)는 부탁하다(ask), 질문하기(question)의 뜻이 있다. Lid dell and Scott, *op. cit.*, 273~274.

141) '프로스퀴네오.'는 신약성서에 마태 13회, 마르 2회, 루카 3회, 요한 11회, 사도 4회, 1코린 1회, 히브 2회, 묵시 24회로 총 60회 나타난다. 동사형 프로스퀴네오 (προσκυνέω)는 존경하는 마음으로 엎드리다(prostrate), 예배로 신의 노여움을 면하기를 빌다(deprecate)의 뜻이 있다. Liddell and Scott, *op. cit.*, 603.

142) '율로게오.'는 신약성서에 마태 6회, 마르 6회, 루카 14회, 요한 1회, 사도 2회, 로마 2회, 1코린 3회, 갈라 1회, 에페 1회, 히브 7회, 야고 1회, 1 베드 1회로 총 45회 나타난다. 동사형 유로게오(εὐλογέω)는 찬양하기(praise)의 뜻을 가진다. Liddell and Scott, *op. cit.*, 284.

143) '유카리스테오.'는 신약성서에 마태 2회(15:36; 26:27), 마르 2회(8:6; 14:23), 루카 4회(17:16; 18:11; 22:17, 19), 요한 3회(6:11, 23; 11:41), 사도 2회(27:35; 28:15), 로마 6회(1:8,21; 7:25; 14:6,6; 16:4), 1코린 6회(1:4,14; 10:30; 11:24; 14:17, 18), 2코린 1회(1:11), 에페 2회(1:16; 5:20), 필리 1회(1:3), 콜로 3회(1:3, 12; 3:17), 1테살 3회(1:2; 2:13; 5:18), 2테살 2회(1:3; 2:13), 필레 1회(4), 묵시 1회 (11:17) 총 32회 나타난다. K. Aland, *Vollstandige Konkordanz Zum Grie chischen Neuen Testament* (New York: Walter De Gruyter Berlin, 1975), 469

스(δέησις)144), 동사형 데오마이(δέομαι)145)가 나타난다. 명사형 데에시스(δέησις)는 간청, 탄원, 그리고 애원의 뜻을 가지며, 동사형 데오마이(δέομαι)는 간절히 구하고, 원하고, 부탁한다는 뜻이 담겨 있다.146) 이 밖에도 '기도하다'의 뜻으로 사용된 고뉘페테오(γονυπετεώ)147), 크라조(κράξω)148), 그리고 보아오(βοάω)149)가 있다. 이 가운데 오리게네스의 「기도」의 제목인 '유케'와 에바그리우스의 「기도」의 제목인 '프로슈케'를 중심으로 살펴보겠다.

~470.

144) 명사형 '데에시스'는 루카 3회(1:13; 2:37; 5:33), 사도 1회(1:14), 로마 1회(10:1), 2코린 2회(1:11; 9:14), 에페 2회(6:18, 18), 필리 4회(1:4a, 4b, 19; 4:6), 1티모 2회 (2:1; 5:5), 2티모 1회(1:3), 히브 1회(5:7), 야고 1회(5:16), 1베드 1회(3:12)로 총 19회 나타난다. J. B. Smith, *Greek-English Concordance to the New Testament* (Scottdale, Pennsylvania: Herald Press, 1955), 77.

145) 동사형 '데오마이'는 마태 1회(9:38), 루카 8회(5:12; 8:28, 38; 9:38, 38; 9:40; 10:2; 21:36; 22:32), 사도 7회(4:31; 8:22, 24, 34, 10:2; 21:39; 26:3), 로마 1회(1:10), 2코린 3회(5:20; 8:4; 10:?), 갈라 1회(4:12), 1테살 1회(3:10)로 총 22회 나타난다. K. Aland, *op. cit.*, 227.

146) Liddell and Scott, *op. cit.*, 151, 155.

147) '고뉘페테오'는 신약성서에 마태 2회(7:14; 27:29), 마르 2회(1:40; 10:17) 총 4회 나타난다. K. Aland, *op. cit.*, 191. 동사형 고뉘페테오(γονυπετεώ)는 무릎을 꿇기(to fall on the knee)의 뜻을 가진다. Liddell and Scott, *op. cit.*, 144.

148) '크라조'는 신약성서에 마태 12회(8:29; 9:27; 14:26, 30; 15:22, 23; 20:30, 31; 21:9,15; 27:23, 50), 마르 12회(1:26; 3:11; 5:5,7; 9:24, 26; 10:47, 48; 11:9; 15:13, 14, 39), 루카 4회(4:41; 9:39; 18:39; 19:40), 요한 6회(1:15; 7:28, 37; 12:13, 44; 19:12), 사도 11회(7:57, 60; 14:14; 16:17; 19:28, 32, 34; 21:28, 36; 23:6; 24:21), 로마 2회(8:15; 9:27), 갈라 1회(4:6), 야고 1회(5:4), 묵시 11회(6:10; 7:2; 7:10; 10:3, 3; 12:2; 14:15; 18:2, 18, 19; 19:17) 총 60회 나타난다. K. Aland, *op. cit.*, 700~701. 동사형 크라조는 울다(croak), 소리치다(scream)의 뜻이 있다. Liddell and Scott, *op. cit.*, 390.

149) '보아오'는 신약성서에 마태 2회(3:3; 27:46), 마르 2회(1:3; 15:34), 루카 4회(3:4; 9:38; 18:7,38), 요한 1회(1:23), 사도 4회(8:7; 17:6; 21:34; 25:24), 갈라 1회(4:27) 총 14회 나타난다. K. Aland, *op. cit.*, 162. 동사형 보아오는 부르짖다(cry), 외치다(shout), 요구하다(demand)의 뜻이 있다. Liddell and Scott, *op. cit.*, 131.

2.3.2.1 유케(ευχή)

그리스어 신약 성서에는 명사형 '유케'가 총 3회 나타나며150), 동사형 유코마이는 총 7회 나타난다.151) 명사형 유케는 기도, 소원, 서원의 뜻을 가지며, 동사형 유코마이는 기도하다, 서원하다, 그리고 약속하다의 뜻이 담겨 있다.152) 유케나 유코마이는 신약 성서의 통계로만 보면 기도에 대한 주된 단어로 알려진 프로슈케나 프로슈코마이에 비하여 덜 중요해 보인다. 그러나 이것은 신약 성서에 간단한 형태로만 용례가 나와 있기 때문이다. 유케나 유코마이는 세 가지의 용례로 사용된다. 첫 번째는 야고 5장 15절같이 하느님께 간청하는 청원 기도로 쓰이며, 둘째는 사도 18장 18절과 21장 23절에 나오는 서원의 뜻이 있다. 세 번째는 사도 26장 29절과 2코린 13장 7절에서 같이 '원한다', '구한다'의 뜻으로 사용한다.153) 오리게네스는 청원, 소원, 그리고 서원의 뜻을 가진 유케를 자신의「기도」의 제목으로 사용했다. 나아가 오리게네스는「기도」3장과 4장에서 유케를 서원의 의미로 구약의 야곱부터 시작하여 바로의 기도요청과 여러 예를 소개하고 있다.154) 연이어 오리게네스는「기도」14장 2절에서 "내가 생각하기에 간구(δεήσεις)는 어떤 이에게 부족한 것을 얻기 위해 간청함으로 올려지는 기원(εὐχή)이고."라고 말하고 있다.155) 곧, 오리게네스는

---

150) 사도 2회(18:18; 21:23), 야고 1회(5:15) 나타난다. J. B. Smith, *op. cit.*, 159.
151) 사도 2회(26:29; 27:29), 로마 1회(9:3), 2코린 2회(13:7, 9), 야고 1회(5:16), 3요한 1회(2) 이다. K. Aland, *op. cit.*, 470.
152) Liddell and Scott, *op. cit.*, 291.
153) *Theological Dictionary of the New Testament,* Volume II Gerhard Kittel(ed.), trans. Geoffrey W. Bromiley (Grand Rapids, Michigan : William B. Eerdmans Publishing Company, 1964), 775~778.
154) *PG* 11, 424~428. 오리게네스는「기도」3장에서만 '유케'를 26회 사용했다.
155) 오리게네스/ 이두희 번역·장용재 주해, *op. cit.*, 224~225.

간구와 유케를 긴밀하게 연관시켰다. 그러므로 유케에는 간구의 의미가 함축되어 있다고 볼 수 있다.

2.3.2.2 프로슈케(προσευχής)

그리스어 신약 성서에는 명사형 '프로슈케'가 총 37회 나타나며156), 동사형 프로슈코마이는 총 88회 나타난다.157) 명사형 프로슈케는 중보기도를 뜻하고, 동사형 프로슈코마이는 '기도나 서원을 드리다.', '예배를 드리다.', '어떤 것을 위해 기도하다.', '하느님에 대한 외침의 뜻'이 담겨 있으며,158) 누군가를 위한 중보기도의 의미를 담고 있다.159) 신약 성서 사도 12장 1~12절에서 교회가 베드로를 위해 중보기도를 할 때도 프로슈케를 사용했다.160) 이처럼 프로슈케와 프로슈케마이는 주로 중보기도를 뜻하는 용어이다. 에바그리우스는 주로 중보기도를 뜻하는 프로슈케를 자신의

---

156) 마태 3회(17:21; 21:13, 22), 마르 2회(9:29; 11:17), 루카 3회(6:12; 19:46; 22:45), 사도 9회(1:14; 2:42; 3:1; 6:4; 10:4, 31; 12:5; 16:13, 16), 로마 3회(1:9; 12:12; 15:30), 1코린 1회(7:5), 에페 2회(1:16; 6:18), 필리 1회(4:6), 콜로 2회(4:2,12), 1테살 1회(1:2), 1티모 2회(2:1; 5:5), 필레 2회(1:4,22), 야고 1회(5:17), 1베드 2회(3:7; 4:7), 묵시 3회(5:8; 8:3, 4) J. B. Smith, *op. cit.*, 307.

157) 마태 16회(5:44; 6:5, 5, 6, 6, 7, 9; 14:23; 19:13; 23:14; 24:20; 26:36, 39, 41, 44), 마르 11회(1:35; 6:46; 11:24, 25; 12:40; 13:18, 33; 14:32, 35, 38, 39), 루카 19회 (1:10; 3:21; 5:16; 6:12, 28; 9:18, 28, 29; 11:1, 1, 2; 18:1, 10, 11; 20:47; 22:40, 41, 44, 46) 사도 16회(1:24; 6:6; 8:15; 9:11, 40; 10:9, 30; 11:5; 12:12; 13:3; 14:23; 16: 25; 20:36; 21:5; 22:17; 28:8), 로마 1회(8:26), 1 코린 8회(11:4, 5, 13; 14:13, 14, 14, 15, 15), 에페 1회(6:18), 필리 1회(1:9), 콜로 3회(1:3,9; 4:3), 1테살 2회(5:17, 25), 2테살 2회(1:11; 3:1), 1티모 1회(2:8), 히브 1회(13:18), 야고 5회(5:13, 14, 16, 17, 18), 유다 1회(20)등이 나타난다. K. Aland, *op. cit.*, 1177.

158) Liddell and Scott, *op. cit.*, 601.

159) *Exegetical Dictionary of the New Testament* Vol 3 Horst Balz and Gerhard Schneider(ed.). (Michigan, Grand Rapids: William B. Eerdmans Publishing Company, 1993), 165.

160) 사도 12:5절에는 προσευχὴ를 쓰고 있으며, 사도 12:12절에는 προσευχόμενοι를 쓰고 있다. *Novum Testamentum Graece*, 418~419,

「기도」의 제목으로 사용했다. 에바그리우스는 수도승의 기도가 하느님과의 합일을 넘어 이웃을 돕는 중보기도까지 가야 한다는 것을 강조하기 '프로슈케'라는 기도 용어를 선택한 듯하다. 요컨대, 에바그리우스가 '프로슈케'를 사용할 때는 단순한 관상 기도가 아니라 관상 중에 활동을 지향한 중보기도의 성격을 가지고 있다고 할 수 있다.

이상에서 제시되듯 신약 성서에 나오는 기도를 종합해보면 유케는 명사형이 3회, 동사형이 7회로 총 10회 나타나며, 프로슈케는 명사형이 37회, 동사형이 88회로 총 125회 나타난다. 동사형 아이테오(αἰτέω)는 총 71회, 동사형 에로타오는 총 66회, 동사형 프로스퀴네오는 총 60회, 동사형 유로게오는 총 45회, 동사형 유카리스테오는 총 39회, 명사형 데에시스는 총 19회, 동사형 데오마이는 총 22회로 명사형과 동사형을 합쳐서 총 41회, 동사형 고뉘페테오는 총 4회, 동사형 크라조는 총 60회, 동사형 보아오는 총 14회 나타난다. 신약 성서 전체에서 동사형으로만 보더라도 프로슈케가 88회로 가장 많이 나온다. 프로슈케의 명사형과 동사형을 합치면 총 125회로 프로슈케는 신약 성서의 기도 용어 가운데 가장 많이 나타난다. 유케는 명사형과 동사형을 합친 것이 총 10회 나타난다. 오리게네스가 신약 성서의 기도 용어 가운데 가장 적게 사용하는 유케를 자신의 「기도」의 제목으로 사용하고 있는 것에 비해, 에바그리우스는 신약 성서의 기도 용어 가운데 가장 많이 사용하는 프로슈케를 자신의 「기도」의 제목으로 사용했다. 다시 말해, 오리게네스가 쓰고 있는 유케는 개인적인 간구와 간청의 뜻을 담은 서원의 뜻을 포함한다. 이것은 오리게네스가 기도 무용론자들을 반박하기 위한 목적 때문이었을 것이다. 이에 비해, 에바그리우스가 선택한 프로슈케는 중보기도와 하느님을 찬양하는 뜻을 담고 있다. 에바그리우스는 수도승들이 중보기도와 하느님을 찬양하는 기도를 통하여 이웃을 위해서 중보기도를 해야 하는 사명을 강조한 것 같다.

다음 장에서는 오리게네스「기도」와 에바그리우스의 「기도」와 관계된 교부들의 작품에 나타난 기도를 살펴보겠다.

2.4 교부들의 작품에 나타난 기도

이 장에서는 오리게네스「기도」와 에바그리우스의「기도」에 간접적인 영향을 준 서방 라틴 교부 떼르뚤리아누스와 치쁘리아누스의 기도 작품을 살펴보겠다. 그리고 오리게네스에게 직접적인 영향을 준 알렉산드리아의 클레멘스와 에바그리우스에게 직접적인 영향을 준 카파도키아의 니사의 그레고리우스의 기도를 살펴보겠다.

2.4.1 떼르뚤리아누스의 「기도」

북아프리카 카르타고의 대표적인 신학자 떼르뚤리아누스는 기원후 155년경 카르타고의 이교 가정에서 태어나 법률을 공부하고 변호사가 되어 로마에서 활약했다. 떼르뚤리아누스는 기원후 195년부터 220년까지 신학 전반에 걸쳐 수많은 귀중한 저서들을 저술했다. 떼르뚤리아누스는 라틴 교부 가운데 아우구스티누스 다음으로 가장 훌륭하고 독창적인 신학자로 평가받고 있다. 더욱이 예비자들을 위해 쓴 그의「기도」는 구약의 기도와 신약의 기도를 비교하면서, '주의 기도'를 해설한 기도서이다.161) 떼르뚤리아누스와 오리게네스는 기도의 내용에서 몇 가지 유사성이 보인다. 두 저자 모두 '주의 기도'를 다루고 있다는 점이다. 나아가 두 사람 모두 산상수훈에서 경고하는 '빈말을 되풀이하지 말라'(마태 6장 7절)는 점을 강조했다. 더 나아가 두 사람 모두 기도 중에 '아버지'라고 부르는 특유한 그리스도교 호칭을 강조했다. 연이어 두 사람 모두 기도하러 오는 사람의 합당한 마음의 자세와 성품을 언급했다.[162] 또한, 떼르뚤리아누스의「기도」9장의 구조를 보면 오리게네스의「기도」와 구조에서 유사성을 보인다.[163] 더욱이 기도 시간에 대해서도 떼르뚤리아누스와 오리게네스는 유사성을 보인다. 예를 들어, 떼르뚤리아누스의「기도」24장은 오리게네스처럼 '끊임없는 기도'를 언급하고 있다. 떼르뚤리아누스는 성서에서 요구하는 특별한 기도 시간은 없다고 본다. 다만 '세 번' 기도 하라는 것은 성서의 관례를 따르는 것이라고 했다. 오리게네스도 하루에 세 번 기도를 강조했다.[164] 기도의 장소에서도 두 사람은 유사성을 보인다. 오리게네스는 모든 장소가 기도의 장소로 적합하다고 했다. 떼르뚤리아누스도「기도」24장에서 모든 장소가 기도의 장소로서 유용하고 타당하다고 했다.[165] 이처럼 떼르뚤리아누스와 오리게네스는 기도의 구조, 기도의 시간, 그리고 기도의 장소에서 유사성을 보인다. 두 사람 모두 성서를 근간으로 기도

---

161) 떼르뚤리아누스/ 이형우 역주,『그리스도의 육신론』(왜관: 분도출판사, 19 94), 16, 26.

162) 알렉산드리아의 클레멘스·오리게네스/ 정용석·주승민·이은혜·김시호 옮김, op. cit., 269.

163) D. Richard Stuckwisch, "Principles of Christian Prayer from the Third Century : A Brief Look at Origen, Tertullian and Cyprian With Some Comments on Their Meaning for Today," Worship Vol. 71, No. 1 (Jan., 1997), 5~6.

164) Ibid., 7~8.

165) Ibid., 8~9.

론을 썼기 때문일 것이다. 그러나 차이점도 발견된다. 오리게네스가 하느님의 나라를 내재적이고 영적인 것으로 보았다면, 떼르뚤리아누스는 문자적이고 종말론적으로 보았다. 나아가 오리게네스가 '주의 기도'를 개인기도나 사적 기도로 해석했지만 떼르뚤리아누스는 교회의 정황 안에 위치시켰다.166) 이처럼 떼르뚤리아누스와 오리게네스의 기도에는 유사성이 보이지만 부분적으로 상이성도 보인다. 분명한 것은 떼르뚤리아누스의 「기도」는 '주의 기도'에 관해 쓴 기도서이지 관상 기도를 논한 책은 아니라는 점이다.

2.4.2 치쁘리아누스의 「주의 기도문」

북아프리카 카르타고의 주교였던 치쁘리아누스는 기원후 200년경 카르타고의 유복한 가정에서 태어나 수사학과 웅변에 뛰어난 인물이 되었다. 그는 13권의 저서와 65편의 서간을 남겼다. 그의 대표적인 기도서인 「주의 기도문」은 떼르뚤리아누스의 「기도」에서 영향을 받고 쓴 것으로 알려졌다.167) 치쁘리이누스의 「주의 기도문」의 특징은 '주의 기도'가 개인의 청원 기도가 아니라 공동으로 바치는 기도라는 점을 강조한 점이다. 주의 기도의 공동성에 대한 강조는 떼르뚤리아누스나 그 외 다른 '주의 기도'를 주석한 교부들에서 찾아볼 수 없는 치쁘리아누스만의 독창적인 특징이다.168) 아마도 치쁘리아누스는 주교라는 자신의 신분적 상황에서 '주의 기도'의 공동성을 강조했을 것이다. 이에 비해, 평신도 출신의 떼르뚤리아누스나 오리게네스는 '주의

---

166) 알렉산드리아의 클레멘스·오리게네스/ 정용석·주승민·이은혜·김시호 옮김, *op. cit.*, 270~271.
167) 치쁘리아누스/ 이형우 옮김, 『도나뚜스에게 · 가톨릭 교회 일치 · 주의 기도문』(왜관: 분도출판사, 1996), 11~22.
168) Ibid., 119.

기도'의 공동성보다는 개인의 청원 기도에 관심했기 때문에 공동성을 강조하지 않은 것으로 보인다. 그런데도 치쁘리아누스가「주의 기도문」에서 화해를 강조한 점은 떼르뚤리아누스의 신학을 계승한 것이라고 할 수 있다. 한편, 떼르뚤리아누스는「기도」11장에서 우리가 형제와 맺은 불화 혹은 죄가 무엇이든지 간에 우리가 용서하지 않으면 하느님의 제단에 나아갈 수 없다고 했다. 기도하려면 분노를 하지 말아야 한다는 것이다. 치쁘리아누스도「주의 기도문」23장에서 다른 사람과의 화해와 용서의 필요성을 강조했다. "만약 우리 자신이 우리를 향해 죄를 범한 사람들을 향하여 똑같이 죄를 행한다면 우리의 죄를 구할 수 없다는 것을 알라."고 했다.169) 나아가 떼르뚤리아누스는「기도」13장에서 모든 기도에서 종교의식으로 손을 씻어야 한다고 주장하는 사람들에 대해 비판했다. 손을 씻고 기도를 시작하기보다는 더러운 영을 씻고 마음의 죄를 고백하는 기도를 해야 한다는 것이다. 아울러 기도할 때는 무릎 꿇고 해야 하며, 겸손한 태도로 기도해야 한다고 했다(「기도」23장). 치쁘리아누스도「주의 기도문」6장에서 기도할 때 뻔뻔스럽게 눈을 하늘로 치켜뜨면 안 되며, 오만하게 손을 올려도 안 되고, 오히려 자신의 가슴을 치고 하느님의 긍휼과 도움을 간청하면서 죄를 고백해야 한다고 했다.170) 이처럼 치쁘리아누스는 기도하는 태도에서 떼르뚤리아누스에시 영향을 받은 것 같다.

또 한편, 치쁘리아누스는 기도 시간에 대해서도 떼르뚤리아누와 오리게네스와 같이 하루에 세 번 기도해야 한다고 주장했다. 다만 치쁘리아누스는 여기에 아침기도와 해

---

169) D. Richard Stuckwisch, *op. cit.*, 10.
170) Ibid., 12~14.

가 질 때 기도, 그리고 저녁 기도를 추가했다. 아침에 기도해야 하는 이유는 주님의 부활이 아침에 이루어졌기 때문이며, 그리스도인은 밤에도 기도를 쉬지 말아야 하기 때문이다(「주의 기도문」 34~36).[171] 치쁘리아누스는 기도 장소에서도 떼르뚤리아누와 오리게네스와 같이 모든 장소에서 기도할 수 있다고 했다. 치쁘리아누스는 「주의 기도문」 4장에서 주님은 침실 같은 비밀스럽고 외딴 장소에서 비밀스럽게 기도하는 개인 기도에 대해 말씀하지 않았으며, 모든 장소를 기도의 장소로 보아야 한다고 했다. 왜냐하면, 하느님은 모든 장소에 계시며, 모든 것을 듣고, 보시고, 그분의 주권으로 비밀스러운 장소를 꿰뚫어 보시기 때문이다.[172] 따라서 치쁘리아누스의 「주의 기도문」에서 화해와 용서를 강조하고, 겸손한 태도와 죄고백을 강조하는 부분은 떼르뚤리아누스의 기도에 영향을 받은 듯하다. 그러나 기도 시간에 대한 것은 떼르뚤리아누스와 오리게네스와는 약간의 차이점을 보인다. 더욱이 치쁘리아누스가 주의 기도문의 공동성을 강조한 부분은 떼르뚤리아누스나 오리게네스에는 없는 치쁘리아누스만의 독창적인 부분이라고 할 수 있다. 그러나 치쁘리아누스 역시 그의 「주의 기도문」은 '주의 기도'를 해설한 기도서이지 관상 기도를 논한 책은 아니라는 점이다.

2.4.3 알렉산드리아 클레멘스의 기도

알렉산드리아의 클레멘스가 저술한 삼부작에는 기도에 관한 독자적인 책은 없다. 다만 여러 가지 주제를 다루고 있는 「양탄자」(*Stromata*) 7장에 기도에 관하여 언급하고

---

171) Ibid., 7~8.
172) Ibid., 8~9.

있다. 클레멘스는 당시에 기도를 반대하는 프로디코스의 오류를 지적하면서 기도의 당위성을 주장했다. 기도는 하느님과 대화하는 것이기 때문에 절대로 소홀히 해서는 안 된다는 것이다.[173] 이런 점은 오리게네스가 클레멘스의 기도 유용론을 계승했다고 할 수 있다. 오리게네스도 당대의 기도 무용론자들에게 답하기 위하여「기도」를 집필했기 때문이다. 클레멘스는 영지를 가진 사람은 행실과 생각이 거룩하며, 항상 기도를 위해 죄를 씻고, 기도할 때 천사들과 함께하며, 천사들과 동등 됨을 취하고, 거룩함이 떠나지 않고, 심지어 홀로 기도할 때 성인들이 합창으로 그와 함께한다고 했다.[174] 그러므로 기도를 위해 정화가 선행되어야 하며, 기도의 종국은 천사들과 동등하게 된다고 했다. 오리게네스도 기도를 위해 정화를 강조한다. 나아가 클레멘스는 기도의 방향을 논하면서 기도를 새벽이 밝아오는 동쪽을 향하여 기도하라고 했다.[175] 오리게네스도 기도를 동쪽을 향해 하라고 한다. 전체적으로 오리게네스는 클레멘스의 기도에 영향을 받은 것 같다. 여기서 클레멘스가 말하는 기도의 종국이 천사들과 동등하게 된다는 사상은 에바그리우스가 계승한 것 같다. 에바그리우스도「기도」113장에서 수도승의 기도 목적이 천사들과 동등하게 된다고 말하고 있기 때문이다.[176] 더 나아가 클레멘스의「양탄자」7장에 나타난 기도의 독특성은 아파테이아를 사용한 점이다.[177] 이런 점은 떼리뚤리아누스와 치쁘리아누스와 오

---

173) 알렉산드리아의 클레멘스 · 오리게네스/ 정용석 · 주승민 · 이은혜 · 김시호 옮김, op. cit., 30, 152~153. 클레멘스의 3부작으로는 「그리스 사람들에 대한 훈계」, 「교사」, 그리고 「양탄자」가 있다.

174) Ibid., 179.

175) Ibid., 154~155.

176) PG 79, 1192.

177) PG 8, 976. 「양탄자」에는 아파테이아를 여러 번 사용했다. 자세한 예는 5장에서 제시하겠다.

리게네스의 기도에는 나타나지 않는 부분이다. 오히려 아파테이아는 에바그리우스 기도의 핵심 용어이다. 그런 차원에서 클레멘스의 아파테이아 개념을 에바그리우스가 계승했을 가능성이 있다. 그런데도 클레멘스의 기도가 영지를 강조하고, 아파테이아 개념을 사용한다는 점에서는 오리게네스와 에바그리우스와 유사성을 보이지만 역시「양탄자」7장은 관상 기도를 체계적으로 논한 책은 아니라는 점이다.

2.4.4 니사의 그레고리우스의「기도」

니사의 그레고리우스는 그리스도교 역사에서 사변적인 신학자이면서 동시에 신비가로 알려져 왔다. 기원후 787년 제2차 니케아 공의회에서는 '교부 중의 교부'(Father of the Fathers)라는 평가를 받았다.[178] 니사의 그레고리우스는 기원후 335~340년에 태어난 것으로 보인다. 그의 작품에 나타나듯이 그는 당시의 수사학, 철학, 일반 학문에 관한 기초 지식을 두루 갖추고 있었다. 또한, 니사의 그레고리우스는 기원후 379년에 열린 안티오키아 공의회와 381년, 382년, 383년 394년에 열린 콘스탄티노플 공의회에서 중심 역할을 했다.[179] 한편, 그레고리우스는 철학적으로는 플라톤, 플로티노스와 필로, 그리고 오리게네스를 따랐다. 그러면서도 오리게네스보다는 플로티노스쪽에 더 가까웠다.[180] 이에 따라 그레고리우스의 철학을 중-신플라톤주의로 특징지을

---

178) Virginia Woods Callahan, "Saint Gregory of Nyssa Ascetical Works," in *The Fathers of the Church* Vol 58 (Washington : The Catholic University of America Press, 1967), ix.

179) H. R. 드룹너/ 하성수 옮김,『교부학』(왜관: 분도출판사. 2001), 390.

180) 한스 폰 캄펜하우젠/ 김광식 역,『희랍 교부 연구』(서울: 대한기독교출판사, 1977), 161, 166.

수 있다. 이러한 사상은 자신의 친누이 마크리나와 마지막으로 나눈 대화를 기록한「영혼과 부활」에 두드러지게 나타난다. 그는 이러한 철학 사조를 그리스도교 사상과 세계관의 목적에 맞게 변용시켰다.[181] 그의 대표적인 영성 작품으로는「모세의 생애」(De Vita Moysis)[182]와 '주의 기도'를 다섯 부분으로 나눠 설교한「기도」[183]가 있다. 그레고리우스는 이「기도」에서 우리의 기도가 하느님을 향하지 않고, 명성, 명예, 욕망, 다양한 소송, 게임에 이기는 것, 부, 죄악으로 가득 찬 인간 마음의 정념을 향하는 것에 대해 한탄했다.[184] 안토니 메레디스는 오리게네스와 니사의 그레고리우스의 '주의 기도'를 비교하면서 니사의 그레고리우스의 '주의 기도'의 특징을 몇 가지로 정리했다. 곧, 오리게네스의「기도」가 간청하는 기도에 '주의 기도'를 끼워 넣었다면, 니사의 그레고리우스의「기도」에서는 '주의 기도'만 독자적으로 다루고 있다고 했다. 나아가 오리게네스의 기도가 논문 형식이었다면, 니사의 그레고리우스의 기도는 설교 형식이고, 오리게네스가 수사적 기법을 적게 사용한 데 비해, 니사의 그레고리우스는 수사적 기법을 많이 사용했으며, 오리게네스가 두 명의 지식인을 대상으로 썼다면, 니사의 그레고리우스는 대중들을 염두에 두고 썼다고 했

---

181) H. R. 드롭너/ 하성수 옮김, op. cit., 393.
182) PG 44, 297~430; 영문 번역본으로는 다음을 참조하라. Gregory of Nyssa, The Life of Moses, trans. Abraham J. Malherbe and Everett Ferguson (New York: Paulist Press, 1978); 한글 번역본으로는 다음을 참조하라. 닛싸의 그레고리오 성인 지음/ 최익철 신부 옮김,『모세의 한평생』(서울: 가톨릭출판사, 2005).
183) PG 44, 1119~1194; 영문 번역본으로는 다음을 참조하라. Gregory of Nyssa, St. Gregory of Nyssa: The Lord's Prayer, The Beatitudes (Ancient Christian Writers), trans. Hilda C. Graef (New York: Paulist Press, 1978).
184) Roy Hammerling, "Gregory of Nyssa's Sermons on the Lord's Prayer: Lessons from the Classics," Word & World Vol. 22, No. 1 (Wint., 2002), 67.

다. 또한, 니사의 그레고리우스는 오리게네스보다 플라톤의 영향을 더 많이 받았으며, 끊임없는 기도에 관심했고, 기도를 탐욕에 대항하는 최대의 보호장치로 보았으며, 기도는 영혼의 다양한 병폐에서 보호해 줄 실제적인 유익성을 준다고 했다.[185]

나아가 니사의 그레고리우스의 「기도」를 내용으로만 보면 '주의 기도'를 해설하고 있기 때문에 라틴어로 번역할 때 *De Oratione Dominica*(주의 기도)로 번역했지만 원래 그리스어 원문의 제목은 'Εις Την Προσευχην'이다. 곧, '기도 안으로'라고 쓰고 있다.[186] 이것을 보면 에바그리우스가 자신의 「기도」의 제목을 '프로슈케'라고 쓴 것은 니사의 그레고리우스의 영향으로 보인다. 위의 내용을 종합해 보면 니사의 그레고리우스의 「기도」는 '주의 기도'를 설교한 설교 문이지, 관상 기도를 논한 책은 아니라는 점이다.

이상에서 제시되듯 서방과 동방 교부들의 기도작품은 오리게네스의 「기도」와 에바그리우스의 「기도」와 많은 부분에서 유사성과 상이성을 보인다. 곧, 서방 교부 떼리뚤리아누스와 치쁘리아누스는 오리게네스와 에바그리우스에게 간접적인 영향을 주었다. 이에 비해, 동방의 알렉산드리아의 클레멘스는 독자적인 기도 책을 집필하지는 않았지만, 그가 「양탄자」에서 기도무용론를 반대한 점은 오리게네스가 「기도」에서 기도 무용론을 반대한 것과 유사성을 보인다. 또한, 클레멘스가 기도하면 천사와 동등하게 된다는 사상과 아파테이아를 강조한 점은 에바그리우스가 「기도」에서 강조한 사상과 비슷하다. 이런 점들을 보면 오리게네스

---

185) Anthony Meredith, "Origen and Gregory of Nyssa on the Lord's Prayer," *Heythrop Journal* Vol. 43, No. 3 (Jul., 2002), 344~346.
186) *PG* 44, 1119.

와 에바그리우스는 클레멘스의 기도 사상을 계승한 듯하다. 그런데도 동방과 서방의 교부들 작품 가운데 독자적으로 관상 기도를 논한 책은 없는 것 같다.

다음 장에서는 오리게네스의「기도」의 집필 배경과 때, 그리고 신학적 주제들에 관한 예비적 고찰을 하겠다.

2.5 오리게네스의「기도」에 관한 예비적 고찰

이 장은 오리게네스의「기도」에 관한 예비적 고찰로써, 오리게네스「기도」의 집필 배경과 때,「기도」의 성격, 「기도」의 가치, 그리고「기도」의 내용과 신학 주제를 살펴보겠다.

2.5.1 오리게네스「기도」의 집필 배경과 연대

오리게네스가「기도」를 집필한 배경은 직접적인 배경과 간접적인 배경 둘로 나눌 수 있다. 첫째, 직접적인 배경은 오리게네스의 재정 후원자인 알렉산드리아의 암브로시에와 타티아네가 기도에 관해 질문한 것에 답을 하기 위해서 집필했다. 오리게네스는 암브로시에를 이단에서 개심시켜 주었고,[187] 이에 암브로시에는 오리게네스의 저술 활동을 물질로 도와주었다. 이 과정에서 암브로시에는 오리게네스에게 기도에 관한 질문을 편지로 문의했다. 이 편지에 답변한 것이 바로 오리게네스의「기도」이다. 타티아네도 기도에 관한 질문 때문에 암브로시에와 관계된 것 같다.[188] 오

---

[187] 암브로시에는 그리스도인이 되기 전에 영지주의자였다. 유세비우스(H.E., VI, 18:1)는 그가 발렌티누스의 추종자였다고 했으며, 히에로니무스(V.1, 5, 6)는 그가 마르키온주의자였다고 했다. J. E. L. Oulton & Henry Chadwick(ed.), *Alexandrian Christianity* (Philadelphia: The Westminster Press, 1962), 336.

리게네스는 당시 기도 무용론자들의 주장에 맞서 왜 하느님께 기도해야만 하는지에 답하기 위하여「기도」를 집필했다(「기도」2:1; 5:1, 6).[188] 더욱이 오리게네스는「기도」에서 기도로는 아무것도 이룰 수 없다고 주장하는 티로스의 막시모스 같은 기도 무용론자들의 주장을 반박했다.[190] 둘째, 간접적인 배경으로는 알렉산드리아의 감독 데메트리우스가 오리게네스가 거세한 사실을 지적하면서 장로 임명을 비난하고, 사제 서품을 반대하는 상황에서 기도하는 사람은 근심이나 분노나 악의가 없이 기도해야 한다는 점을 강조하기 위하여 집필한 것으로 보인다.[191]

한편, 집필 연대에 관해서는 조지 제이 에릭은 오리게네스의 「기도」의 집필 연대는 기원후 231년 이전까지 내려올 수는 없고 최소한 기원후 231년 이후라야 한다고 주장했다.[192] 빅은 오리게네스의「기도」를 그의「창세기 주석」과「원리론」보다 후에 썼다는 것을 가정하여 최대 귀결점을 기원후 236년까지 보았다.[193] 쾻샤우는 오리게네스「기도」15장 1절에 '다른 곳에도 나타나듯이'라는 말은「요한복음 주석」10권을 가리키는 말이라고 보고, 요한복음 주석 6권부터 22권까지를 오리게네스가 알렉산드리아를 떠나서 가이사랴에 있는 동안에 집필한 것으로 본다면 「기도」의 집필 연대를 기원후 232년에서 235년 사이로 보아야 한다고 주장했다.[194] 나아가 오메라는 암브로시에와 타티아네의

---

188) Ibid., 331.
189) Lawrence S. Cunningham, "Origen's On Prayer : A Reflection and Apprec iation," *Worship* Vol. 67, No. 4 (Jul., 1993), 333.
190) 장용재, *op. cit.*, 18.
191) 알렉산드리아의 클레멘스·오리게네스/ 정용석·주승민·이은혜·김시호 옮김, *op. cit.*, 212.
192) Eric George Jay, *op. cit.*, 72.
193) Ibid.
194) 알렉산드리아의 클레멘스·오리게네스/ 정용석·주승민·이은혜·김시호 옮김, *op. cit.*, 219.

질문을 기원후 233에서 234년 사이에 한 것으로 보아 「기도」가 이때에 쓰였을 것으로 추정했다.195) 또 하나의 단서는 「기도」 23장 4절에서 오리게네스는 창세기 3장 8절과 9절에 대한 주석을 언급했는데, 여기서 오리게네스는 창세기 주석을 완성본으로 보고 있다. 오리게네스가 창세기 주석을 완성한 것은 가이사랴로 옮긴 232년 이후이다. 이상의 주장들을 종합해보면 「기도」의 집필 연대는 최소한 기원후 232년 이후부터 최대 236년 이전에 집필했을 것으로 추정해 볼 수 있다.

2.5.2 오리게네스 작품에서의 「기도」의 성격

조지 제이 에릭은 오리게네스의 작품을 크게 아홉 종류로 구분할 수 있다고 했다. 첫째는 구약의 70인 역과 다른 그리스 역과 히브리어 역 여섯 개를 비교한 헥사플라와 같은 비평적인 작품이다. 둘째는 성서의 거의 모든 부분을 주해한 주석서들이다. 그중에 현존하는 것 중에 전체 혹은 상당히 많은 부분이 남아 있는 「요한복음」, 「마태오복음」, 「로마서」, 그리고 「아가서」가 있다. 셋째는 설교집으로 「창세기」, 「탈출기」, 「레위기」, 「민수기」, 「여호수아」, 「판관기」, 「시편 36~38」, 「이사야」, 「예레미야」, 「에제키엘」, 그리고 「루카복음」이 남아 있다. 하지만 대부분이 루피누스에 따라 라틴어로 번역된 것이 남아 있다. 넷째는 교리 작품으로 「원리론」과 「부활에 관하여」가 있다. 다섯 번째는 변증 작품으로 「켈수스 논박」이 있다. 196) 여섯째는 실천적인 작품으로 「기도」와 「순교에 대한

---

195) John J. O'Meara, op. cit., 8.
196) 오리게네스의 「켈수스 논박」은 그리스어 원문(PG 11, 637~1632)에는 모두 여덟 권의 책으로 이루어져 있는데, 임 걸은 칼 피힐러가 편집한 제1권의 주요 부분, 제6권의 주요 부분, 제7권의 주요 부분, 그리고 제8권만을 옮겼고, 나머지 부분과 2권 3권 4권의 내용은 요약된 것을 옮겼다. 오리게네스/ 임 걸 옮김, 『켈

교훈」이 있다. 여덟 번째는 편지들이다. 오리게네스의 많은 편지 중에 온전히 남아 있는 것은 그레고리오 타우마투루구스에게 보낸 편지와 줄리우스 아프리카누에게 보낸 편지가 남아 있다. 마지막 아홉 번째는 분류하기 어려운 여러 가지 주제로 쓰인 열권의 책으로 된 「스트로마테이스」가 있다.[197] 이 가운데 그리스어로 남아 있는 작품으로는 「켈수스 논박」, 「예레미야에 관한 설교」, 「기도」, 「순교에 대한 소논문」, 「요한복음」, 그리고 「마태복음에 대한 소논문」 등이 있다. 그 가운데 「기도」는 그리스어로 온전하게 남아 있는 몇 개 안 되는 작품 중의 하나이다.[198] 로렌스 커닝햄는 오리게네스의 「기도」는 그의 아가서 주석같이 복잡한 사색적인 특색을 가지고 있지는 않지만, 하느님에 대한 초월과 내재에 대한 깊은 비평, 경건과 학문에 대한 일관된 조화를 보여준다고 했다.[199] 또한, 레퍼버는 오리게네스의 「기도」와 그의 설교에 나타난 기도를 연구하면서 설교에 나타난 기도는 신학적인 논문인 「기도」보다는 매일의 실제적인 기도를 다루고 있다는 점에서 차이점을 보이지만 본질에서는 유사성이 있다고 했다.[200] 이것은 오리게네스의 「기도」안에 오리게네스의 설교에 나타난 기도도 포함하고 있다는 것을 의미하는 것이다. 더욱이 「기도」는 오리게네스가 말년에 쓴 실천적인 작품으로 그의 모든 신학 이론이 녹아있는 이론과 실천이 조화된 영성 신학의 종합판이라고 할 수 있다.

수스를 논박함』(서울: 새물결 출판사, 2005), 19~235.

197) Eric George Jay, op. cit., 51.

198) 유진 드 페이/ 박창훈 옮김, op. cit., 29.

199) Lawrence S. Cunningham, op. cit., 339.

200) P. S. A. Leferber, "The Same View on Prayer in Origen's Sermons and his Treatise on Prayer," in Origeniana Septima Origenes in den Auseinander setzungen des 4. Jahrhunderts (peeters, 1999), 38.

2.5.3 오리게네스「기도」의 가치

오리게네스의「기도」는 그의 영성을 집약적으로 담고 있는 작품이다.[201] 지금 남아 있는 오리게네스의 저서 중 많은 것들이 루피누스의 라틴어 역본으로만 남아 있다. 그러나 루피누스의 오리게네스 작품에 대한 번역 문제로 히에로니무스와 치열한 논쟁을 했다.[202] 따라서 학자들 사이에서 루피누스의 번역이 신뢰받지 못하기 때문에 오리게네스의 글 중에서 그리스어로 남아 있는 것을 연구해야 오리게네스의 신학을 분명하게 밝힐 수 있다.[203] 그런 차원에서 다행히 오리게네스의「기도」는 거의 유일하게 그리스어 원문 그대로 보존되어 있다. 오리게네스의「기도」는 라틴어 역본도 없다.[204] 물론 오리게네스의「기도」가 교부들 가운데 처음으로 쓴 기도는 아니다. 오리게네스가「기도」를 쓰기 이미 약 30년 전인 기원후 206년경에 라틴 교부 테르뚤리아누스가「기도」를 먼저 저술한 바가 있다. 그러나 오리게네스의「기도」는 교부들의 글을 모은 베를린 전집에서 100쪽의 분량을 차지하는 데 견주어서 테르뚤리아누스의「기도」는 20쪽에 불과하다.[205] 오리게네스의「기도」는 분량 면에서뿐만 아니라 학문적으로도 떼르뚤리아누스보다 더 체계적으로 기도론을 논하고 있다. 시점으로

---

201) 허성석 편저,『수도승 영성사』(왜관: 들숨날숨, 2011), 32.
202) 루피누스와 히에로니무스와의 논쟁은 다음을 참조하라. Padraig O'Cleirigh, "Origen's Consistency: An Issue in the Quarrel between Rufinus and Jerome," in *Origeniana Septima* Origenes in den Auseinandersetzungen des 4. Jahrhunderts (peeters, 1999), 225~231.
203) 알렉산드리아의 클레멘스 · 오리게네스/정용석 · 주승민 · 이은혜 · 김시호 옮김, *op. cit.*, 227.
204) Ibid., 275.
205) Ibid., 268.

보아도 오리게네스 이전과 이후에 저술된 테르뚤리아누스와 치쁘리아누스의「기도」보다도 공헌도가 더 높다고 할 수 있다.206) 그러므로 오리게네스의「기도」는 고대 교부들의 기도를 집대성한 작품이기 때문에 그리스도교 공인 이전에 집필된 기도 신학의 결정판이라고 할 수 있다.207)

2.5.4 오리게네스「기도」의 내용

오리게네스의「기도」는 크게 네 부분으로 나눌 수 있다. 첫째, 도입(1~2장), 둘째, 기도에 대한 이론적 고찰(3~17장), 셋째, '주의 기도' 주해(18~30장), 그리고 마지막 후기(31~34장)로 나눌 수 있다.208) 이처럼 오리게네스의「기도」는 기도의 일반적인 내용과 '주의 기도' 주해를 주로 담고 있다. 이 장에서는 오리게네스의「기도」에 나타난 내용을 중심으로 기도의 용어, 기도의 준비, 기도의 종류, 기도의 순서, 기도의 대상, 기도 시간과 장소, 그리고 기도 자세와 방향을 살펴보겠다.

2.5.4.1 기도의 용어

오리게네스는「기도」에서 기도 용어를 사용할 때 성서에서 가장 많이 사용한 유케와 프로슈케를 번갈아 사용했다. 그중에서도 오리게네스는 유케를 집중적으로 사용했다. 이것은 에바그리우스가 자신의「기도」에서 프로슈케를 집중적으로 사용하는 것과 비교가 된다. 오리게네스는「기도」에서 유케의 뜻을 설명하기 위해 몇 가지 성경 구절을

---

206) J. E. L. Oulton & Henry Chadwick(ed.), *op. cit.*, 387.
207) 오리게네스/ 이두희 번역·장용재 주해, *op. cit.*, 20.
208) Ibid., 30.

예로 든다. 첫 번째는 창세기 28장 20~22절에 나오는 야곱이 하느님에게 약속한 서원 기도이다. 두 번째는 탈출기 8장 8~9절에서 파라오가 모세에게 개구리 재앙을 떠나게 기도해 달라고 간청한 구절이다. 세 번째는 탈출기 8장 25~28절에서 파라오가 모세에게 파리떼를 쫓아달라고 기도를 요청한 구절이다. 네 번째는 탈출기 9장 27~28절과 9장 33절에서 파라오가 모세에게 우박 재앙을 멈추게 해달라고 기도를 요청한 구절이다. 다섯 번째는 탈출기 10장 17~18절에서 파라오가 모세에게 메뚜기 재앙을 쫓아달라고 요청한 구절이다. 전체적으로 오리게네스는「기도」에서 유케를 약속과 간청과 요구의 뜻으로 사용하고 있다.209) 요컨대, 오리게네스는 유케를 통해 서원의 의미를 담은 간청하는 기도를 강조하고 있다.210)

2.5.4.2 기도의 준비

오리게네스는「기도」에서 기도자의 성향을 강조했다. 오리게네스는 기도자가 기도에 알맞은 성향으로 기도하지 않으면 기도의 응답을 받을 수 없다고 주장했다. 기도자는 공허한 반복을 사용해서는 안 되며, 세상의 것을 구해서도 안 되고, 분노와 분쟁하는 생각을 하고 기도해서도 안 된다고 했다.211) 더욱이 오리게네스는 기도하는 사람은 분노의 정념을 정화해야 하며, 격노의 감정을 품지 밀아아 하고, 죄지은 자를 용서함으로 거룩한 손을 뻗어야 하고, 마음의 눈은 세상의 것들에 몰두 된 것에서 위로 올려져야 하며, 영혼은 육체에서 분리되어 성령을 따라야 한다고 했다.212) 아울러 어떤 사람이 악의를 간직하지 않으려면 먼저 자

209) 이 외에도 오리게네스는 유케의 뜻을 설명하기 위해 레위 27:1~3; 민수 6:1~3; 6:11~12,13; 6:20~21; 30:1~4; 잠언 20:25; 코헬 5:5; 사도 21:23절을 예로 들었다.
210) D. Richard Stuckwisch, op. cit., 4~5.
211) Ibid., 9~10.

신에게 잘못한 사람에 대한 악의를 버려야 한다고 했다.213) 다시 말해서, 오리게네스는 기도를 위해서 내면적인 성향 곧, 분노를 없애고 용서와 화해를 하는 것이 기도를 위한 가장 중요한 준비라고 했다.

2.5.4.3 기도의 종류

오리게네스는 「기도」 14장 2절에서 티모테오 첫째 서간 2장 1절을 기초로 하여 기도를 간구(δεήσεις), 기도(προσευχάς), 중보(ἐντεῦξεις), 그리고 감사(εὐχαριστίας)로 구분했다. 간구는 사람이 무엇인가 부족한 것을 얻기 위하여 애원하는 기도이며, 기도는 위대한 대상을 위하여 찬양하는 것이고, 감사는 하느님으로부터 좋은 것을 받았을 때 하는 것이며,214) 중보는 하느님에게 어떤 것을 위해 청원하는 탄원 기도이다. 이 탄원은 베드로나 바오로 같은 훌륭한 성인들에게도 청원할 수도 있다. 중보는 자신뿐만 아니라 세상과 모든 사람을 위해 기도하는 교회와 세상을 중재하는 기능을 가진다.215) 또한, 오리게네스는 청원할 때 '위대한 것들을 구하라', '천상의 것들을 구하라'고 강조했다. 작은 것, 세상의 것이 아니라 영적인 은혜를 구하라고 했다(「기도」 13장).216) 나아가 오리게네스는 하느님이 우리에게 행하신 모든 것을 찬양하고 고백하라고 했다.217) 더욱이 오리게네스는 이 네 가지 기도 가운데 성격상 간구를 유케와 비슷한 개념으로 설명했다.

---

212) Ibid., 10˜11.
213) Ibid.
214) Ibid., 5.
215) Ibid., 5, 16.
216) Eric George Jay, *op. cit.*, 71.
217) D. Richard Stuckwisch, *op. cit.*, 18.

2.5.4.4 기도의 순서

오리게네스는「기도」33장 1절에서 기도 순서를 제안했다. 우선, 기도는 찬미 받으실 성령에 따라서 찬양받으실 그리스도를 통하여 하느님에게 찬양으로 기도를 시작해야 한다고 했다. 이어서 기도하는 사람에게 주신 축복을 감사 하고, 죄에 대한 고백을 한 다음에 청원해야 한다고 했다. 청원 기도를 위해서는 먼저 죄가 그에게 가져다준 습관에서 구원받을 수 있도록 치유를 위해 기도해야 하며, 그다음으로 죄를 범한 자를 용서하는 기도를 해야 한다고 했다. 연이어 기도하는 사람의 가족과 사랑하는 자들을 위해 중보 기도를 해야 하며, 그 후에 위대하고 신성한 것들을 구해야 한다고 했다. 마지막으로 기도는 처음 시작했던 것처럼 성령 안에서, 그리스도를 통하여 하느님의 영광으로 결론지어져야 한다고 주장했다.[218] 요약하면, 오리게네스가 제시하는 기도는 찬양, 감사, 회개, 그리고 간청을 하는 전통적인 교리문답의 기도순서를 따르고 있다고 할 수 있다.[219] 이는 오리게네스의 기도 순서가 성서와 교회의 상황에서 형성된 것들이라는 것을 보여주는 증거이다.

2.5.4.5 기도의 대상

오리게네스는「기도」15장 1~4절에서 기도의 유일한 대상은 성부라고 주장했다. 오리게네스는 기도의 대상을 그리스도를 통해서 성부에 해야 한다고 주장했다. 이처럼 오리게네스가 주장하는 기도의 대상은 성령 안에서 그리스도를 통하여 아버지께 기도하는 전례 기도에 가깝다.[220] 물론 오리게네스는「기도」14장 6절

---

218) Ibid., 5~6.
219) Lawrence S. Cunningham, *op. cit.*, 339.

에서 기도를 그리스도에게 청원할 수는 없지만, 그리스도 없이 아버지에게만 드려질 수 있는 것은 아니라고 했다. 왜냐하면, 그리스도는 우리의 위대한 대제사장이기 때문이라는 것이다.[221] 또한, 오리게네스는「기도」14장 2절에서 '중보와 감사'는 그리스도인이든 아니든 모든 사람에게 할 수 있지만 '간구'는 오직 '성인들'에게만 해야 한다고 했다(「기도」14장 5절). 더욱이 '감사'와 '중보', 그리고 '간구'는 그리스도에게 할 수 있는데, 그분은 성부의 뜻대로 우리에게 은혜를 주신 분이시기 때문이다. 그러나 '기도'는 오직 성부에만 해야 한다.[222] 따라서 오리게네스는「기도」25장 2절에서 기도를 성부에 드려야 하는 성서 구절로 요한복음 16장 23~24절을 들고 있다.[223] 이처럼 성부에만 기도해야 한다는 오리게네스의 주장은 당시에 거센 저항을 받았다. 오리게네스의 격렬한 적대자인 알렉산드리아의 테오필루스가 보낸「팔레스타인과 키프로서의 감독들에게 보낸 서신」에서도 테오필루스는 오리게네스의 잘못 중에 오직 성부에만 기도해야 한다는 점을 강하게 비판했다.[224] 이처럼 오리게네스가 기도를 성부에만 해야 한다고 주장한 것은 그리스도를 성부에 종속시키려는 그의 종속론적 삼위일체론 때문에 나타난 주장으로 보인다.

2.5.4.6 기도 시간과 장소

오리게네스는「기도」12장 2절에서 다니엘, 다윗, 베드로, 그리고 바오로와 실라의 예를 들면서 하루에 세 번 이상 기도할 것을 제안했다. 오리게네스가 말하는 하루에 세 번 기도하라는 규정은

---

220) Ibid., 336.
221) D. Richard Stuckwisch, *op. cit.*, 5.
222) 알렉산드리아의 클레멘스·오리게네스/ 정용석 · 주승민 · 이은혜·김시호 옮김, *op. cit.*, 226.
223) Ibid., 229.
224) Ibid., 276.

구약과 유대교의 전통을 따른 것이다. 유대인 전통에 따르면 아침 기도는 아침 9시(유대 시간으로는 3시), 오후 기도는 일반적으로 오후 3시(유대시간으로 제9시)에 드렸으나 때에 따라서는 미리 12시에 드릴 수도 있었다(시편 55:17; 다니 6:10). 그리고 저녁 기도는 해진 후에 드렸는데 '쉐마기도문', '쉐모네 에스레 기도문', 그리고 '개인기도' 순으로 진행되었다. 유대인들에게 하루 3번 기도가 확정적으로 생활화 된 것은 기원후 1~2세기 탄나이트 시대부터 이다.225) 또한, 시리아 지역에서 발견된 열두 사도의 가르침인 「디다케」에서도 하루에 세 번 기도하라고 했다.226) 하루에 세 번 기도하라는 강조는 라틴 교부 떼르뚤리아누스와 동방 교부 알렉산드리아의 클레멘스도 강조한 숫자이다.227) 이에 비해, 라틴 교부 히뽈리뚜스와 치쁘리아누스는 하루에 여섯 번 기도할 것을 제안했다. 히뽈리뚜스는 「사도전승」에서 하루에 여섯 번 기도하라고 했다.228) 치쁘리아누스도 하루에 3시, 6시, 9시 외에 아침 기도, 해가 질 때 기도, 그리고 밤 기도를 추가해서 하루에 여섯 번 기도하라고 했다.229) 이런 것을 보면 오리게네스가 하루에 세 번 이상 기도를 해야 한다고 언급한 것은 유대교 전통과 디다케 전통, 그리고 알렉산드리아 클레멘스에게 영향을 받은 것 같다. 그런데도 오리게네스는 기도 시간의 숫자에 큰 뜻을 두지 않는 신약의 전통을 따르고 있다. 신약 성서는 은밀하게(마태오 6:6), 깨어서(마르코 14:38), 항상(루카 18:1; 21:36), 그리고 쉬지 말고(1 테살 5:17) 기도하라고 말하기 때문이다. 아울러 오리게네스는 「기도」 12장 2절과 22장 5절에서 신약 성서는 기도 시간에 대해

---

225) 성종현, 「유대문헌과 신약성서에 나타난 기도」 『장신논단』 제9집 (1993), 50 ~51.
226) 정양모 역주, 『열두 사도들의 가르침-디다케-』(왜관: 분도출판사, 1993), 63.
227) Diran Y. Hadidian, "The Background and Origin of the Christian Hours of Prayer," *Theological Studies* Vol. 25, No. 1 (Mar., 1964), 60.
228) 히뽈리뚜스/ 이형우 역주, 『사도전승』(왜관: 분도출판사, 2005), 175~193.
229) 치쁘리아누스/ 이형우 역주, *op. cit.*, 161, 163.

정해 놓지 않았기 때문에 모든 사람은 끊임없이 기도해야 한다고
제안했다.230) 그런 차원에서 오리게네스의 기도 시간은 구약과
유대교의 전통, 디다케, 그리고 알렉산드리아의 클레멘스를 통한
세 번 기도의 전통과 신약 성서의 끊임없이 기도하라는 전통을
동시에 실천해야 한다고 주장했다. 한편, 오리게네스는「기도」31
장 4절에서 모든 사람은 개인 기도를 하기 위해 거룩한 장소를
옆에 두어야 한다고 했다. 가능하면 자신의 집에서 가장 조용하
고 분심이 없이 기도할 수 있는 장소를 선택하라고 했다. 다만
장소를 선택할 때 고려해야 할 것은 성적인 관계를 하는 장소는
피해야 한다고 했다.231) 나아가 오리게네스는「기도」31장 5절에
서 믿는 자들이 함께 모여 공동으로 드리는 공동 기도 장소를 강
조했다. 오리게네스는 수많은 사람과 우리 각자의 천사들이 그리
스도를 찬양하기 위하여 모일 때 거기에는 두 개의 교회가 존재
하는데, 첫째는 사람을 위한 교회이고, 둘째는 천사를 위한 교회
가 존재한다고 했다. 따라서 교회 안에서 드려지는 공동 기도를
멸시해서는 안 된다고 했다.232) 이처럼 오리게네스는 교회의 공
동 기도 장소를 가장 이상적인 기도의 자리로 생각한 것 같다.

2.5.4.7 기도 자세와 방향

오리게네스는「기도」31장 1~2절에서 기도자의 바른 기
도 자세를 제시했다. 기도자가 기도할 때는 서서 하늘을
향하여 손을 펼치고 기도하라고 했다. 다만 병들었거나 허
약해서 서서 기도할 수 없을 때는 앉아서 기도하는 것을
허락해야 하며, 심지어 필요한 경우에는 누워서 기도할 수
도 있다고 했다. 나아가 하느님 앞에서 죄를 고백할 때는

---

230) D. Richard Stuckwisch, *op. cit.*, 7~8.
231) Ibid., 8~9.
232) Ibid., 9.

무릎을 꿇고 기도할 필요가 있는데, 그것은 기도하는 사람
이 부족하고, 순종하고 있는 것을 상징적으로 보여주기 때
문이라는 것이다.[233] 한편, 오리게네스는「기도」32장 1절
에서 기도하는 방향에 대해서도 제안했다. 기도자가 기도
할 때는 동쪽을 향해 기도해야 하며, 동쪽으로 문이 나지
않은 건물에서는 동쪽을 보고 기도해야 한다고 했다. 왜냐
하면, 사람은 동쪽에 대한 본성 때문에 다른 방향보다 동
쪽을 더 좋아하기 때문이라는 것이다.[234] 이처럼 오리게네
스는 기도할 때 서서 하늘을 향하여 손을 펼치고 기도해야
하며, 동쪽을 향해 기도하라고 했다.

2.5.5 오리게네스의「기도」와 연관된 신학적 주제

이 장에서는 오리게네스의「기도」와 관계된 신학 주제
를 살펴보겠다. 오리게네스의「원리론」은 고대 교회에서
처음으로 그리스도교의 가르침에 관한 포괄적이며, 체계적
이고, 그리고 신학적인 구상을 제시했던 조직신학 책이
다.[235] 이「원리론」에는 삼위일체론, 창조론, 인간론, 육화
론, 그리고 심판론이 하나의 통합적인 전체로서 제시되어
있다.[236] 하지만 불행하게도 기원후 543년 유스티니아누스
황제가 오리게네스를 단죄한 뒤 그의 저서를 몰수해서 없
애 버렸기 때문에 그리스어로 쓰인 그의 저서 대부분이 유
실되었다. 그리스어로 쓴「원리론」도 예외는 아니었다. 다
만 루피누스가「원리론」를 라틴어로 번역한 번역본과 바
실리우스가 오리게네스 저서 선집을 모은「필로칼리아」에

233) Ibid., 12~14.
234) Ibid., 12.
235) 오리게네스/ 이성효·이형우·최원오·하성수 해제·역주,「해제」in『원리론』,
    79.
236) Eric George Jay, op. cit., 52.

그리스어로 일부가 남아 있을 뿐이다.237) 이 장에서는 아쉽지만, 오리게네스의 라틴어에서 번역된 「원리론」과 그리스어로 남아 있는 「기도」를 중심으로 오리게네스의 창조론, 삼위일체론, 인간론, 자유의지, 관상과 활동, 정신, 그리고 비(非) 아파테이아를 중심으로 살펴보겠다.

2.5.5.1 창조론

오리게네스는 세상이 존재하기 전에 다른 세상이 있다는 이중 창조론을 주장했다. 오리게네스는 「원리론」 3권 5장 3절에서 다음과 같이 언급했다.

> 하느님께서 이 가시적인 세상을 만드셨을 때 처음으로 활동하기 시작하신 것이 아니며, 이 세상이 소멸한 다음에 또 다른 세상이 있을 것처럼 이 세상이 존재하기 전에도 다른 세상이 있다고 우리는 생각한다.238)

오리게네스에게 하느님의 첫 번째 창조 때는 물질세계는 존재하지 않았다. 하느님은 비물질적인 영이기 때문에 첫 번째 창조 때는 비물질적인 지성만을 창조했다고 주장했다.239) 곧, 첫 창조 때에 창조된 지성적 존재들인 천사, 악

---

237) 오리게네스/ 이성효·이형우·최원오·하성수 해제·역주, 『원리론』 (서울: 아카넷, 2014), 73, 152~153. 루피누스의 『원리론』 라틴어 번역은 제1권, 제2권, 제3권 1~6장, 제4권 1~4장이며, 바실리우스가 오리게네스 저서 선집을 모은 『필로칼리아』 의 그리스어본은 제3권 1장, 제4권 1장 1절-3장 11절이다. 『필로칼리아』 에 『원리론』의 7분의 1 정도가 그리스어로 남아 있다. 『필로칼리아』의 가치가 높은 것은 단순히 저서가 그리스어 『원리론』 의 많은 부분을 담고 있기 때문만이 아니라, 루피누스와 히에로니무스의 번역 방식을 파악하게 해주기 때문이다.

238) Ibid., 707.

239) 오유석, 「오리게네스에 있어 영혼의 부분과 악의 기원」 『동서철학연구』 제52집 (2009.6), 65.

마, 그리고 인간은 모두 선하고 순수했다. 하지만 이 지성적 존재들이 자유의지를 잘못 사용하여 하느님에 대한 사랑에 대해 게을렀기 때문에 타락했고, 그 결과 점차 낮은 단계로 강등되었다고 했다. 그 결과 하느님은 이에 대한 벌로 두 번째 창조인 물질세계를 창조했다는 것이다. 나아가 이 지성적 존재들은 타락한 정도에 따라 덜 타락한 지성적 존재는 천사가 되고, 이보다 타락한 존재는 땅으로 내려와서 물질에 둘러싸임으로 인간이 되었다고 했다.240) 그런데 이 모든 지성적 존재들은 시간 차이는 있지만, 마지막 종말에 모두 회복된다고 주장했다. 오리게네스는「원리론」1권 6장 3절에서 모든 지성적 존재들이 결국은 교정을 통해 회복될 것이라고 주장했다.

어떤 존재들은 먼저, 어떤 존재들은 그다음에, 또 어떤 존재들은 제일 마지막 때에 매우 크고 고통스럽고 지속적인 벌을 받을 것이다. 수많은 세월 동안 견뎌 내야 하는 벌을 받고 혹독한 교정을 거치면서 모두 회복되고 교정될 것이다.241)

이처럼 오리게네스의 창조론은 타락한 지성적 존재들의 종말 회복을 전제로 한다. 오리게네스가「기도」에서 정화를 강조한 이유도 바로 여기에 있다. 오리게네스에게 타락한 지성적 존재들이 다시 회복되기 위해서는 정화의 단계를 거쳐야 하기 때문이다. 정화로 회복된다는 사상은 에바그리우스에게도 나타난다.

---

240) 오유석,「오리게네스의 인간 이해-타락과 회복을 중심으로」『기독교와 철학』제9집 (2008), 7.
241) 오리게네스/ 이성효·이형우·최원오· 하성수 해제·역주, *op. cit.*, 367.

2.5.5.2 삼위일체론

　오리게네스는 삼위일체 하느님을 주장했다. 오리게네스가 주장하는 삼위일체 하느님은 모든 존재보다 우월하다. 다만 아들은 홀로 이성적인 존재 중의 최고이지만, 성부보다는 못하며, 성부의 능력은 아들의 능력보다는 강하고, 아들의 능력은 성령의 능력보다는 강하다. 성부는 존재의 은총을 수여하며, 아들은 타고난 이성의 은총을 주고, 성령은 본질에서 거룩하지 않은 사람들을 거룩하게 한다고 했다.242) 이러한 구조를 보면 오리게네스는 종속론적 삼위일체론을 말하는 것처럼 보인다. 그래서 기도의 대상에서도 오직 성부 하느님께만 기도해야 한다고 말하고 있다.243) 이처럼 기도의 관점에서 본다면 오리게네스의 삼위일체론은 종속론적 삼위일체론을 취하고 있는 듯하다.

2.5.5.3 인간론

　도르제센은 오리게네스는 인간을 육체, 혼, 그리고 영으로 삼분법으로 구분했으며, 이렇게 인간을 삼부로 구분한 것은 성서의 교리에 근거한 것으로서 세 개의 다른 그룹 곧, 초심자, 중간자, 그리고 진보자를 가리키는 것이라고 했다.244) 한편, 오리게네스는 「원리론」 1권 1장 6절에서 인간은 '영혼'(ψυχη)과 '육체'(σῶμα)의 결합으로 보는 이분법을 주장했다. 그러면서도 인간의 내면적 자아는 '영'(πνεῦμα)과 '혼'(ψυχη)으로 구성되어 있다고 했다(「창세기 설교」 1.15).245) 나아가 오리게네스는 플라톤의 이분법에 따

---

242) Eric George Jay, op. cit., 55.
243) 주재용, 「오리겐의 신학사상 소고」 『신학연구』 35 (1994), 64.
244) Karen Jo Torjesen, ""Body", "Soul," and "Spirit" in Origen's Theory of Exegesis," Anglican Theological Review Vol. 67, No. 1 (Jan., 1985), 19~24.

라「원리론」3권 4장 2절에서 영혼의 의지는 육과 영의 중간자이며, 양자 중 하나에 복종하고 봉사한다고 했다. 그러므로 영혼의 의지가 육신의 즐거움에 굴복할 때 사람이 육적이 되고, 영혼의 의지가 영과 결합하면 사람은 영적이된다고 했다.246) 따라서 영혼의 이성적 기능이 육체의 요구를 만족하게 하려다가 혼란을 느끼면 여기에서 정념과 악이 생겨난다고 보았다.247) 이처럼 오리게네스는 인간론에서 성서의 삼분법을 따르면서 동시에 플라톤의 이분법을 따르고 있는 듯하다. 오리게네스는「원리론」3권 4장 1절에서 인간에 대해 다음과 같이 언급했다.

　　이 주제에 관해 우리가 논리적이고자 한다면, 영혼과 육체와
　　생명의 영(1테살 5:23; 지혜 15:1)으로 구성된 우리 인간 안에
　　악(한 방향)으로 내모는 고유한 성향이나 움직임을 지닌 또
　　다른 어떤 것이 존재하는지 물어야 한다고 나는 생각한다.248)

오리게네스는 바오로가 1테살 5장 23절에서 말하는 인간의 세 요소 곧, 영, 혼, 그리고 몸의 삼분법을 따르고 있다.249) 오리게네스의 삼분법적 인간학에서 영은 인간의 가장 높은 부분이며, 정신은 영혼의 높은 부분이고, 영의 제자라고 생각했다.250) 오리게네스의 삼분법적 인간학은 영적투쟁이란 주제로 나타나는 오리게네스의 금욕적이고 도덕적 가르침에 상응한다.251) 그러면서 오리게네스는 플라톤의

---

245) 오유석, *op. cit.*, 2008, 9.
246) 오유석, *op. cit.*, 2009, 63.
247) Ibid., 75.
248) 오리게네스/ 이성효·이형우·최원오·하성수 해제·역주, *op. cit.*, 685~686.
249) 앙리 드 뤼박/ 곽진상 옮김,「삼분법적 인간학(Anthropologie tripartite, 몸, 영
　　혼, 영) 사도 바오로에서부터 교부시대까지」『가톨릭 신학』22 (2013), 37.
250) 오리게네스/ 이성효·이형우·최원오·하성수 해제·역주, *op. cit.*, 488.
251) 이성효,「오리게네스의 인간 이해 안에 나타난 '누스(νοῦς)'의 번역 문제」

영혼의 삼분법은 거부한다.252)

또한, 오리게네스는 플라톤을 따라 영혼의 선재 사상을 따른다. 오리게네스는「원리론」1권 7장 4절에서 영혼의 선재 사상을 언급했다.

인간 영혼은 별들의 영혼보다 분명히 하위에 있게 마련인데, 그 인간 영혼이 육체와 함께 만들어지지 않고 밖에서 육체에 넣어졌다고 한다면, 하늘에 있는 것들이라 불리는 별들의 영혼도 당연히 더 그러할 것이다.253)

이처럼 오리게네스에게 인간의 영혼은 육체 이전에 존재한다. 영혼이 선에 거주하는 한 육체와 연합하지 않는다. 그러나 악으로 기우는 성향 때문에 영혼은 날개를 잃고 육체가 된다.254) 이러한 영혼의 선재 사상은 플로티노스의 「엔네아데스」5권 1장 1절에도 나타난다.255) 한편, 오리게네스가 인간의 본질을 영혼에 두고 육체를 '영혼을 구속하는 틀'로 간주했다는 점에서 오리게네스의 인간론은 플라톤의 영혼론과 크게 다르지 않다.256) 그러나 오리게네스는 「원리론」1권 7장 1절과 2권 9장 1절에서 영혼의 선재를 말하면서도 동시에 하느님께서 영혼을 창조했다고 말한다.257) 이처럼 오리게네스는 성서의 삼분법과 플라톤의 이

『이성과 신앙』 제50호. (2012.봄), 27.

252) Ibid., 9. 플라톤의 삼분법은 영혼에 한정된 것이고, 오리게네스의 삼분법은 인간 전체에 관한 것이다. 사용하는 용어도 서로 다르다. 곧, 플라톤은 누스(νοῦς), 티모스(θυμὸς), 그리고 에피투미아(ἐπιθυμια)라고 하고, 오리게네스는 프네우마(πνεῦμα), 프시케(ψυχη), 그리고 소마(σῶμα)라고 한다.

253) 오리게네스/ 이성효·이형우·최원오·하성수 해제·역주, op. cit., 377.

254) Eric George Jay, op. cit., 56.

255) 플로티노스/ 조규홍 옮김, op. cit., 2008, 44.

256) 오유석, op. cit., 2009, 79; 플라톤의 영혼론에 대해서는 다음을 참조하라. 박영식,「플라톤의 영혼관」『인문과학』제12권 (1964), 67~85; 강성훈,「플라톤에서 영혼의 기개적 부분과 분노」『철학사상』제47권 (2013.2), 33~65.

분법, 그리고 플라톤의 영혼의 선재 사상과 성서의 영혼 창조설을 절묘하게 결합해서 자신의 인간론을 펼쳤다고 볼 수 있다.

2.5.5.4 자유의지

오리게네스는「원리론」에서 자유의지를 강조하면서 자유의지는 타락의 원인이며, 회복의 능력으로서 타락과 회복을 반복하게 하는 가능성이라고 했다.[258] 오리게네스는 「기도」 6장 1절과 2절에서 자유의지에 대한 낙관적인 태도를 보인다.[259] 이러한 자유의지에 대한 낙관적인 입장에 대해 잭슨은 오리게네스가 주장하는 자유의지는 성경보다는 고대 그리스의 철학자들의 작품들에서 빌려 왔다고 주장했다. 곧, 플라톤의「국가」10권에 나타난 '에르'(Er) 신화에서 빌려 왔으며, 중기 플라톤주의자 필로의 '운명'(De Fato)에서 사용한 자유의지를 빌려 온 것으로 신플라톤주의자 플로티노스보다 자유의지 교리를 더 강력하게 주장했다고 했다. 아울러 오리게네스는 스토아 철학의 자유의지에 대한 내적 구조와 플라톤의 초월적 관점을 결합했다고 했다.[260] 또한, 오리게네스는 성서의 가르침을 따라 인간은 하느님의 형상에 따라 창조되었으나, 하느님의 완전한 모양을 얻으려면 최후의 날까지 자유의지로 노력해서 하느님을 닮고자 해야 한다고 주장했다.[261] 이것을 보면 오리게네

---

257) 오리게네스/ 이성효·이형우·최원오·하성수 해제·역주, op. cit., 326.
258) 공성철,「하나님의 의로움 아니면 하나님의 전능-오리게네스의 원리론 해석」 『신학과 문화』 제19집 (2010), 102~105.
259) 오리게네스/ 이두희 번역·장용재 주해, op. cit., 155~156.
260) B. Darrell Jackson, "Sources of Origen's Doctrine of Freedom," Church History Vol. 35, No. 1 (Mar., 1966), 16~18, 21~22.
261) Ibid., 69.

스는 자유의지에서 플라톤 철학과 성서의 가르침을 혼용하여 사용하고 있는 것 같다. 나아가 오리게네스는「원리론」2권 9장 6절에서 인간은 자유의지에 따라 진보와 퇴보가 결정된다고 주장했다.

> 이성적 피조물들 자체는 자유의지를 타고났고, 각자 하느님을 닮음으로 진보할 것인지 게으름으로 퇴보할 것인지는 자기의 의지에 따라 자유롭게 선택한다.[262]

이처럼 오리게네스는 지성이 타락해서 영혼이 된 이유가 자유의지를 잘못 사용했기 때문이라고 주장했다. 따라서 영혼은 자유의지를 선용함으로 다시 지성으로 되돌아갈 수 있다고 했다.[263] 신플라톤주의자로 알려진 위 디오니시우스도 인간이 자유의지를 잘못 사용하여 신적이고 상승적인 삶을 버리고 반대방향으로 끌려가 더러운 정념 속에 빠졌다고 했다.[264]

한편, 오리게네스는 모든 피조물이 본성적으로 흠 없음을 강조했다. 지성적 존재가 타락한 것은 자유의지 때문이지 그 본성이 악하기 때문이 아니라는 것이다. 따라서 죄 발생은 하느님의 책임이 아니라는 것이다.[265] 이러한 점은 아우구스티누스의 자유의지론과 비슷하다.[266] 그런데도 상당한 차이가 있다. 아우구스티누스는 타락한 인간의 자유의지는 언제나 악만 선택한다고 보기 때문이다. 이에 비해, 오리게네스는 인간의 자유의지를 더 긍정적으로 해석하여

---

262) Ibid., 506.
263) 오유석, op. cit., 2008, 19.
264) Pseudo-Dionysius, Pseudo-Dionysius: The Complete Works, trans. Luib heid Colm, Rorem Paul (New York: Paulist, 1987), 220.
265) 오유석, op. cit., 2008, 8.
266) 아우구스티누스/ 성 염 역주, 『자유의지론』(왜관: 분도출판사, 2012), 77.

인간이 자신의 의지와 행동으로 악한 자에서 선한 자로 탈바꿈할 수도 있고, 선한 자에서 악한 자로 타락할 수도 있다고 했다.267) 나아가 오리게네스는「원리론」3권 1장 23절에서 다음과 같이 주장했다.

어떤 이들은 그들 의지의 결심으로 더 나쁜 것에서 더 좋은 것으로 나아가지만 다른 이들은 더 좋은 것에서 더 나쁜 것으로 떨어진다. 또한, 어떤 이들은 선에 머무르거나 좋은 것에서 더 좋은 것으로 올라가지만 다른 이들은 여전히 악에 머무르며 악의가 퍼지면 나쁜 것에서 더 나빠진다.268)

이처럼 오리게네스에게 인간은 육체 안에 있든지 밖에 있든지 자유 의지를 소유하며, 이 의지의 자유는 항상 선과 악을 향하여 움직인다고 했다.269) 따라서 오리게네스에게 기도는 타락한 자유의지가 방향을 바꿔서 하느님에게 돌아가는 선택을 하는 것이다.270) 이처럼 오리게네스는 자유의지에 대해 낙관적 태도를 보인다. 자유의지에 대해 낙관적 태도를 보였던 펠라기우스도 인간의 자유의지를 논증하기 위해 오리게네스의「로마서 주해」를 이용할 정도였다.271) 그러므로 오리게네스에게 기도는 바로 이 자유의지를 통해 하느님께로 향하는 의지의 낙관적 선택이라고 할 수 있다.

또 한편, 오리게네스는「기도」에서도 자유의지의 낙관적 태도를 주장했다. 오리게네스가「기도」를 집필하게 된 동기도 기도가 필요 없다는 기도 무용론을 반박하기 위해

267) 오유석, *op. cit.*, 2009, 64.
268) 오리게네스/ 이성효·이형우·최원오·하성수 해제·역주, *op. cit.*, 595.
269) Eric George Jay, *op. cit.*, 59.
270) Hilary Case, *op. cit.*, 204.
271) 오리게네스/ 이성효·이형우·최원오·하성수 해제·역주,「해제」in『원리론』, 132.

서였다. 이미 오리게네스는「켈수스 논박」2장 13절에서 에피쿠로스 학파는 섭리를 부인하는 사람들이고, 소요학파 철학자들은 기도가 소용이 없고 희생 제물을 신에게 드리기만 하면 된다고 주장하는 사람들이라고 했다.272) 장용재는 오리게네스가「기도」에서 말한 기도 무용론자들은 구체적으로 피타고라스주의자들, 무신론자들과 에피쿠로스주의자들, 스토아주의자들, 그리고 키레네 철학자들이라고 했다.273) 오리게네스는 이런 기도 무용론에 대한 해결책으로 인간의 자유의지를 강조했다.274) 이직도 오리게네스가「기도」6장 1절과 2절에서 스토아학파와 영지주의자의 운명론과 결정론을 반대하여 자유의지를 옹호했다고 주장했다.275) 또한, 오리게네스는「기도」5장에서 하느님은 미리 모든 것을 결정하시고 아시기 때문에 기도를 거부해야 한다고 말하는 사람들에게「기도」6장 1~8절에서 하느님의 예지에도 인간의 자유의지가 기도하게 하는 원동력이라고 했다. 아울러「기도」29장 13절에서는 오리게네스는 영혼은 항상 자유의지를 지니고 있다는 것을 진실로 믿어야 한다고 강조했다. 연이어「기도」29장 15절에서는 하느님께서는 누구나 필연적으로 자유의지를 갖추기를 원한다고 했다. 심지어 오리게네스는「기도」7장에서 해와 달도 자유의지를 갖추고 있다고 했다. 요컨대, 오리게네스는 하느님이 비록 예지하고 있다 할지라도 인간으로서는 자유의지를 갖추고 하느님께 기도해야 한다고 주장했다.

---

272) 알렉산드리아의 클레멘스·오리게네스/ 정용석·주승민·이은혜·김시호 옮김, op. cit., 399~400.
273) 장용재, op. cit., 26~29.
274) Eric George Jay, op. cit., 70~71.
275) Ph. J. Van Der Eijk, op. cit., 339.

2.5.5.5 관상과 활동

오리게네스가 말하는 인간 타락 교리는 창세기보다 플라톤의 「파이드로스」에 가까워 보인다.276) 플라톤에게 인간은 인식자이기 때문에 그의 관심은 영원한 진리를 찾는 것이다. 플라톤에게 인식은 존재하는 세계에서 영원한 세계를 향한 상승을 뜻한다. 플라톤 철학에서 인간은 불멸해가는 과정이며, 완전한 인간이 돼 가는 과정이다. 이러한 플라톤의 사상을 받아들인 오리게네스는 인간이 하느님의 영광을 관상하고, 하느님의 삶에 참여하기 위하여 인간의 능력을 향상하도록 창조되었다고 믿었다. 따라서 오리게네스는 인간을 하느님을 향해 끊임없이 관상하는 존재로 이해했다.277) 나아가 오리게네스는 인간의 지성은 타락했지만, 인간에게는 아직 '영'(πνεῦμα)이 남아 있기 때문에 인간의 영이 하느님의 형상을 관상함으로, 원상태를 회복할 수 있다고 주장했다.278) 더 나아가 오리게네스는 하느님을 갈망하는 사람은 하느님의 지혜와 지식의 신비 안으로 들어가 영원한 진리를 관상할 수 있는 능력을 갖추게 된다고 했다. 이 관상을 통하여 하느님과 연합한다는 것이다.279) 이처럼 오리게네스의 관상 교리는 플라톤의 관상 교리와 맥을 같이 하고 있다.

또한, 오리게네스의 「기도」는 관상(Θεωρία)과 활동(πρᾶξις)을 긴밀히 연관시킨다. 오리게네스는 「기도」 12장 2절에서 "쉬지 않고 기도하는 사람이란 기도와 필요한 행실,

---

276) C. P. M 존스, G 와인라이트, E. 야놀드/ 권순구 옮김, *op. cit.*, 195.

277) Hilary Case, *op. cit.*, 172.

278) 오유석, *op. cit.*, 2008, 17.

279) Eric George Jay, *op. cit.*, 64. 오리게네스가 말하는 세 종류의 지식은 솔로몬의 책 세 권에 해당한다. 곧, 윤리적인 교훈을 말하는 잠언과 만물에 대한 원인과 본성을 묵상하는 전도서, 그리고 아가서이다.

그리고 기도와 적합한 행동을 결합하는 사람."이라고 했다. 이것은 오리게네스가 관상 생활과 활동 생활을 별개의 것으로 여기지 않는다는 증거이다. 오리게네스는 「기도」에서 지성적 신비주의자로 불리는 알렉산드리아 클레멘스의 충실한 계승자로 나타난다. 오리게네스에게 지성은 하느님과 연합하는 핵심적인 통로이기 때문이다. 그러나 동시에 오리게네스는 「기도」에서 초보자들이 헌신적인 삶을 살려고 할 때 수행에 도움을 주는 많은 충고를 아끼지 않고 있다.[280] 따라서 오리게네스에게 의지의 결단을 통한 관상과 활동은 상호 연결되어 있다. 이러한 연결의 결과로 기도는 필연적으로 활동으로 흘러들어 가며, 활동 자체가 된다. 그러므로 오리게네스에게 외적 세계의 선한 활동은 기도의 한 종류라고 할 수 있다. 곧, 오리게네스에게 있어서 내적 세계와 외적 세계는 필연적으로 연결되어 있기 때문이다.[281] 아울러 오리게네스는 성찬의 떡은 활동을 뜻하고 포도주는 관상을 뜻한다고 해석했다(「요한복음 주석」 1.30.208;「마태오복음 주석」16장 7절). 이어서 오리게네스는 마르다는 활동을 나타내고, 마리아는 관상을 나타낸다고 했다. 물론 오리게네스는 그리스도인의 삶에서 관상을 활동보다 우위에 두었지만, 이 둘은 영혼의 교육을 위해서 항상 함께 협력해야 한다고 역설했다. 왜냐하면, 관상과 활동은 상대방 없이는 존재하지 못하기 때문이다(「기도」12장 2절;「민수기 주석」27장 6절).[282] 이처럼 오리게네스는 관상과 활동을 변증법적 관계로 설명했다. 활동하는 관상은 영혼을 순화시켜 하느님을 관상하는 삶으로 인도하며 또한, 관상하는 삶은 영혼에 비전을 주어 활동하는 삶을

---

280) Ibid., 61.
281) Hilary Case, *op. cit.*, 193.
282) 정용석,「그리스도인의 삶에 관한 오리겐의 가르침」『신학사상』제110호 (2000), 207~208.

살게 하기 때문이다. 이에 따라 오리게네스는 관상과 활동은 불가분의 관계에 있다고 주장했다.283) 하이네는 오리게네스가 시도한 영적 해석(ἀναγωγή)은 단순히 본문 연구에 제한되어서는 안 되며, 삶으로 살아내야 한다는 것을 말한 것이라고 했다.284) 이처럼 오리게네스는 관상과 활동을 동시에 강조하고 있다. 그런데도 오리게네스는 관상을 활동보다 우위에 두고 있다. 곧, 오리게네스는 플라톤이 관상을 활동보다 우위에 두는 입장을 그대로 따르고 있는 듯하다. 따라서 오리게네스는 관상과 활동을 수직적 개념으로 이해하고 있는 것 같다.

2.5.5.6 정신

오리게네스는 「원리론」 1권 1장 6절에서 하느님은 지성적 본성이며, 정신(νοῦς)이 시작되는 정신이라고 했다.

> 하느님은 그 어떤 것도 절대로 덧붙일 수 없는 단순한 지성적 본성이시다. 그분은 전적으로 '유일성'(μονάς), 말하자면 '일성'(ἑνάς)인 분이시며, 모든 지성적 본성이나 정신이 시작되는 정신이요. 원천이시기 때문에, 그분 안에는 넘침도 모자람도 없다는 사실을 믿어야 한다.285)

이처럼 오리게네스에게 하느님은 지성적 본성이며, 정신이 시작되는 정신이고, 하느님과 정신을 동일시했다.286) 당연히 정신이신 하느님의 형상으로 창조 받은 인간도 지성

---

283) 정용석, 「오리게네스 영성신학의 연구동향(II)」 『기독교사상』 제35권 제8호 (1991), 102.
284) Ronald E. Heine, op. cit., 74.
285) 오리게네스/ 이성효 · 이형우 · 최원오 · 하성수 해제 · 역주, op. cit., 287~288.
286) Eric George Jay, op. cit., 55.

적인 모상이다. 이처럼 오리게네스에게 정신이 인간 본성의 본질이라는 개념은 플라톤에서 유래한다. 플라톤의 「티마이오스」에 나타난 창조 신화는 오리게네스의 창세기 1장 26절에 대한 주석을 제공해 준다.[287] 이처럼 오리게네스는 인간 정신이 하느님과 유사함을 말하며, 이 정신이 정화될 때 신적 감각을 통하여 하느님을 볼 수 있다고 했다.[288] 이에 오리게네스는 「원리론」 1권 1장 7절에서 다음과 같이 언급했다.

> 그들은 정신이 하느님과 유사함을 가지고 있다는 사실 곧, 정신 자체는 하느님의 지성적 모상이며 이 때문에 정신이 더욱이 육체적 물질에서 분리되고 정화될 때, 신적 본성에 관한 것을 깨닫게 된다는 사실을 이해하려 하지 않는다.[289]

여기서 오리게네스가 말하는 정신은 '지배적 또는 주도적 능력'을 나타내는 스토아 철학 개념과 가까워 보인다.[290] 요컨대, 오리게네스는 정신을 하느님의 지성적 본성으로 보고 있으며, 인간은 바로 이 정신이 정화될 때 하느님의 본성을 깨달을 수 있다고 주장했다.

2.5.5.7 비(非) 아파테이아

오리게네스는 「기도」에서 자신의 스승인 알렉산드리아의 클레멘스가 사용했던 아파테이아 개념을 사용하지 않는다. 오리게네스에게는 사랑이 아파테이아 보다 우위에 있기 때문이다.[291] 이런 점은 자신의 스승인 알렉산드리아 클

---

287) Hilary Case, *op. cit.*, 22.
288) 오리게네스/ 이성효·이형우· 최원오· 하성수 해제· 역주, *op. cit.*, 295.
289) Ibid., 291~292.
290) Ibid., 185.

레멘스의 영향을 받지 않는 것 같다. 이에 비해, 에바그리우스는「기도」에서 아파테이아를 가장 중요한 개념으로 사용한다. 아마도 오리게네스가 자신의「기도」에서 기도론을 전개할 때 성서의 용어를 주로 사용했다면, 에바그리우스는 아파테이아와 같은 철학적 용어들을 자유롭게 빌려서 사용한 것 같다.

다음 장에서는 에바그리우스의 기도의 삼부작과 신학적 주제에 관한 예비적 고찰을 하겠다.

2.6 에바그리우스의 기도의 삼부작에 관한 예비적 고찰

이 장에서는 에바그리우스의 기도 삼부작인「기도」, 「생각에 관하여」, 그리고「성찰」에 대하여 살펴보겠다. 우선, 에바그리우스의 기도론에서 가장 중요한「기도」의 집필 배경과 연대,「기도」의 성격,「기도」의 가치, 그리고「기도」의 내용과 신학적 주제를 살펴본 다음에「생각에 관하여」, 그리고「성찰」를 내용 중심으로 살펴보겠다.

2.6.1 에바그리우스「기도」에 관한 예비적 고찰

2.6.1.1 에바그리우스「기도」의 집필 배경과 연대

밤버거는 에바그리우스의「기도」의 수신자로 몇 사람을 제안했다. 첫째는 이집트의 은수자들을 위해서 쓴 작품으로 보았다. 둘째는 자기의 스승 켈리아의 사제 알렉산드리아의 마카리우스에게 헌정했다고 보았다. 셋째는 편지의 논조로 볼 때 그리스적인 사변에 관심한 가까운 동료에게

---

291) 정용석, *op. cit.*, 2000, 213.

헌정했을 가능성이 있다고 했다. 더욱이 에바그리우스의 친구인 루피누스에게 썼을 가능성이 있다고 했다. 마지막으로 에바그리우스의 지병 때문에 병이 더 악하되기 전에 수도승들이 요청한 것에 응답하기 위해 썼다고 볼 수도 있다고 했다.292) 전체적으로 볼 때 에바그리우스의 「기도」의 수신자가 누구든지 간에 수도승들의 영성 생활에 도움을 주기 위해 쓴 것은 분명하다.

한편, 에바그리우스의 「기도」의 집필 연대는 서문에 명확하지는 않지만, 루피누스의 편지로 기운을 회복했다는 말이 있는 것을 볼 때, 그의 생애 마지막 해에 썼을 가능성이 높다. 왜냐하면, 당시의 역사가 팔라디우스는 에바그리우스가 죽기 2년 전부터 위장병 때문에 불로 조리한 음식을 먹었다고 전하고 있기 때문이다.293) 나아가 「기도」의 내용상 에바그리우스의 발전된 사상을 보여주고 있는 것을 볼 때 집필 연대는 기원후 390년에서 395년 사이에 집필했을 것으로 추정해 볼 수 있다.294)

2.6.1.2 에바그리우스 작품에서의 「기도」의 성격

밤버거는 에바그리우스의 작품 목록이 광범위하여 작품에 대한 정확한 숫자와 이름을 입증하기는 어렵다고 했다. 그런데도 전체적으로 보면 에바그리우스의 작품은 총 열여섯 개가 있는데, 진정성을 인정받는 열네 개와 진정성을 의심받는 두 개가 있다고 했다.295) 이 작품들 가운데 에바

---

292) John Eudes Bamberger, op. cit., 51.
293) Palladius, The Lausiac History, trans. Robert T. Meyer (Westminster, Maryland : The Newman Press, 1965), 114; 팔라디우스/ 엄성옥 옮김, 『팔라디우스의 초대 사막 수도사들의 이야기』(서울: 은성출판사, 2009), 148.
294) John Eudes Bamberger, op. cit., 50~51.
295) 에바그리우스의 작품으로 진정성을 인정할 수 있는 작품으로는 「프락티코

그리우스의 주요 저서는 모나키코스(*Monachikos*)라 불리는 삼부작 곧,「프락티코스」,「그노스티코스」, 그리고「케팔라이아 그노스티카」가 있다. 이 작품들은 에바그리우스의 관상 생활의 기본 구조를 설명하는 책들이다.296) 더욱이「케팔라이아 그노스티카」는 사변적인 작품으로 오리게네스에게 영향을 받은 작품이다. 곧, 이 책에 나타난 인간 영혼의 선재에 관한 이론과 그리스도 안에서 만물의 종국적 회복이 일어난다는 사상은 오리게네스에서 온 것들이다.297) 그러나 에바그리우스의 작품들 모두가 오리게네스의 영향을 받은 사변적인 것만 있는 것은 아니다.「프락티코스」와「기도」는 에바그리우스의 독자적인 금욕적이고 신비적인 체계를 담고 있는 작품들이다.298)

2.6.1.3 에바그리우스「기도」의 가치

밤버거는 에바그리우스의 모든 작품 가운데「기도」를 가장 중요한 작품이라고 했다.299) 아울러「기도」는 에바그리우스의 작품들 가운데서 가장 영속성 있는 작품으로서,

---

스」,「그노스티코스」,「케팔라이아 그노스티카」,「프로슈케」,「안티레티코스」,「수도승들에게」,「동정녀에게 준 권고」,「히포티포시스」,「수도승 율로기우스에 보내는 논문」,「여러 가지 악한 생각들에 관한 논문」,「프로트레프티쿠스와 파레네쿠스」, 그리고「편지들」등이 있다. 주석서로는「시편주석」,「세라핌」,「체루빔」,「빠떼르 노스테르」, 그리고 금욕적인 주제를 담은 *De Justis et Perfectis*가 있다. 에바그리우스의 작품으로 진정성을 의심받는 것들로는 *De Malignis Cogitationibus*와 *Collections of Sentence*가 있다. John Eudes Bamberger, *op. cit.*, lix~lxvi.
296) 에바그리우스 폰티쿠스/ 허성석 역주·해제,『그노스티코스』(왜관: 분도출판사, 2016), 7.
297) G. E. H. Palmer, P. Sherrard, K. T. Ware(ed.), *The Philokalia* Vol 1 (London & Boston: Faber, 1979), 29.
298) John Eudes Bamberger, *op. cit.*, liii.
299) Ibid., lxi.

영성의 역사에서 중요한 위치를 차지하고 있다고 했다.300)
나아가 루이 부이에도 에바그리우스의「기도」는 그리스도
교 영성의 첫 번째 완벽한 체계를 보여주고 있다고 했다.
그래서 에바그리우스의「기도」는 에바그리우스가 이단 정
죄를 받은 후에도 수많은 수도원장에게 영향을 주었으며,
그래서 수도원장들이 옹호하기를 그치지 않았다고 했다.301)
더욱이 에바그리우스는 '백 단위 형식'(The Century Form)
302)을 처음으로 창작했다. 이러한 백 단위 형식이「기도」
에 잘 나타나 있다.303) 이처럼 에바그리우스의「기도」는
그의 작품 가운데 후대에 가장 큰 영향을 미친 작품이며,
이 작품을 통하여 수도승 신비주의 창설자가 되었다.304) 더
욱이「기도」는 그리스도교 최초의 관상 기도를 논한 책으
로 그리스도교 관상 전통에서 가장 가치 있는 책 가운데
하나라고 할 수 있다.

2.6.1.4 에바그리우스「기도」의 내용

이 장에서는 에바그리우스의「기도」에 나타난 내용 곧,
기도의 용어, 기도의 정의, 기도의 준비, 기도의 구조, 그리
고 기도의 목적을 살펴보겠다.

---

300) Ibid., 45~46.
301) Louis Bouyer, op. cit., 381.
302) '백 단위 형식'은 에바그리우스가 창안한 것으로 자신의 영적 교훈과 명상을
담은 말씀 모음을 백 개 정도 모아 편집한 하나의 문학 형태이다. John Eudes
Bamberger, op. cit., lxix.
303) Ibid.
304) 에바그리우스 폰티쿠스/ 허성석 역주 · 해제, 『프락티코스』(왜관: 분도출판사,
2011), 28~29. 『프락티코스』에 대한 또 다른 한글 번역본은 다음을 참조하라.
에바그리우스 폰티쿠스/ 가브리엘 붕게 주해 · 남성현 번역, 『폰투스의 에바그리
오스 실천학』(서울: 새물결플러스), 2015.

2.6.1.4.1 기도의 용어

버나드 맥긴은 에바그리우스가 「기도」 의 제목으로 사용하고 있는 기도 용어 '프로슈케'($\pi\rho o\sigma\varepsilon u\chi\eta\varsigma$)는 그리스 교부 전통에 속한 작가들 가운데서 에바그리우스만큼 자주 사용한 사람이 없으며, 프로슈케를 지적인 것과 대등하게 말한 사람도 드물다고 했다.305) 에바그리우스는 「기도」 에서 프로슈케를 지성의 기도로 해석하여, 수도승들이 자신의 지성을 통하여 하느님께 기도할 것을 촉구했다. 이런 점은 플라톤주의의 영향을 받은 것 같이 보인다.

2.6.1.4.2 기도의 정의

가브리엘 붕게는 에바그리우스가 「기도」 에서 말하는 기도는 말로 표현할 수 없는 하느님과의 친밀함이며, 인접함이고, 교제라고 했다(「기도」 30장).306) 이 기도는 하느님께로 향하는 지성의 상승이며(「기도」 36장), 하느님을 향한 올바른 과정이고, 출발이라고 했다(「기도」 47장).307) 나아가 에바그리우스에게 이 기도는 정신의 품위에 적합한 활동이다(「기도」 84장). 왜냐하면, 기도는 빗물질적이고 변하지 않는 지식의 전조이기 때문이다(「기도」 85장).308) 또한, 에바그리우스는 기도가 '하느님을 향해 정신을 상승시키는 것이라'고 정의했다(「기도」 35장). 이러한 기도 정의는 플로티노스가 일자와 합일하기 위하여 정신을 상승시켜야 한다는 주장과 유사하다.

---

305) Bernard McGinn, *op. cit.*, 150.
306) Gabriel Bunge, "The Spiritual Prayer On the Trinitarian Mysticism of Evagrius of Pontus," *Monastic Studies* 17 (1986), 195.
307) Ibid., 202.
308) Hilary Case, *op. cit.*, 227.

2.6.1.4.3 기도의 준비

에바그리우스는 「기도」에서 수도승이 다른 사람에 대해 적의, 폭력, 그리고 복수에 빠지는 것은 기도의 장애물이라고 했다(「기도」 12장, 13장). 아울러 에바그리우스는 다른 사람에게 나쁜 행동을 해서 분개하는 동안은 참된 기도는 할 수 없다고 했다.[309] 그러므로 참된 기도를 하기 위해서는 먼저 마음속에 있는 분개하는 마음을 제거해야 한다고 했다. 나아가 에바그리우스는 분개와 함께 기억도 수도승이 기도할 때 억제해야 한다고 했다. 에바그리우스에게 기억은 과거에 대한 공상, 근심, 그리고 자기에게 상해를 끼친 사람들에 대한 것들을 생각나게 함으로 기도의 걸림돌이 되기 때문이다(「기도」 44장, 45장). 다시 말해서, 수도승은 누군가가 자신에게 나쁜 행동을 한 것에 대해 기억과 슬픔을 간직하면 기도할 수 없다고 했다(「기도」 22장).[310] 나아가 에바그리우스는 마태오 5장 23절을 인용하면서 기도 준비를 위한 필수 조건으로 동료와 화해의 필요성을 강조하면서 기도와 화해를 결합했다. 정당한 분노같이 보이더라도 분노는 기도를 방해하게 될 것이므로 분노를 삼가면 기도의 사람으로 성공하게 될 것이라고 했다(「기도」 24장, 26장).[311] 또한, 에바그리우스는 기도를 하기 전에 지성을 잘 통제해야 한다고 했다. 곧, 하느님께 기도하려면 침착하고 고정된 상태 속으로 지성을 받아들여야 한다고 했다. 에바그리우스가 기도를 하느님과 대화라고 말할 때

---

309) H. J. M, Turner, *op. cit.*, 146.
310) 에바그리우스가 말하는 슬픔에 대해서는 다음 논문을 참조하라. Douglas Burton-Christie, "Evagrius on Sadness," *Cistercian Studies Quarterly* Vol. 44, No. 4 (2009), 395~409.
311) H. J. M, Turner, *op. cit.*, 147.

(「기도」3장)도 지성이 완전히 평온을 유지해야 가능하다. 따라서 「기도」 11장에서는 기도 시간에 수도승의 지성을 정주하기 위해 분투해야 하며, 영혼이 귀머거리, 벙어리가 되도록 해야 기도할 수 있다고 했다.312)

2.6.1.4.4 기도의 구조

에바그리우스의 「기도」 의 구조는 수행으로부터 시작하여 순수기도로 가는 점진적인 상승구조를 가진다. 「기도」 1~63장은 수행을 다루고 있으며, 이 부분에서 욕정이 강조되고, 겸손은 기도의 토대로 기능한다. 아울러 통회, 눈물, 그리고 성찰의 주제가 언급되고 있으며, 기도하기 위해 먼저 분노를 제거해야 한다고 했다. 더욱이 28~46장은 항구심, 무관심, 포기에 대한 갈망, 그리고 기억의 정화와 같은 기도의 조건들을 언급했다.313) 다시 말해서, 기도자는 정화한 다음에 단순한 생각과 대상에서 벗어나고, 이성적인 대상에서 벗어나서 마침내 아파테이아를 얻게 된다고 했다. 「기도」 64~120장은 수행의 필요성을 거듭 강조하면서 그에 따르는 일련의 지복들로 끝마친다. 마지막으로 「기도」 121~153장은 하느님께 이르는 길에 대해서 언급한다.314) 요약하면, 「기도」 는 수행을 통해 자신을 정화한 다음에 아파테이아의 단계에 들어가고, 그다음에 하느님과 연합하는 순수기도의 단계로 들어가는 상승구조를 가진다. 이러한 에바그리우스의 기도의 상승구조는 플로티노스의 「엔네아데스」 에 나오는 정신이 일자를 향해 상승하는 구조와 유사하다.

---

312) Ibid., 147~148.
313) 허성석 편저, *op. cit.*, 144~145.
314) 에바그리우스 · 요한 카시아누스/ 허성준 옮김, 『스승님, 기도란 무엇입니까?』, 33~34.

2.6.1.4.5 기도의 목적

앤드루 라우스는 에바그리우스가「기도」에서 추구한 목적은 수도승이 천사들과 동등하게 되어 기도를 통하여 다른 사람들을 도울 수 있는 존재가 된다고 했다. 나아가 에바그리우스는「기도」39장에서 "자기 자신의 정화를 위하여 기도할 뿐 아니라 나아가 모든 인류를 위하여 기도하는 것은 옳은 일이다. 그리하여 너는 천사들의 길을 따르게 된다."고 했다. 더 나아가「기도」113장에서는 "수도승은 기도를 통하여 또 다른 천사가 된다."고 했다. 이렇듯 에바그리우스는 수도승이 욕망과 정념에서 벗어나 또 다른 천사가 되면 자기 자신이 세상과 더욱 가까이 있는 존재라는 것을 발견하고, 세상에 묶여 있는 사람보다 더 효과적으로 세상을 도울 수 있다고 했다.315) 이처럼 에바그리우스의「기도」에는 자신만의 성화를 위한 기도가 아니라 또 다른 천사가 되어 기도로 이웃을 돕는 중보 기도의 목적을 담고 있다.

2.6.1.5 에바그리우스의「기도」와 연관된 신학적 주제

이 장에서는 에바그리우스의「기도」와 연관된 신학적 주제를 중심으로 살펴보겠다. 에바그리우스의 신학을 알기 위해서는 오리게네스의「원리론」에 해당하는 에바그리우스의「케팔라이아 그노스티카」그리스어 원본이 있어야 한다. 그러나 불행하게도 에바그리우스가 이단 정죄를 받으면서 그리스어 원본이 유실되고 말았다. 시리아어와 아람어 번역이 남아 있지만, 에바그리우스 신학의 핵심인 그리

---

315) Andrew Louth, *op. cit.*, 2007, 108~109.

스도론이 빠져 있기 때문에 에바그리우스의 신학을 규명하는 데에는 한계가 있다. 다행히 에바그리우스의 작품 가운데 그리스어로 보존된 「프락티코스」316)와 「기도」317)를 통해 에바그리우스의 신학을 어느 정도 살펴볼 수 있다. 이 장에서는 에바그리우스의 「프락티코스」와 「기도」를 중심으로 에바그리우스의 신학적 주제인 창조론, 삼위일체론, 인간론, 자유의지, 관상 중에 활동, 정신, 부정신학, 아파테이아, 그리고 순수기도에 관하여 살펴보겠다.

2.6.1.5.1 창조론

에바그리우스는 오리게네스같이 이중 창조론을 주장했다. 더욱이 두 번째 창조는 지성적 존재들이 타락하여 하느님의 심판 결과로 생겨났다고 했다. 이러한 에바그리우스의 이중 창조론은 오리게네스 신학을 계승한 것이다. 에바그리우스는 이 두 번째 창조에서 최고의 악은 하느님에 대한 무지라고 했으며, 이러한 무지는 관상을 통하여 정화될 수 있다고 했다.318) 나아가 에바그리우스는 지성적 존재들의 타락은 정도에 따라 천사, 인간, 그리고 마귀로 창조되었다고 했다. 첫 번째 지성적 존재인 천사는 불로 만들어진 육체를 가지고 있으며, 밝고, 신비롭고 상대적으로 제한되지 않는 존재라면, 두 번째 지성적 존재인 인간은 눈에 보이지 않는 천사의 육체와는 다르게 눈으로 보이는 육체의 세계에 나타난다. 인간의 육체 때문에 정념, 호색, 그리고 분노로 어두워진 영혼을 정화하면 영적인 몸이 된다고 했다. 이처럼 인간의 육체는 타락한 지성의 등급에서

---

316) *PG* 40, 1219~1252.
317) *PG* 79, 1165~1200.
318) John Eudes Bamberger, *op. cit.*, lxxvii~lxxviii.

중간 위치를 차지한다. 세 번째 타락한 지성은 마귀이다. 마귀의 육체는 흙으로부터 만들어졌기 때문에 가장 어둡고, 물질에 가장 빨리 빠져들고, 증오, 분노, 원한으로 어둡고, 빛이 가장 없는 상태이며. 얼음같이 차가운 공기로 구성되어 있다고 했다.319) 에바그리우스에게 이런 지성적 존재들이 육체가 된 것은 하느님께 대한 태만 때문이라고 했다. 이런 주장 역시 오리게네스로부터 받은 영향 때문이다. 오리게네스도 태만 때문에 하느님과 멀어졌다고 보기 때문이다. 요컨대, 에바그리우스는 죄를 정화하여 첫 번째 창조의 자리로 회귀하기 위해서는 관상이 필연적이라고 했다. 에바그리우스의 이런 관상 사상은 플로티노스가 정신이 일자로 복귀하기 위해서 반드시 관상을 사용해야 한다고 주장한 것과 유사하다.

2.6.1.5.2 삼위일체론

가브리엘 붕게는 에바그리우스의 신비주의를 삼위일체 신비주의라고 했다. 에바그리우스는「케팔라이아 그노스티카」에서 '모나스'에 대해서 자주 언급했으며, 때때로 '거룩한 모나스'라고 묘사하고 있다(「케팔라이아 그노스티카」I, 71; III, 61, 72; IV, 18, 89; V, 84). 이러한 단일성의 주제는 '거룩'과 '축성'(「케팔라이아 그노스티카」VI, 13), 그리고 '숭배'(「케팔라이아 그노스티카」I, 27, 74)의 삼위일체 하느님을 진술하는 것이라고 했다.320) 이렇듯 에바그리우스의 하느님은 삼위일체이며, 하느님의 이름들을 명명할 때 철학적인 용어를 사용하지 않고 성서에 나오는 아버지와

---

319) Ibid., lxxvi.
320) Gabriel Bunge, op. cit., in "The Spiritual Prayer On the Trinitarian Mysti cism of Evagrius of Pontus," 191~193.

아들과 성령을 사용하고 있기 때문에 삼위일체 하느님에 대하여 말하는 것이라고 했다.321) 이처럼 에바그리우스에게 구원과 기도의 수여자는 하느님 아버지이시며, 기도하는 사람이 청원하는 것도 아버지의 위격이다. 아버지는 본성적으로 아들과 성령의 기원이며, 종말론적인 지복이다.322) 또한, 삼위일체 가운데 성령은 영적 기도를 위해 갈망을 불태우고(「기도」 62), 아버지는 영적 기도를 수여하는 유일하신 분으로 나타난다(「기도」 58). 아울러 성령은 아들의 음성을 기도하는 사람의 마음속에 깨우시는 분이시다. 이처럼 에바그리우스의 기도는 성부 안에 기원을 가지며, 성자의 출생과 성령의 발현으로 나타나는 내적 삼위일체의 역동성을 강조했다.323)

2.6.1.5.3 인간론

버나드 맥긴은 에바그리우스의 인간은 세 개의 요소로 구성되어 있다고 주장했다. 곧, 정신(νοῦς), 욕망(ἐπιθυμία), 그리고 분노(θυμος)로 구성되어 있다고 했다(「프락티코스」 86장, 89장). 에바그리우스는 천사들은 정신이 우세하게 지배하고 있는 존재들이며, 욕망은 인간 안에 가장 강력하게 나타나고, 분노는 마귀들을 지배하는 요소라고 했다(「케팔라이아 그노스티카」 68장). 이 세 종류의 지성적 존재들은 모두 그들의 영적인 체질에 맞는 몸을 가진다고 보았다. 곧, 에바그리우스는 이러한 몸들은 그 몸 안에 있는 정신의 상태에 대한 척도로 정해지며, 정신은 하느님을 향한 복귀과정을 돕는다고 했다(「프락티코스」 53장).324)

---

321) Ibid., 193.
322) Ibid., 203.
323) Ibid., 203~204.
324) Bernard McGinn, op. cit., 147~148.

이런 구조를 보면 에바그리우스는 플라톤의 영혼의 삼분법을 따르고 있는 듯하다(「프락티코스」 89장).325) 에바그리우스에게 지성은 이성적인 부분이며, 욕망과 정념은 비이성적 부분으로 인간의 신체인 몸을 바탕으로 하기 때문이다.326) 그러면서도 정신에 따라 존재가 결정된다는 된다는 점은 플로티노스의 영혼론을 따르고 있는 듯하다. 플로티노스도 「엔네아데스」 5권 1장 10절에서 "영혼의 최종목표는 정신을 취하는 데 있다."고 했기 때문이다.327) 에바그리우스도 인간 영혼 안에 있는 정신이 욕망을 누르고 신적 지성을 관상하면 다시 하느님께 복귀할 수 있다고 주장했기 때문이다. 나아가 플로티노스는 「엔네아데스」 5권 1장 3절에서 영혼은 신적인 품위를 지녔기 때문에 관상을 통하여 다시 신적 세계로 오를 수 있는 존재라고 주장했다.

영혼은 사실상 고상하고 신적인 품위를 지닌 존재다. 너는 그러한 사실에 기대어 신(神)을 추구하면서 그와 같은 원인에 힘입어 저편의 세계로 오를 수 있으리라고 확신해도 좋다.328)

이처럼 에바그리우스는 플로티노스같이 인간이 신적 지성을 관상하여 신에게 복귀할 수 있다고 했다. 다만, 플로티노스가 인간의 노력을 통하여 신적인 존재에게 복귀할 수 있다고 주장했다면, 에바그리우스의 상승 과정은 인간의 노력과 함께 하느님의 은총을 통하여 이루어진다고 주장한 점이다.329) 따라서 에바그리우스의 인간론은 일정 부

---

325) *PG* 40, 1236.
326) 남성현, 「플라톤의 영혼의 삼분법과 에바그리오스의 영성신학」 『장신논단』 제48권 제2호. (2016), 69.
327) 플로티노스/ 조규홍 옮김, *op. cit.*, 2008, 66.
328) Ibid., 48.
329) John Eudes Bamberger, *op. cit.*, lxxviii.

분 플로티노스와 유사점도 보이지만 상이점도 보인다.

2.6.1.5.4 자유의지

힐러리 케이스는 오리게네스에게 나타났던 것처럼 에바그리우스도 자유의지와 인간의 책임성을 강조했다고 했다. 에바그리우스는 오리게네스같이 선택의 자유는 진보하도록 허용하는 하느님의 창조 은사이며, 이러한 자유의지는 지성과 상호 영향을 주고받는다고 했다.330) 이런 주장 때문인지 5세기 초엽에 펠라기우스 논쟁이 가열되었을 때, 히에로니무스는 에바그리우스에 대한 정죄의 근거로 에바그리우스가 펠라기우스의 입장을 지지하고 있다고 했다.331) 그러나 에바그리우스는 인간의 전적인 자유의지만으로 하느님께 복귀할 수 있다고 말하지는 않았다. 에바그리우스는 인간의 자유의지와 함께 하느님의 은총이 있어야 한다는 점을 강조했다.

2.6.1.5.5 관상 중에 활동

힐러리 케이스는 에바그리우스가 말하는 관상은 가시적인 창조를 관상하는 자연 관상에서 하느님에 대한 삼위일체 관상으로 나아간다고 했다.332) 에바그리우스는 자연 이해를 위해 다섯 종류의 영지가 있다고 했다. 곧, 첫째는 삼위일체에 대한 영지, 둘째와 셋째는 비육체적 존재와 육체적 존재에 대한 영지, 그리고 넷째와 다섯째는 하느님의 심판과 섭리에 대한 영지라고 했다. 여기서 자연 관상은

---

330) Ibid., 31.
331) Ibid., 34.
332) Hilary Case, *op. cit.*, 204.

에바그리우스에게 최고의 영지인 삼위일체 관상을 위한 준비단계에 해당한다.333) 에바그리우스에게 영혼이 자연을 관상하는 것은 피조된 질서의 배후에 놓여 있는 원리들 곧, '존재하게 된 만물의 로고이(logoi)'의 배후에 있는 원리를 알기 위해서 하는 관상이다(「기도」 80장). 아울러 영혼은 자연 관상을 통하여 마귀들과 투쟁하고, 마귀들의 방법을 체계적으로 아는 능력을 통하여 마귀들을 대항한다. 정신이 이 단계에 이르면 스스로 치료자가 되어 관상을 방해하는 마귀의 세력을 없앨 수 있는 '치료하는 제어력'(「프락티코스」 82장)을 얻게 된다.334)

에바그리우스에게 삼위일체에 대한 관상은 정념을 정화한 후에 이루어지며, 자연 관상의 가장 높은 곳에 이르렀을 때 비로소 이르게 된다.335) 더욱이 에바그리우스는 정신이 개념을 초월할 때 하느님을 관상하는 상태에 도달할 수 있다고 했다.336) 버나드 맥긴은 이런 점에서 에바그리우스는 플라톤의 구조를 따랐다고 보았다. 곧, 플라톤이 말하는 관상은 사랑과 지식의 상승적 정화의 열매이며, 영혼 안에 신적인 요소인 정신이 고귀한 원천에 동화될 때 그것의 목표에 다다를 수 있다고 보았기 때문이다.337) 다만, 에바그리우스에게 정신은 신비적 상승의 정상에 이르렀을 때 자기 밖으로 나가 황홀 속에서 하느님과 연합하는 것이 아니라, 자신의 참된 활동이 무엇인지 깨닫는 것이며, 순수하고, 효과적으로 하느님을 관상하며 하느님을 알게 된다는 점에서 상이점을 보인다.338) 한편, 에바그리우스의 관상은

333) Louis Bouyer, op. cit., 387.
334) Andrew Louth, op. cit., 2007, 104.
335) Louis Bouyer, op. cit., 388.
336) Hilary Case, op. cit., 125.
337) Bernard McGinn, op. cit., 25.
338) Andrew Louth, op. cit., 2007, 110.

궁극적으로는 활동을 지향하는 관상 중에 활동이라고도 할 수 있다. 요컨대, 에바그리우스에게 관상 그 자체는 의미가 없다. 에바그리우스에게는 관상이 활동을 지향할 때만이 관상이 의미가 있다. 따라서 관상이 활동을 지향하는 것이 그의 관상의 목표라고 할 수 있다. 더욱이 에바그리우스는 관상을 활동 위에 두지 않는다. 곧, 에바그리우스는 관상과 활동을 수평적인 개념으로 이해한 듯하다.

2.6.1.5.6 정신

버나드 맥긴은 에바그리우스가 주장한 수덕 생활과 관상 생활은 정신이 원래의 위치로 회복되는 것에 따라서 그 수준이 결정된다고 했다(「그노스티코스」 18~21장).339) 곧, 에바그리우스의 신비 신학은 사랑과 의지보다는 정신을 찬양한다. 에바그리우스가 강조하는 아파테이아 상태를 얻기 위해서도 먼저 타락한 정신을 자유롭게 해야 한다.340) 이처럼 에바그리우스는 지성 주의 전통 곧, 플라톤 철학에 속하는 사상의 틀 안에서 활동했다는 점에서 지성 주의자일 뿐만 아니라 신비 생활의 목표를 정신 혹은 지성의 최고의 활동으로 이해했다는 점에서도 지성 주의자라고 할 수 있다.341) 나아가 에바그리우스는 바오로의 '영', '혼', 그리고 '몸'의 삼분법 구조를 '정신', '영혼', 그리고 '몸'으로 용어를 수정하면서 하느님과 정신의 종말론적인 연합을 추구했다.342) 더 나아가 에바그리우스는 '영'을 나타내는 프네우마($\pi\nu\epsilon\tilde{\upsilon}\mu\alpha$)와 누스($\nu o\tilde{\upsilon}\varsigma$)를 혼용하면서 오리게네스의 인간 삼분법을 수정했다.343) 아울러 에바그리우스의 정신은 선택

339) Bernard McGinn, op. cit., 149.
340) Ibid., 156.
341) Andrew Louth, op. cit., 2007, 109.
342) Hilary Case, op. cit., 207.

하는 능력이며, 하느님과 교제하는 능력이고, 하느님의 창조를 이해하는 능력이다. 또한, 에바그리우스의 정신은 세속적인 뜻의 지성이라기보다는 영 혹은 마음(καρδια)에 가깝다. 에바그리우스의 정신은 바오로의 '영'같이 하느님에 대해 알도록 창조되었다. 따라서 에바그리우스의 정신이 이성적이고, 분석적이라고 하더라도 하느님의 의지와 합병하는 영적인 능력을 지닌다.344) 이에 따라 에바그리우스는 「기도」3장에서 "기도는 하느님과 정신의 끊임없는 통교다."라고 했다.345) 또 한편, 에바그리우스의 정신은 하느님과 아들과 성령을 연합하며, 이 연합 안에서 영혼은 바로 정신이 된다. 인간 존재가 하느님으로 존재론적인 변형이 일어나는 것이다. 그러나 이러한 변형은 융합되는 것이 아니라 피조된 존재와 피조되지 않은 존재 사이의 구별이 있는 변형이다.346) 이렇듯 에바그리우스가 말하는 하느님과 정신의 연합은 플로티노스가 주장하는 영혼의 상부 정신이 정신으로 충만할 때 일자와 일치한다는 형이상학 구조와 유사성을 보인다.

2.6.1.5.7 부정신학

에바그리우스는 하느님의 신적인 본질은 인간의 지식을 초월하는 부정신학적 태도를 보인다고 했다. 이것은 에바그리우스가 바실리우스와 나지안주스의 그레고리우스의 입장을 따른 것이다. 아울러 에바그리우스는 말이 없고 형태 없는 부정신학의 순수기도를 주장했다.347) 나아가 에바그리

---

343) 이성효, *op. cit.*, 9.
344) Hilary Case, *op. cit.*, 209~210.
345) *PG* 79, 1168.
346) Hilary Case, *op. cit.*, 238.
347) Ibid., 138.

우스는 하느님은 모든 형상과 인간적 표현을 초월한다고 했다.348) 이에 에바그리우스는 「기도」 67장에서 기도할 때 기도자 안에 하느님에 대한 어떠한 이미지를 만들지 말아야 한다고 했다. 또한, 「기도」 114장과 115장에서는 기도자가 기도 시간에 어떤 형태나 모습을 보려고 하지 말아야 하며, 천사들, 능품천사, 그리고 그리스도에 대한 감각적 이미지를 얻으려 하지 말아야 한다고 했다. 이어서 「기도」 11장에서는 "기도 시간에 형상들로부터 온전히 자유로운 정신은 복되다."고 했다. 이처럼 에바그리우스의 부정신학적 입장은 이집트 켈리아 지역의 콥틱 수도승들이 주장했던 신인동형론적 하느님 이미지를 반대하는 것이다. 요컨대, 에바그리우스는 오리게네스 주의자였지만 오리게네스의 긍정 신학 입장을 따르지 않고, 바실리우스와 나지안주스의 그레고리우스의 부정신학적 입장을 따른 것 같다.

2.6.1.5.8 아파테이아(ἀπάθεια)

앙뚜안 귀오몽은 그리스도교 영성사에서 에바그리우스의 영향력에 주목했다. 더욱이 에바그리우스가 사용한 '테오리아', '아파테이아', '침묵', '헤스키아'(hesychia), 그리고 영적 진보를 방해하는 여덟 가지 악한 생각들인 '로기스모이'(λογισμοι) 등에 관심했다.349) 나아가 앤드루 라우스도 에바그리우스의 영혼은 기도를 통하여 정신의 본래의 상대를 되찾는 것을 목적으로 하는데, 이 과정에서 아파테이아는 필수조건이라고 했다(「기도」 53장). 따라서 영혼은 아파테이아 상태에 이르기 위하여 영혼의 비이성적 부분을 완전히

---

348) 허성석 편저, *op. cit.*, 151.

349) Hilary Case, *op. cit.*, 48; 플로티노스도 「엔네아데스」 4권 4장 31절에서 로기스모이(λογισμοῖς)를 언급 했다. Plotini, *Plotini Enneades* Vol II, 83.

억제해야 하며, 정념과 관계된 생각을 넘어서야 한다고 했다(「기도」145장, 146장).350) 또한, 에바그리우스는 이 아파테이아의 단계를 넘어서야 비로소 순수기도로 갈 수 있다고 했다. 이처럼 에바그리우스의 「기도」에서 아파테이아는 중요한 위치를 차지한다. 더욱이 에바그리우스의 「기도」에 나타난 아파테이아 개념은 오리게네스의 「기도」에는 없는 에바그리우스만의 독특한 용어다. 원래 아파테이아 개념은 스토아학파의 전문 용어로 알려졌다. 이 아파테이아 개념은 신약성서와 중기 플라톤주의자 필로의 「관상생활에 관하여」에는 나타나지 않는다. 하지만 그리스도교 전통에서는 알렉산드리아의 클레멘스의 「양탄자」에 나타나며, 신플라톤주의자 플로티노스의 「엔네아데스」에는 여러 번 나타난다. 따라서 에바그리우스는 스토아철학이나 알렉산드리아의 클레멘스 혹은 플로티노스에서 아파테이아 개념을 빌려 와서 자기만의 독특한 아파테이아 개념으로 변용시켜 사용한 것 같다.

2.6.1.5.9 순수기도

버나드 맥긴은 에바그리우스가 말하는 순수기도(「기도」30장, 67장, 70장, 72장) 혹은 참된 기도(「기도」53장, 55장, 60장, 75장, 80장, 113장, 153장)는 셀 수도 없고, 형태도 없고, 개념도 없는 모든 이미지와 형태를 벗어버리는 기도라고 했다.351) 나아가 힐러리 케이스도 이 순수기도는 형상 없는 지식이며, 언어의 범위를 사용하는 인간의 개념을 넘어서는 지식이고, 이 지식으로부터 거룩한 삼위일체에 대한 지식을 얻을 수 있다고 했다.352) 왜냐하면, 에바그

---

350) Andrew Louth, op. cit., 2007, 106~107.
351) Bernard McGinn, op. cit., 150.

리우스의 순수기도는 성령과 성자 안에서 성부를 숭배하는 삼위일체 기도이기 때문이다(「기도」58~59장).353) 더 나아가 에바그리우스가 말하는 순수기도는 기도의 가장 높은 단계이며, 정념과 모든 생각을 넘어서는 단계이고, 인간 존재를 위한 영적인 목적을 가진 최고의 기도 단계이다(「기도」50장).354) 이에 따라 에바그리우스는 관상의 최고 높은 단계를 순수기도의 상태와 같은 것으로 보고 있다.355)

한편, 가브리엘 붕게는 에바그리우스가 말하는 순수기도를 위해서는 우선, 수행을 선행해야 한다고 했다. 그래야 영혼의 정념 부분을 정화하는 영적인 방법(「프락티코스」78장)과 그것의 열매로서 아파테이아를 얻기 때문이다. 이 과정에서 수행을 통하여 아파테이아는 사랑이라는(「프락티코스」81장) 자식을 낳게 되고, 이 거룩한 사랑은 영적인 순수기도를 불러일으킨다(「기도」76장, 77장).356) 따라서 에바그리우스에게 아파테이아와 순수기도는 같은 단계가 아니다. 순수기도는 아파테이아를 넘어서는 단계이며, 감각을 넘어서는 단계이고, 하느님께서 베풀어 주시는 은총의 단계이다(「기도」63장, 64장). 그러므로 순수기도를 하는 영혼은 '테올로고스'(theologos) 곧, 하느님에 대하여 알고, 하느님에 대하여 말할 수 있는 신학자가 된다. 그래서 에바그리우스는 「기도」61장에서 "만약 당신이 신학자라면, 당신은 진리 안에서 기도하는 자이며, 만약 당신이 진리 안에서 기도하는 자라면 당신은 신학자."라고 했다.357)

---

352) Hilary Case, *op. cit.*, 206.
353) Bernard McGinn, *op. cit.*, 153.
354) Hilary Case, *op. cit.*, 222.
355) John Eudes Bamberger, *op. cit.*, xcii.
356) G. Bunge. *op. cit.*, in "The Spiritual Prayer On the Trinitarian Mysticism of Evagrius of Pontus," 198.
357) Andrew Louth, *op. cit.*, 2007, 107~108.

이상에서 드러난 바와 같이 에바그리우스는 오리게네스의 창조론, 삼위일체론, 인간론, 정신, 그리고 자유의지론을 계승한다. 그러나 에바그리우스는 오리게네스에게는 없는 부정신학, 관상 중의 활동, 아파테이아, 그리고 순수기도를 강조했다. 이처럼 에바그리우스는 오리게네스의 신학을 수용했지만, 그의 가장 중요한 기도론을 논할 때는 오리게네스보다는 바실리우스와 나지안주스의 그레고리우스의 부정신학과 스토아학파와 알렉산드리아의 클레멘스의 아파테이아 개념, 그리고 플로티노스의 복귀사상에 더 영향을 받은 것 같다. 요컨대, 에바그리우스는 신학적으로는 오리게네스의 입장을 따르면서도 동시에 기도의 독특한 내용과 구조는 스토아학파 혹은 알렉산드리아의 클레멘스, 그리고 플로티노스의 상승구조를 따랐다고 볼 수 있다.

　다음 장에서는 에바그리우스의 「생각에 관하여」에 대해 예비적 고찰을 하겠다.

2.6.2 에바그리우스의 「생각에 관하여」에 관한 예비적 고찰

　이 장에서는 에바그리우스의 기도 삼부작 가운데 두 번째 작품인 「생각에 관하여」를 다루겠다. 곧, 「생각에 관하여」의 구조와 내용, 악령에 대한 식별과 생각에 대한 유형, 인간이 가진 악한 생각, 그리고 악령이 주는 악한 생각을 다루겠다.

2.6.2.1 구조와 내용

「생각에 관하여」는 전체가 43장으로 구성되어 있다. 1장은 서론 부분으로 작품을 전체적으로 소개하고 있으며, 2~37장은 본론 부분이고, 마지막 38~43장은 결론 부분이다. 에바그리우스는 22장 마지막 부분에서 "감각적인 대상에 대한 정신적 표상들이 계속 유지되는 것이 왜 지식을 파괴하는지는 「기도」에서 논의될 것이다."라고 하면서 「기도」를 언급했다.[358] 이처럼 에바그리우스가 「생각에 관하여」에서 「기도」를 언급하고 있는 것을 보면 「기도」와 「생각에 관하여」가 서로 내용상으로 연결되어 있다는 것을 알 수 있다.[359] 그런데 「생각에 관하여」는 에바그리우스의 다른 작품들, 더욱이 「에울로기오스」와 「여덟 가지 생각」, 그리고 「프락티코스」와는 다른 형식을 취한다. 이들 작품이 주로 수도승의 수행 생활에 관심했다면 「생각에 관하여」는 영지 생활을 다루고 있기 때문이다. 한편, 「생각에 관하여」는 진보된 영지 생활을 방해하는 악령의 공격과 수단, 술책, 그리고 생각에 대한 유형을 주로 다루고 있다.[360]

2.6.2.2 생각에 대한 유형 분석

에바그리우스는 생각에 대한 유형을 욕정에 굶주린 부분과 화를 내는 부분으로 구분했다. 첫째, 육체의 식욕과 연관된 욕정에 굶주린 부분은 단식과 밤샘, 그리고 땅 위에

---

358) Robert E. Sinkewicz, *Evagrius of Pontus : The Greek Ascetic Corpus* (New York: Oxford University Press, 2003), 168.
359) Ibid., 136.
360) Ibid., 136~137.

서 취침하는 것 같은 육체적인 금욕을 통해 지배되는 부분이다. 둘째, 감정적인 것과 연관된 화를 내는 부분은 인내와 분노를 회피하는 것 같은 내적 훈련을 통하여 다루어질 수 있는 부분이다.361) 나아가 에바그리우스는 생각을 다시 세 가지 유형으로 분류했다. 첫째는 천사가 주는 생각이다. 이 생각은 자연세계의 실제성을 조사하는 것에 관심한다. 둘째는 악령이 불어넣은 생각이다. 이 생각은 창조된 세계 안에서 인간을 성가시게 하는 생각이다. 세 번째는 인간이 가진 생각이다. 이 생각은 정신 안에서 정념적인 애착 없이 창조된 실제들을 바라보는 생각이다. 한편, 에바그리우스는 「생각에 관하여」 31장에서 이 생각의 범주 상호 간에 작용이 있다고 했다.362) 우선, 에바그리우스는 인간의 욕정부과 정념부를 공격하는 생각을 분석하고, 그다음으로 천사, 악령, 그리고 인간이 독자적으로 가질 수 있는 생각을 분석했다. 이처럼 에바그리우스가 생각의 유형을 분석한 목적은 첫째는 수도승이 금욕과 내적 훈련을 통하여 욕정부와 정념부를 공격하는 생각을 제어하려는 것이다. 둘째는 천사와 악령이 주는 두 극단적인 생각을 피하고 중립적인 입장에서 정념에 대해 애착 없이 창조된 실제를 바라보게 하려는 것이다.

2.6.2.3 악령의 공격에 대한 식별

에바그리우스는 수도승이 수행하는 동안 악령과 전쟁을 해야 한다고 했다. 이 전쟁에서 수도승은 악령의 본성과 술책, 그리고 악령의 무기가 무엇인지 인지할 수 있는 것을 배우게 된다고 했다. 이처럼 수도승은 먼저 자신의 병

---

361) Ibid., 138.
362) Ibid., 138~139.

기가 어떤 것인지를 인식하고, 악령의 공격을 대항해야 한다. 그런 차원에서「생각에 관하여」는 수도승의 식별능력을 발전시키는 전술적 안내서라고 할 수 있다.363) 아울러 악령 식별은 두 가지 차원에서 이루어진다고 보았다. 첫째는 악령이 공격하는 여덟 가지 악한 생각을 식별하는 차원이다. 이 단계에서 수도승이 악령의 공격을 막아내면 아파테이아 상태를 얻게 되고, 영지 생활로 들어가게 된다. 둘째는 수도승이 아파테이아 상태에 들어가면 이때 비로소 적의 작전 행동을 쉽게 식별할 수 있게 된다. 이 단계에서 하느님은 수도승에게 '전쟁에 대한 이유'를 식별하는 특별한 재능을 주신다. 이때 비로소 수도승은 악령의 본성에 대한 심오한 통찰력을 얻게 되고, 악령은 더는 숨을 수 없게 된다.364) 이처럼 에바그리우스는「프락티코스」보다「생각에 관하여」에서 더욱 뚜렷하게 악령을 식별하는 법을 제시하고 있다. 더욱이 에바그리우스는 아파테이아 이전과 이후의 악령 식별의 변화를 강조했다. 왜냐하면, 아파테이아 이후에 비로소 악령의 정체가 분명하게 드러나기 때문이다. 그런 차원에서 아파테이아 상태는 에바그리우스의 악령 식별에 중요한 분수령이 된다.

2.6.2.3.1 악령이 공격하는 비(非) 이성부

에바그리우스는「생각에 관하여」에서 악령이 수도승의 비 이성부를 공격한다고 했다. 에바그리우스는「생각에 관하여」18장에서 악령을 두 그룹으로 나눈다. 첫 번째 그룹은 수도승의 비 이성부를 공격하는 악령 그룹이며, 두 번째 그룹은 수도승의 이성부를 공격하는 악령 그룹이다.365)

---

363) Ibid., 137.
364) Ibid.

첫 번째 악령 그룹은 수도승의 비 이성부인 육욕 부분을
공격한다. 더욱이 육욕 부분 가운데에서도 탐식을 가장 먼
저 공격한다. 따라서 에바그리우스는 수도승들에게 하루에
빵과 기름, 그리고 물을 한 번 이상 먹지 말라고 한다. 이
런 제한된 음식을 먹어야 아파테이아를 얻을 수 있다고 본
것이다.366) 이어서 에바그리우스는 악령이 수도승의 탐식을
공격한 다음에 성적 유혹으로 이끌어 간다고 했다. 그래서
에바그리우스는 수도승이 탐식에 맞서 싸워서 이길 수 있
는 성서 구절을 제시했다.367) 그다음에는 악령이 수도승의
욕정을 공격한다고 했다. 악령은 수도승에게 육욕적 쾌락
을 일으키기 위하여 육체를 만지거나 성적인 행위를 상상
하도록 유혹한다는 것이다.368) 연이어 악령은 수도승의 탐
욕을 공격한다. 이에 에바그리우스는「생각에 관하여」21
장에서 "탐욕은 억제될 때 더 미묘한 방법으로 나타난다."
고 했다. 수도승이 이 탐욕을 제거하는 것에 실패하면 교
만의 죄로 이끌려 가게 된다고 했다.369) 그러므로 에바그리

---

365) Ibid., 139.
366) Ibid., 141~142.
367) 에바그리우스는 탐식과 싸워 이길 수 있는 성서 구절 69개를 제시했다. 다음
   을 참조하라. 창세 49:14~15; 70인 역 성경: 탈출 38:26; 민수 11:18ㄱ, 19~20; 신
   명 6:11ㄴ~12; 30:11; 32:15; 2사무 3:35; 1열왕 17:14; 22:26~27; 2열왕 4:43ㄴ~44;
   시편 23:1; 37:25; 38:19; 49:10~11; 51:19; 55:23; 102:8; 109:24; 118:17; 132:3~5;
   잠언 10:3; 70인 역 성경: 잠언 12:11ㄱ; 14:23; 17:1; 19:10; 20:1; 20:25; 22:9;
   23:20~21; 23:31~32; 70인 역 성경: 잠언 24:15; 집회 4:21; 잠언 26:24; 27:6; 코헬
   3:11; 7:2; 7:16; 욥 2:11; 미카 2:10; 하바 3:18; 이사 5:20; 이사 30:20~21; 예레
   15:15; 애가 1:20; 다니 1:11~16; 마태 4:1~2; 6:25; 7:14; 루카 3:11; 사도 2:44~45;
   14:22; 로마 13:14; 14:2; 1코린 9:25; 2코린 4:8~11; 4:16; 5:1; 9:7; 참조 시편 22:8
   ㄱ; 2코린 12:10; 에페 5:18~19; 필리 4:5~6; 4:12~13; 1테살 4:10~12; 2테살 3:10;
   히브 12:11; 13:16; 1티모 5:22~23; 야고 4:4; 1요한 5:4절이다. 에바그리우스 폰티
   쿠스/ 허성석 옮김,『안티레티코스 : 악한 생각과의 싸움』(왜관: 분도출판사, 20
   14), 55~76;『안티레티코스』의 영어 번역본은 다음을 참조하라. David Brak ke,
   Talking Back Antirrhētikos (Minnesota Collegeville : Liturgical Press), 20 09.
368) Robert E. Sinkewicz, *op. cit.*, 142.

우스는 이 탐욕의 악한 생각과 싸워서 이길 수 있는 성서 구절를 제시했다.370) 이처럼 에바그리우스는 악령이 영혼의 비 이성부인 탐식과 욕정, 그리고 탐욕을 공격하여 수도승이 진보하지 못하도록 방해하기 때문에 비 이성부를 공격하는 악령을 막아내야 한다고 했다.

2.6.2.3.2 악령이 공격하는 이성부

에바그리우스는「생각에 관하여」에서 악령이 수도승의 이성부를 일곱 가지로 공격한다고 했다. 첫째, 악령은 수도승이 분노에 사로잡히도록 공격한다. 따라서 분노는 수도승의 영지 생활과 순수기도를 방해하는 최고의 악덕이다.371) 그래서 에바그리우스는 악령이 공격하는 분노와 싸워서 이길 수 있도록 성서 구절을 제시했다.372) 두 번째,

---

369) Ibid., 137~138.
370) 에바그리우스는 탐욕과 싸워 이길 수 있는 성서 구절 58개를 제시했다. 다음을 참조하라. 창세 14:22~23; 창세 28:20~22; 탈출 21:17; 23:9; 레위 19:18; 25:17; 25:35; 70인 역 성경: 레위 25:46; 신명 28:17~18; 판관 8:2; 1열왕 8:61; 19:19~21; 2열왕 4:38; 5:25~27; 시편 16:5; 27:10; 34:3; 37:32~33; 45:11; 62:11; 84:11; 84:12; 119:36; 140:6; 144:4; 잠언 3:3~4; 3:27~28; 11:4; 13:8; 16:16; 22:1; 22:9; 코헬 1:2; 5:9; 욥 1:21; 이사 58:7; 마태 5:7; 5:40; 5:42; 6:19; 6:24; 7:12; 마르 10:23; 로마 12:8~9; 2코린 4:18; 9:6; 에페 4:32; 필리 2:4; 3:7~8; 콜로 3:5-6; 히브 13:5; 참조: 신명 31:6~8; 창세 28:15; 1티모 6:7-9; 6:10; 2티모 2:4-5; 1베드 4:11; 1요한 3:17; 3:18 이다. 에바그리우스 폰티쿠스/ 허성석 옮김, op. cit., 2014, 99~117.
371) Robert E. Sinkewicz, op. cit., 139~140.
372) 에바그리우스는 분노와 싸워 이길 수 있는 성서 구절 64개를 제시했다. 다음을 참조하라. 창세 33:10~11; 창세 45:24; 탈출 20:16; 23:1; 23:7; 레위 19:17; 민수 12:3; 2사무 16:11~12; 시편 25:9; 37:8~9; 50:20; 119:98~99; 137:4; 잠언 3:29; 10:12; 10:18; 11:25; 12:10; 12:16; 12:27; 12:28; 14:29; 15:1; 15:18; 15:26; 22:24 ~25; 24:29; 25:21~22; 코헬 7:9; 11:10; 아가 8:7; 이사 10:1; 애가 3:58; 마태 5:10; 5:22; 5:39; 5:44~45; 루카 17:3~4; 요한 13:34; 로마 8:35; 12:15~16; 12:17; 1코린 6:7~8; 7:21~22; 13:1~8; 갈라 5:22~23; 6:2; 6:9; 에페 4:26~27; 4:31; 필리 2:14~15; 콜로 3:8~9; 1테살 5:15; 1티모 1:5; 2티모 2:24; 3:12; 필레 18; 야고 1:19~20; 3:17~18; 4:11~12; 1베드 3:9; 1요한 2:9; 3:15; 4:20절이다. 에바그리우스 폰티쿠스

악령은 게으름으로 수도승을 공격한다. 악령은 수도승으로
하여금 그의 수실을 떠나도록 유혹하고, 헌신된 생활을 버
리도록 충동한다.373) 그래서 에바그리우스는 이런 게으름의
악령과 싸워서 이길 수 있는 성서 구절을 제시했다.374) 세
번째, 악령은 분심을 통하여 공격한다. 악령은 수도승을 분
심에 빠지게 하여 한 장소에서 다른 장소로 떠돌아다니게
하며, 여러 사람을 만나 잡담하게 한다. 이러한 분심에 빠
지면 수도승은 간음과 분노, 그리고 슬픔에 빠져 기도를
못 하게 된다. 이 과정에서 에바그리우스는 분심이 수도승
의 본성을 파괴한다고 보았다.375) 네 번째, 악령은 수도승
으로 하여금 영적 무감각에 빠지도록 공격한다. 따라서 에
바그리우스는 「생각에 관하여」 11장에서 영적 무감각의 위
험성을 다음과 같이 경고했다. "영혼을 무감각하게 하는 악
령에 대하여 언급하는 것이 왜 필요한가? 왜냐하면, 영혼
이 그 영적 무감각의 악령에 빠지면 하느님에 대한 두려움
과 경외심을 거부하고, 죄를 죄로 여기지 않기 때문이다."
라고 했다.376) 이처럼 악령은 수도승의 영적인 감각을 둔하
게 하여 선과 악에 대하여 혼란을 주고, 진리를 가지지 못

/ 허성석 옮김, op. cit., 2014, 143~162.

373) Robert E. Sinkewicz, op. cit., 142.

374) 에바그리우스는 게으름과 싸워 이길 수 있는 성서 구절 57개를 제시했다. 다
음을 참조하라. 창세 3:19; 탈출 22:27; 민수 13:20; 신명 6:4~5; 6:6~7; 7:15; 28:7;
여호 1:8; 판관 2:20~3:2; 시편 6:7; 25:18; 27:13; 34:2; 37:3; 37:34; 38:11; 38:12
~13; 40:2; 42:4; 42:6~7; 56:2; 66:12; 73:28; 77:3~4; 103:15; 132:14; 143:3~4; 잠언
6:9~11; 13:12; 18:1; 욥 5:17~18; 8:8~9; 10:20~22; 70인 역 성경: 욥 34:9; 미카
4:5; 7:9; 이사 41:11; 예레 31:16~17; 14:7~8; 애가 3:25~26; 3:27~31; 다니 3:35;
마태 8:22; 19:29; 루카 14:26; 사도 5:29; 로마 12:12; 1코린 10:10; 2코린 11:
23~28; 에페 5:20-21; 필리 1:29; 히브 10:36~38; 참조 이사 26:20; 하바 2:3~4; 히
브 13:14; 11:36~38; 13:17; 야고 1:2~4; 1:12절이다. 에바그리우스 폰티쿠스/ 허성
석 옮김, op. cit., 2014, 163~181.

375) Ibid., 142~143.

376) Ibid., 160.

하게 한다.377) 다섯 번째, 악령은 정신적 상상으로 수도승을 공격한다. 정신적 상상은 하느님에서 인간에게 주어진 것인데, 악령이 그들의 힘으로 이 모든 것을 악으로 바꿔 버렸다.378) 여섯 번째, 악령은 수도승을 슬픔에 빠지도록 공격한다. 정상 상태에서 느끼는 슬픔은 수도승에게 유익하지만, 악령이 주는 슬픔은 수도생활을 포기하도록 하므로 경계해야 한다.379) 그래서 에바그리우스는 이 슬픔의 악한 생각들과 싸워서 이길 수 있는 성서 구절을 제시했다.380) 일곱 번째, 악령은 수도승을 헛된 영광에 사로잡히도록 공격한다. 헛된 영광의 악령은 어느 정도 아파테이아를 얻은 사람이나 혹은 공적인 평판을 얻은 사람을 공격한다. 만약 수도승이 도시 근처에서 헛된 영광에 끌리게 되면 그 사람은 간음하게 된다. 그러므로 수도승이 헛된 영광의 위험을 피하기 위해서는 그의 수실을 떠나지 말아야 한다.381) 그래서 에바그리우스는 이 헛된 영광의 악한 생각과 싸워서 이길 수 있는 성서 구절을 제시했다.382) 요약하

---

377) Ibid., 143.
378) Ibid., 145.
379) Ibid., 142.
380) 에바그리우스는 슬픔과 싸워 이길 수 있는 성서 구절 76개를 제시했다. 다음을 참조하라. 탈출 2:23~24; 3:7; 5:22~23; 6:6~7; 13:7; 14:25; 15:9; 15:16; 17:16; 23:20; 레위 26:6; 신명 1:29~30; 2:24~25; 1:29~30; 3:24; 4:31; 8:16; 20:3~4; 31:6; 여호 1:9; 10:25; 판관 5:12; 1사무 16:23; 17:45; 17:47; 1열왕 20:11; 2열왕 6:16; 6:17; 시편 2:4~5; 6:3~5; 11:1; 17:13; 20:8~9; 27:1~2; 27:3; 32:7~8; 35:1~3; 35:17; 37:15; 38:18; 38:22~23; 39:11; 55:22; 69:7; 71:10~11; 74:19; 83:5; 118:7; 124:7~8; 140:11; 잠언 22:13; 욥 1:10~11; 2:4~5; 3:8~9; 14:14; 미카 7:8; 나훔 1:7; 즈카 14:12; 이사 8:9~10; 50:5~8; 51:7; 54:14; 예레 1:8; 15:18; 17:18; 에제 3:9; 마태 8:30~32; 요한 14:1; 사도 5:41; 로마 5:3~5; 8:18; 1코린 10:13; 2코린 1:9~10; 5:17; 7:10; 야고 4:7; 1베드 3:13-15 이다. 에바그리우스 폰티쿠스/ 허성석 옮김, op. cit., 2014, 119~142.
381) Robert E. Sinkewicz, op. cit., 140~141.
382) 에바그리우스는 헛된 영광과 싸워 이길 수 있는 성서 구절 43개를 제시했다. 다음을 참조하라. 창세 19:17; 민수 11:29; 17:4~5; 신명 16:20; 22:10; 1사무 18:

면, 에바그리우스는 악령이 수도승의 이성부인 분노, 게으름, 분심, 영적 무감각, 정신적 상상, 슬픔, 그리고 헛된 영광을 공격하기 때문에 이런 악령의 공격을 막아내야 한다고 말했다.

다음 장에서는 에바그리우스의 기도의 삼부작 마지막 작품인「성찰」에 관한 예비적 고찰을 하겠다.

2.6.3 에바그리우스의 「성찰」에 관한 예비적 고찰

이 장에서는 에바그리우스의 기도 삼부작 가운데 마지막 작품인「성찰」를 살펴보겠다. 곧,「성찰」1부와 2부에 나타난 기도의 종류, 정신의 기능과 상상, 그리스도론, 아파테이아, 생각의 성격, 그리고 생각의 상호 관련성을 살펴보겠다.

2.6.3.1 구조와 내용

함레스와 피치게랄드는 에바그리우스의 「성찰」은 간결한 잠언 모음집이지만, 이곳에는 에바그리우스 신학의 핵심적인 주제들을 다수 담고 있다고 했다.383) 우선, 구조를 보면「성찰」은 크게 두 개의 부분으로 구성되어 있으며,

---

23; 2열왕 6:1~2; 시편 5:10; 84:4; 119:115; 140:6; 잠언 10:19; 14:12; 18:13; 20:11; 22:26~27; 23:9; 26:22; 26:24~25; 27:2; 코헬 3:7; 욥 1:9~10; 이사 10:16; 40:6, 8; 예레 17:14; 애가 3:53; 다니 13:55; 13:59; 마태 5:19; 6:1; 6:5; 6:16; 12:36~37; 루카 10:20; 요한 8:44; 사도 8:20; 1코린 3:19; 2코린 10:17~18; 갈라 1:10; 히브 5:4; 야고 3:1~2; 4:3; 1요한 2:15절이다. 에바그리우스 폰티쿠스/ 허성석 옮김, *op. cit.*, 2014, 183~197.

383) William Harmless and Raymond R. Fitzgerald, "The Sapphire light of the Mind: The Skemmata of Evagarius Ponticus," *Theological Studies* Vol. 62, No. 3 (2001), 502.

끝 부분에 짧은 부록 장이 붙어 있다.「성찰」1부는 1~39장으로 '영지 장'이라는 제목이 붙어 있으며, 성찰 2부는 40~62장으로 '생각에 관하여'라는 제목이 붙어 있다.384) 내용상으로 보면「성찰」1부는 기도의 종류, 정신의 기능과 상상, 그리스도론, 그리고 아파테이아 상태를 다루고 있다. 이어서「성찰」2부는 생각의 성격과 상호 관련성을 다루고 있다. 이제 기도의 종류부터 살펴보겠다.

2.6.3.2 기도의 종류

에바그리우스는「성찰」1부에서 기도를 넷으로 구분했다. 곧, '기도', '간청', '서원', 그리고 '중보'로 구분했다. 첫 번째로 에바그리우스는「성찰」26장에서 '기도'는 모든 세속적인 상상을 파괴하는 정신 상태이며, 거룩한 삼위일체 특유의 빛에 영향을 받아 발생하는 정신 상태라고 했다. 두 번째 '간청'은 탄원을 동반한 하느님과의 정신의 대화이며(「성찰」28장), 세 번째 '서원'은 선한 것들에 대한 자발적인 약속이고(「성찰」29장), 마지막 '중보'는 다른 이들의 구원과 관련해 더 우월한 존재가 하느님께 드리는 간청이라고 했다(「성찰」30장).385) 이처럼 에바그리우스가 기도를 넷으로 구분한 것은 성서에 따라 기도를 넷으로 구분한 오리게네스의 영향을 받은 것 같다. 다만 기도와 간청을 정신의 상태와 연관 지어 설명하고 있는 것은 에바그리우스의 독특한 점이라고 할 수 있다.

---

384) Robert E. Sinkewicz, *op. cit.*, 210.
385) Ibid., 213~214.

2.6.3.3 정신의 기능과 상상력

에바그리우스는 「성찰」 1부에서 정신의 기능을 강조했다. 에바그리우스는 「성찰」 4장에서 수도승이 기도 할 때 거룩한 삼위일체 하느님의 빛이 정신 안으로 들어온다고 했다. 나아가 「성찰」 20장에서도 수도승이 기도할 때 정신은 형태가 없는 빛 가운데 있다고 했다. 여기에 형태가 없는 빛은 곧, 삼위일체 하느님을 가리킨다. 더 나아가 「성찰」 25장에서는 정신은 수도승으로 하여금 사유하도록 빛을 발하며, 정신은 거룩한 삼위일체 하느님의 성전이라고 했다(「성찰」 34장).386) 이처럼 에바그리우스는 「성찰」에서 정신의 중요성을 강조했다.

한편, 에바그리우스는 상상력의 위험성을 지적했다. 에바그리우스는 「성찰」 17장에서 수도승의 정신적 상상을 네 가지로 분류했다. 첫째는 눈을 통해서, 둘째는 듣는 것을 통해서, 세 번째는 기억을 통해서, 그리고 마지막으로 기질을 통해서 정신적 상상을 한다고 했다. 곧, 눈을 통해서는 정신이 형태를 남기는 정신적 상상을 하며, 듣는 것을 통해서는 형태를 남기는 정신적 상상과 그렇지 않은 것을 둘 다 한다. 그리고 기억과 기질은 듣는 것을 따라가며, 형태를 남기지 않는다. 이러한 정신의 네 가지 상상은 눈이나 귀같이 외부로부터 오는 것들이 있고, 기억이나 기질같이 내면으로부터 오는 것들이 있다.387) 나아가 에바그리우스는 「성찰」 22장에서도 정신은 하나의 정신적 상상에서 다른 정신적 상상으로 이동하며, 하나의 관상적 숙고에서 다른 관상적 숙고로 이동하고, 관상적 숙고에서 정신적 상상으

---

386) Ibid., 211~214.
387) William Harmless and Raymond R. Fitzgerald, *op. cit.*, 514~515.

로 이동한다고 했다. 더 나아가「성찰」23장에서는 정신은
대상들과 연관된 모든 정신적 상상을 초월하지 않는 한 하
느님의 처소를 볼 수 없다고 했다. 그러므로 정신이 정신
적 상상을 통한 감각적인 대상에 대해 눈먼 정념을 벗어
던지지 않는다면, 정신적 상상을 초월할 수 없다고 했다.
따라서 수도승이 정신적 상상을 초월하면 정신은 미덕을
통하여 정욕을 벗어날 수 있게 되고, 영적 관상을 통하여
단순한 생각을 벗어던질 수 있게 된다고 했다.[388] 이처럼
에바그리우스는 정신적 상상이라는 장애물을 초월하여 관
상적 숙고로 이동해야 한다고 주장했다. 곧, 에바그리우스
는 수도승이 정신적 상상을 벗어날 때 비로소 순수기도의
단계에 들어갈 수 있다고 했다. 이는 에바그리우스가「성
찰」에서 정신적 상상을 초월해야 한다고 말한 것은「기
도」에서 형상 없는 기도를 해야 한다는 것과 같은 개념이
라고 할 수 있다.

2.6.3.4 그리스도론

에바그리우스는「성찰」1부에서 그리스도론을 언급했다.
「성찰」1장에서 그리스도는 본질의 지식을 소유하고 있으
며, 창조주이시기 때문에 시대를 뛰어넘는 지성을 소유하
고 있고, 영적인 존재이기 때문에 영적인 지성을 소유한다
고 했다. 연이어「성찰」5장에서는 그리스도는 이성적인
성격을 가지고 계시고, 성령을 소유한다고 했다.[389] 지금까
지 에바그리우스의 신학에서 그리스도론과 성령론이 약하
다는 지적을 받아왔지만 에바그리우스는「성찰」1장에 그
리스도와 성령이라는 단어를 명시적으로 언급하고 있다.

---

388) Robert E. Sinkewicz, *op. cit.*, 211~214.
389) Ibid.

이것은 에바그리우스가 카파도키아 교부들의 정통 삼위일
체 신학에 영향을 받았다는 것을 보여주는 증거라고 할 수
있다.

2.6.3.5 아파테이아

에바그리우스는「성찰」1부에서 아파테이아의 중요성을
강조했다. 에바그리우스는「성찰」2장에서 자신의 정신 상
태를 주시하고자 하는 사람은 먼저 자신의 모든 정신적 상
상을 없애는 아파테이아 상태에 들어가야 한다고 했다. 이
어서 에바그리우스는 수도승이 이 아파테이아 상태에 들어
가려면 하느님이 도우시는 자연스러운 조명이 필요하다고
했다. 한편, 함레스는 에바그리우스가 말하는 아파테이아는
감정의 부족이나 정념의 부족을 뜻하지 않고, 이성적 영혼
의 고요한 상태라고 했다.[390] 나아가 에바그리우스는「성
찰」3장에서 "아파테이아 상태는 온순함과 순결함으로 이
루어져 있는 이성적인 영혼의 고요한 상태."라고 했다.[391]
물론, 에바그리우스는「성찰」1부에서 아파테이아 상태를
뚜렷하게 설명하고 있지는 않지만「기도」에서 강조하고
있는 아파테이아를「성찰」에서도 빠뜨리지 않고 있다. 이
렇듯 에바그리우스가「성찰」에서도 아파테이아의 중요성
을 강조한 이유는 에바그리우스가 궁극적으로 추구하는 순
수기도에 들어가기 위해서는 반드시 이 아파테이아 상태를
거쳐야 하기 때문이다.

---

390) William Harmless and Raymond R. Fitzgerald, op. cit., 516.
391) Robert E. Sinkewicz, op. cit., 211~214.

2.6.3.6 생각의 성격

에바그리우스는「성찰」2부에서 생각의 성격을 다루고 있다. 에바그리우스는「성찰」45장에서 어떤 생각은 시간이 지나서 해로움을 주기도 하고, 동의한 후에 해로움을 주기도 하며, 또 다른 생각은 죄를 지은 후에 해로움을 끼친다고 했다. 나아가「성찰」46장에서는 선한 생각에 두 가지 반대되는 생각들이 있는데, 하나는 악마적인 악한 생각이며, 또 다른 생각은 악한 자유 선택에서 발생한 생각이라고 했다. 악마적 악한 생각에는 또다시 세 가지의 반대되는 생각이 있는데, 첫째는 본성에서 오는 생각이고, 둘째는 고결한 자유 선택에서 오는 생각이며, 마지막으로 천사에서 오는 생각이라고 했다. 이러한 생각은 어떤 것은 영혼이 움직일 때 생성되고, 어떤 것은 악령의 외부적인 영향에 따라 생긴다고 했다(「성찰」48장). 또한, 생각 중에 어떤 것은 형상으로 지성에 강한 인상을 남기기도 하고, 시각에서 기인한 생각은 형상을 남기며, 감각에서 오는 생각은 형상을 각인시키지는 못한다고 했다(「성찰」55장). 아울러 생각 중에 어떤 것은 본성과 반대되기도 하고, 본성을 따르기도 하며, 욕정과 성냄에서 기인한 생각은 본성과는 반대되고, 아버지와 어머니, 아내, 그리고 자식에서 기인한 생각은 본성을 따른다고 했다(「성찰」56장). 더 나아가 부정한 모든 생각은 정신을 욕정과 성냄과 슬픔에 속박시킨다고 했다(「성찰」60장).[392] 이처럼 에바그리우스는「성찰」에서 생각의 성격을 악마적 생각과 자기 자신에서 오는 생각으로 구분했다. 더욱이 에바그리우스는 생각이

---

392) Ibid., 215~216.

정신을 욕정과 정념에 속박시키기 때문에 이 악한 생각을 정화해야 한다고 주장했다.

2.6.3.7 생각의 상호 관련성

에바그리우스는 「성찰」2부에서 생각의 상호 관련성을 다루었다. 에바그리우스는 육욕적으로 다가오는 생각은 욕정과 분냄에서 기인하며, 인간적으로 다가오는 생각은 슬픔에서 기인하고, 헛된 영광은 교만에서 기인하며, 게으름에서 기인한 것은 어떤 때는 육욕적으로, 어떤 때는 인간적으로 섞여서 나타난다고 했다(「성찰」 40장). 나아가 생각 중에서 어떤 것은 앞서서 나가고, 어떤 것은 뒤따르는데, 욕정에서 기인한 생각은 앞서고, 분노에서 기인한 생각은 그 뒤를 따른다고 했다(「성찰」 41장). 더 나아가 에바그리우스는 생각 가운데 제일 앞서서 나가는 것은 탐식에서 나오고, 그 뒤를 따르는 것은 간음에서 나오며(「성찰」 42장), 그다음에는 슬픔에서 나온 생각이 앞서 나가고, 그 뒤를 분노가 따라가며(「성찰」 43장), 쾌락은 슬픔을 제외한 모든 생각을 따라다닌다고 했다(「성찰」 51장). 더욱이 에바그리우스는 자기 사랑에 대한 생각이 가장 먼저 나오고, 그 후에 여덟 가지 악한 생각이 뒤따른다고 했으며(「성찰」 53장), 생각 중 유일하게 헛된 영광과 교만은 나머지 생각을 쳐부수고 난 후에 일어난다고 했다(「성찰」 57장). 연이어 에바그리우스는 생각 중 유일하게 슬픔의 생각은 다른 모든 생각을 파괴한다고 했다(「성찰」 61장).[393] 이처럼 에바그리우스는 탐식과 간음, 슬픔, 게으름, 분노, 쾌락, 헛된 영광, 그리고 교만의 여덟 가지 악한 생각을 발

---

393) Ibid.

생학적으로 연결했다.394) 이처럼 여덟 가지 악한 생각을 발생학적으로 연결한 것은 스토아학파의 영향 때문으로 보인다. 에바그리우스는「프락티코스」에서 다룬 여덟 가지 악한 생각을「성찰」에서도 같이 다루고 있다. 다만「프락티코스」와 다른 점은「성찰」에서는 이 여덟 가지 악한 생각이 발생하게 되는 원인이 자기 사랑에 있다는 점을 강조한 점이다.

2.6.3.8 「성찰」부록

에바그리우스는「성찰」의 마지막 부분에 3장으로 된 짧은 부록을 첨가했다. 에바그리우스는 부록 1장에서 부정한 생각 중에 어떤 것은 밖에서 들어오고, 어떤 것은 영혼의 기억에서 생성되며, 밖에서 오는 생각은 그것을 알기 전에 이미 존재하고, 안에서 오는 생각은 그것을 알고 난 이후에 존재한다고 했다. 나아가 2장에서는 감각적 대상에 대한 하나의 정신적 상상은 악령적인 생각이며, 감각적 대상은 정욕 부분으로서 본성을 거스르게 한다고 했다. 아울러 3장에서는 간음의 악령은 불결한 돼지이고, 분노의 악령은 거친 수돼지이지만 하느님의 능력으로 이 악령을 산산조각 낼 수 있다고 했다.395) 이처럼 에바그리우스는「성찰」의 부록에서도 생각에 대한 심리학적 관찰을 통하여 생각이 어디서부터 기인했는지를 추가로 설명했다.

---

394) 블룸필드는 가톨릭 교회에서 가르치는 일곱 가지 주요한 죄의 기원이 에바그리우스의 작품에 나타난다고 했다. 다음을 참조하라. Morton W. Bloomfield, "The Origin of the Concept of the Seven Cardinal Sins," *The Harvard Theological Review* Vol. 34, No. 2 (Apr., 1941), 121~128, 더욱이 128.
395) Robert E. Sinkewicz, *op. cit.*, 215~216.

따라서 에바그리우스의 기도 삼부작인「기도」,「생각에 관하여」, 그리고「성찰」은 모두 공통으로 악한 생각의 정화와 아파테이아를 강조했다.「기도」는 정신이 정화를 통해 아파테이아 단계를 넘어 순수기도로 가는 상승 과정을 설명하고 있으며,「생각에 관하여」는 악령이 공격하는 생각을 정화해야 한다고 주장했다. 그리고「성찰」은 정화를 넘어 아파테이아 단계에 들어가야 한다고 했다. 이처럼 에바그리우스는 기도 삼부작에서 생각의 정화를 통해 아파테이아 단계에 들어가고 아파테이아 단계에서 순수기도의 단계로 발전하는 공통점을 공유하고 있다. 더욱이 에바그리우스는 스토아학파의 아파테이아 개념과 플로티노스의 세 자립체의 위계구조를 빌려 와서 삼위일체 하느님과의 합일 사상으로 변용시킨 것 같다.

이상에서 살펴본 바와 같이 오리게네스와 에바그리우스의 예비적 고찰을 전체적으로 정리하면 다음과 같다. 첫째, 오리게네스는 플라톤 철학의 영향을 받는다. 나아가 오리게네스는 알렉산드리아의 클레멘스를 통해 도덕적 정화와 관상의 구조를 빌려 자신의 기도 신학에서 발전시켰다. 에바그리우스도 클레멘스의 두 단계 구조에 영향을 받은 것 같다. 더 나아가 에바그리우스는 바실리우스와 나지안주의 그레고리로부터 수도원 주의에 영향을 받고 멜라니아와 루피누스를 통해 오리게네스 사상을 접한다. 또한, 에바그리우스는 니트리아에서 오리게네스 주의자들을 만나고, 켈리아에서 오리게네스 수도승 그룹의 지도자가 된다. 이처럼 에바그리우스의 일생을 보면 오리게네스 주의자들로부터 영향을 받으면서 오리게네스 주의자가 된 것 같다. 그러나 오리게네스 주의라고 알려진 에바그리우스의「기도」와 오리게네스의「기도」를 비교해보면 두 작품 간에 유사점보다는 상이점이 더 많이 발견된다. 오히려 에바그리우스

「기도」의 구조는 신플라톤주의자 플로티노스의 「엔네아데스」의 세 자립체 구조와 더 많은 유사점을 보인다. 더욱이 에바그리우스는 신과 연합 교리를 오리게네스보다 더욱 과감하게 적용하여 이단 정죄의 빌미를 받게 되는데, 이러한 주장은 오리게네스보다는 플로티노스의 신비 철학에 영향을 받았기 때문으로 보인다.

아울러 오리게네스는 구약 히브리어 성서에서 서원을 뜻하는 네데르를 구약 70인 역에서 유케(ευχη)로 번역한 것을 그의 「기도」의 제목으로 사용했다. 오리게네스가 쓰고 있는 유케는 개인적인 간구와 간청의 뜻을 담은 서원의 뜻을 포함한다. 이처럼 오리게네스가 유케를 「기도」의 제목으로 선택한 것은 기도 무용론자들을 반박하기 위한 목적 때문이었다. 이에 비해, 에바그리우스는 구약 히브리어 성서에서 기도를 뜻하는 테필라를 구약 70인 역에서 프로슈케(προσευχης)로 번역한 것을 자신의 「기도」의 제목으로 사용했다. 이는 에바그리우스가 중보기도를 의미하는 프로슈케를 선택하여 수도승의 중보기도 사명을 강조했기 때문이다. 나아가 서방 라틴 교부 떼르뚤리아누스의 「기도」와 치쁘리아누스의 「주의 기도문」을 오리게네스 「기도」와 비교해 보면 여러 가지 유사점이 나타난다. 더 나아가 오리게네스는 알렉산드리아의 클레멘스로부터 기도에 대해 직접적인 영향을 받았다. 클레멘스가 기도를 반대하는 프로디코스의 오류를 지적하면서 기도의 당위성을 주장했다면, 오리게네스도 기도 무용론을 펼친 사람들을 반박했다. 이처럼 오리게네스는 클레멘스의 기도 유용론을 계승한다. 특이한 점은 클레멘스가 기도의 목적이 천사들과 동등하게 된다고 했는데, 이러한 사상은 에바그리우스가 계승한 것 같다. 에바그리우스도 수도승의 기도 목적이 또 다른 천사로 변형되는 것을 주장했기 때문이다.

한편, 오리게네스는 플라톤을 따라 영혼의 선재 사상을 주장했다. 오리게네스가 인간의 본질을 영혼에 두고 육체를 '영혼을 구속하는 틀'로 간주했다는 점에서 오리게네스의 인간론이 플라톤의 영혼론과 크게 다르지 않다. 나아가 오리게네스가 말하는 인간 타락 교리도 창세기보다 플라톤의 「파이드로스」에 가까워 보인다. 더 나아가 오리게네스는 관상과 활동은 불가분의 관계에 있다고 주장했다. 그러면서도 관상을 우위 두는 것은 플라톤적이라고 할 수 있다. 연이어 정신이 인간 본성의 본질이라는 개념도 플라톤에서 유래한 것이라고 할 수 있다. 한편, 에바그리우스의 「케팔라이아 그노스티카」는 사변적인 작품으로 오리게네스에게 크게 의존되어 있다. 더욱이 인간 영혼의 선재에 대한 이론과 그리스도 안의 만물의 종국적 회복 사상은 오리게네스에서 온 것들이다. 그러나 에바그리우스의 작품들 모두가 오리게네스의 영향을 받은 사변적인 작품만 있는 것은 아니다. 더욱이 「프락티코스」와 「기도」는 기도 생활과 관련하여 에바그리우스의 독자적인 금욕적이고, 신비적인 체계를 담고 있다. 예를 들어, 에바그리우스는 기도를 '하느님을 향해 정신을 상승시키는 것이라'고 정의했다 (「기도」 35장). 이러한 기도 정의는 플로티노스가 일자와 합일하기 위하여 정신을 상승시켜야 한다는 주장과 유사하다. 따라서 에바그리우스의 상승구조는 오리게네스보다는 플로티노스의 상승구조와 유사하다. 또한, 에바그리우스는 죄를 정화하여 첫 번째 창조의 자리로 회귀하기 위해서는 관상이 필연적이라고 했다. 이러한 에바그리우스의 사상은 플로티노스가 정신이 일자로 복귀하기 위해서 관상을 사용해야 한다는 주장과 유사하다. 에바그리우스가 말하는 하느님과 정신의 연합은 플로티노스가 주장하는 영혼의 상부 정신이 정신으로 충만할 때 일자와 일치한다는 형이상학 구조와 유사하다.

또 한편, 에바그리우스는 오리게네스 주의자였지만 기도에는 오리게네스의 긍정신학(Kataphatic Theology)을 따르지 않고, 바실리우스와 나지안주스의 그레고리우스의 부정신학(Apophatic Theology)을 따랐다. 또한, 오리게네스가 「기도」에서 아파테이아의 개념을 사용하지 않는 데 비해, 에바그리우스는 「기도」에서 아파테이아를 가장 중요한 개념으로 사용했다. 나아가 에바그리우스는 「생각에 관하여」에서도 아파테이아 상태 이전과 이후의 악령 식별의 변화를 강조했다. 아파테이아 이후에 비로소 악령의 정체가 분명하게 드러나기 때문이다. 그런 차원에서 아파테이아 상태는 에바그리우스의 악령 식별에 중요한 분수령이 된다. 더 나아가 에바그리우스는 「성찰」에서도 아파테이아를 빠뜨리지 않고 있다. 이처럼 에바그리우스의 기도 삼부작인 「기도」, 「생각에 관하여」, 그리고 「성찰」은 모두 공통으로 악한 생각의 정화와 아파테이아를 강조하고 있다. 따라서 아파테이아 개념은 에바그리우스와 오리게네스의 기도 불연속성을 보여주는 결정적인 개념이라고 할 수 있다. 요컨대, 에바그리우스는 오리게네스에게 일정 부분 신학적인 영향을 받았지만, 기도에는 오리게네스보다는 플로티노스의 영향을 더 많이 받은 것 같다.

다음 3장에서는 신플라톤주의자 위 디오니시우스의 정화, 조명, 그리고 완전의 삼중 구조로 에바그리우스의 「기도」를 분석하여 에바그리우스가 플로티노스와 가깝다는 것을 밝히겠다.

제3장 에바그리우스의 「기도」분석

골룸바 스트와트는 에바그리우스의 기도론의 특징을 밝히기 위해서는 그의 기도의 삼부작「기도」,「생각에 관하여」, 그리고「성찰」를 연구해야 한다고 주장했다.[396) 그러나 그 가운데「기도」는 에바그리우스의 기도 삼부작 가운데 가장 중요한 작품이라고 할 수 있다. 그러므로 이 장에서는 오리게네스의「기도」와 직접 비교할 수 있는 에바그리우스의「기도」를 분석하여 오리게네스의「기도」와의 연속성과 비연속성, 그리고 특이성을 찾는데 토대로 삼겠다. 나아가 에바그리우스의「기도」를 분석하는 방법으로는 위 디오니시우스[397)의 대표적인 작품인「신비신학」[398)

---

396) Columba Stewart, *op. cit.*, 2001, 182.
397) 동방의 위 디오니시우스는 서방의 아우구스티누스와 함께 중세 기독교 사상 전반에 가장 큰 영향력을 미친 사람이다. 중세 신학과 철학, 더욱이 상징 신학에서 가장 신비스럽고 영향력이 있던 인물 중의 한 명이었던 위 디오니시우스는 532년 콘스탄티노플 회의(Colloquy of Constantinople)에서 그 이름이 역사상 처음으로 등장했다. 김재현,「중세기독교의 천사론-위 디오니시우스의 천상의 위계를 중심으로」『기독교철학연구』제5권 (2006), 83. 그런데 사도행전 17장 34절에 나오는 디오니시우스의 이름으로 기록된 작품이라는 이유로 12세기까지 사도행전 디오니시우스의 작품으로 알려졌지만 12세기에 아벨라르두스(Peter Abelard)가 디오니시우스의 저작으로 여겨지던 문서들의 저자의 진정성을 지속해서 의심했음에도 불구하고(이충범,「중세영성의 두 축, 위 디오니시우스와 성 버나드 전통의 신학적 방법론에 관한 소묘」『역사신학논총』제12호 (2006), 143), 1895년에 와서야 비로소 휴고 코흐(Hugo Koch)와 요제프 스틸그마이어(Josef Stilgmayr)에 따라 후기 신플라톤주의자 프로클로스(Proklos, 412~485)를 연상시키는 구절들이 주목받으면서 앞선 사도행전의 인물과는 구별할 필요가 있다고 하여 위(僞)라는 수식어를 덧붙이게 되었다. 그는『하느님의 이름』,『신비신학』,『천상의 위계』, 그리고 『교회의 위계』곧, 네 개의 작품과 10개의 서간을 남겼다. 조규홍,「위-디오니시오스의 신비신학-플로티노스의 신비사상과의 비교 및 오늘날 종교적 체험을 위한 의미 모색」『가톨릭 신학과 사상』제66호 (2010.12), 81~82.
398) 위 디오니시우스의『신비신학』은 동방뿐만 아니라 중세 서방 신비주의에도 큰 영향을 미쳤다. 중세 영성에 그의 논문보다 더 영향을 준 것은 없을 정도였다. Paul Rorem, *Pusedo-Dionysius* (Oxford University Press, 1993), 225. 이미

과 그의 작품 전반에 걸쳐 나타난 정화, 조명, 그리고 완전
의 영적 진보의 삼 단계 구조를 사용하겠다.399) 만약 이 과
정에서 에바그리우스의「기도」에 위 디오니시우스의 삼
단계 구조가 나타난다면,400) 두 사람의 원천이 신플라톤주
의자 플로티노스일 가능성이 높다. 왜냐하면, 플로티노스의
「엔네아데스」에도 이 삼 단계 구조와 비슷한 형태가 나
타나기 때문이다. 한편, 에바그리우스의 고전적 연구가인
호셔도 에바그리우스의「기도」안에 플로티노스의「엔네아
데스」의 흔적이 여러 곳 나타난다고 주장했다.401) 그러나
호셔도 삼 단계 구조로 에바그리우스와 플로티노스를 비교
하지는 않았다. 이 장에서는 에바그리우스의「기도」를 위
디오니시우스의 삼 단계 구조로 분석하여 실제로 에바그리
우스의「기도」가 위 디오니시우스의 삼 단계 구조와 유사
한지를 밝힐 것이다. 이 과정에서 에바그리우스의「기도」

중세후기의 서방의 신비가들 곧, 마이스터 에크하르트, 무지의 구름의 저자, 아
빌라의 테레사, 그리고 십자가의 성 요한은 위 디오니시우스의 『신비신학』에
대하여 호의를 가지고 있었다. Alexander Golitzin, "Dionysius Areopagita: a
Christian Mysticism?," *Pro Ecclesia* Vol. 12, No. 2 (Spr., 2003), 162.

399) 위 디오니시우스는 *De Coelesti Hierarchia* 3장 3절에서 정화된 자들(καθαιρ
ομένους), 조명된 자들(φωτιζομένους), 완전한 자들(τελείους)이라는 삼 단계 구
조를 언급했다. *PG* 3, 176.

400) 유은호는 에바그리우스의「기도」에 이미 위 디오니시우스의 삼 단계 구조와
비슷한 형태가 나타난다고 주장했다. 유은호, *op. cit.*, 2016, 257~282. 물론 이러
한 삼 단계 구조가 에바그리우스에게서 처음 나타난 것은 아니다. 이미 중기 플
라톤주의자로 알려진 알렉산드리아의 필로에서 나타나고 있다. 필로는 격렬한
부정적 감정을 통제하고 정욕을 극복할 때 인간의 도덕이 세 단계에 걸쳐 발전
해 나간다고 보았다. 곧, 초보단계, 진보단계, 그리고 완성단계로 발전한다고 했
다. 차정식,「고대 히브리사상과 헬레니즘에 비추어 본 '감정'의 세계」『신약논
단』제22권 제2호 (2015), 323.

401) 에바그리우스의 *Περὶ Προσευχῆς*에 관한 고전적 논문을 쓴 Irénée Hausherr
는 에바그리우스의「기도」*Περὶ Προσευχῆς* 각 장을 주석하면서 50장, 57장, 66
장, 그리고 142장의 표현이 신플라톤주의 교리를 담고 있으며, 더욱이 110장은
플로티노스의 *Enneades* I, 2, 3과 비슷하다고 했다. Irénée Hausherr, *op. cit.*,
1960, 7.

에 삼 단계로 구조가 나타난다면, 에바그리우스「기도」의 원천이 오리게네스보다는 플로티노스일 가능성이 높아지게 될 것이다. 다음은 에바그리우스의「기도」를 위 디오니시우스의 삼 단계 구조로 분석하겠다. 먼저, 첫 번째 단계인 정화의 단계를 살펴보겠다.

3.1 정화의 단계

위 디오니시우스는「교회의 위계」3장 3절에서 "정화된 사람들은 더럽혀지지 말아야 하며, 거룩한 조명을 받은 사람들은 신적인 빛을 받아야 하고, 완전하게 된 사람들은 불완전한 상태에서 빠져나와 완전한 이해를 하고 거룩한 것들을 바라보는 사람들의 무리에 합류해야 한다."402)고 했다. 이처럼 위 디오니시우스는 하느님을 향한 영적 여정으로 정화 조명, 그리고 완전의 세 가지 길을 제시했다. 이 세 가지 영적 여정은 지적인 개념들을 폐기한 후에 신적 조명을 받아 무지(ἀγνωσία)속에 은폐된 초월적 영지를 찾아가는 과성이며, 그 길 위에서 신과 합일하는 단계에 이르게 된다.403) 이렇듯 신플라톤주의자 위 디오니시우스404)는 플로티노스가 영혼이 일자와 합일을 위해 영혼의 정화가 필요하다고 주장했던 것 같이 그도 가장 먼저 영혼의 정화를 강조했다. 플로티노스는 영혼이 일자와 합일을 하기 위해서는 정화를 해야 한다고 했다.405) 플로티노스는

---

402) Pseudo-Dionysius, *op. cit.*, 155.
403) 조규홍, *op. cit.*, 2010, 87.
404) 파울 틸리히는 위 디오니시우스는 그리스도교적 신플라톤주의의 주요한 매개 자라고 했다. 파울 틸리히/ 송기득 옮김, *op. cit.*, 167.
405) 이상봉,「서양 고대의 '신비철학'과 '신비신학'」『철학논총』제82집 (2015.10), 381. 이상봉은 플로티노스가 말하는 '정화'에는 윤리적 정화와 지적 정화가 있다고 했다.

「엔네아데스」1권 6장 6절에서 "영혼이 정화하면서 형상과 로고스가 되고, 모든 것이 비 육체가 되며, 정신적인 것이 되어 온전히 신적인 것이 된다."고 했다.406) 나아가「엔네아데스」1권 6장 7절에서도 정화의 필요성을 강조했다.

오로지 자신 안에서 신만을 바라보며, 때가 묻지 않도록 순수하고 깨끗하게 자신을 닦아낸다면, 모든 것들이 신에게 의지하며 또 신을 예의주시할 뿐만 아니라 신으로 말미암아 존재하며 살아가고 또 사유한다는 사실을 깨닫게 될 것이다.407)

더 나아가 플로티노스는「엔네아데스」4권 8장 3절에서 "영혼은 자신보다 앞서 존재하는 것을 바라봄으로 사유하게 된다. 곧, 모든 영혼은 가만히 있지 못하고 자기를 정화하고 자신보다 앞서 존재하는 것을 향하여 나아가야 한다."고 했다.408) 이처럼 신플라톤주의자 플로티노스는 신과의 합일을 위해 정화의 필요성을 강조했다. 한편, 에바그리우스도「기도」에서 영혼을 정화해야 순수기도를 향하여 나아갈 수 있다고 했다.409) 사막교부 전통에 따르면, 생각은 수도승 주위를 배회하며 수도승 안에 들어가 그들을 유혹하고 지배하는 자율적인 실체로 여겼다. 악한 생각은 영혼 안에 나타나는 욕망과 분노를 끌어어내며, 정신(voῦς)410)을 기만한다고 보았다.411) 이처럼 에바그리우스도 사

---

406) "γίνεται οὖν ἡ ψυχὴ καθαρθεῖσα εἶδος καὶ λόγος καὶ πάντη ἀσώματος καὶ νοερὰ καὶ ὅλη τοῦ θείου," Plotinus, *Plotini Enneades*, Vol I, 92.

407) 플로티노스/ 조규홍 옮김, 『Εννεάδες 엔네아데스』 (서울: 지식을 만드는 지식, 2009), 42.

408) 플로티노스/ 조규홍 옮김, *op. cit.*, 2008, 20.

409) Columba Stewart, "Evagrius Ponticus and The Eastern Monastic Tradition on The Intellect and The Passions," *Modern Theology* Vol. 27, No. 2 (2011), 270.

410) 에바그리우스가 사용한 누스(voῦς)는 마음(heart)의 뜻보다는 정신(mind)과 지

막 교부들의 전통에 따라 악한 생각이 참된 관상을 불가능하게 한다고 생각했다.412) 나아가 에바그리우스는「기도」134장에서 악령이 바로 이 악한 생각(λογισμούς)으로 수도승을 속인다고 했다.413) 더 나아가「기도」148장에서는 악령이 야릇한 악한 생각으로 부추이기 때문에 수도승을 순수기도로 가지 못하게 한다고 했다.414)

한편, 플로티노스는 정화를 타락한 자신, 망각한 자신의 본연의 모습으로 되돌리는 것으로 보았으며, 정화를 통해 육체에서 오는 욕구를 제거하고, 자신을 물질적이며, 감각적인 것에서 벗어나게 하는 것으로 이해했다. 따라서 영혼은 정화를 통해 온통 투명하고 순수한 정신, 그 자체가 된다고 보았다.415) 시기적으로 플로티노스와 위 디오니시우스의 중간에 있는 에바그리우스도 그의「기도」에서 정화를 강조했다. 에바그리우스는 영혼이 하느님과 합일을 이루는 순수기도를 하기 위해서는 먼저 이성부, 욕망부, 그리고 정념부를 정화해야 한다고 주장했다.416) 그 가운데 첫 번째 세 개는 욕망부에 해당하고, 그다음 세 개는 정념부에 해당하며, 미지막 두 개는 이성부에 해딩한다.417) 또한, 에바그리우스는 플라톤이 영혼을 이성부, 격정부, 그리고 욕망부로 구분한 것에 따라 육망부, 정념부, 그리고 이성부로

성(intellect)에 더 가깝다. Liddell and Scott, op. cit., 468.

411) Guidalberto Bormolini/ 허성석 로무알도 옮김, 「로기스모이(logismoi) 사막 교부들 안에서 생각들에 대한 통제」『코이노니아선집 2』(2004.5), 314.

412) Bernard McGinn, op. cit., 149.

413) PG 79, 1196.

414) Ibid., 1200.

415) 김영철,「플로티노스의 형이상학의 구조와 특징」『汎韓哲學』제42집 (2006), 153.

416) 남성현,「폰투스의 에바그리오스의 영성 테라피 -『실천학』에 나타난 영혼의 삼분법을 중심으로」『서양고대사연구』제43집 (2015.12), 53~54.

417) Columba Stewart, op. cit., 2011, 268.

구분했다.[418] 따라서 에바그리우스는 이 세 부분 곧, 욕망부, 정념부, 그리고 이성부의 악한 생각들을 정화해야 순수 기도를 할 수 있다고 주장했다.[419] 다음은 욕망부의 악한 생각의 정화에 관하여 살펴보겠다.

3.1.1 욕망부의 악한 생각의 정화

에바그리우스는 하느님과 합일을 이루기 위해서는 가장 먼저 욕망부의 악한 생각을 정화해야 한다고 주장했다. 에바그리우스가 볼 때 욕망부는 수도승에게 분심을 일으켜 기도를 못 하게 하는 원인이 되기 때문이다.[420] 더욱이 욕망부는 수도승을 감각적인 것에 집착하도록 욕정을 자극하므로 수도승이 기도할 때는 기억을 강하게 지켜야 하며 (「기도」 44장),[421] 욕정($\pi\alpha\Theta\tilde{\omega}v$)을 정화해야 한다고 했다 (「기도」 36장).[422] 이때 악령이 수도승의 육체를 통하여 욕정을 자극하여(「기도」 46장),[423] 이성부로 나아가지 못하게 하므로 조심해야 한다고 했다(「기도」 50장).[424] 따라서 에바그리우스는 「기도」 53장에서 수도승이 진실로 기도하려면 욕망을 버리고, 욕정에 사로잡힌 생각에서 벗어나야 한다고 했다.[425] 이처럼 에바그리우스는 가장 먼저 육체적인 욕망을 정화해야 그다음 단계로 나아갈 수 있다고 했다. 한편, 플로티노스도 「엔네아데스」 1권 6장 5절에서 육

---

418) 김윤동, 「플라톤에 있어서 영혼의 三分」 『대동철학』 제6집 (1999.12), 10; 남성현, *op. cit.*, 2016, 81.
419) 유은호, *op. cit.*, 2016, 260~262.
420) Andrew Louth, *op. cit.*, 2007, 102.
421) Ibid.
422) *PG* 79, 1176.
423) Ibid.
424) Ibid., 1177.
425) Ibid.

체적인 욕망을 정화해야 영혼이 감정들로부터 자유를 얻게 된다고 했다.

　육체를 통한 행동으로 얻고자 애쓰는 저 욕망으로부터 떨어져 홀연히 존재하게 된다면, 영혼은 다른 감정들로부터 자유로워지고 육체적인 성향들을 정화할 수 있을 것이다. 그리하여 오로지 자신만이 남게 되어 또 다른 본성에 따라 이끌린 추한 것은 모두 떨어져 나가게 될 것이다.[426]

　에바그리우스도 「기도」 71장에서 욕정의 종이 된 정신은 순수기도를 할 수 없다고 했으며,[427] 「기도」 83장에서는 이러한 욕정에서 벗어나기 위해 시편 성가를 부를 것을 제안했다.[428] 에바그리우스는 시편 성가를 통하여 육체와 영혼과 정신을 준비시킨다고 보았다. 이에 따라 에바그리우스는 「기도」 82장과 83장, 그리고 85장에서 시편을 통해 시험을 이기는 기도를 할 것을 제안했다.[429] 이처럼 에바그리우스는 플로티노스와 같이 감각적인 욕정을 정화해야 정신이 이성부로 나아갈 수 있다고 주장했다.
　두 번째로 에바그리우스는 탐식과 간음, 그리고 탐욕을 정화해야 한다고 했다. 에바그리우스는 「기도」 50장에서 악령은 탐식(γαστριμαργίαν)과 간음(πορνείαν), 그리고 탐욕(φιλαργυρίαν)을 통하여 수도승의 정신을 무감각하게 만들어 기도할 수 없게 한다고 했다.[430] 세 번째로 에바그리우스는 유혹과 매혹, 쾌락, 그리고 충동을 정화해야 한다고 했다. 따라서 에바그리우스는 「기도」 37장에서 수도승이

---

426) 플로티노스/ 조규홍 옮김, *op. cit.*, 2009, 38.
427) *PG* 79, 1181.
428) Ibid., 1185.
429) Luke Dysinger, *op. cit.*, 73~98, 103.
430) *PG* 79, 1177.

순수기도를 하기 위해서는 유혹(πειρασμου)과 매혹(ἐγκατα
λείψεως)에서 구출 받아야 한다고 했다.431) 나아가 악령은
수도승에게 쾌락을 주목하게 하고, 정신을 방종하게 하며
(「기도」47장),432) 충동을 통하여 수도승의 정신이 기도하
지 못하게 공격하기 때문에 충동을 정화해야 한다고 했다
(「기도」50장).433) 이처럼 에바그리우스는 유혹과 매혹, 쾌
락, 그리고 충동의 정화를 강조했다. 한편, 플로티노스도
쾌락에 대한 정화를 주장했다. 플로티노스는 「엔네아데
스」 1권 4장 2절에서 "쾌락은 정념(πάθος)에 따라 결정되
기 때문에 정화해야 한다."고 했다.434) 아울러 「엔네아데
스」 1권 6장 5절에서도 쾌락에 빠진 영혼은 자신을 정화해
야 한다고 주장했다.

 어디서든 비뚤어진 마음으로 순수하지 못한 것들을 따라 쾌
 락을 좇는 영혼은 육체를 통해 겪게 되는 그 어떤 것을 쾌락
 의 일종으로 여기며 살아가는 생명체로서 추한 영혼이라 말
 할 수 있기 때문이다...그런 추한 영혼들은 불순해서 과연 어
 디서든 감각적으로 다가온 것들에 대해 매력을 느끼고 거기
 에 사로잡히고 만다. 많은 육체적인 것들과 뒤섞여 있으므로,
 또한, 많은 물질적인 것들과 하나가 되어 버렸기 때문에, 그
 런 혼란으로 말미암아 그것들을 마치 자신으로 알아봄으로
 '엉뚱한 형상'을 손으로 붙들게 될 것이다...그래서 만일 [영혼
 이] 아름다워지려면, 그에게 할 일은 더러운 것들을 제거하고,
 이전의 모습으로 자신을 정화하는 것이다.435)

 요컨대, 에바그리우스는 욕정과 탐식, 간음, 탐욕, 유혹,

---

431) Ibid., 1176.
432) Ibid., 1177.
433) Ibid.
434) 플로티노스/ 조규홍 옮김, op. cit., 2010, 56.
435) 플로티노스/ 조규홍 옮김, op. cit., 2009, 36~38.

매혹, 쾌락, 그리고 충동과 같은 욕망부의 감각적 부분을
정화해야 조명의 단계로 들어갈 수 있다고 했다.436) 이처럼
욕망부의 정화는 플로티노스의 「엔네아데스」에서도 나타
난다. 그런 점에서 두 사람 간에 유사성이 보인다.

3.1.2. 정념부의 악한 생각의 정화

에바그리우스는 욕망부의 악한 생각을 정화한 후에 정념
부의 악한 생각을 정화해야 한다고 주장했다. 고대 그리스
인들은 인간이 자신의 행동을 통제할 수 없는 상태에 빠진
것을 정념(πάθος)에 사로잡힌 것으로 이해했다. 더욱이 스
토아학파는 그릇된 판단과 이성의 타락을 정념에 빠진 것
으로 이해했다.437) 스테와트는 에바그리우스가 이룩한 중요
한 업적 가운데 하나는 초기 이집트 수도원 운동에서 배운
중상기술과 그리스 철학을 결합한 것이라고 했다.438) 따라
서 에바그리우스는 스토아학파의 정념 개념을 기도와 연관
시키면서 정념부를 정화해야 한다고 했다. 에바그리우스가
볼 때 정념부는 기도 중에 정신을 어둡게 하고, 기도를 못
하게 하기 때문이다.439)
더욱이 에바그리우스는 「기도」 12장에서 정념의 악한 생
각 가운데 분노(θυμός)의 정념을 정화해야 한다고 했
다.440) 에바그리우스가 볼 때 분노는 수도승의 기도를 방해
하는 결정적 요소이며(「기도」 24장, 26장),441) 수도승의 마
음의 눈을 방해하기 때문이다(「기도」 27장).442) 더욱이 악

---

436) 유은호, *op. cit.*, 2016, 262~264.
437) 박인철, 「정념의 근원」 『탈경계 인문학』 제3권 제3호. (2010.10), 121, 130.
438) Columba Stewart, *op. cit.*, 2011, 263~264.
439) Andrew Louth, *op. cit.*, 2007, 102.
440) *PG* 79, 1169.
441) Ibid., 1172.

령은 수도승을 분개(μνησικακίαν)하게 해서 정신이 기도할 수 없도록 무감각하게 하므로(「기도」 50장),443) 수도승이 진실로 기도하려면 분노를 버려야 한다고 했다(「기도」 53장, 64장).444) 따라서 에바그리우스는 분노를 막는 방법으로 인내하며, 남을 판단하는 것을 피하고, 시편을 노래할 것을 제안했다.445)

두 번째, 에바그리우스는 게으름의 정념을 정화해야 한다고 했다. 에바그리우스는 「기도」 43장에서 수도승이 기도하면서 주위를 돌아보는 것은 아케디아(ἀκηδία) 곧, 게으름에 빠진 것이라고 했다.446) 가브리엘 붕게는 아케디아를 '불안'으로 번역해야 한다고 제안했다. 붕게는 수도승에게 불안은 영적 진보를 방해하는 치명적인 독이기 때문이다.447) 요컨대, 에바그리우스는 바로 이 아케디아를 제거하기 위해서는 천사의 도움이 있어야 한다고 주장했다. 천사는 수도승의 정신에 게으름이 없도록 고무시키며, 정신에 태만과 분주함을 없애주기 때문이다(「기도」 75장).448)

세 번째, 에바그리우스는 「기도」 88장에서 수도승은 기도할 때 낙담(ἀθύμει)을 해서는 안 된다고 했다.449) 네 번째, 에바그리우스는 복수하려는 정념을 정화해야 한다고 했다. 악령은 수도승에게 복수하려는 생각을 충동하여 정신을 위험에 몰아넣으며(「기도」 10장),450) 형제의 잘못에 대해 보

---

442) Ibid., 1172~1173.
443) Ibid., 1177.
444) Ibid., 1177, 1180.
445) Andrew Louth, op. cit., 2007, 102.
446) PG 79, 1176; 게으름에 대한 역사적 기원과 형성과정을 보기 위해서는 다음을 참조하라. Siegfried Wenzel, The Sin of Sloth: Acedia (North Carolina: The University of North Carolina Press, 1967), 3~46.
447) Gabriel Bunge, op. cit., 2012, 121.
448) PG 79, 1184.
449) Ibid., 1185.

복(άμυναν)하라고 충동하기 때문이다(「기도」 13장).451) 이렇듯 수도승이 참된 기도를 하려면 적의(μνησικακῶν)를 가지고 비난하지 말아야 한다(「기도」 64장).452) 다섯 번째, 에바그리우스는 말다툼의 정념을 정화해야 한다고 했다. 에바그리우스는 「기도」 12장에서 말다툼(άντιλογία)이 생기면 심판받는다고 했다.453) 이처럼 에바그리우스는 분노와 게으름, 낙담, 복수, 그리고 말다툼의 악한 생각을 정화해야 한다고 주장했다.454) 에바그리우스는 그 가운데 분노를 가장 악한 정념으로 보았다. 이런 점은 스토아학파를 계승한 것 같다. 왜냐하면, 스토아학파는 분노를 가장 악한 정념으로 생각했기 때문이다.455)

3.1.3. 이성부의 악한 생각의 정화

에바그리우스는 정념부의 악한 생각을 정화한 후에는 이성부의 악한 생각을 정화해야 한다고 했다. 에바그리우스는 영혼의 욕망부와 정념부가 평온하게 되면 영혼은 분심이 없는 기도를 하게 되지만, 그다음에는 악령이 헛된 영광과 교만의 악한 생각을 불어넣는다고 했다.456) 따라서 에바그리우스는 욕망부와 정념부를 정화한 후에는 이성부를 정화해야 한다고 했다. 한편, 플로티노스도 이성부의 악한 생각을 정화해야 한다고 했다. 플로티노스는 「엔네아데스」 5권 3장 3절에서 이성에 사로잡힌 정신을 정화해야 한

---

450) Ibid., 1169.
451) Ibid.
452) Ibid., 1180.
453) Ibid., 1169.
454) 유은호, *op. cit.*, 2016, 264~267.
455) 스토아학파의 분노에 대한 대표적인 작품을 보려면 다음을 참조하라. 루키우스 안나이우스 세네카/ 김경숙 옮김, 『화에 대하여』 (서울: 사이출판사, 2013).
456) Andrew Louth, *op. cit.*, 2007, 103.

다고 주장했다.

 정신은 영혼의 이성과 다르며, 오히려 그 위에 자리하겠기에
 설령 영혼의 부분들로 산정되지는 않는다 하더라도, 우리와
 같은 모습으로 함께 존재한다고 본다. 사실상 정신은 우리의
 일부이면서 동시에 우리의 일부가 아니다. 그렇듯 우리는 그
 (정신)에게 가까이 접근하면서 동시에 매번 우리가 이성에 사
 로잡혀 있는 한 가까이 접근하지 못한다.457)

 이처럼 플로티노스는 영혼이 이성에 사로잡히지 않도록
이성을 정화해야 정신에 가까이 접근할 수 있다고 했다.
그래야 결국은 일자와 하나가 될 수 있기 때문이다. 한편,
에바그리우스는 이성부의 악한 생각 가운데 헛된 영광을
가장 먼저 정화해야 아파테이아의 단계에 들어갈 수 있다
고 했다. 연이어 에바그리우스는「기도」72장에서 악령은
정화 없이 수도승에게 기도를 달성했다는 헛된 영광(κενοδ
οξίας)을 가져다준다고 했다.458) 이처럼 에바그리우스는 헛
된 영광이 정신을 유혹하는 시작이라고 했다(「기도」 116
장).459)
 두 번째, 에바그리우스는 망상과 형상, 그리고 환영과 같
은 이성부의 악한 생각을 정화해야 한다고 했다. 에바그리
우스는「기도」72장에서 악령은 하느님에 대한 망상(δόξα
v)을 심어주어 완전에 도달했다고 상상하도록 형상(σχημα
τισμόν)을 보여 주며,460) 수도승에게 갑자기 큰 검을 보여
주거나, 횃불을 쏜다든지, 피같이 보이는 어떤 친근하지
않은 모양(μορφήν)의 환영(φαντασίαν)을 보여주더라도

457) 플로티노스/ 조규홍 옮김, op. cit., 2008, 88~89.
458) PG 79, 1181.
459) Ibid., 1193.
460) Ibid., 1181.

(「기도」92장)461) 무시해야 한다고 했다. 왜냐하면, 에바그
리우스에게 형상은 수도승의 정신을 분열시키고, 혼란스럽
게 하는 방해물이기 때문이다.462) 세 번째, 에바그리우스는
방종을 정화해야 한다고 했다. 에바그리우스는「기도」47
장에서 악령이 수도승의 정신을 방종하게 만든다고 했
다.463) 네 번째, 에바그리우스는 해로운 기쁨을 정화해야
한다고 했다. 에바그리우스는「기도」148장에서 악령은 수
도승에게 해로운 기쁨(ἐπίχαρμα)을 가져다준다고 했다.464)
따라서 에바그리우스는 헛된 영광과 망상, 형상, 환영, 방
종, 그리고 해로운 기쁨 같은 이성부의 악한 생각을 정화
해야 한다고 했다. 요약하면, 에바그리우스는 욕망부, 정념
부, 그리고 이성부에 속한 악한 생각을 정화해야 그다음
조명의 단계로 들어갈 수 있다고 했다.465) 다음은 조명의
단계를 살펴보겠다.

3.2 조명의 단계

위 디오니시우스는「교회의 위계」5장 3절에서 성직사를
세 가지 서열로 구분했다. 곧, 정화하는 사람, 조명하는 사
람, 그리고 완전함을 가져오는 사람이다. 첫 번째 서열이
가진 사람의 능력은 성례전을 통하여 비입회자를 정화하는
것이다. 두 번째 서열이 가진 사람의 능력은 정화된 사람
들을 조명시키는 것이고, 마지막 서열은 완전한 능력을 갖
춘 자로서 관상의 깨달음을 가지게 하는 것이다.466) 이처럼

---

461) Ibid., 1188.
462) Blossom Stefaniw, "Evagrius Ponticus on Image and Material," *Cistercian Studies Quarterly* Vol. 42, No. 2 (2007), 129.
463) *PG* 79, 1177.
464) Ibid., 1200.
465) 유은호, *op. cit.*, 2016, 267~269.

위 디오니시우스는 정화된 사람은 반드시 조명의 단계로 들어가야 한다고 했다. 에바그리우스도「기도」에서 정화를 한 후에 조명의 단계에 들어가야 한다고 했다. 더욱이 에바그리우스는 삼 단계 조명 단계를 주장했다. 곧, 아파테이아의 조명, 삼위일체 하느님의 빛 조명, 그리고 영들의 조명을 주장했다. 다음은 삼 단계 조명 가운데 첫 번째 단계인 아파테이아 조명을 살펴보겠다.

3.2.1 아파테이아의 조명

에바그리우스가 주장하는 첫 번째 조명의 단계는 아파테이아의 조명 단계이다. 인식론적으로 볼 때 에바그리우스의 아파테이아 단계는 위 디오니시우스가 말하는 조명의 단계에 해당한다고 할 수 있다. 왜냐하면, 에바그리우스는 수행을 통해 욕망부와 정념부, 그리고 이성부를 정화한 후에 아파테이아의 단계에 들어간다고 말하기 때문이다. 앤드루 라우스도 에바그리우스의 영혼은 악한 생각을 정화하고, 덕을 얻은 후에 모든 정념으로부터 자유로운 아파테이아 단계에 들어간다고 했다.467) 이것을 보면 아파테이아의 단계가 정화의 단계와는 구별되는 또 다른 단계라는 것을 알 수 있다.

한편, 아파테이아라는 용어는 스토아학파의 전문용어로 알려졌다. 이 아파테이아의 개념을 신플라톤주의자들도 받아들였다. 대표적으로 플로티노스의「엔네아데스」에 여러 곳 나타난다. 그러나 에바그리우스는 스토아학파의 전문용어인 아파테이아를 변용시켜 두 단계의 아파테이아 이론을 주장했다. 스토아학파와 플로티노스는 아파테이아를 하나

---

466) Pseudo-Dionysius, *op. cit.*, 235.
467) Andrew Louth, *op. cit.*, 2007, 100.

로 보았다. 그러나 에바그리우스는 두 단계로 아파테이아를 구분했다. 곧, 불완전한 아파테이아와 완전한 아파테이아의 단계로 구분했다. 에바그리우스가 말하는 불완전한 아파테이아는 욕정에 시달리지 않을 때 부분적으로 실현되는 아파테이아를 말하며, 완전한 아파테이아는 아무런 감정도 따라붙지 않을 때의 상태를 가리킨다.468) 스토아학파가 말하는 아파테이아는 에바그리우스의 완전한 아파테이아에 가깝다. 에바그리우스는 완전한 아파테이아 이전에 불완전한 아파테이아 단계가 있다고 보았다. 이런 점은 에바그리우스의 아파테이아가 스토아학파나 플로티노스와는 상이점을 보이는 부분이다. 이처럼 에바그리우스는 스토아학파와 플로티노스가 사용한 아파테이아 개념을 빌려 와서 자신의 기도 신학에서 조명의 단계로 변용시켰다. 그러므로 수도승은 완전한 아파테이아의 조명을 받은 후에 삼위일체 하느님의 빛 조명을 받아야 비로소 완전의 단계인 순수기도의 단계에 들어갈 수 있게 된다.469) 다음은 에바그리우스의 두 번째 조명 단계인 삼위일체 하느님의 빛 조명을 살펴보겠다.

3.2.2 삼위일체 하느님의 빛 조명

에바그리우스는 수도승이 삼위일체 하느님의 빛 조명을 받아야 한다고 했다. 에바그리우스는 「기도」 80장에서 수도승이 진실한 기도를 하면 천사가 빛(φωτιοῦσι)을 가지고 오기 때문에470) 수도승은 순수기도의 단계에서 하느님께 빛을 간청해야 한다고 했다.(「기도」 94장).471) 나아가 에바

---

468) C. P. M 존스, G 와인라이트, E. 야놀드 편/ 권순구 옮김, *op. cit.*, 267.
469) 유은호, *op. cit.*, 2016, 269~270.
470) *PG* 79, 1184.
471) Ibid., 1188.

그리우스는「성찰」2장에서도 수도승이 하느님과 협력할 필요를 느낄 때는 하느님께서 고유한 빛을 주신다고 했다.[472] 한편, 플로티노스도「엔네아데스」5권 8장 12절에서 "저편의 세계가 항상 빛을 비추고 있다."고 했다.[473] 이렇듯 플로티노스는 영혼이 일자와 합일할 때 필연적으로 빛이 나타난다고 했다. 에바그리우스도 영혼이 하느님과 합일할 때 삼위일체 빛이 나타난다고 했다. 다만 에바그리우스는 수도승의 영혼에 나타나는 빛은 하느님과 협력할 필요가 있을 때만 나타난다고 했다. 이에 비해, 플로티노스는 영혼이 절대적으로 빛에 의존한다고 했다. 플로티노스에게는 빛을 통해서만 일자를 알아볼 수 있기 때문이다. 이처럼 에바그리우스가 말하는 삼위일체 하느님의 빛 조명은 플로티노스가「엔네아데스」에서 말하는 정신이 상승하여 일자와 합일할 때 나타나는 빛과 유사하다. 하지만 에바그리우스는 플로티노스같이 삼위일체 하느님의 빛을 신과 합일을 위한 필수 조건으로 보지는 않는다. 곧, 에바그리우스는 빛을 필요에 따라 협력할 수 있는 선택 조건으로 해석한다. 더욱이 에바그리우스는 악령이 빛을 사용할 수도 있다고 했다. 에바그리우스는 악령이 수도승의 정신 주위에 나타나는 삼위일체 빛(φῶς)을 자기가 원하는 대로 변화시켜서 정신이 빛을 보는 모양을 생각나게 한다고 했다(「기도」73장).[474] 곧, 에바그리우스는 악령이 수도승의 정신 주위에 나타나는 빛을 교묘하게 속인다고 했다.[475] 이처럼 에바그리우스의 삼위일체 하느님의 빛과 플로티노스의 빛과는 유사점이 있지만, 상이점도 나타난다. 에바그리우스는 삼위일체 하느님의 빛 조명을 받은 다음에 마지막 조명의

---

472) Robert E. Sinkewicz, *op. cit.*, 211.
473) 플로티노스/ 조규홍 옮김, *op. cit.*, 2009, 95.
474) *PG* 79, 1184.
475) Columba Stewart, *op. cit.*, 2001, 184.

단계인 영들의 조명을 받아야 완전의 단계에 들어갈 수 있다고 했다.[476] 다음은 조명의 마지막 단계인 영들의 조명을 살펴보겠다.

3.2.3 영들의 조명

에바그리우스는 수도승이 순수기도에 들어가기 위해서는 마지막으로 성령과 천사와 같은 영들의 조명이 있어야 한다고 했다. 에바그리우스는「기도」62장에서 수도승이 욕정에서 벗어나면 성령이 기도자를 둘러싸고 있는 모든 악한 생각을 몰아내고 영적인 기도를 하도록 돕는다고 했다.[477] 나아가「기도」75장에서는 천사가 수도승이 진실한 기도를 할 수 있도록 돕는다고 했다.[478] 이처럼 에바그리우스는 수도승이 마지막 조명의 단계에 도달했을 때 자신의 노력이 아닌 성령과 천사의 조명을 통하여 최종적으로 완전의 단계인 순수기도로 들어갈 수 있다고 했다.[479] 야손 스쿨리는 에바그리우스의「기도」에 나타난 성령과 천사는 존재론적으로서는 다르지만 두 존재는 긴밀하게 연관되어 있다고 했다. 에바그리우스는「기도」에서 성령을 다섯 번[480] 언급하고, 천사를 5회[481] 언급하지만 천사가 성령의 역할을 대신한 것으로 보았다.[482] 이처럼 에바그리우스는 영들의 조명을 주장했다.[483] 따라서 수도승이 아파테이아의

---

476) 유은호, *op. cit.*, 2016, 277~279.
477) *PG* 79, 1180.
478) Ibid., 1184.
479) Ibid.
480)「기도」 57, 58, 62, 77, 146장
481)「기도」 30, 74, 75, 81, 96장
482) Jason Scully, "Angelic Pneumatology in the Egyptian Desert : The Role of the Angels and the Holy Spirit in Evagrian Asceticism," *Journal of Early Christian Studies* Vol. 19, No. 2 (Sum., 2011), 292, 303~305.

조명, 삼위일체 하느님의 빛 조명을 받은 후에 영들의 조
명을 받으면 비로소 완전의 단계에 들어갈 수 있다고 했
다. 다음은 완전의 단계를 살펴보겠다.

3.3 완전의 단계

앤드루 라우스는 순수기도의 단계는 영혼이 하느님에서
은총을 받는다는 뜻에서 초월적이라고 했다.484) 그러므로
에바그리우스는 순수기도485)의 단계를 하느님의 은총을 받
은 단계요, 완전의 단계라고 했다. 에바그리우스는 이 순수
기도의 단계는 부정신학을 넘어서는 신비신학의 단계이며,
천사와 동등한 변형의 단계라고 했다. 다음은 부정신학을
넘어서는 신비신학의 단계를 살펴보겠다.

3.3.1 부정신학을 넘어서는 신비신학의 단계

위 디오니시우스는 「신비신학」에서 하느님을 인식하는
신학의 길을 크게 긍정신학과 부정신학으로 구분했다. 그
는 긍정 신학의 길은 하느님을 인식하는 방법으로 부적당
하며, 오히려 부정신학의 길이 적당하다고 했다.486) 그는

---

483) 유은호, *op. cit.*, 2016, 276~277.
484) Andrew Louth, *op. cit.*, 2007, 107.
485) 에바그리우스는 「기도」에서 관상(θεωρία)을 3회 사용했다(*PG* 79, 1178(56
장), (1180(57장), 1185(86장). 반면에 진실한(ἀληθῶς) 기도(προσευχῆς)는 9회
사용했으며(*PG* 79, 1169(10장), 1177(53장), 1177(55장), 1180(59장), 1180(60장),
1181(72장), 1184(75장), 1184(80장), 1192 (113장), 영적인(πνευματικῆς) 기도는 5
회 사용하고(*PG* 79, 1177(49장), 1180(62장), 1181(71장), 1189(101장), 1193(12 8
장), 순수(καθαρῶς) 기도는 4회 사용했다(*PG* 79, 1181(67장), 1181(70장), 11
81(72장), 1188(97장), 그리고 단순한(ἀπλανῶς) 기도는 1회 사용했다(*PG* 79,
1181(72장). 이처럼 에바그리우스는 관상, 진실한 기도, 영적인 기도, 순수기도,
단순한 기도를 동의어로 사용하고 있다.
486) Seely J. Beggiani, "Theology at the Service of Mysticism: Method in Pse

「신비신학」에서 수차례에 걸쳐서 부정신학이 긍정 신학보다 우월하다고 주장했다.[487] 예를 들어, 그리스도교 전통속에서 모세의 시나이 산 등정은 부정의 이미지를 대변하는데,[488] 위 디오니시우스는 출애굽기 19장, 20장, 그리고24장에 나타나는 '침묵'과 '어두움'의 이미지를 부정의 길과연관 지어 설명했다.[489] 이렇듯 위 디오니시우스는 부정신학의 방법이 하느님의 영역을 설명하는데 더 적합하다고주장했다.[490] 이런 부정신학의 원천은 플로티노스로부터 온것 같다.[491] 루이 부이에도 에바그리우스가 플로티노스의부정신학을 그리스도교 안으로 제일 먼저 계승했다고 했다.[492] 플로티노스는 「엔네아데스」 6권 9장 3절에서 부정신학의 관점에서 일자를 설명했다.

'일자'의 본성은 존재하는 것 가운데 어떤 것도 아니며, 질적
인 것도 아니고, 정신도 아니며 영혼도 아니다. 그것은 동적

　　udo-Dionysius," *Theological Studies* Vol. 57, No. 2 (Jan., 1996), 217.
487) 곽승룡, 「부정신학-동방 그리스도교 신학을 중심으로-」『가톨릭신학과 사상』 제66호 (2010.12), 127; 위 디오니시우스의 부정신학의 전통은 동방교회로 확산하는 계기를 만들었으며, 이 전통은 고백자 막시무스와 14세기의 그레고리우스 팔라마스에까지 이어내려 간다. 위 디오니시우스의 사상이 고백자 막시무스에서 팔라마스까지의 수용의 문제를 살펴보기 위해서는 다음을 참조하라. Andrew Louth, "The Reception of Dionysius in the Byzantine World: Maximus to Palamas," *Modern Theology* Vol. 24, No. 4 (Oct., 2008), 585~599.
488) Belden C. Lane, "The Sinai Image in the Apophatic Tradition," *St Vladimir's Theological Quarterly* Vol. 39, No. 1 (1995), 67~68.
489) Alexander Golitzin, *op. cit.*, 195.
490) Pseudo-Dionysius, *op. cit.*, 150.
491) 플로티노스의 부정신학을 알기 위해서는 다음을 참조하라. Daniel Jugrin, "Negation and Mystical Union in Plotinus," *Philobiblon* Vol. 20, No. 1 (Jan ~Jun., 2015), 94~108.
492) Louis Bouyer, *op. cit.*, 381; 셀스는 플로티노스는 서방의 부정신학의 기초자일 뿐만 아니라 가장 도전적이고 기초적인 부정신학의 구절들을 남긴 작가라고 했다. Michael Anthony Sells, "Apophasis in Plotinus: A Critical Approach," *Harvard Theological Review* Vol. 78, No. 3~4 (1985), 47~48.

(動的)인 것도 아니며, 그렇다고 정적(靜的)인 것도 아니요, 어떤 장소에도 시간 안에도 없으나, 자신에 따라 자신으로 항상 머물러 있으니, 차라리 형상이 따로 없어 모든 형상에 앞서 존재한다고 하겠으며, 운동 이전에 있고, 정지 이전에 있다 하겠다.493)

이처럼 플로티노스는 '일자'의 본성을 부정신학으로 설명하면서 형상 없는 존재라고 했다. 에바그리우스도 순수기도를 형상 없는 상태로 부정신학으로 설명했다.494) 그러나 위 디오니시우스는 부정신학의 길로도 부족하다고 생각했다. 부정신학을 넘어 신비신학까지 가야 하느님과 완전한 합일을 이룰 수 있다고 주장했다. 위 디오니시우스는 「신비신학」 5장에서 "하느님은 완전하신 존재이며, 모든 만물의 유일하신 원인이시기 때문에, 모든 단정(assertion)을 넘어서며, 단순하고 절대적인 본성의 덕 때문에 모든 한정(limitation)에서 벗어나고, 모든 한정을 넘어서며, 모든 부정(denial)을 넘어선다."고 했다.495) 그러므로 위 디오니시우스는 긍정과 부정을 모두 초월하여 하느님과 하나가 되는 신비신학의 단계에 들어가야 한다고 주장했다.496) 따라서 위 디오니시우스가 말하는 신비신학의 단계는 긍정을 부정하고, 부정마저도 초월하는 단계로서 침묵으로 이끌어가는 단계라고 할 수 있다.497) 이 침묵 속에서 신비신학의 목적인 관상의 단계가 시작된다. 또한, 에바그리우스도 영혼이 부정신학을 넘어서는 신비신학의 단계인 순수기도의 단계에서 삼위일체 하느님을 관상하고, 영혼이 육신을 벗

---

493) 플로티노스/ 조규홍 옮김, op. cit., 2010, 27.
494) Columba Stewart, op. cit., 2001, 173.
495) Pseudo-Dionysius, op. cit., 141.
496) 조규홍, op. cit., 2010, 85~86.
497) Jeffrey Fisher, "The Theology of Dissimilarity Negation in Pseudo-Dionysius," Journal of Religion Vol. 81, No. 4 (2001), 539~540.

고, 형상 없는 기도를 하게 된다고 했다.498) 이런 점을 보면 에바그리우스와 위 디오니시우스, 그리고 플로티노스가 유사성을 보이는 것 같다. 시기적으로 보면 플로티노스의 부정신학이 에바그리우스를 거쳐 위 디오니시우스에게 계승된 것 같다. 한편, 플로티노스는 부정의 길에서 영혼이 일자와 합일 상태에 들어가면 탈혼 상태에 빠지게 된다고 했다. 그 탈혼 속에서 일자와 신비적 합일을 하게 된다는 것이다.499) 플로티노스는 「엔네아데스」 6권 9장 11절에서 일자와 합일 상태에서 탈혼이 나타난다고 주장했다.

> 만일 제대로 말하겠다면 도대체 그 자신은 거기에 없다고 해야 한다. 그것은 마치 '탈아(脫我) 상태'이거나 '신이 내린(接神) 상태'로서 호젓이 침잠하여 고요 속에 빠져들어 버린 것과 같다고 하겠다. 그래서 그는 자기 정체성에 전혀 손상을 입히지 않으면서도 또한 자기 자신에 대해 집착하지 않은 채 아주 호젓한 상태에서 멈춘 것처럼 된다...예컨대 탈아 상태(ἔκστασις)나 해탈(ἅπλωσις) 혹은 자기 이탈(ἐπίδοσις αὑτοῦ) 혹은 접촉과 안정에 다다름 혹은 합일 정념(合一正念)이라고노 일컬을 수 있을 것이다.500)

이처럼 플로티노스는 일자와의 합일 상태에 들어갈 때 탈혼을 경험한다고 주장했다. 이런 점은 에바그리우스와는 상이점을 보인다. 에바그리우스는 순수기도의 상태에서 하느님과 만날 때 탈혼 상태에서 만나지 않는다. 오히려 정

---

498) Andrew Louth, op. cit., 2007, 105; 에바그리우스의 제자로 알려진 팔라디우스의 「라우수스의 역사」 The Lausiac History에 나타난 형상 없는 기도를 보기 위해서는 다음을 참조하라. Demetrios S. Katos, "Humility as the Harbinger of Imageless Prayer in the Lausiac History," St Vladimir's Theological Quarterly Vol. 51, No. 1 (2007), 107~121.

499) 김영철, op. cit., 2006, 156.

500) 플로티노스/ 조규홍 옮김, op. cit., 2010, 50~51.

신이 온전한 상태에서 만나게 된다. 나아가 플로티노스는 중기 플라톤주의자 필로의 영향으로 부정신학을 받아들여 부정신학을 거쳐 탈혼상태속에서 정신이 신과 합일의 상태에 들어간다는 신비신학을 주장했다. 이에 비해 에바그리우스는 플로티노스가 부정신학에서 신과 합일을 하기 위해 탈혼 상태로 들어가는 신비신학의 구조를 자신의 기도 속에서는 형상 없는 부정신학에서 신비신학의 단계로 들어가는 것으로 구조를 변용시켰다. 나중에 신플라톤주의자인 위 디오니시우스가 플로티노스와 에바그리우스의 구조를 참고하여 긍정 신학에서 부정신학으로, 그리고 신비신학의 삼 단계 구조로 체계화시킨 것 같다.[501]

3.3.2 천사와 동등한 변형의 단계

에바그리우스는 수도승이 완전의 단계인 순수기도에 들어가면 '또 다른 천사'('Ισαγγελος)로 변형된다(「기도」 113장}."고 했다.[502] 에바그리우스에게 수도승이 순수기도를 통하여 '또 다른 천사'로 변형되는 목적은 하늘 아버지의 얼굴을 더욱 뚜렷하게 볼 수 있기 때문이다(「기도」 114장).[503] 나아가 에바그리우스는 「케팔라이아 그노스티카」 3권 76장과 5권 11장에서도 인간은 천사로 바뀔 뿐만 아니라 악령으로도 바뀔 수 있다고 했다. 수도승은 고도의 순수함에 힘입어 천사가 될 수 있다고 했다.[504] 에바그리우스의 수도승이 순수기도를 통해 천사가 되는 목적은 기도를 통하여 남들을 돕는 자가 될 수 있기 때문이다. 수도승은 또 다른 천사로 변형되어 세상과 더 가까워지게 되며,

---

501) 유은호, *op. cit.*, 2016, 274~276.
502) *PG* 79, 1192.
503) Ibid.
504) 에바그리우스 폰티쿠스/ 허성석 옮김, *op. cit.*, 2014, 18.

또 다른 천사가 되어 세상에 묶여 있는 사람보다 더욱 효과적으로 다른 사람들을 도울 수 있다고 했다.505) 이렇듯 에바그리우스는 수도승이 천사가 되어 신성한 존재로 변형하는 것에 대해 긍정적 견해를 가지고 있었다. 이런 입장은 알렉산드리아 학파의 영향으로 보인다. 알렉산드리아 학파는 인간이 신성을 얻을 수 있다고 주장했기 때문이다. 나아가 알렉산드리아 학파는 로고스가 이 세상에 들어와서 인간을 신성화 시켰다고 주장했다. 곧, 인간이 그리스도 안에서 하느님과 같아지게 되었다는 것이다. 그 결과 인성이 신성에까지 올림을 받았다고 주장했다.506) 알렉산드리아 학파에 속한 오리게네스의 영향을 받은 에바그리우스도 수도승이 기도를 통해 또 다른 천사가 될 가능성에 대해 긍정적인 견해를 보인 것 같다. 이러한 신학적 입장 때문에 에바그리우스는 순수지성이 하느님과 관계 정도에 따라서 천사, 인간, 그리고 악령이라는 세 종류의 계층이 생겨났다고 보았다.507) 이같이 천사는 순수정신이고, 인간과 악령은 타락한 정신이라고 보는 사상은 플로티노스의 영향 때문인 것 같다.508) 왜냐하면, 플로티노스는 플라톤 사상을 이어받아 지성이 영혼에 얼마나 충만한가에 따라 천사와 인간, 그리고 악령으로 구분된다고 주장했기 때문이다. 이같이 수도승은 순수기도를 통하여 또 다른 천사가 되어 삼위일체 하느님과 일치를 추구한다.509)

위의 논의에서 드러나듯이, 에바그리우스의 「기도」를 위 디오니시우스의 영적 진보의 삼 단계 구조로 분석해 본

---

505) Andrew Louth, *op. cit.*, 2007, 108~109.
506) 노성기, *op. cit.*, 176.
507) 유재경, *op. cit.*, 2012, 336.
508) Andrew Louth, *op. cit.*, 2007, 108.
509) 유은호, *op. cit.*, 2016, 279~281.

결과 에바그리우스의 「기도」에는 이미 위 디오니시우스의 영적 진보의 삼 단계 구조가 나타난 듯하다. 곧, 에바그리우스는 순수기도를 하기 위해서는 먼저, 욕망부, 정념부, 그리고 이성부의 악한 생각을 정화해야 하며, 그 다음에는 조명의 단계로 아파테이아의 조명, 삼위일체 하느님의 빛 조명, 그리고 영들의 조명이 있어야 한다고 했다. 그리고 조명의 단계를 거친 후에 마지막으로 완전의 단계에 해당하는 부정신학의 단계를 넘어서는 신비신학의 단계, 그리고 천사와 동등한 변형의 단계로 들어간다. 이러한 에바그리우스의 「기도」에 나타난 삼 단계 구조는 플로티노스의 「엔네아데스」에 나오는 정신이 일자와 합일할 때 나타나는 형이상학 구조와 유사하다. 그러므로 에바그리우스는 자신의 기도 신학의 구조를 위해 플로티노스에서 구조를 빌려 와서 변용시킨 것 같다. 이 과정에서 에바그리우스는 플로티노스에게는 없는 삼위일체 하느님의 빛 조명이나 영들의 조명을 추가했다.510) 한편, 천사와 동등한 변형의 주제는 알렉산드리아 클레멘스의 영향으로 보인다.511) 이러한 결과는 에바그리우스와 위 디오니시우스의 원천이 플로티노스일 가능성을 높여준다. 한편, 위 디오니시우스는 정화, 조명, 그리고 완전이라는 삼 단계 구조를 그의 작품들에서 산발적으로 적용했지만, 독자적으로 기도론을 쓰는데 적용하지는 않았다. 이에 비해, 에바그리우스는 이 삼 단계 구조로 그의 기도론을 쓰는 데 주요 틀로 삼은 것 같다.

다음 4장에서는 위 디오니시우스의 영적 진보의 삼 단계 구조로 오리게네스의 「기도」와 에바그리우스의 「기도」를 통시적 관점에서 분석하여 연속성과 비연속성을 찾겠

---

510) Ibid., 274~282.
511) 본 논문 제2장 알렉산드리아의 클레멘스의 기도 부분을 참조하라.

다. 이 과정에서 에바그리우스「기도」의 원천이 오리게네스「기도」보다는 플로티노스의 「엔네아데스」에 더 가깝다는 것을 밝히겠다.

제4장 오리게네스「기도」와 에바그리우스 「기도」의 통시적 관점에서 분석

제4장에서는 3장에서 에바그리우스의 「기도」를 위 디오니시우스의 영적 진보의 삼 단계 구조로 분석한 것을 토대로 오리게네스의 「기도」와 에바그리우스의 「기도」를 통시적512) 관점에서 분석하여 연속성과 비연속성을 살펴보겠다. 이미 제3장에서 위 디오니시우스의 구조로 에바그리우스의 「기도」를 분석한 결과 위 디오니시우스의 영적 진보의 삼 단계 구조가 나타났기 때문에 만약 위 디오니시우스의 삼 단계 구조로 오리게네스의 「기도」를 분석해서 오리게네스에게도 이 구조가 나타난다면 오리게네스와 에바그리우스는 연속성을 가진다고 할 수 있다. 그러나 만약 오리게네스의 「기도」에서 위 디오니시우스의 삼 단계 구조가 나타나지 않는다면 에바그리우스의 「기도」의 원천이 오리게네스보다는 플로티노스에 가까울 가능성이 있다. 왜냐하면, 플로티노스가 「엔네아데스」에서 신과의 합일을 설명하면서 삼 단계 구조를 사용했기 때문이다. 아울러 에바그리우스의 「기도」에 나타난 정념의 용어들을 오리게네스의 「기도」뿐만 아니라 에바그리우스가 신학적으로, 그리고 철학적으로 영향을 받은 신약 성서, 알렉산드리아의 클레멘스의 「양탄자」, 신플라톤주의자 플로티노스의 「엔네아데스」, 나지안주스의 그레고리우스의 「연설」, 그리고 니사의 그레고리우스의 「기도」를 전승사비평을 통하여 통시적으로 비교 분석하여 정념에서 유사점과 상이점을 밝히도록 하겠다. 이 과정에서 에바그리우스만의 독특한 정념 용어들이 주목받을 것이다. 먼저, 위 디오니시우스의 삼 단

---

512) 통시 언어학은 어떤 언어 현상을 여러 시대에 걸쳐 역사적으로 연구하는 학문이다. 표준국어연구원, 『표준국어대사전 하 ㅈ~ㅎ』 (서울: 두산동아, 1999), 6429.

계 구조로 오리게네스의「기도」와 에바그리우스의「기도」를 통시적으로 분석하여 어떤 부분에서 연속성과 비연속성이 있는지 살펴보겠다.

한편, 위 디오니시우스는「천상의 위계」에서 위계를 크게 셋으로 구분했다. 곧, 어떤 사람은 정화되고, 또 다른 사람은 정화하며, 어떤 사람은 조명을 받고, 또 다른 사람은 조명해주고, 어떤 사람은 완전하게 되고, 또 다른 사람은 완전하게 한다고 했다.513) 나아가 위 디오니시우스는 하느님은 먼저 정신을 정화하고, 조명한 다음에 정신을 완전하게 하여 하느님과 완전한 일치를 이루게 한다고 했다.514) 그러므로 오리게네스의「기도」와 에바그리우스의「기도」에서도 공통으로 기도하기 위해서는 먼저 악한 생각들을 정화해야 한다고 했다. 따라서 오리게네스와 에바그리우스는 정신의 악한 생각들을 정화해야 한다고 주장했기 때문에 위 디오니시우스의 위계 구조로 본다면 첫 단계에 해당하는 정화의 단계에서 연속성을 보인다고 할 수 있다.

나아가 오리게네스는「기도」10장515)에서 신자는 정화(καθαρεύσεως)와 중보자의 기도를 통하여 하느님의 말씀을 알지 못하는 사람들과 함께한다고 했다.516) 에바그리우스도「기도」2장에서 수도승의 영혼은 덕을 통하여 정화(καθαρθεῖσα)될 때 정신을 정렬하게 된다고 했다.517) 나아가「기도」36장에서는 욕정들이 정화되도록(καθαρθῆναι) 기도해야 한다고 했다.518) 더 나아가「기도」39장에서는 자기

---

513) Pseudo-Dionysius, *op. cit.*, 154.
514) Ibid., 239.
515) 오리게네스「기도」의 장절은 *PG*의 페이지와 괄호 안의 절을 따르고 있고, 장은 *PG*의 라틴어 번역본에 따라 장을 구분했다. 절은 영어 번역본(The Library of Christian Classics)의 절을 따랐으며, 절 안에 세분된 abcd의 구분은 필자가 구분하였음을 밝혀둔다.
516) *PG* 11, 445 (87).
517) *PG* 79, 1168.

가족들의 정화만을 위해 기도하지 말고, 동족의 정화를 위해서도 기도하는 것이 옳으며, 그러면 천사들을 닮게 된다고 했다.519) 아울러 에바그리우스는「프락티코스」에서 수도승의 영혼이 수덕 생활을 통하여 정화되지 않는 한 진정한 관상의 단계를 밟을 수 없다고 했다.520) 이처럼 오리게네스와 에바그리우스는 공통으로 정화를 강조했다. 한편, 플로티노스도「엔네아데스」6권 9장 9절에서 영혼이 일자와 합일하기 위해서는 정화의 장소로 나아가야 한다고 주장했다.

　우리가 그 원천에 가까이 다가갈수록 더 좋은 상태에 이를 수 있을 것이니, 거기에 우리의 행복이 자리한다. 반면 그[원천]로부터 멀리 떨어져 있음은 오로지 더 나쁜 상태에 존재함을 가리킨다. 그러므로 거기[원천 가까이]서 영혼은 안정을 얻고 악한 상태에서 벗어나게 될 것이니, 그로써 영혼은 악한 상태가 정화된 장소로 나아간 셈이 되기 때문이다.521)

　이처럼 플로티노스도 정화의 중요성을 강조했다. 정신의 정화를 강조했다는 점에서 오리게네스와 에바그리우스, 그리고 플로티노스가 연속성을 보이고 있는 것처럼 보인다.
　또한, 오리게네스는 '악한 생각들'(λογισμοι)이라는 용어를 폭넓게 사용한 최초의 그리스도교 저자이다. 그는 마태오복음 15장 19절을 주해하면서 "온갖 죄의 원천과 기원은 악한 생각들이다."라고 했다.「아가 강해」에서도 악령들과 그 악령들이 불러일으키는 생각들을 동일시했다. 522) 한편,

518) Ibid., 1176.
519) Ibid.
520) Bernard McGinn, op. cit., 151.
521) 플로티노스/ 조규홍 옮김, op. cit., 2010, 45.
522) 알렉산드리아의 아타나시우스·안토니우스/ 허성석 옮김,『사막의 안토니우스』(왜관: 분도출판사, 2015), 89.

에바그리우스도 수행의 첫 단계는 고독과 침묵으로 물러나 그 가운데서 마귀와 맞붙어 싸우는 일이며, 이것은 실제적인 죄악에 맞서 싸우는 싸움이라기보다는 죄를 짓게 하는 유혹, 생각, 상상력 곧, 악한 생각들과 싸움이라고 했다. 에바그리우스는 사람의 마음은 하느님만이 아실 뿐 마귀는 알지 못하기 때문에(「기도」 63장) 마귀는 직접 마음속을 건드리지는 못하고, 정념과 욕망부에 망상 곧, '악한 생각들'을 불러일으킨다고 했다.523) 나아가 에바그리우스는 악한 생각을 뚜렷하게 여덟 가지로 구분했다. 곧, 탐식, 간음, 탐욕, 슬픔, 분노, 아케디아, 헛된 영광, 그리고 교만으로 구분했다. 이에 따라 밤버거는 에바그리우스가 사막 전통에서 전승된 악한 생각들을 여덟 가지 유형으로 체계화시킨 첫 번째 사람이며, 그의 금욕적인 체계에서 '악한 생각들'에 상당한 위치를 부여했다고 했다.524) 이처럼 에바그리우스가 강조한 '악한 생각들'은 근본적으로 성서에 뿌리를 두고 있지만, 그리스 철학과 스토아 철학에 부분적으로 빚을 진 것들이라고 할 수 있다.525) 나아가 에바그리우스는 탐식은 필요 이상으로 더 먹고 싶어 하는 유혹이 아니라 자신의 건강에 대한 두려움 때문에 금욕수련을 완화하려는 유혹이라고 했다. 간음도 엄밀하게 말해 문자 그대로 간음하고 싶은 유혹이 아니라 은수자를 괴롭히며 자신의 본성에서 성적인 충동을 생각나게 하는 성적 공상과 관련되어 있다. 아울러 에바그리우스는 「프락티코스」에서 이 여덟 가지 악한 생각들이 발생학적으로 연결되어 있다고 주장했다(「프락티코스」 6~14장).526) 한편, 에바그리우스의 사상을 이어받은 8세기의 성 다마스쿠스의 요한(기원후 676~749)

---

523) Andrew Louth, *op. cit.*, 2007, 101.
524) John Eudes Bamberger, *op. cit.*, lxvii~lxviii.
525) 남성현, *op. cit.*, 2015, 65.
526) Andrew Louth, *op. cit.*, 2007, 102.

은 이 여덟 가지 악한 생각들을 타파하는 대안을 제시했다. 곧, 폭음폭식은 절제로, 음란은 하느님에 대한 갈망과 축복에 대한 동경으로, 탐욕은 가난한 사람에 대한 긍휼로, 분노는 모든 사람에 관한 호의와 사랑으로, 낙담은 영적 기쁨으로, 냉담은 인내와 견인과 하느님에 대한 겸손으로, 자만심은 은밀하게 선을 행하고 항상 크게 뉘우치는 마음으로 기도함으로, 교만은 자신을 사람 중에 가장 작은 자로 간주함으로 극복할 수 있다고 했다.527)

또 한편, 오리게네스는「기도」8장에서 요동하는 악한 생각들을 제거하고 나서 기도해야 한다고 했다.528) 에바그리우스도「기도」69장에서 기도할 때 정신에 고요한 정주를 이루기 위해서 혼합된 생각들을 피해야 한다고 했다.529) 나아가 오리게네스는「기도」9장에서 기도하는 시간에 정신(voῦv)이 부정한 악한 생각들로부터 분심이 일어나지 않도록 정신이 기도 외에 모든 것에 대해 무관심해야 한다고 했다. 오리게네스에게 부정한 악한 생각들은 정신에 분심을 가져와 기도를 방해하기 때문이다.530) 에바그리우스도「기도」61장에서 가라앉아 있던 뒤섞인 악한 생각들로부터 물러나 두려움과 기쁨으로 채워질 때 기도에 가까이 가고 있는 것을 인식할 수 있다고 했다.531) 아울러 에바그리우스는「기도」62장에서 성령이 기도자를 둘러싸고 있는 모든 악한 생각들과 밀집한 다량의 생각을 몰아낸다고 했다.532) 나아가「기도」63장에서는 시각의 악한 생각들을 정

---

527) 성산의 성 니코디모스·고린도의 성 마카리오스 편찬/ 엄성옥 옮김,『필로칼리아 2권』(서울: 은성출판사, 2002), 566.
528) *PG* 11, 441 (71).
529) *PG* 79, 1181.
530) *PG* 11, 444 (74).
531) *PG* 79, 1180.
532) Ibid.

화해야 한다고 했다.533) 더 나아가 「기도」 134장에서 악령들은 악한 생각들과 위협을 극복했다고 믿도록 속인다고 했다.534) 아울러 악령이 기도 시간에 해로운 기쁨을 주고, 유혹하고, 야릇한 악한 생각으로 부추긴다고도 했다(「기도」 148장).535) 또한, 오리게네스는 「기도」 31장 1b 절에서 분노와 악한 생각 없이 기도해야 하고, 거룩한 손을 들어야 한다고 했다.536) 이처럼 오리게네스와 에바그리우스는 정신의 기도를 하기 위해서는 악한 생각들은 먼저 정화해야 한다고 주장했다. 더욱이 에바그리우스는 오리게네스에는 없는 악령들과 악한 생각들을 긴밀하게 연관시키고 있다. 한편, 요한 카시아누스는 오리게네스와 에바그리우스의 이 '악한 생각들'의 교리를 서방 수도승들에게 전달했다.537) 다음은 오리게네스 「기도」 와 에바그리우스 「기도」 에서 연속성을 보이는 여섯 가지 악한 생각들의 정화에 관하여 살펴보겠다,

4.1 오리게네스와 에바그리우스에게 공통으로 나타나는 여섯 가지 악한 생각들의 정화

오리게네스의 「기도」 와 에바그리우스의 「기도」 에는 공통으로 여섯 가지 악한 생각들을 정화해야 한다고 했다. 곧, 분노, 화, 불순, 악의, 쾌락, 그리고 욕망에 대한 정화이다. 두 사람 모두 공통으로 여섯 가지 악한 생각을 정화해야 한다고 주장한 점에서 연속성을 보인다. 다음은 분노의 정화부터 살펴보겠다.

---

533) Ibid.
534) Ibid., 1196.
535) Ibid., 1200.
536) *PG* 11, 549 (20).
537) John Eudes Bamberger, *op. cit.*, lxvii~lxviii.

4.1.1 분노(ὀργή/오르게)

첫 번째로 오리게네스와 에바그리우스는 '분노'를 정화해
야 한다고 주장했다. 오리게네스는「기도」8장에서 분노
속에서 기도하러 와서는 안 된다고 했다.[538] 나아가「기도
」9장에서는 영혼에서 분노의 감정을 없애야 한다고 했으
며,[539] 분노와 악한 생각 없이 기도해야 하고, 거룩한 손을
들어야 한다고 했다(「기도」31장 1b 절).[540] 더 나아가
「기도」64장에서는 분노와 악의가 없어야 참된 기도를 할
수 있다고 했다.[541] 이렇듯 오리게네스가「기도」에서 분
노의 악한 생각을 정화해야 한다고 강조한 것은 자신이 알
렉산드리아에서 핍박받았을 때 생긴 분노 때문인 것 같
다.[542] 한편, 에바그리우스도 분노가 마음의 눈을 어지럽혀
서 기도를 파멸시킨다고 했다(「기도」27장). 나아가「기
도」145장에서는 분노하는 사람이 비물질적인 것을 위해
기도하면 사도의 꾸지람을 받게 된다고 했다. [543] 이에 따
라 에바그리우스는 분노를 해결하는 구제책으로 시편을 노
래해야 한다고 제안했다. 곧, 시편을 노래하면 "정념들이
가라앉고 제멋대로 하는 육체에 평온을 가져다준다."고 했
다. 또 한편, 에바그리우스는 플라톤의 삼분법에 영향을 받
지만, 분노의 기능에 대해서는 다른 태도를 보인다. 곧, 플
라톤은「파이드로스」에서 인간 영혼이 신들의 세계로 상
승하기 위해서 훌륭한 말(격정적인 부분)이 마부(이성)의

---

538) *PG* 11, 441 (71).
539) Ibid., 444 (74).
540) Ibid., 549 (20).
541) *PG* 79, 1180.
542) J. E. L. Oulton & Henry Chadwick(ed.), *op. cit.*, 340.
543) *PG* 79, 1197.

음성에 순종해야 한다고 했다. 이처럼 플라톤의 여러 작품에서 격정적인 부분은 늘 이성에 협력하는 보조적이며 긍정적인 역할로 이해되었다. 그러나 에바그리우스에게 분노는 욕구가 실패하는 지점에서 만들어지며, 이때 악령은 영혼으로 하여금 타인과 다투도록 유도한다. 이처럼 에바그리우스에게 분노는 악령에게 공격받는 장소라는 점에서 플라톤과는 다른 태도를 보인다.544) 이처럼 에바그리우스에게 분노를 피하는 것이 중요한 이유는 분노를 피해야 영혼을 고요하게 하는 조명의 단계인 아파테이아의 단계에 들어가 마침내 완전의 단계인 순수기도를 할 수 있기 때문이다.545) 한편, 신약 성서에도 '분노'(ὀργή)가 총 36회 나타난다.546) 알렉산드리아의 클레멘스의 「양탄자」에는 '분노'(ὀργή)가 한 번 나타난다.547) 나지안주스의 그레고리우스의 「연설」에는 두 번 나타난다.548) 이렇듯 인용한 횟수 만으로만 본다면 오리게네스는 '분노'(ὀργή)에 있어서는 알렉산드리아의 클레멘스보다는 신약 성서에 영향을 받은 것같이 보이며, 에바그리우스도 신약 성서와 오리게네스의 영향으로 분노를 강조한 것처럼 보인다. 이에 비해, 플로티노스의 「엔네아데스」, 니사의 그레고리우스의 「기도」에는 분노가 나타나지 않는다. 따라서 분노를 정화해야 한다는 것을 함께 강조했다는 차원에서 두 사람은 연속성을 보인다.

---

544) 남성현, *op. cit.*, 2016, 84.
545) Andrew Louth, *op. cit.*, 2007, 102.
546) 마태 3:7; 마르 3:5; 루카 3:7; 21:23; 요한 3:36; 로마 1:18; 2:5, 5, 8; 3:5; 4:15; 5:9; 9:22, 22; 12:19; 13:4, 5; 에페 2:3; 4:31; 5:6; 콜로 3:6; 3:8; 1테살 1:10; 2:16; 5:9; 1티모 2:8; 히브 3:11; 4:3; 야고 1:19, 20; 묵시 6:16, 17; 11:18; 14:10; 16:19; 19:15절에 나타난다. J. B. Smith, *op. cit.*, 250.
547) *PG* 8, 1148(3권 5장 (34), ὀργὴν)에 나타난다.
548) *PG* 35, 944(116권 7장 (45), ὀργῆς), 953(16권 14장 (95) ὀργὴν).

4.1.2 화(θῡμός/투모스)

두 번째로 오리게네스와 에바그리우스는 '화'를 정화해야 한다고 주장했다. 오리게네스는 「기도」 9장에서 아무에게도 화(θυμούμενον)를 내서는 안 된다고 했다.549) 에바그리우스도 「기도」 24장에서 기도할 때 화가 떠오르면서 이웃에게 화를 내는 것은 옳지 않기 때문에 기도할 때 화가 일어나지 않도록 주의해야 한다고 했다.550) 나아가 에바그리우스는 「기도」 26장에서 화를 억제하면 기도하는 사람이 될 것이며,551) 화는 마음의 눈을 방해하기 때문에 화를 훈련해야 기도를 망치지 않게 된다고 했다(「기도」 27장).552) 더 나아가 에바그리우스는 「기도」 53장에서 진실로 간청을 하려고 한다면 오직 화와 욕망을 버려야 할 뿐만 아니라 욕정적인 생각이 일어나는 것에서 벗어나야 한다고 했다. 553) 한편, 에바그리우스는 「그노스티코스」 31장에서 젊은이에게는 영혼의 욕망부에서 올라오는 욕정을 극복하는 방법을 가르치고, 나이 든 이에게는 영혼의 정념부에서 올라오는 화의 욕정에 맞서는 법을 가르쳐야 한다고 주장했다.554) 또 한편, 플로티노스도 「엔네아데스」 4권 4장 17절과 여러 곳에서 화(θυμός)의 정념에서 벗어나야 한다고 주장했다. 555) 이처럼 오리게네스와 에바그리우스는 공통으로 화를

---

549) *PG* 11, 444 (74).
550) *PG* 79, 1172.
551) Ibid.
552) Ibid., 1172~1173.
553) Ibid., 1177.
554) 에바그리우스 폰티쿠스/ 허성석 역주 · 해제, *op. cit.*, 2016, 27.
555) Plotini, *Plotini Enneades* Vol I, p, 43(1권 1장 5절, θυμός), p, 46(1권 1장 10절, θυμοῦ), p, 50(1권 2장 1절, θυμούμενον), pp, 54~55(1권 2장 5절, θυμὸν, θυμόν), p, 115(1권 8장 15절, θυμοί), p, 116(1권 9장, θυμός), p, 135(2권 3장 3절, θυμοῦται), p, 138(2권 3장 5절, θυμὸν), p, 140(2권 3장 9절, θυμοῦς), p, 142(2

정화해야 한다고 주장했다. 또한, 에바그리우스는 오리게네스보다 화에 대한 절제를 더 강조하는 듯하다. 이렇듯 에바그리우스가 화에 대한 절제를 더 강조하는 것은 스토아학파의 영향 때문으로 보인다. 스토아학파는 정념 가운데 화에 대한 절제를 중요하게 다루고 있기 때문이다. 따라서 대표적인 스토아학파 철학자 세네카는 화에 관한 최초의 책을 쓰기도 했다. 또한, 에바그리우스가 줄곧 스토아학파의 전문용어인 아파테이아를 즐겨 쓰는 것을 보면 화에 대한 절제의 강조도 스토아학파의 영향을 받았을 가능성이 있다. 한편, '화'(θῦμός)라는 단어는 신약 성서에 총 18회 나타나며556), 알렉산드리아의 클레멘스의「양탄자」에도 총 15회 나타나고557), 나지안주스의 그레고리우스의「연설」에도 총 21회 나타나며,558) 니사의 그레고리우스의「기도」

권 3장 11절, Θυμὸς), p, 206(2권 9장 15절, Θυμοῦ), p, 220(3권 1장 5절, Θυμού ς), p, 262(3권 4장 2절, Θυμοῦ), pp, 283~284(3권 6장 2절, Θυμοειδὲς, Θυμοειδὲ ς), p, 285(3권 6장 4절, Θυμοειδὲς), Plotini, *Plotini Enneades* vol II, p, 63(4권 4장 17절, Θυμὸς), pp, 76~78(4권 4장 28절, Θυμοῦ, Θυμὸν, Θυμός, Θυμικοῦ, Θυ μοῦ, Θυμὸν, Θυμούμενον, Θυμὸν, Θυμοειδὲς, Θυμοειδὲς, Θυμὸν), p, 84(4권 4장 32절, Θυμὸς, Θυμῷ), p, 89(4권 4장 35절, Θυμὸς), p, 96(4권 4장 41절, Θυμοειδὲ ς), p, 98 (4권 4장 44절, Θυμὸν), p, 137 (4권 7장 10절, Θυμοὺς), p, 190 (5권 3장 9절, Θυμοὺς), p, 277 (6권 1장 12절, Θυμοειδοῦς), p, 523(6권 9장 11절, Θυμ ός) 등 총 38회 나타난다.

556) 루카 4:28; 사도 19:28; 로마 2:8; 2코린 12:20; 갈라 5:20; 에페 4:31; 콜로 3:8; 히브 11:27; 묵시 12:12; 14:8, 10, 19; 15:1, 7: 16:1, 19; 18:3; 19:15절에 나타난다. J. B. Smith, *op. cit.*, 176.

557) *PG* 8, p, 1148(3권 5장 (34), Θυμὸν). p, 1169(3권 10장 (23), Θυμός), p, 1170(3 권 10장 (27), Θυμοῦ, Θυμὸν), p, 1193(3권 13장 (1), Θυμὸν, Θυμῷ), p, 1273(4권 8장 (3), Θυμοὶ, Θυμοῦ), p, 1360(4권 23징 (40), Θυμὸς), p, 1360(4권 23장 (42), Θυμιῶν), p, 1361(4권 23장 (44), Θυμὸν), *PG* 9, p, 48(5권 5장 (39), Θυμὸς), p, 53(5권 5장 (61), Θυμῷ), *PG* 9, p, 293(6권 9장 (41), Θυμοῦται, Θυμὸν)에 나타 난다.

558) *PG* 35, p, 473(2권 63장 (90), Θυμός), p, 661(4권 122장 (78), Θυμὸς), p, 697(5 권 27장 (10), Θυμός), p, 949(16권 12장 (74), Θυμῷ), p, 965(17권 1장 (69), Θυμ ῷ), p, 1013(18권 25장 (98), Θυμὸς), p, 1016(18권 25장 (3), Θυμὸς), p, 1016(18 권 26장 (4), Θυμοῦ), p, 1111(21권 26장 (68), Θυμὸν). p, 1148(22권 14장 (45), Θ

에도 총 7회 나타난다.559) 오리게네스는 '화'라는 주제를 신
약 성서나 클레멘스에서 빌려 와서 사용한 것 같다. 이에
비해, 에바그리우스는 신약 성서와 오리게네스, 스토아학
파, 클레멘스, 나지안주스의 그레고리우스, 그리고 니사의
그레고리우스로부터 광범위하게 영향을 받은 것 같다. 이
렇듯 오리게네스와 에바그리우스는 '화'라는 정념을 정화해
야 한다는 점에서 연속성을 보인다.

4.1.3 불순(χωρὶς καθαρός/코리스 카타로스)

세 번째로 오리게네스와 에바그리우스는 '불순'한 악한
생각을 정화해야 한다고 주장했다. 오리게네스는「기도」
8장에서 생각이 정결하지 못하면(χωρὶς καθαρεύσεως) 기
도에 느긋하게 된다고 했다.560) 에바그리우스도 생각이 순
수에서 떠난 불순(χωρὶς καθαρεύσεως)한 상태를 악한 생
각으로 간주했다. 나아가 에바그리우스는「기도」70장에서
흔들리는 생각을 붙들어서는 순수기도를 할 수 없으며, 마
음의 표상들을 버릴 때 비로소 기도할 수 있다고 했다.561)
한편, '불순'은 신약 성서에는 나타나지 않으며, 클레멘스의
「양탄자」,나지안주스의 그레고리우스의「연설」과 니사
의 그레고리우스의「기도」에도 나타나지 않는다. '불순'은

υμῷ), p, 1192(24권 19장 (54), Θυμοῦ), p, 1208(25권 7장 (18), Θυμὸν), *PG* 36, p,
20(27권 7장 (50), Θυμὸν), p, 45(28권 15장 (72), Θυμὸν), p, 57(28권 22장 (33),
Θυμοῦ), p, 205(32권 27장 (56), Θυμὸς), p, 268(36권 2장 (61), Θυμῷ), p, 285(37
권 4장 (47), Θυμοῦ), p, 560(43권 49장 (91), Θυμῷ), p, 568(43권 56장 (44), Θυμ
οῦ), p, 569(43권 57장 (54), Θυμὸς)에 나타난다.

559) *PG* 44, p, 1124(1장, Θυμοῦ), p, 1125(1장, Θυμοῦ), p, 1129(1장, Θυμοῦ), p,
1133(1장, Θυμοῦ), p, 1185(5장, Θυμούμενον), p, 1185(5장, Θυμὸν), p, 1189(5장,
Θυμὸς)에 총 7회 나타난다.

560) *PG* 11, 441 (71).

561) *PG* 79, 1181.

오리게네스가 사용한 독특한 용어처럼 보인다. 에바그리우스는 바로 오리게네스의 독특한 용어인 '불순'을 전승받은 것 같다. 이처럼 오리게네스와 에바그리우스는 공통으로 '불순'을 정화해야 한다는 점에서 연속성을 보인다.

4.1.4 악의(μνησίκακος/므네시카코스)

네 번째로 오리게네스와 에바그리우스는 '악의'를 정화해야 한다고 주장했다. 오리게네스는 「기도」9장 3절에서 악의를 갖지 않는 것이 가장 큰 덕이라고 말하면서 기도하기 위해 악의(μνησικακίας)를 버린다면 가장 아름다운 것을 소유하는 것이라고 했다.[562] 오리게네스가 악의를 버리는 것이 아름다운 것이라고 말한 것을 보면 그가 알렉산드리아를 떠나기 전에 받았던 핍박에 대한 나쁜 기억들을 회상하고 있는 것 같다.[563] 또한, 에바그리우스도 「기도」21장에서 화해하지 않는 것은 기도자의 악의(μνησικακία)를 어둡게 인도하며, 기도를 어둡게 만든다고 했다.[564] 나아가 「기도」50장에서는 악령이 악의를 통하여 정신이 기도할 수 없도록 무감각하게 만들며,[565] 참된 기도를 갈망하는 자는 분노와 악의의 비난이 없어야 한다고 했다(「기도」64장).[566] 더욱이 에바그리우스는 오리게네스보다 악령과 악의를 더욱 긴밀하게 연관시키고 있는 특징을 보인다. 한편, 신약 성서에는 '악의'가 나타지 않으며, 클레멘스의 「양탄자」, 나지안주스의 그레고리우스의 「연설」과 니사의 그레고리우스의 「기도」에도 악의가 나타나지 않는다. 따라

---

562) *PG* 11, 445 (80, 81, 82).
563) J. E. L. Oulton & Henry Chadwick(ed.), *op. cit.*, 341.
564) *PG* 79, 1172.
565) Ibid., 1177.
566) Ibid., 1180.

179 에바그리우스의 기도론 연구

서 '악의'는 오리게네스가 사용한 독특한 용어로 보인다. 에바그리우스는 오리게네스의 '악의'를 계승한 것 같다. 이처럼 오리게네스와 에바그리우스가 공통으로 '악의'를 정화의 대상으로 삼았다는 점에서 두 사람은 연속성을 보인다.

4.1.5 쾌락(헤도네/ἡδονη)

다섯 번째로 오리게네스와 에바그리우스는 '쾌락'을 정화해야 한다고 주장했다. 오리게네스는 「기도」 19장 3절에서 쾌락을 좇아 사는 사람은 예수 그리스도에게서 떨어져 나간 사람이라고 했으며,567) 「기도」 29장 15절에서는 하느님의 버림을 받은 사람들이 부끄러운 정욕에 빠진 것은 쾌락을 사랑한 댓가라고 했다.568) 또한, 에바그리우스도 「기도」 47장에서 악령은 사람에게 본성을 초과하게 하여 기도의 결실을 파괴하며 쾌락(ἡδονήν)을 주목하게 하여 정신을 방종하게 한다고 했다.569) 한편, '쾌락'은 신약 성서에 5회 나타난다.570) 알렉산드리아의 클레멘스의 「양탄자」에도 쾌락이 총 107회 나타난다.571) 또한, 스토아학파의 창시자

---

567) *PG* 11, 477.

568) Ibid., 541.

569) *PG* 79, 1177.

570) 루카 8:14; 티토 3:3; 야고 4:1, 3; 1베드 2:13절에 나타난다. J. B. Smith, *op. cit.*, 166.

571) *PG* 8, p, 696(1권 1장 (19), ἡδονῇ), p, 721(1권 5장 (6), ἡδονῆς), p, 740(1권 8장 (58), ἡδονῆς), p, 748(1권 11장 (97), ἡδονὴν), p, 948(2권 4장 (65), ἡδονή v), p, 968(2권 7장 (37), ἡδονῇ), p, 996(2권 13장 (40), ἡδονὴν, ἡδονῇ), p, 1021(2권 18장 (37), ἡδονῆς), p, 1033(2권 18장 (93), ἡδονῆς), p, 1041(2권 19장 (31), ἡδονῆς), p, 1045(2권 19장 (47), ἡδονὴν), p, 1049(2권 20장 (59), ἡδονῆς), p, 1049(2권 20장 (60), ἡδονῆς), p, 1052(2권 20장 (65), ἡδονὴν), p, 1052(2권 20장 (72), ἡδονὴν), p, 1053(2권 20장 (73), ἡδονὴ, ἡδονὴ), p, 1053(2권 20장 (75), ἡδονῆς), p, 1053(2권 20장 (76), ἡδονῇ), p, 1056(2권 20장 (80), ἡδονάς), p, 1056(2권 20장 (81), ἡδονὴν), p, 1060(2권 20장 (87), ἡδονῆς), p, 1061(2권 20장 (99), ἡδονῆς, ἡδονῇ, ἡδονὴν, ἡδονῆς), p, 1061(2권 20장 (4), ἡδονὰς, ἡδονὴν),

제논도 네 가지의 주요한 정념을 말하면서 슬픔과 두려움, 욕망, 그리고 쾌락의 정념을 언급했다.572) 아울러 플로티노스도 「엔네아데스」에서 '쾌락'을 총 56회 사용했다.573) 더

p, 1064(2권 20장 (5), ἡδονῆς, ἡδονή, ἡδονήν), p, 1064(2권 20장 (8), ἡδοναῖσι v), p, 1065(2권 20장 (12), ἡδονὴ, ἡδονὴν), p, 1069(2권 20장 (32), ἡδονῆς), p, 1072(2권 21장 (39), ἡδονῆς, ἡδονήν), p, 1072(2권 21장 (42), ἡδονῆς), p, 1072(2권 21장 (43), ἡδονὴν, ἡδονῆς, ἡδονὴν, ἡδονῆς, ἡδονῇ), p, 1077(2권 21 장 (59), ἡδοναῖς), p, 1085(2권 23장 (87), ἡδονὴ), p, 1088(2권 23장 (95), ἡδον ῇ), p, 1088(2권 23장 (96), ἡδοναῖς), p, 1121(3권 3장 (12), ἡδοναί), p, 1128(3권 3장 (46), ἡδονῆς), p, 1132(3권 4장 (62), ἡδονῶν), p, 1132(3권 4장 (66), ἡδονὴ v), p, 1144(3권 4장 (19), ἡδονὰς), p, 1144(3권 5장 (23), ἡδονὰς), p, 1145(3권 5 장 (24), ἡδονῶν, ἡδονῆς), p, 1145(3권 5장 (26), ἡδονῶν), p, 1148(3권 5장 (29), ἡδονῇ), p, 1148(3권 5장 (37), ἡδονῆς, ἡδονῶν), p, 1164(3권 8장 (4), ἡδονῆς), p, 1173(3권 11장 (33), ἡδονῆς), p, 1196(3권 15장 (18), ἡδονάς), p, 1205(3권 16 장 (50), ἡδονῆς), p, 1233(4권 5장 (44), ἡδονὴν, ἡδονάς, ἡδονῶν, ἡδονὴ, ἡδον ὴ, ἡδονὴ, ἡδονὴ, ἡδονὴ, ἡδονῆς), p, 1272(4권 8장 (2), ἡδονῶν, ἡδονὰς), p, 1325(4권 18장 (21), ἡδοναῖς), p, 1356(4권 22장 (25), ἡδονὰς), p, 1357(4권 23 장 (31), ἡδονῆς), p, 1373(4권 26장 (92), ἡδονὴν), PG 9, p, 24(5권 1장 (48), ἡ δονὰς), p, 49(5권 5장 (41), ἡδονῆς), p, 53(5권 5장 (61), ἡδοναῖς), p, 72(5권 8 장 (18), ἡδονῆς), p, 84(5권 8장 (53), ἡδοναῖς), p, 292(6권 9장 (39), ἡδονὴ), p, 296(6권 9장 (50), ἡδονῇ), p, 320(6권 12장 (48), ἡδονὰς), p, 336(6권 14장 (94), ἡδονὴ), p, 417(7권 3장 (89), ἡδοναῖς), p, 420(7권 3장 (93), ἡδονῶν), p, 489(7 권 11장 (52), ἡδονῶν), p, 489(7권 11상 (56), ἡδονῇ), p, 493(7권 11장 (72), ἡδ οναῖς), p, 497(7권 11장 (79), ἡδονῶν), p, 497(7권 11장 (80), ἡδονὰς), p, 500(7 권 12장 (85), ἡδονὴν, ἡδονὴν, ἡδονὰς, ἡδοναῖς), p, 504(7권 12장 (93), ἡδοναῖ ς, ἡδοναῖς), p, 504(7권 12장 (97), ἡδονῆς), p, 509(7권 12장 (27), ἡδονῆς), p, 532(7권 16장 (84), ἡδοναῖς), p, 536(7권 16장 (97), ἡδονὴν), p, 540(7권 16장 (10), ἡδονὴν), p, 557(7권 18장 (73), ἡδονὴν)에 나타난다.
572) William Charles Korfmacher, "Stoic Apatheia and Seneca's De Clementia," Transactions and Proceedings of the American Philological Association Vol. 77, (1946), 46.
573) Plotini, Plotini Enneades Vol I, p, 40(1권 1장 2절, ἡδονῆς), p, 55(1권 2장 5 절, ἡδονῶν), p, 63(1권 4장 1절, ἡδονὴ, p, 64(1권 4장 2절, ἡδονὴ, ἡδονὴ, ἡδο νὴ, ἡδονὴ), p, 68(1권 4장 5절, ἡδονῆς), p, 76(1권 4장 12절, ἡδονὰς, ἡδονῆς), p, 77(1권 4장 14절, ἡδονὰς, ἡδοναῖς), p, 80(1권 5장 4절, ἡδονήν, ἡδονή), p, 83(1권 5장 8절, ἡδονῆς), p, 84(1권 5장 10절, ἡδονήν), p, 89(1권 6장 4절, ἡδο νῆς), p, 90(1권 6장 5절, ἡδονῶν), p, 91(1권 6장 6절, ἡδοναῖς), p, 93(1권 6장 7절, ἡδονῆς, ἡδονῆς), p, 94(1권 6장 8절, ἡδονὰς), p, 140(2권 3장 9절, ἡδονὰ ς), p, 195(2권 9장 9절, ἡδονῶν), pp, 205~206(2권 9장 15절, ἡδονὴν, ἡδονὴν, ἡ

나아가 나지안주스의 그레고리우스「연설」에도 '쾌락'이
총 37회 나타나며,574) 니사의 그레고리우스의「기도」에도
'쾌락'이 총 8회 나타난다.575) 이처럼 '쾌락'의 정념은 신약
성서를 비롯한 오리게네스의「기도」에도 두 번 나타나며,
스토아학파, 플로티노스와 동방교부들의 작품에서도 보편
적으로 나타나는 주제이다. 이렇듯 오리게네스와 에바그리
우스는 성서를 비롯한 그리스 철학과 그리스도교 교부 문
헌에 나타난 '쾌락'의 정념을 빌려 와서 사용한 것 같다.
물론, 오리게네스가 쾌락의 정념을 신약 성서에서 전승받

δονὴν, ἡδονὴν, ἡδονῆς), p, 262(3권 4장 2절, ἡδονῆς), p, 263(3권 4장 4절, ἡδ
ονή), p, 271(3권 5장 3절, ἡδονῆ), pp, 284~285(3권 6장 3절, ἡδοναί, ἡδονῆς),
p, 286(3권 6장 4절, ἡδονὴ), p, 337(3권 8장 7절, ἡδυνήθησαν), Plotini, *Plotini
Enneades* Vol II, p, 64(4권 4장 18절, ἡδονὴ), p, 67(4권 4장 20절, ἡδονῆς), p,
76(4권 4장 28절, ἡδονὰς), p, 152(4권 8장 8절, ἡδονὴ, ἡδονάς), p, 220(5권 5장
12절, ἡδονήν), pp, 381~382(6권 4장 15절, ἡδυνήθη, ἡδονῶν), p, 455(6권 7장
25절, ἡδονὴν), p, 457(6권 7장 26절, ἡδονὴ, ἡδονὴν), p, 460(6권 7장 29절, ἡδ
ονὴ, ἡδονῆς, ἡδονή, ἡδονὴν), pp, 461~462(6권 7장 30절, ἡδονὴν, ἡδονὴν, ἡδ
ονῆ, ἡδονὴν, ἡδονῆ)에 나타난다.

574) *PG* 35, p, 420(2권 9장 (13), ἡδονῆς), p, 504(2권 104장 (3), ἡδονῆς), p,
520(3권 2장 (83), ἡδονὴν), p, 573(4권 49장 (89), ἡδονῆς), p, 596(4권 72장
(27), ἡδονὴν), p, 668(5권 4장 (10), ἡδονὴν), p, 781(7권 21장 (90), ἡδονὴν), p,
804(8권 13장 (10), ἡδοναῖς), p, 837(11권 5장 (5), ἡδονὴν), p, 845(12권 3장
(55), ἡδονῶν), p, 873(14권 13장 (17), ἡδονῆς), p, 884(14권 20장 (61), ἡδονὴ),
p, 892(14권 26장 (12), ἡδονῆς), p, 924(15권 7장 (28), ἡδονῆς), p, 929(15권 10
장 (66), ἡδοναῖς), p, 993(18권 8장 (6), ἡδονῆς), 1057(19권 12장 (15), ἡδονὴν),
p, 1060(19권 14장 (31), ἡδονῆς), p, 1173(24권 4장 (63), ἡδονὴν), p, 1176(24권
5장 (64), ἡδονῆς), p, 1205(25권 6장 (6), ἡδονῆς), *PG* 36, p, 20(27권 7장 (51),
ἡδονὴν), p, 161(31권 25장 (43), ἡδονὴν), p, 261(35권 4장 (40), ἡδονῆς), p, 36
권 5장 (75), ἡδονῆς), p, 349(39권 14장 (56), ἡδονὴν), 40권 14장 (91), ἡδονὰ
ς), p, 405(40권 33장 (72), ἡδοναῖς), p, 440(41권 7장 (47), ἡδονὴν), p, 501(43권
7장 (63), ἡδονὴν), p, 576(43권 61장 (92), ἡδονῶν), p, 616(44권 8장 (9), ἡδονῆ
ς, ἡδονῆς), p, 616(44권 8장 (12), ἡδονὴν), p, 648(45권 18장 (86), ἡδονῶν), p,
649(45권 18장 (91), ἡδονὰς), p, 653(45권 22장 (9), ἡδονὴν)에 나타난다.

575) *PG* 44, p, 1128(1장, ἡδονῆς), p, 1172(4장, ἡδονῆς, ἡδονὴν, ἡδονὴν, ἡδονῶ
ν), p, 1185(5장, ἡδονῆς), p, 1185(5장, ἡδονὴν), p, 1188(5장, ἡδονὴ)에 나타난
다.

았다고 하더라도 알렉산드리아의 클레멘스가 제일 많이 사용한 것을 보면 오리게네스가 자신의 스승인 클레멘스가 강조한 쾌락을 전승받아 자신의 정화 목록에서 강조한 것처럼 보인다. 이처럼 오리게네스와 에바그리우스가 공통으로 '쾌락'을 정화의 대상으로 삼았다는 점에서 두 사람은 연속성을 보인다.

4.1.6 욕망($\dot{\epsilon}\pi\iota\theta\tilde{\upsilon}\mu\dot{\iota}\alpha$/에피투미아)

여섯 번째로 오리게네스와 에바그리우스는 '욕망'을 정화해야 한다고 주장했다. 오리게네스는 「기도」 29장에서 '욕망'이라는 용어를 집중적으로 사용하고 있다. 곧, 29장 12절에서 하느님께서는 사람들의 마음 욕망대로 더러움에 내버려 두었다고 했으며, 29장 13절에서는 시험에 빠진 자들은 욕망했던 죄가 가득하여 악을 느끼게 된다고 했고, 29장 18절에서는 요셉이 어떤 욕정에도 빠지지 않는 절제력을 가진 자라고 했다.[576) 또한, 에바그리우스도 「기도」 53장에서 진실로 간청을 하려고 한다면, 오직 분노와 욕망($\dot{\epsilon}$ $\pi\iota\theta\upsilon\mu\dot{\iota}\alpha\varsigma$)을 버려야 할 뿐만 아니라 욕정적인 생각이 일어나는 것에서 벗어나야 한다고 했다.[577) 이처럼 에바그리우스에게 분노는 욕망이 실패한 지점에서 발생하기 때문에 욕망을 다스리지 않고서는 근본적으로 분노를 이겨낼 수 없다고 했다.[578) 한편, 신약 성서에도 '욕망'이 총 38회 나타나며[579), 알렉산드리아의 클레멘스도 「양탄자」에서 '욕

---

576) 오리게네스는 「기도」 29장에서만 '욕망'을 총 11회 사용했다. 다음을 참조하라. PG 11, pp, 540~544(29장, $\dot{\epsilon}\pi\iota\theta\upsilon\mu\dot{\eta}\sigma\alpha\nu\tau\epsilon\varsigma$, $\dot{\epsilon}\pi\iota\theta\upsilon\mu\dot{\iota}\alpha\nu$, $\dot{\epsilon}\pi\iota\theta\upsilon\mu\sigma\dot{\upsilon}\mu\epsilon\nu\alpha$, $\dot{\epsilon}\pi\iota\theta\upsilon\mu\dot{\iota}\alpha$ ν, $\dot{\epsilon}\pi\iota\theta\upsilon\mu\sigma\dot{\upsilon}\mu\epsilon\nu\sigma\nu$, $\dot{\epsilon}\pi\iota\theta\upsilon\mu\dot{\iota}\alpha$, $\dot{\epsilon}\pi\iota\theta\upsilon\mu\dot{\iota}\alpha\varsigma$, $\dot{\epsilon}\pi\iota\theta\upsilon\mu\dot{\iota}\alpha\nu$, $\dot{\epsilon}\pi\iota\theta\upsilon\mu\dot{\eta}\sigma\alpha\nu\tau\epsilon\varsigma$, $\dot{\epsilon}\pi\iota\theta\upsilon\mu\dot{\iota}\alpha\iota$ ς, $\dot{\epsilon}\pi\iota\theta\upsilon\mu\dot{\iota}\alpha\iota\varsigma$).
577) PG 79, 1177.
578) 남성현, op. cit., 2015, 62.

183 에바그리우스의 기도론 연구

망'을 총 148회 사용했다.580) 나아가 플로티노스도 「엔네아

579) 마태 4:19; 루카 22:15; 요한 8:44; 로마 1:24; 6:12; 7:7, 8; 13:14; 갈라 5:16, 24;
에페 2:3; 4:22; 필리 1:23; 콜로 3:5; 1테살 2:17; 4:5; 1티모 6:9; 2티모 2:22; 3:6;
4:3; 티토 2:12; 3:3; 야고 1:14, 15; 1베드 1:14; 2:11; 4:2, 3; 2베드 1:4, 2:10, 18;
3:3; 1요한 2:16, 16, 17; 유다 1:16, 18; 묵시 18:14에 나타난다. J. B. Smith, *op.
cit.*, 143.

580) *PG* 8, p. 897(1권 23장 (99), ἐπιθυμοῦσα), p. 908(1권 24장 (36), ἐπιθυμίας, ἐ
πιθυμίαις), p. 968(2권 7장 (37), ἐπιθυμίαις), p. 977(2권 9장 (65), ἐπιθυμίας),
p. 1000(2권 15장 (52), ἐπιθυμία), p. 1001(2권 15장 (56), ἐπιθυμία), p. 1004(2권
15장 (63), ἐπιθυμήσας), p. 1025(2권 18장 (55), ἐπιθυμίαν), p. 1029(2권 18장
(74), ἐπιθυμίαν, ἐπιθυμίας), p. 1049(2권 20장 (58), ἐπιθυμίας), p. 1049(2권 20
장 (59), ἐπιθυμίαν), p. 1052(2권 20장 (67), ἐπιθυμίαν), p. 1052(2권 20장 (72),
ἐπιθυμίαν), p. 1057(2권 20장 (84), ἐπιθυμίαις), p. 1060(2권 20장 (87), ἐπιθυμ
ιῶν), p. 1064(2권 20장 (5), ἐπιθυμίαν), p. 1085(2권 23장 (87), ἐπιθυμία), p.
1104(3권 1장 (45), ἐπιθυμίαν), p. 1109(3권 2장 (65), ἐπιθυμίαν), p. 1121(3권 3
장 (7), ἐπιθυμοῦμεν), p. 1121(3권 3장 (12), ἐπιθυμίαι), p. 1133(3권 4장 (77), ἐ
πιθυμίας), p. 1136(3권 4장 (87), ἐπιθυμοῦντας), p. 1136(3권 4장 (90), ἐπιθυμ
ία, ἐπιθυμήσης), pp. 1144~1145(3권 5장 (23), ἐπιθυμία, ἐπιθυμίαις, ἐπιθυμιῶν,
ἐπιθυμίαν), p. 1145(3권 5장 (24), ἐπιθυμία, ἐπιθυμία, ἐπιθυμία), p. 1145(3권
5장 (26), ἐπιθυμιῶν), p. 1148(3권 5장 (33), ἐπιθυμίαν), p. 1148(3권 5장 (34), ἐ
πιθυμίαις), p. 1148(3권 5장 (37), ἐπιθυμιῶν), p. 1161(3권 7장 (93), ἐπιθυμεῖν,
ἐπιθυμιῶν, ἐπιθυμεῖν, ἐπιθυμία), p. 1161(3권 7장 (94), ἐπιθυμίας), p. 1161(3
권 7장 (95), ἐπιθυμεῖν, ἐπιθυμίας), p. 1163(3권 7장 (99), ἐπιθυμίας), p.
1165(3권 9장 (8), ἐπιθυμίας, ἐπιθυμίας), p. 1168(3권 9장 (11), ἐπιθυμίαι), p.
1168(3권 9장 (18), ἐπιθυμίαν), p. 1169(3권 9장 (20), ἐπιθυμεῖ), p. 1169(3권 10
장 (24), ἐπιθυμία), p. 1169(3권 10장 (25), ἐπιθυμεῖ), p. 1172(3권 10장 (27), ἐπ
ιθυμίας, ἐπιθυμίαν), p. 1172(3권 10장 (29), ἐπιθυμίαν, ἐπιθυμήσεις), p. 11
72(3권 10장 (31), ἐπιθυμήσεις), p. 11 73(3권 11장 (33), ἐπιθυμήσαντος, ἐπιθυ
μία), p. 1176(3권 11장 (38), ἐπιθυμιῶν), p. 1176(3권 11장 (41), ἐπιθυμίαν, ἐπι
θυμήσεις), p. 1177(3권 12장 (50), ἐπιθυμία), p. 1181(3권 12장 (65), ἐπιθυμία
ς), p. 1192(3권 12장 (95), ἐπιθυμίαις), p. 1193(3권 13장 (1), ἐπιθυμίαν, ἐπιθυ
μία), p. 1193(3권 13장 (4), ἐπιθυμία), p. 1196(3권 14장 (8), ἐπιθυμῆσαι), p.
1196(3권 14장 (10), ἐπιθυμίαν), p. 1196(3권 15장 (18), ἐπιθυμοῦσιν), p. 1208(3
권 17장 (55), ἐπιθυμίας), p. 1209(3권 18장 (64), ἐπιθυμίας), p. 1221(4권 3장
(11), ἐπιθυμιῶν), p. 1224(4권 3장 (11), ἐπιθυμεῖν), p. 1228(4권 4장 (30), ἐπιθ
υμιῶν), p. 1248(4권 6장 (95), ἐπιθυμίας), p. 1252(4권 6장 (15), ἐπιθυμίας), p.
1252(4권 6장 (17), ἐπιθυμίας), p. 1256(4권 7장 (29), ἐπιθυμίαις), p. 1272(4권
8장 (2), ἐπιθυμεῖ), p. 1293(4권 12장 (70), ἐπιθυμεῖν), p. 1301(4권 13장 (87),
ἐπιθυμεῖν, ἐπιθυμητῶν), p. 1308(4권 16장 (12), ἐπιθυμίας), p. 1324(4권 18장

데스」에서 '욕망'을 총 100회나 사용했다.581) 더 나아가 나

(10), ἐπιθυμίαν, ἐπιθυμίᾳ, ἐπιθυμίας), p, 1324(4권 18장 (13), ἐπιθυμίας, ἐπιθ
υμίαν), p, 1324(4권 18장 (14), ἐπιθυμίαν, ἐπιθυμίας, ἐπιθυμίας, ἐπιθυμίαν), p,
1325(4권 18장 (21), ἐπιθυμίας), p, 1357(4권 23장 (30), ἐπιθυμήσεις), p, 1360(4
권 23장 (40), ἐπιθυμίᾳ), p, 1360(4권 23장 (42), ἐπιθυμήσει, ἐπιθυμίας), p,
1360(4권 23장 (43), ἐπιθυμίας), p, 1361(4권 23장 (44), ἐπιθυμίαν, ἐπιθυμίας),
PG 9, p, 37(5권 4장 (4), ἐπιθυμίας), p, 48(5권 5장 (39), ἐπιθυμίας), p, 81(5권
8장 (46), ἐπιθυμίαν), p, 84(5권 8장 (53), ἐπιθυμίαν), p, 84(5권 8장 (54), ἐπιθ
υμίαν), p, 84(5권 8장 (57), ἐπιθυμία), p, 128(5권 13장 (56), ἐπιθυμίαν), p,
177(5권 14장 (3), ἐπιθυμῆς), pp, 273~276(6권 6장 (73), ἐπιθύμοῦντι), p, 277(6
권 7장 (83), ἐπιθυμεῖ), p, 292(6권 9장 (39), ἐπιθυμίας, ἐπιθυμίας), p, 293(6권
9장 (41), ἐπιθυμίᾳ), p, 293(6권 9장 (43), ἐπιθυμίαν), p, 296(6권 9장 (48), ἐπι
θυμίας), p, 296(6권 9장 (49), ἐπιθυμίας), p, 296(6권 9장 (51), ἐπιθυμίας, ἐπιθ
υμίας), p, 312(6권 11장 (12), ἐπιθυμητικὸν), p, 320(6권 12장 (44), ἐπιθυμίαι
ς), p, 321(6권 12장 (48), ἐπιθυμίας), p, 321(6권 12장 (49), ἐπιθυμίας), p,
344(6권 15장 (26), ἐπιθυμοῦντας), p, 344(6권 15장 (29), ἐπιθυμία), p, 344(6권
15장 (30), ἐπιθυμία, ἐπιθυμία), p, 360(6권 16장 (73), ἐπιθυμεῖ), p, 360(6권 16
장 (78), ἐπιθυμεῖ), p, 380(6권 16장 (47), ἐπιθυμητῶν, ἐπιθυμεῖν), p, 421(7권
3장 (2), ἐπιθυμίας), p, 440(7권 6장 (81), ἐπιθυμεῖν), p, 444(7권 6장 (95), ἐπι
θυμίαν), p, 453(7권 7장 (41), ἐπιθυμεῖ, ἐπιθυμίαι), p, 504(7권 12장 (94), ἐπιθ
υμῶν), p, 512(7권 13장 (34), ἐπιθυμεῖν), pp, 513, 516(7권 13장 (40), ἐπιθυμία
ν, ἐπιθυμήσει), p, 532(7권 16장 (84), ἐπιθυμίας), p, 540(7권 16장 (18), ἐπιθυμ
ίας), μ, 544(7권 16장 (22), ἐπιθυμοῦσιν), p, 545(7권 16상 (43), ἐπιθυμίαις), p,
569(8권 4장 (13), ἐπιθυμίας), p, 573(8권 4장 (22), ἐπιθυμητικοῦ)에 나타난다.
581) Plotini, Plotini Enneades Vol I, p, 39(1권 1장 1절, ἐπιθυμίαι), p, 41(1권 1장
3절, ἐπιθυμίαι), p, 42(1권 1장 4절, ἐπιθυμεῖν), pp, 42~43(1권 1장 5절, ἐπιθυμ
εῖν, ἐπιθυμητικὸν, ἐπιθυμία, ἐπιθυμητικοῦ, ἐπιθυμῶν, ἐπιθυμητικὸν, ἐπιθυμ
οῦν, ἐπιθυμίας, ἐπιθυμητικὸν, ἐπιθύμησεν, ἐπιθυμητικοῦ, ἐπιθυμητικὸν), p,
46(1권 1장 10절, ἐπιθυμίας), p, 50(1권 2장 1절, ἐπιθυμία), p, 52((1권 2장 2절,
ἐπιθυμίας), pp, 54~55(1권 2장 5절, ἐπιθυμιαν, ἐπιθυμία), pp, 90~91(1권 6장 5
절, ἐπιθυμῶν, ἐπιθυμιῶν), pp, 107~109(1권 8장 8절, ἐπιθυμίας, ἐπιθυμιῶν, ἐπ
ιθυμίαι, ἐπιθυμίαις), p, 112(1권 8장 14절, ἐπιθυμίας), p, 115(1권 8장 15절, ἐπ
ιθυμίαι, ἐπιθυμίαι), p, 140(2권 3장 9절, ἐπιθυμίας), p, 188(2권 9장 5절, ἐπιθ
υμίας), p, 216(3권 1장 1절, ἐπιθυμητὸν), pp, 220~221(3권 1장 5절, ἐπιθυμίας,
ἐπιθυμίας), p, 225(3권 1장 9절, ἐπιθυμιῶν), p, 232(3권 2장 4절, ἐπιθυμία), p,
262(3권 4장 2절, ἐπιθυμίας, ἐπιθυμοῦντος), p, 268(3권 5장 1절, ἐπιθυμία), p,
270(3권 5장 2절, ἐπιθυμίας), p, 272(3권 5장 4절, ἐπιθυμίας), p, 277(3권 5장 7
절, ἐπιθυμίας), p, 280(3권 5장 9절, ἐπιθυμίας), p, 281(3권 6장 1절, ἐπιθυμοῦσ
ης), p, 283(3권 6장 2절, ἐπιθυμοῦν, ἐπιθυμοῦν), pp, 284~285(3권 6장 3절, ἐπι

지안주스의 그레고리우스도「연설」에서 총 20회 사용했으며,582) 니사의 그레고리우스도「기도」에서 '욕망'을 총 20회 사용했다.583) 이처럼 '욕망'은 신약 성서를 비롯하여 플로티노스와 동방 그리스 교부들의 작품들에 전반적으로 나타나는 용어이다. 물론, 오리게네스가 신약 성서에서 '욕망'을 전승받았다고 하더라도 알렉산드리아의 클레멘스가「양탄자」에서 가장 많은 148회를 사용한 것을 보면 오리게네

Θυμίαι, ἐπιθυμίας, ἐπιθυμεῖν, ἐπιθυμίαις), pp, 285~287(ἐπιθυμοῦν, ἐπιθυμοῦν, ἐπιθυμοῦντος), Plotini, *Plotini Enneades* Vol II, p, 63(4권 4장 17절, ἐπιθυμού μενον), p, 66~67(4권 4장 20절, ἐπιθυμιῶν, ἐπιθυμιαν, ἐπιθυμίας, ἐπιθυμίας, ἐπιθυμοῦν, ἐπιθυμίας, ἐπιθυμίᾳ, ἐπιθυμεῖν, προεπιθυμίαν, ἐπιθυμεῖν), pp, 67~68(4권 4장 21절, ἐπιθυμίας, ἐπιθυμίας, ἐπιθυμίαν, ἐπιθυμίαν, ἐπιθυμητικῷ, ἐπιθυμίας, ἐπιθυμίας, ἐπιθυμητικῷ), p, 68(4권 4장 22절, ἐπιθυμητικὸν), pp, 76, 78(4권 4장 28절, ἐπιθυμιῶν, ἐπιθυμίας, ἐπιθυμίας, ἐπιθυμητικὸν), p, 89(4권 4장 35절, ἐπιθυμίᾳ), p, 98(4권 4장 44절, ἐπιθυμίαις, ἐπιθυμίας, ἐπιθυμίαν), pp, 130, 134~135(4권 7장 8절, ἐπιθυμεῖν, ἐπιθυμίας, ἐπιθυμοῦν), p, 137(4권 7장 10절, ἐπιθυμίας), p, 144(4권 8장 2절, ἐπιθυμίας, ἐπιθυμιῶν, ἐπιθυμιῶν), p, 146(4권 8장 3절, ἐπιθυμίας), p, 152(4권 8장 8절, ἐπιθυμίᾳ, ἐπιθυμητικῷ), p, 153(4권 8장 9절, ἐπιθυμεῖν), p, 190(5권 3징 9절, ἐπιθυμίας), p, 277(6권 1장 12절, ἐπιθυμητικοῦ), p, 288(6권 1장 21절, ἐπιθυμία), pp, 381 ~382(6권 4장 15절, ἐπιθυμιῶν, ἐπιθυμιῶν), p, 479(6권 8장 2절, ἐπιθυμίᾳ, ἐπιθυμίᾳ), p, 523(6권 9장 11절, ἐπιθυμίας)에 나타난다.

582) *PG* 35, p, 412(2권 5장 (77), ἐπιθυμίᾳ), p, 69(2권 18장 (59), ἐπιθυμίας), p, 437(2권 24장 (37), ἐπιθυμίαις), p, 465(2권 56장 (33), ἐπιθυμίας), p, 812(8권 19장 (60), ἐπιθυμίας), p, 832(11권 1장 (72), ἐπιθυμιῶν), p, 848(12권 5장 (65), ἐπιθυμίᾳ), p, 873(14권 12장 (11), ἐπιθυμίᾳ), p, 1001(18권 13장 (36), ἐπιθυμία ς), p, 1040(18권 41장 (26), ἐπιθυμίας), p, 1229(26권 2장 (23), ἐπιθυμίαν), *PG* 36, p, 293(37권 9장 (87), ἐπιθυμίᾳ), p, 389(40권 23장 (79), ἐπιθυμίᾳ), p, 416(40권 40장 (25), ἐπιθυμητικὸν, ἐπιθυμίᾳ, ἐπιθυμιῶν), p, 600(43권 77장 (23), ἐπιθυμοῦσιν), p, 648(45권 17장 (83), ἐπιθυμήτεις), p, 618(45권 18장 (87), ἐπιθυμητικὸν), p, 649(45권 19장 (96), ἐπιθυμητικῶς)에 나타난다.

583) *PG* 44, p, 1124(1장, ἐπιθυμούντων), p, 1125(1장, ἐπιθυμίαν), p, 1128(1장, ἐπ ιθυμίαις, ἐπιθυμίαις, ἐπιθυμίας), p, 1129(1장, ἐπιθυμοῦσιν, ἐπιθυμοῦντα), p, 1132(1장, ἐπιθυμεῖ, ἐπιθυμιῶν), p, 1133(1장, ἐπιθυμίᾳ), p, 1141(2장, ἐπιθυμιῶ ν), p, 1145(2장, ἐπιθυμίᾳ), p, 1148(2장, ἐπιθυμία), p, 1161(4장, ἐπιθυμητικοῦ), p, 1165(4장, ἐπιθυμίαν, ἐπιθυμία), p, 1169(4장, ἐπιθυμίαις), p, 1172(4장, ἐπιθ υμία), p, 1185(5장, ἐπιθυμίαν), p, 1185(5장, ἐπιθυμίαν)에 나타난다.

스는 자신의 스승인 클레멘스에서 '욕망'의 정념을 전승받아 강조했을 가능성이 있다. 따라서 오리게네스와 에바그리우스가 이 '욕망'의 정념을 공통으로 언급하면서 정화의 대상으로 삼았다는 점에서 연속성을 보인다.

이상에서 제시되듯 오리게네스와 에바그리우스는 분노, 화, 불순, 악의, 쾌락, 그리고 욕망의 정념을 정화해야 한다는 점에서 연속성을 보였다. 그 가운데 '분노'는 신약 성서의 영향을 받은 것으로 보이며, '화'는 신약 성서와 클레멘스의 「양탄자」, 플로티노스의 「엔네아데스」에서 영향을 받은 것으로 보이고, '불순'과 '악의'는 오리게네스가 사용한 독특한 용어로 보이며, 에바그리우스가 계승한 것 같다. 나아가 '쾌락'과 '욕망'은 신약 성서와 플로티노스, 그리고 동방교부들이 공통으로 사용한 보편적인 용어로 보인다. 이 용어를 오리게네스와 에바그리우스도 빌려 와서 사용했다고 보인다. 요컨대, 오리게네스와 에바그리우스는 분노, 화, 불순, 악의, 쾌락, 그리고 욕망을 정화해야 한다고 주장한 점에서 두 사람은 연속성을 보인다. 다음은 오리게네스와 에바그리우스의 비연속성이 나타나는 스물한 가지 정념의 정화를 살펴보겠다.

4.2 에바그리우스의 「기도」에만 나타나는 스물한 가지 정념(πάθος)의 정화

오리게네스는 「기도」에서 고대 스토아학파와 견유학파에서 다양하게 사용했던 '정념'(πάθος)584)이라는 용어를 사

---

584) 차정식, *op. cit.*, 301, 329. 스토아학파가 보는 정념은 우주적인 이성에 반하는 영혼의 질병과 같은 것이었다. 그들은 정념을 제거하여 무정념의 상태에 들어가는 것을 이상으로 생각했다.

용하지 않는다. 신약 성서도 '정념'이라는 단어를 불과 세 번만 사용하고 있다.585) 이에 비해, 에바그리우스는 「기도」에서 정념을 중요하게 다루고 있으며, 스토아학파의 정념 개념을 여러 가지 개념으로 확장하여 사용했다.586) 나아가 에바그리우스는 「기도」8장에서 정념(πάθος)을 방어하려고 욕정으로 들어가지 말아야 하며,587) 수도승이 기도하기 위해서는 먼저 욕정을 정화해야 한다고 했다(「기도」36장).588) 한편, 플로티노스도 정념의 정화를 강조했다. 플로티노스는 「엔네아데스」에서 총 368회 정념이라는 용어를 사용했다.589) 플로티노스는 이 정념을 정화해야 일자를

---

585) K. Aland, op. cit., 3802. 곧, 로마 1장 26절(πάθη), 콜로 3장 5절(πάθος), 1데살 4장 5절(πάθει)등 총 3회 나타난다.

586) John Eudes Bamberger, op. cit., lxxxi˜lxxxii.

587) PG 79, 1169.

588) Ibid., 1176.

589) Plotini, Plotini Enneades Vol I, 1권 1장 1절에 3회(παθημάτων, πάθη, πάθη, p, 39), 1권 1장 2절에 2회(πάθη, παθειν, pp, 39˜40), 1권 1장 3절에 6회(παθήμ ατα, παθήματα, παθήματα, πάθη, παθόντος, παθειν, p, 41), 1권 1장 4절에 4 회(παθημάτων, πάθη, πάθη, πάθη, pp, 41˜42), 1권 1장 5절에 4회(πάθημα, πά θους, πάθος, πάθημα, pp, 42-43), 1권 1장 6절에 1회 (παθών, p, 43), 1권 1장 7절에 1회(πάθη, p, 44), 1권 1장 9절에 1회(παθημάτων, 46), 1권 1장 12절에 1 회(πάθη, p, 48), 1권 2장 2절에 1회(πάθη, p, 52), 1권 2장 6절에 1회(παθῆ, p, 56), 1권 3장 6절에 1회(πάθεσι, p, 61), 1권 4장 2절에 5회(πάθος, πάθος, πάθο ς, πάθος, πάθος, p, 63), 1권 4장 10절에 1회(πάθει, p, 75), 1권 6장 4절에 2회 (πάθη, παθεῖν, p, 89), 1권 6장 5절에 2회(πάθη, παθών, pp, 90˜91), 1권 8장 3 절에 1회(πάθη, p, 101), 1권 8장 4절에 2회(παθήματα, πάθεσι, pp, 102˜103), 2 권 1장 8절에 1회(παθεῖν, p, 128), 2권 3장 9절에 6회(πάθη, παθήματα, πάθη, παθητικῆς, παθών, πάθη, pp, 140˜142), 2권 3장 10절에 2회(πάθη, παθητικὸν, p, 142), 2권 3장 13절에 1회(παθητικὴν, p, 144), 2권 3장 16절에 4회(πάθεσι, π αθεῖν, παθήμασι, παθήμασι, pp, 147˜148), 2권 4장 1절에 1회(πάθη, p, 151), 2 권 4장 4절에 1회(πάθος, p, 153), 2권 4장 10절에 2회(πάθος, πάθος, p, 158), 2 권 5장 1절에 1회(πάθεσι, p, 167), 2권 6장 1절에 1회(πάθη, p, 174), 2권 8장 1 절에 1회(πάθος, p, 182), 2권 9장 2절에 1회(πάθος, p, 186), 2권 9장 6절에 3회 (πάθη, πάθεσιν, πάθη, pp, 190˜192), 2권 9장 7절에 4회(πάθημα, παθόντος, π άθοι, πάθοι, p, 193), 2권 9장 15절에 1회(πάθεσι, p, 206), 2권 9장 16절에 1회 (πάθους, p, 208), 2권 9장 17절에 1회(πάθούσης, p, 209), 3권 1장 3절에 2회(πά

Θῃ, παθήμασι, p, 218), 3권 1장 5절에 2회(πάθῃ, παθῶν, pp, 220~221), 3권 1장 9절에 1회(παθήματα, p, 225), 3권 2장 5절에 1회(παθοῦσιν, p, 232), 3권 2장 8 절에 1회(παθεῖν, p, 236), 3권 2장 13절에 2회(παθόντι, παθεῖν, p, 241), 3권 3 장 2절에 1회(πάθῃ, p, 252), 3권 3장 5절에 2회(παθήματα, παθημάτων, p, 256), 3권 3장 7절에 1회(πάθος, p, 260), 3권 5장 1절에 7회(πάθος, πάθος, πάθος, π άθους, πάθος, πάθους, παθήματα, pp, 267~269), 3권 5장 3절에 2회(πάθος, πά θος, p, 271), 3권 5장 7절에 2회(πάθῃ, πάθῃ, 277), 3권 6장 1절에 10회(πάθῃ, παθήματα, παθῶν, πάθους, παθεῖν, παθητικὸν, παθητικοῦ, πάθῃ, πάθος, πά θῃ, pp, 280~282), 3권 6장 2절에 1회(πάθος, p, 284), 3권 6장 3절에 4회(πάθῃ, πάθῃ, πάθος, πάθεσι, pp, 284~285), 3권 6장 4절에 15회(παθητικοῦ, παθῶν, π αθητικὸν, πάθῃ, παθῶν, πάθους, παθὸν, πάθει, παθητικὸν, παθητικοῦ, πάθ ος, πάθει, παθητικὸν, πάθους, πάθους, pp, 285~287), 3권 6장 5절에 9회(παθη τικοῦ, πάθημα, πάθος, πάθους, πάθῃ, παθήματα, παθών, πάθῃ, παθητικοῦ, pp, 287-288), 3권 6장 6절에 2회(παθητή, παθημάτων, παθητὸν, pp, 288, 300), 3권 6장 8절에 2회(πάθῃ, πάθους, p, 293), 3권 6장 9절에 6회(πάθος, πάθοι, π άθοι, παθεῖν, πάθοι, πάθοι, pp, 293~295), 3권 6장 10절에 3회(πάθους, πάθος, πάθος, p, 295), 3권 6장 11절에 2회(παθεῖν, παθούσης, pp, 296~297), 3권 6장 12절에 7회(πάθῃ, θημάτων, πάθῃ, παθήματι, πάθῃ, πάθῃ, παθητὴν, pp, 298~299), 3권 6장 13절에 1회(πάθος, p, 300), 3권 6장 16절에 1회(παθοῦσιν, p, 304), 3권 6장 17절에 1회(πάθος, p, 305), 3권 6장 19절에 3회(παθόντ, παθεῖν, πάθῃ, p, 308), 3권 7장 1절에 1회(πάθος, p, 310), 3권 8장 4절에 1회(πάθος, p, 335), Plotini, *Plotini Enneades* Vol II, 4권 2장 1절에 2회(πάθημα, πάθημα, p, 6), 4권 2장 2질에 2회(παθήματος, παθημα, p, 7), 4권 3장 16절에 1회(παθῶν, p, 29), 4권 3장 24절에 3회(παθεῖν, παθεῖν, παθεῖν, p, 37), 4권 3장 25절에 1 회(παθήματος, p, 38), 4권 3장 28절에 2회(παθεῖν, πάθος, p, 43), 4권 3장 32절 에 2회(πάθους, πάθος, p, 46), 4권 4장 7절에 1회(πάθος, p, 52), 4권 4장 14절 에 1회(πάθος, p, 60), 4권 4장 15절에 1회(πάθῃ, p, 61), 4권 4장 17절에 2회(πά θους, πάθῃ, p, 63), 4권 4장 18절에 2회(πάθῃ, πάθοι, pp, 64~65), 4권 4장 19 절에 6회(πάθος, πάθος, παθοῦσα, παθοῦσα, ἔπαθεν, πάθει, pp, 65~66), 4권 4 장 20절에 2회(πάθος, παθόντος, p, 67), 4권 4장 21절에 1회(παθόντος, p, 68), 4권 4장 22절에 2회(παθημάτων, παθήματα, p, 69), 4권 4장 23절에 6회(πάθοι, παθεῖν, πάθος, πάθος, παθεῖν, πάθος, p, 71), 4권 4장 24절에 2회(πάθος, παθ ῶν, p, 73), 4권 4장 26절에 1회(παθητὴ, p, 74), 4권 4장 28절에 2회(πάθῃ, παθ όντος, pp, 76, 78), 4권 4장 31절에 1회(πάθῃ, p, 83), 4권 4장 32절에 2회(παθό ντος, πάθημα, p, 84), 4권 4장 35절에 1회(πάθῃ, p, 89), 4권 4장 39절에 1회(πά θῃ, p, 94), 4권 4장 40절에 1회(παθών, p, 95), 4권 4장 42절에 3회(παθῶν, πάθ ος, πάθῃ, p, 97), 4권 4장 43절에 7회(πάθοι, πάθοι, πάθοι, παθήματι, πάθοι, πάθοι, παθών, p, 97), 4권 4장 44절에 2회(πάθους, παθεῖν, p, 98), 4권 5장 1절 에 8회(παθήματος, πάθος, πάθους, πάθοι, πάθοι, πάθοι, πάθοι, παθεῖν, p,

102), 4권 5장 2절에 6회(πάθοι, πάθοι, πάθος, πάθος, παθών, πάθος, p, 104), 4권 5장 3절에 2회(παθόντος, πάθημα, pp, 105~106), 4권 5장 4절에 3회(πάθου ς, παθόντος, παθεῖν, pp, 106, 108), 4권 5장 5절에 1회(πάθους, p, 109), 4권 5 장 6절에 8회(παθόντα, πάθημα, πάθημα, πάθημα, πάθοι, παθών, πάθημα, πά θημα, pp, 109~111), 4권 6장 2절에 4회(παθεῖν, πάθη, παθῶν, παθῶν, p, 116), 4권 6장 3절에 2회(πάθους, πάθος, pp, 118-119), 4권 7장 3절에 2회(πάθημα, π άθοι, p, 122), 4권 7장 7절에 2회(παθόντος, παθόντος, p, 128), 4권 7장 8절에 4회(παθεῖν, πάθημα, πάθημα, πάθος, pp, 130, 133, 136), 4권 7장 10절에 1회(π άθη, p, 137), 4권 7장 11절에 2회(πάθος, πάθος, p, 139), 4권 7장 12절에 1회(π άθος, p, 140), 4권 8장 7절에 1회(ἔπαθε, p, 151), 4권 9장 1절에 1회(παθόντος, p, 153), 4권 9장 2절에 5회(πάθη, πάθος, πάθημα, παθήματός, παθόντος, p, 154). 4권 9장 3절에 1회(παθητικῶς, p, 155), 4권 9장 4절에 1회(πάθημα, p, 156), 5권 1장 1절에 1회(πάθη, p, 162), 5권 1장 3절에 1회(πάθη, p, 165), 5권 3 장 2절에 1회(παθημάτων, p, 179), 5권 5장 1절에 1회(πάθεσιν, p, 206), 5권 8 장 11절에 1회(πάθος, p, 246), 5권 9장 7절에 1회(πάθη, p, 254), 5권 9장 10절 에 1회(πάθος, p, 257), 6권 1장 3절에 1회(πάθη, p, 265), 6권 1장 5절에 3회(πά θος, πάθος, πάθημα, p, 268), 6권 1장 6절에 1회(παθητικόν, p, 269), 6권 1장 8절에 2회(παθητικόν, πάθησιν, 272), 6권 1장 10절에 2회(παθητικῆς, παθεῖν, p, 275), 6권 1장 11절에 2회(πάθους, πάθους, p, 277), 6권 1장 12절에 3회(παθ ητικόν, παθητικὸς, παθητικοῦ, pp, 278~279), 6권 1장 18절에 2회(πάθος, πάθ ος, p, 284), 6권 1장 19절에 3회(πάθος, πάθος, πάθει, p, 286), 6권 1장 20절에 3회(πάθοι, πάθησις, πάθησις, p, 287), 6권 1장 24절에 1회(πάθος, p, 291), 6권 1장 25절에 2회(πάθη, πάθη, p, 292), 6권 1장 27절에 1회(πάθημα, p, 295), 6권 2장 14절에 1회(πάθη, p, 317), 6권 2장 15절에 1회(πάθος, p, 318), 6권 2장 18 절에 1회(πάθος, p, 320), 6권 3장 1절에 1회(παθημάτων, p, 327), 6권 3장 3절 에 2회(πάθη, πάθη, p, 329), 6권 3장 4절에 2회(πάθος, πάθεσι, p, 330~331), 6 권 3장 16절에 4회(πάθη, πάθος, πάθος, πάθους, p, 346), 6권 3장 19절에 2회 (πάθος, πάθος, p, 350), 6권 3장 21절에 1회(παθητικῶς, p, 353~354), 6권 3장 22절에 1회(παθητικὴ, p, 355), 6권 3장 23절에 1회(παθεῖν, p, 357), 6권 3장 25 절에 1회(πάθους, p, 358), 6권 4장 6절에 3회(πάθη, πάθεσι, πάθος, p, 369), 6 권 4장 7절에 1회(παθεῖν, p, 370), 6권 4장 8절에 3회(πάθος, πάθος, πάθος, p, 372), 6권 6장 12절에 4회(πάθημα, πάθημα, πάθημα, πάθημα, p, 412), 6권 6장 13절에 2회(πάθημα, πάθημα, 413~414), 6권 6장 14절에 3회(παθὸν, παθὸν, πά θει, p, 416), 6권 7장 1절에 2회(παθεῖν, πάθεσι, p, 424), 6권 7장 11절에 2회(π αθόντος, παθεῖν, pp, 438, 440), 6권 7장 26절에 3회(πάθος, πάθος, πάθους, p, 457), 6권 7장 29절에 1회(πάθεσι, p, 461), 6권 7장 30절에 1회(πάθους, p, 461), 6권 7장 33절에 1회(πάθος, p, 466), 6권 7장 34절에 1회(πάθη, p, 467), 6권 8장 1절에 2회(παθῶν, πάθεσιν, pp, 478~479), 6권 8장 2절에 1회(παθημμάτων, p, 480), 6권 8장 3절에 2회(παθημάτων, παθημάτων, p, 481), 6권 8장 6절에 2회(π

향해 상승할 수 있다고 주장했다. 더욱이 플로티노스는
「엔네아데스」 3권에서 관상을 집중적으로 다루고 있는데,
3권 전체에 정념(πάθος)에서 정화해야 한다는 구절이 총
49회 나타난다.590) 그리고 정념을 정화하면 아파테이아(άπ
αθεία)를 얻게 된다는 언급도 3권에서만 총 18회 언급했
다.591) 그리고 이 아파테이아를 획득한 다음에 관상으로 들
어가게 된다고 주장했다. 플로티노스는 3권 마지막에서도
관상(θεωρία)을 총 39회 언급했다.592) 중요한 것은 이것이

αθημάτων, πάθη, pp, 484~485), 6권 9장 4절에 1회(πάθημα, p, 513), 6권 9장 7
절에 1회(πάθημα, p, 518), 6권 9장 9절에 1회(πάθημα, p, 521)등 총 368회 나타
난다.

590) Plotini, *Plotini Enneades* Vol I, 3권에 나타난 총 49회의 정념을 정화해야 한
다는 구체적인 구절은 다음을 참조하라. 3권 1장 3절에 1회(παθήμασι, p, 218),
3권 1장 9절에 1회(παθήματα, p, 225), 3권 2장 8절에 1회(παθεῖν, p, 236), 3권
2장 12절에 2회(παθόντι, παθεῖν, p, 241), 3권 3장 2절에 1회(πάθη, p, 252), 3
권 3장 7절에 1회(πάθος, p, 260), 3권 5장 1절에 1회(πάθος, p, 267), 3권 5장 7
절에 1회(πάθη, 277), 3권 6장 1절에 7회(πάθη, παθήματα, παθῶν, πάθους, πα
θητικὸν, παθητικοῦ, πάθος, pp, 280~282), 3권 6장 3절에 2회(πάθος, πάθεσι,
p, 285), 3권 6장 4절에 11회(παθῶν, πάθη, παθῶν, παθὸν, παθητικὸν, παθητι
κοῦ, πάθος, πάθει, παθητικόν, πάθους, πάθους, pp, 285~287), 3권 6장 5절에
5회(πάθημα, πάθος, πάθους, πάθη, παθήματα, pp, 287~288), 3권 6장 6절에 2
회(παθητή, παθητὸν, pp, 28 8~289), 3권 6장 8절에 1회(πάθους, p, 293), 3권 6
장 9절에 4회(πάθος, πάθοι, πάθοι, πάθοι, pp, 293~295), 3권 6장 10절에 3회(π
άθους, πάθος, πάθος, p, 295), 3권 6장 11절에 2회(παθεῖν, παθούσης, pp,
296~297), 3권 6장 12절에 5회(παθημάτων, πάθη, πάθη, πάθη, παθητὴν, pp,
298~299), 3권 6장 19절에 1회(πάθη, p, 308) 나타난다.

591) Plotini, *Plotini Enneades* Vol I, 3권에서 플로티노스는 아파테이아를 총 18회
언급했다. 구체적인 구절은 다음을 참조하라. 3권 1장 9절에 1회(άπαθῆ, p, 224
), 3권 5장 6절에 2회(άπαθὲς, άπαθεῖς, p, 274), 3권 6장 1절에 1회(άπαθῆ, p,
282), 3권 6장 5절에 2회(άπαθῆ, άπαθῶς, p, 287), 3권 6장 6절에 3회(άπαθῆ, άπ
αθῆ, άπαθείας, p, 288), 3권 6장 9절에 5회(άπαθέστερον, άπαθὲς, άπαθὴς, άπα
θὴς, άπαθεῖς, pp, 294~295), 3권 6장 11절에 1회(άπαθὴς, p, 296), 3권 6장 12절
에 2회(άπαθείας, άπαθείας, p, 298), 3권 6장 13절에 1회(άπαθῆ, p, 300) 나타
난다.

592) Plotini, *Plotini Enneades* Vol I, 3권에서 관상을 총 39회 언급했다. 구체적인
구절은 다음을 참조하라. 3권 8장 3절에 3회(θεωρία, θεωρία, θεωρίας, p, 334),
3권 8장 4절에 6회(θεωρίας, θεωρία, θεωρίας, θεωρίας, θεωρεῖν, θεωρίας, pp,

도식적인 구조를 갖는다는 것이다. 곧, 플로티노스는 정념
을 정화하고 아파테이아로 들어간 다음에 관상으로 들어가
는 구조를 가진다. 가장 분명한 예가「엔네아데스」3권 4
장 4절부터 6절에 나타난다. 플로티노스는「엔네아데스」3
권 4절에서 11회나 정념의 정화를 언급한 후에 5절과 6절
에서 집중적으로 아파테이아를 5회 언급했다. 그리고 3권
8장 3~8절에는 관상을 무려 43회 언급했다.593) 이처럼 플로
티노스의 구조는 에바그리우스가 정념을 정화하고 아파테
이아의 단계에 들어간 후에 순수기도를 통해 하느님을 관
상하는 구조와 유사하다.

또 한편, 에바그리우스는「기도」44장에서 기도할 때 기
억을 강하게 지켜야 한다고 했다. 그렇지 않으면 과거의
정념을 만들어내기 때문이라는 것이다.594) 나아가「기도」
46장에서는 악령들은 기도할 때에 중상하며 모든 도구를
다 사용하여 염탐하고, 파괴하며, 하느님을 향해 여행하려
는 길목을 방해하며, 육체를 통하여 욕정을 자극하고, 실제
로 기억을 통하여 생각들을 멈추지 못하게 한다고 했다.595)
더 나아가「기도」50장에서는 악령들이 탐식, 간음, 탐욕,
충동, 악의, 슬픔, 그리고 욕정을 통하여 정신이 기도할 수
없도록 무감각하게 하며, 욕정이 이성부로 나아가지 못하
게 하고 하느님의 말씀을 열심히 구하지 못하게 한다고 했
다.596) 따라서 에바그리우스는「기도」71장에서 정념의 노

335~336), 3권 8장 5절에 9회(Θεωρία, Θεωρίαν, Θεωρίας, Θεωροῦσα, Θεωρῆσαν,
Θεωρία, Θεωρίαν, Θεωρία, Θεωρία, pp, 336-337), 3권 8장 6절에 4회(Θεωρίας,
Θεωρία, Θεωρία, Θεωρία, pp, 337-338), 3권 8장 7절에 6회(Θεωρίας, Θεωρούντ
ων, Θεωρηθῇ, Θεωρία, Θεωρεῖν, Θεωρούντων, p, 339), 3권 8장 8절에 9회(Θεωρ
ίας, Θεωροῦσι, Θεωρία, Θεώρημα, Θεώρημα, Θεωρία, Θεώρημα, Θεωρεῖ, Θεωρῇ,
pp, 340~341), 3권 9장 1절에 1회(Θεωροῦν, p, 346) 나타난다.
593) Plotini, *Plotini Enneades* Vol I, 285~288, 334~341.
594) *PG* 79, 1176.
595) Ibid.

예가 된 정신은 영적인 차원의 기도를 할 수 없다고 했다.597) 이처럼 에바그리우스는 악령이 욕망을 불태우고 분노를 일으켜 지성을 어둡게 하여 하느님을 보지 못하게 만든다고 했다. 곧, 욕망과 분노의 정념을 통해 인간 영혼을 무지에 빠뜨리는 것이 악령의 최종 목표라는 것이다.598) 요컨대, 에바그리우스는 영혼의 욕망부와 정념부가 평온하게 되면 영혼은 정신이 흩어지지 않고 기도를 할 수 있다고 했다.

그다음에는 헛된 영광과 교만의 마귀가 본격적으로 공격하기 시작하는데, 여기서 헛된 영광은 자기 자신에 대한 만족을 뜻하며, 교만은 대체로 하느님과의 관계에서 자기 충족을 구할 때 생긴다. 헛된 영광이라는 마귀는 영혼에 환영을 일으키며, 영혼으로 하여금 실제로 하느님을 알게 되었다는 감각을 가지도록 공격한다(「기도」 75장). 에바그리우스는 이것에 대한 구제책으로 형상이나 모양은 정신적 활동의 아랫부분에 속한다는 사실(「기도」 83~85장)을 깨닫는 것이라고 했다.599) 연이어 에바그리우스는 「기도」 73장에서 악령은 헛된 영광의 정념을 자극하여 신적 존재의 형상을 향하여 정신이 빛을 보는 모양을 생각나게 한다고 했다.600) 따라서 에바그리우스는 이 정념을 해결하기 위해서는 시편을 노래해야 한다고 주장했다(「기도」 83장).601) 만약 이 경우에 수도승이 정념을 포기하지 않으면 정신은 오히려 덕과 진리와 대립한다고 했다(「기도」 141장).602)

---

596) Ibid., 1177.
597) Ibid., 1181.
598) 남성현, op. cit., 2015, 57.
599) Andrew Louth, op. cit., 2007, 103.
600) PG 79, 1184.
601) Ibid., 1185.
602) Ibid., 1197.

이처럼 에바그리우스는 악령과 정념의 관계를 긴밀하게 연결하고 있다. 이런 점은 오리게네스에게는 없는 에바그리우스만의 독특한 점이라고 할 수 있다.

또 한편, 스토아학파는 정념의 범위를 사악하고 부정적인 범주로 규정했다, 곧, '욕망', '두려움', '쾌락', '분노', 그리고 '근심'을 정념의 범위에 포함했다. 따라서 대표적인 스토아학자 세네카는 근심이야말로 가장 문제가 많은 정념이라고 생각했다. 한편, 키케로는 모든 부정적 감정은 비참한 상태를 초래하지만, 근심은 큰 고통의 원인이 된다고 했다.603) 요컨대, 에바그리우스는 스토아학파의 정념 개념을 일부 수용하면서도 자신의 기도 신학을 위해 정념 개념을 다양하게 변용, 확장시키고 있다. 에바그리우스의「기도」에 나타난 스물한 가지의 정념 개념이 바로 이것을 증명해 준다. 에바그리우스는 다음의 스물한 가지의 정념을 정화해야 조명의 단계인 아파테이아의 단계에 들어갈 수 있다고 주장했다. 곧, 신경질(ἐρεθίσῃ/에레티세), 논쟁(ἀντιλογία/안티로기아), 해로운 기쁨(ἐπίχαρμα/에피카르마), 시각(Θεωρήμα/테오레마), 기억(μνήμη/므네메), 무절제(ἀκρασία/아크라시아), 약한 마음(ἐκκακός/에크카코스), 낙담(ἀθῦμία/아투미아), 환상(ὀπτασία/오프타시아), 분심(κλόνος/클로노스), 경멸(ὀλιγωρία/올리고리아), 게으름(ἀκηδία/아케디아), 주위를 돌아보는 것(περιβλέπηται/페리블레페타이), 형상(οχῆμα/스케마), 담식(γαστρίμαργος/가스드리마르고스), 탐욕(φιλαργυρία/필라르구리아), 간음(πορνεία/포르네이아), 복수(ἀμυνα/아뮤나), 유혹(πειρασμός/페이라스모스), 매혹(ἐγκαταληψις/엔그카타레피스), 욕정(ἐμπαθής/엠파테스)등의 정념들이다. 이제 에바그리우스의 스물 한가지 정념들을 클레멘스의「양탄자」, 오리게네스의「기도」, 플로

---

603) 차정식, *op. cit.*, 302~305.

티노스의 「엔네아데스」, 나지안주스의 그레고리우스의 「연설」과 니사의 그레고리우스의 「기도」와 비교하여 에바그리우스의 독특성을 부각하겠다. 동시에 이 스물한 가지의 정념들은 오리게네스의 「기도」와 에바그리우스의 「기도」의 비연속성을 보여주는 정념들이라는 것을 들어내겠다. 다음은 에바그리우스의 스물한 가지의 악한 생각들의 정화에 관하여 살펴보겠다,

4.2.1 신경질(에레티세/ἐρεθίση)과 논쟁(안티로기아/ἀντιλογία)

오리게네스의 「기도」와 에바그리우스의 「기도」에서 두 사람은 공통으로 분노(ὀργή)와 화(θῦμός)의 악한 생각들을 정화해야 한다고 주장했다. 그러나 에바그리우스는 여기에 분노와 비슷한 의미를 담은 신경질(에레티세, ἐρεθίση)을 추가로 정화해야 한다고 주장했다. 오르게(ὀργή)가 충동적인 분노라면, 투모스(θῦμός)는 맹렬한 화를 뜻한다. 이에 비해, 에레티세(ἐρεθίση)는 신경질이 난 상태를 의미한다.604) 이처럼 에바그리우스는 분노에 대한 단어를 다양하게 구사함으로 어떤 식이든지 분노의 정념이 무익하다는 것을 강조하고 있다. 이런 점은 분노를 가장 나쁜 정념으로 생각했던 스토아학파와 유사성을 보인다. 나아가 에바그리우스는 「기도」 12장에서 논쟁(ἀντιλογία)을 하거나 신경질(ἐρεθίση)을 내면 심판을 받을 것이라고 했다.605) 여기서 에바그리우스는 논쟁을 신경질과 동의어로 취급한다. 한편, 신약 성서에는 '신경질'이 나타나지 않으며, 알렉산드리아의 클레멘스의 「양탄자」, 오리게네스의 「기도」, 나지

---

604) Liddell and Scott, *op. cit.*, 269, 323, 495.
605) *PG* 79, 1169.

안주스의 그레고리우스의「연설」과 니사의 그레고리우스의「기도」에도 '논쟁'이 나타나지 않는다. 따라서 '신경질'은 에바그리우스의 독특한 용어로 보인다. 그러나 '논쟁'은 신약 성서에 4회 나타난다.606) 이에 비해, 오리게네스의「기도」와 알렉산드리아의 클레멘스의「양탄자」, 플로티노스의「엔네아데스」, 나지안주스의 그레고리우스의「연설」과 니사의 그레고리우스의「기도」에도 나타나지 않는다. 따라서 '논쟁'은 에바그리우스가 신약 성서에서 가져와 정념의 개념으로 사용한 것처럼 보인다.

4.2.2 해로운 기쁨(에피카르마/ἐπίχαρμα)

에바그리우스는「기도」148장에서 악령들은 기도 시간에 '해로운 기쁨'(ἐπίχαρμα)을 주고 유혹하고, 야릇한 악한 생각으로 부추긴다고 했다.607) 에바그리우스에게 악령은 정념을 가져다주는 악한 존재이다. 곧, 에바그리우스에게 정념의 정화는 악령을 내쫓는 것과 같은 개념이다. 한편, '해로운 기쁨'은 신약 성서에는 나타나지 않으며, 알렉산드리아의 클레멘스의「양탄자」, 오리게네스의「기도」, 플로티노스의「엔네아데스」, 나지안주스의 그레고리우스의「연설」과 니사의 그레고리우스의「기도」에도 나타나지 않는다. 이렇듯 '해로운 기쁨'은 에바그리우스만의 독특한 정념 개념으로 보인다.

4.2.3 시각(테오레마타/Θεωρήμα)

에바그리우스는「기도」56장에서 정신이 시각(Θεωρήματ

---

606) 히브 6:16; 7:7; 12:3 유다 1:11절에 나타난다. J. B. Smith, *op. cit.*, 27.
607) *PG* 79, 1200.

α)에 몰두하면 정신에 깊은 영향을 주기 때문에 하느님에서 멀어지도록 이끈다고 했다.608) 나아가 「기도」 63장에서도 시각이 기도를 방해한다고 했다.609) 이렇듯 에바그리우스는 사막의 교부 전통에 따라 시각의 위험성을 전승받아 시각을 정념으로 확장해서 해석했다. 한편, 알렉산드리아의 클레멘스의 「양탄자」에는 '시각'이 한 번 나타난다.610) 플로티노스의 「엔네아데스」에도 시각이 9회 나타난다.611) 그러나 신약 성서와 오리게네스의 「기도」, 나지안주스의 그레고리우스의 「연설」과 니사의 그레고리우스의 「기도」에는 시각이 한 번도 나타나지 않는다. 이런 점은 에바그리우스가 신약 성서나 오리게네스, 그리고 카파도키아 교부들보다는 플로티노스 혹은 알렉산드리아의 클레멘스에서 '시각'의 용어를 빌려 온 것같이 보인다.

4.2.4 기억(믄헤메스/μνήμη)

에바그리우스는 「기도」 44장에서 기도할 때에 기억(μνήμης)을 강하게 지키라고 했다. 그렇지 않으면 기억으로 말미암아 정신(νοῦς)을 빼앗길 수 있다고 했다.612) 나아가 「기도」 45장에서는 기도할 때 기억은 최근의 생각들 곧, 괴로운 얼굴을 보여주어 그곳으로 인도하여 투쟁하도록 한다고 했다.613) 이처럼 에바그리우스는 기억을 강하게 지키

---

608) Ibid, 1180.
609) Ibid.
610) *PG* 9, p, 313(6권 11장 (20) Θεωρήματα).
611) Plotini, *Plotini Enneades* Vol I, p, 337(3권 8장 6절, Θεωρήματος), p, 339(3권 8장 7절, Θεωρήματα, Θεωρήματος, Θεωρήματα, Θεωρήματα, Θεωρητοῦ), p, 348(3권 9장 2절, Θεωρήματα), p, 130(4권 7장 8절, Θεωρημάτων), p, 157(4권 9장 5절, Θεωρημάτων)에 총 9회 나타난다.
612) *PG* 79, 1176.
613) Ibid.

라고 했다. 왜냐하면, 기억을 지키지 못하면 정신을 빼앗기기 때문이다. 에바그리우스가 정신을 빼앗기지 말아야 한다는 것을 강조한 것은 플로티노스가 정신을 하부정신에 빼앗기지 말고, 상부 정신으로 가득 차서 일자와 합일을 추구하는 방식과 유사하다. 그러나 플로티노스의 「엔네아데스」에는 '기억'이라는 용어가 나타나지 않는다. 오히려 '기억'은 신약 성서 2베드 1장 15절에 한 번 나타난다.614) 이에 비해, 알렉산드리아의 클레멘스의 「양탄자」, 오리게네스의 「기도」, 나지안주스의 그레고리우스의 「연설」과 니사의 그레고리우스의 「기도」에는 '기억'이 나타나지 않는다. 따라서 에바그리우스는 신약 성서에 유일하게 한 번 나타난 '기억'을 빌려 와서 정념의 개념으로 사용한 것 같다.

4.2.5 무절제(ἀκρασία/아크라시아)

에바그리우스는 「기도」 83장에서 시편 성가는 정념을 안정시키고 육체의 '무절제'(ἀκρασία)를 고요하게 한다고 했다.615) 이처럼 에바그리우스는 정념을 안정시키고 무절제를 고요하게 하려면 시편을 사용해야 한다고 주장했다. 한편, 시편에 나타난 하느님 성호가 영성 생활에 중요한 역할을 한다고 생각한 것은 이미 신구약 중간시대의 유대인에서 시작하여 중세 유럽의 유대 신비주의 문헌들에 많이 나타나는 사상이다. 더욱이 그들은 시편 구절 72개를 뽑아 만든 「72성구 성호문」을 중요시했는데, 심지어 유대 신비주의자들은 이 성호문을 통해 귀신을 추방하고 병을 고치며 이적을 행한다고 믿었다.616) 이처럼 에바그리우스는 초기

---

614) J. B. Smith, *op. cit.*, 234.
615) *PG* 79, 1185.

유대 신비주의 전통을 이어받아 시편을 통해 '무절제'의 정념을 다스릴 수 있다고 본 것 같다. 한편, 신약 성서에는 '무절제'가 2회 나타난다.617) 이에 비해, 알렉산드리아의 클레멘스의「양탄자」,오리게네스의「기도」, 플로티노스의 「엔네아데스」, 나지안주스의 그레고리우스의「연설」과 니사의 그레고리우스의「기도」에는 '무절제'가 나타나지 않는다. 이렇듯 인용한 횟수 만으로만 본다면 에바그리우스는 신약 성서의 '무절제'를 전승받아 자신의 정념 목록에 추가한 것 같다.

4.2.6 약한 마음(ἐκκακός/에크카코스)과
낙담(ἀθῦμία/아투미아)

에바그리우스는「기도」88장에서 기도할 때 '약한 마음' (ἐκκάκει)을 품어서는 안 되며, 낙담(ἀθύμει)해서도 안된다고 했다.618) 기도자는 거룩한 기도로 호흡하며, 강한 인내를 해야 하기 때문이다.619) 여기서 에바그리우스는 약한 마음과 낙담을 동의어로 본 것 같다. 한편, 신약 성서에는 '약한 마음'이 총 6회 나타난다.620) 아울러 '낙담'은 신약 성서 콜로 3장 21절에 한 번 나온다.621) 이에 비해, 알렉산드리아의 클레멘스의「양탄자」, 오리게네스의「기도」, 플로티노스의「엔네아데스」, 나지안주스의 그레고리우스의 「연설」과 니사의 그레고리우스의「기도」에는 '약한 마

---

616) 성종현,「신·구약성서와 유대문헌에 나타난 하나님의 성호와 예수의 이름에 대한 고찰」『장신논단』제8집 (1992.11), 110~116.
617) 마태 23:25; 1코린 7:5절에 나타난다. J. B. Smith, *op. cit.*, 11.
618) *PG* 79, 1185.
619) Ibid. 1185.
620) 루카 18:1; 2코린 4:1, 16; 갈라 6:9; 에페 3:13; 2티모 3:13절에 나타난다. J. B. Smith, *op. cit.*, 115.
621) Ibid., 7.

음'과 '낙담'이 나타나지 않는다. 에바그리우스는 자신의 정
념 목록에 가능한 많은 정념을 추가하기 위해 신약 성서에
나오는 '약한 마음'과 '낙담'을 빠뜨리지 않고 빌려 와서 정
념 목록에 추가한 것 같다.

4.2.7 환상(ὀπτασία/오프타시아)

에바그리우스는 「기도」 94장에서 악령들은 어떤 환영들
(ὀπτασίας)을 통하여 속이려 한다고 했다. 만약 그 환영이
하느님에서 온 것이 아니라면 빛(φωτίση)을 주시도록 하느
님을 불러야 한다고 했다. 만약 이때 빛이 나타나지 않는
다면 빨리 배회 자를 쫓아야 한다고 했다.622) 물론 여기에
서 에바그리우스가 말하는 빛은 삼위일체 하느님의 빛을
말한다. 귀오몽도 「케팔라이아 그노스티카」에서 에바그리
우스가 말하는 빛은 삼위일체 하느님의 빛이라고 했다,623)
한편, 조나단 몰간은 위 디오니시우스도 신적인 빛과 하느
님을 동일시하고, 빛은 신성을 암시하며, 삼위일체 하느님
의 빛을 가리킨다고 했다.624) 나아가 위 디오니시우스는 거
룩한 천사들에게는 숨겨진 빛이 초월적 방식으로 가득하
며, 천사들은 매개자로서 이 빛을 전해준다고 했다.625) 또
한, 에바그리우스는 「기도」 92장에서 갑자기 큰 겁을 보거
나, 횃불이 쏟아진다든지, 피같이 보이는 모양(μορφήν)같

---

622) Ibid., 1188.
623) John Eudes Bamberger, *op. cit.*, xxxii~xxxiii.
624) Jonathan Morgan, "A Radiant Theology The Concept of Light in Pseudo
-Dionysius," *Greek Orthodox Theological Review* Vol. 55, No. 1~4 (2010),
129~131. 위 디오니시우스의 작품 안에 나타난 신적인 빛에 대해서는 다음을 참
조하라. Jackson Lashier, "The Mediated and Undiluted Divine Light: Hier
archy, Mediation, and the Vision of God in the Works of Dionysius Areopa
gitica," *Greek Orthodox Theological Review* Vol. 51, No. 1~4 (2006), 45~70.
625) Pseudo-Dionysius, *op. cit.*, 187~188.

은 환영(φαντασίαν)을 보더라도 미혹되지 말아야 한다고
했다.626) 한편, 신약 성서에는 '환상'이 총 4회 나타난다.627)
이에 비해, 알렉산드리아의 클레멘스의 「양탄자」, 오리게
네스의 「기도」, 플로티노스의 「엔네아데스」, 나지안주스
의 그레고리우스의 「연설」과 니사의 그레고리우스의 「기
도」에는 '환상'이 나타나지 않는다. 에바그리우스는 신약
성서의 '환상' 개념을 부정적인 정념의 개념으로 사용하여
자신의 정념 목록에 추가한 것 같다.

4.2.8 분심(κλόνος/클로노스), 경멸(όλιγωρία/올리고리아), 게으름(ἀκηδία/아케디아), 주위를 돌아보는 것(περιβλέπηται/페리블레페타이)

에바그리우스는 「기도」 75장에서 천사는 진실한 기도의
지식을 격려하면서 정신을 모든 분심(κλόνου)과 게으름,
그리고 경멸하지 않도록 고무한다고 했다.628) 나아가 에바
그리우스는 「프락티코스」에서 여덟 가지 악한 생각들을
언급하면서 게으름 곧, 아케디아(ἀκηδίας)의 정념을 정화
해야 한다고 했다.629) 크리스토퍼 조에스트는 에바그리우스
가 아케디아라는 용어를 창안한 것은 아니지만, 전승에서
빌려 와서 자신의 신학에 맞게 변용시켰다고 보았다. 더욱
이 아케디아를 정오의 마귀와 동일시한 것은 이전의 전승

---

626) *PG* 79, 1188; 참고로 「대승기신론」(大乘起信論)에서도 삼매(三昧)의 도를 닦
  아 가다가 어느 경지에 이르면 아름다운 천사와 보살, 심지어 부처를 볼 수도
  있는데, 설령 이들이 나타나 아무리 아름다운 말로 온갖 진리를 설파한다 해도
  그것은 모두 '마(魔)'일 뿐이니 빠져들지 말라고 경고하고 있다. 장자/ 오강남 풀
  이, 『장자』(서울: 현암사, 1999), 341.
627) 루카 1:22; 24:23; 사도 26:19; 2 코린 12:1절에 나타난다. J. B. Smith, *op. cit.*,
  249.
628) *PG* 79, 1184.
629) Louis Bouyer, *op. cit.*, 384~385.

에서는 찾아볼 수 없는 에바그리우스만의 독특한 점이라고
했다.630) 나아가 앤드루 크리스리프도 에바그리우스가 말하
는 아케디아는 본성에 따른 것이 아니라 영혼의 쇠약이며,
마귀의 생각을 묘사한 것이기 때문에 아케디아를 마귀적이
라고 할 때는 에바그리우스를 회상하게 된다고 했다.631) 한
편, 에바그리우스는「기도」43장에서 수도승이 기도 시간
에 정신이 주위를 돌아본다면(περιβλέπηται) 기도하는 것
이 아니라고 했다.632) 이처럼 에바그리우스는「기도」에서
'주위를 돌아보는 것'과 게으름을 가리키는 '아케디아'를 동
의어로 사용했다. 이에 비해,「프락티코스」에서는 게으름
을 표현할 때 주로 아케디아만을 사용했다. 에바그리우스
는 천사가 수도승이 기도할 때 분심에 빠지지 않고, 태만
하지 않고, 게으르지 않고, 주위를 돌아보지 않도록 돕는다
고 했다. 이렇듯 천사가 기도자의 기도를 돕는다는 사상은
오리게네스에게는 찾아볼 수 없는 에바그리우스만의 독특
한 점이라고 할 수 있다. 에바그리우스가 말하는 이 네 가
지 용어는 게으름을 표현하는 동의어라고 볼 수 있다. 한
편, '분심'은 신약 성서에 나타나지 않으며, '경멸'은 신약
성서에 한 번 나타난다.633) '게으름'은 신약 성서에 나타나
지 않지만 '주위를 돌아보는 것'은 신약 성서에 총 7회 나
타난다.634) 이에 비해, 알렉산드리아의 클레멘스의「양탄
자」, 오리게네스의「기도」, 플로티노스의「엔네아데스」,

---

630) Christoph Joest, "The Significance of acedia and apatheia in Evagrius
   Ponticus Part I," *The American Benedictine Review* Vol. 55, No. 2 (June.,
   2004), 138~139.
631) Andrew Crislip, "The Sin of Sloth or the Illness of the Demons? The Dem
   on of Acedia in Early Christian Monasticism," *The Harvard Theological Rev
   iew* Vol. 98, No. 2 (Apr., 2005), 148.
632) *PG* 79, 1176.
633) 히브 12:5절에 나타난다. J. B. Smith, *op. cit.*, 246.
634) *Ibid.*, 287. 마르 3:5, 34; 5:32; 9:8; 10:23; 11:11; 루카 6:10절에 나타난다.

나지안주스의 그레고리우스의 「연설」과 니사의 그레고리우스의 「기도」에는 분심, 경멸, 게으름, 그리고 주위를 돌아보는 것 등의 네 가지 용어가 한 번도 나타나지 않는다. 따라서 에바그리우스는 신약 성서에 나타난 '경멸'과 '주위를 돌아보는 것'을 자신의 기도 신학에 맞게 정념의 개념으로 사용한 것 같이 보인다. 그러나 '분심'과 '게으름'은 오직 에바그리우스에게만 나타나는 독특한 용어로 보인다.

4.2.9 형상(σχῆμα/스케마)

에바그리우스는 「기도」 72장에서 악령들은 하느님에 대한 영광(δόξαν)과 기도에 완벽하게 도달했다고 상상하도록 형상(σχηματισμόν)을 준다고 했다.[635] 이처럼 에바그리우스에게 형상은 부정적인 이미지로 작용한다. 악령은 형상을 통해 수도승의 기도를 방해하기 때문이다. 나아가 에바그리우스는 「기도」 114장에서 기도할 때에 형상(σχῆμα)을 받아들이지 말아야 하며, 전적으로 완벽한 아름다운 모습(μορφήν)을 구하지 말아야 한다고 했다.[636] 이처럼 에바그리우스에게 형상은 악령이 주는 부정적인 이미지이다. 한편, '형상'은 신약 성서에 두 번 나타난다.[637] 이에 비해, 알렉산드리아의 클레멘스의 「양탄자」, 오리게네스의 「기도」, 플로티노스의 「엔네아데스」, 나지안주스의 그레고리우스의 「연설」과 니사의 그레고리우스의 「기도」에는 '형상'이 나타나지 않는다. 따라서 에바그리우스는 성서에서 형상 개념을 빌려 와서 자신의 정념 목록에 추가한 것 같이 보인다.

---

635) *PG* 79, 1181.
636) Ibid., 1192.
637) 1 코린 7:31; 필리 2:8절에 나타난다. J. B. Smith, *op. cit.*, 335.

4.2.10 탐식(γαστρίμαργος/가스트리마르고스)과
탐욕(φιλαργυρία/필라르구리아)

에바그리우스는 「기도」 50장에서 악령들이 사람 안에서
탐식(γαστριμαργίαν)과 탐욕(φιλαργυρίας)을 통해 정신이
기도할 수 없도록 무감각하게 한다고 했다.[638] 악령들이 공
격하는 첫 번째 욕정은 먹는 문제이며, 그다음은 물질을
사랑하는 탐욕의 문제이다. 카라스는 수덕주의(Asceticism
)가 탐욕을 타파하는 영적인 전쟁에 필요한 전도력 있는
(conductive) 환경을 제공했다고 했다.[639] 한편, 신약 성서
에는 '탐식'이 나타나지 않지만 '탐욕'은 두 번 나타난다.[640]
이에 비해, 알렉산드리아의 클레멘스의 「양탄자」, 오리게
네스의 「기도」, 플로티노스의 「엔네아데스」, 나지안주스
의 그레고리우스의 「연설」과 니사의 그레고리우스의 「기
도」에는 '탐식'과 '탐욕'이 나타나지 않는다. 따라서 탐식은
에바그리우스가 사용한 독특한 정념 개념으로 보인다. 나
아가 에바그리우스는 신약 성서에 나오는 '탐욕'을 빌려 와
서 정념의 개념으로 재해석한 것 같이 보인다.

4.2.11 간음(πορνεία/포르네이아)

에바그리우스는 「기도」 50장에서 악령들이 사람 안에서
활동하는 계획 가운데 간음(πορνείαν)이 정신으로 하여금
기도할 수 없도록 무감각하게 하는 심각한 요소라고 했
다.[641] 에바그리우스가 말하는 간음의 정념에도 악령이 개

---

638) *PG* 79, 1177.
639) Valerie A. Karras, "Overcoming Greed: an Eastern Christian Perspective,"
   Buddhist-Christian Studies 24 (2004), 52.
640) 루카 16:14; 2티모 3:2에 나타난다. J. B. Smith, *op. cit.*, 366.

입되어 있다. 한편, 신약 성서에는 '간음'이 총 26회 나타난다.642) 알렉산드리아의 클레멘스의 「양탄자」에는 간음(πορνεία)이 한 번 나타난다.643) 이에 비해, 오리게네스의 「기도」, 플로티노스의 「엔네아데스」, 나지안주스의 그레고리우스의 「연설」과 니사의 그레고리우스의 「기도」에는 '간음'이 나타나지 않는다. 따라서 에바그리우스는 주로 성서와 클레멘스에서 '간음'의 개념을 빌려 와서 사용한 것 같이 보인다.

4.2.12 복수(ἄμυνα/아뮤나)

에바그리우스는 「기도」 13장에서 수도승이 형제의 잘못한 것에 대해 '복수'(ἄμυναν)하려고 하는 한 기도할 때에 어디서든지 걸림돌이 될 것이라고 했다.644) 한편, '복수'는 신약 성서에 한 번 나타난다. 그러나 신약 성서에 나타나는 복수는 방어의 의미로 사용한다.645) 이에 비해, 알렉산드리아의 클레멘스의 「양탄자」, 오리게네스의 「기도」, 플로티노스의 「엔네아데스」, 나지안주스의 그레고리우스의 「연설」과 니사의 그레고리우스의 「기도」에는 '복수'가 나타나지 않는다. 따라서 복수는 정념을 강조하기 위한 에바그리우스의 독특한 용어로 보인다.

---

641) *PG* 79, 1177.
642) 마태 5:32; 15:19; 19:9; 마르 7:21; 요한 8:41; 사도 15:20, 29; 21:25; 로마 1:29; 1코린 5:1, 1; 6:13, 18; 7:2; 2코린 12:21; 갈라 5:19; 에페 5:3; 콜로 3:5; 1테살 4:3; 묵시 2:21; 9:21; 14:8; 17:2, 4; 18:3; 19:2절에 나타난다. J. B. Smith, *op. cit.*, 301.
643) *PG* 8, 1189(3권 12장 (92), πορνεία).
644) *PG* 79, 1169.
645) 사도 7:24(ἀμύνομαι)절에 나타난다. J. B. Smith, *op. cit.*, 17.

4.2.13 유혹(πειρασμός/페이라스모스)과
매혹(ἐγκαταληψις/에그카타레피스)

에바그리우스는 「기도」 37장에서 모든 유혹(πειρασμου)과 매혹(ἐγκαταλείψεως)에서 구출 받기 위해 기도해야 한다고 했다.[646] 에바그리우스는 유혹과 매혹을 같은 정념으로 생각했다. 이처럼 에바그리우스는 유혹과 매혹스러운 정념을 정화해야 아파테이아의 단계에 들어갈 수 있다고 했다. 한편, '유혹'과 '매혹'은 신약 성서에 나타나지 않으며, 알렉산드리아의 클레멘스의 「양탄자」, 오리게네스의 「기도」, 플로티노스의 「엔네아데스」, 나지안주스의 그레고리우스의 「연설」과 니사의 그레고리우스의 「기도」에도 나타나지 않는다. 따라서 '유혹'과 '매혹'은 에바그리우스만의 독특한 용어로 보인다.

4.2.14 욕정(ἐμπαθής/엠파테스)

에바그리우스는 「기도」 53장에서 수도승이 진실로 간청을 하려면 오직 분노와 욕망을 버려야 할 뿐만 아니라 욕정적인(ἐμπαθοῦς) 생각에서도 벗어나야 한다고 했다.[647] 연이어 「기도」 54장에서 하느님을 사랑하는 자는 모든 욕정적인(ἐμπαθές) 생각을 허용하지 않으면서 아버지이신 분과 항상 동료여야 한다고 했다.[648] 한편, 신약 성서와 오리게네스의 「기도」에는 '욕정'이 한 번도 나타나지 않는다. 이에 비해, 알렉산드리아의 클레멘스의 「양탄자」에는 '욕정'이 총 8회 나타난다.[649] 나아가 플로티노스의 「엔네아데

---

646) *PG* 79, 1176.
647) Ibid., 1177.
648) Ibid.
649) *PG* 8, p, 976(2권 8장 (61), ἐμπαθῶν), p, 1020(2권 18장 (29), ἐμπαθής), p, 10

스」에도 '욕정'이 총 2회 나타난다.650) 또한, 나지안주스의 그레고리우스의 「연설」에도 총 3회 나타나며,651) 니사의 그레고리우스의 「기도」에도 총 9회 나타난다.652) 이처럼 에바그리우스는 동방 교부들과 플로티노스로부터 '욕정'의 개념을 빌려 와서 사용한 것 같다.

이상에서 드러난 바와 같이 위 디오니시우스의 정화, 조명, 그리고 완전의 영적 진보의 삼 단계 구조로 통시적 관점에서 오리게네스의 「기도」와 에바그리우스의 「기도」를 분석한 결과 여섯 가지의 정념 곧, 분노, 화, 불순, 악의, 쾌락, 그리고 욕망을 정화해야 한다는 점에서 연속성이 나타났다. 이 여섯 가지 정념을 다시 자세하게 분석한 결과는 다음과 같다. 곧, 오리게네스와 에바그리우스는 신약 성서와 알렉산드리아의 클레멘스에서 분노, 화, 쾌락, 그리고 욕망을 빌려 온 것 같고, 스토아학파에서는 화와 쾌락을, 플로티노스에서는 화, 쾌락과 욕망을, 나지안주스의 그레고리우스와 니사의 그레고리우스에서는 화, 쾌락, 그리고 욕망을 빌려 온 것 같으며, 오리게네스에게서만 불순과 악의가 나타났다. 이렇듯 오리게네스와 에바그리우스는 이상의 여섯 가지 정념을 정화해야 한다는 점에서 연속성을 보였다.

21(2권 18장 (39), ἐμπαθοῦς), p, 1360(4권 23장 (40), ἐμπαθοῦς), *PG* 9, p, 44(5권 4장 (17), ἐμπαθῆ), p, 296(6권 9장 (51), ἐμπαθοῦς), p, 412(7권 2장 (57), ἐμπαθῆ), p, 428(7권 4장 (20), ἐμπαθεῖς)에 나타난다.

650) Plotini, *Plotini Enneades* Vol II, p, 141(4권 7장 13절, ἐμπαθής), p, 251 (5권 9장 4절, ἐμπαθὴς)에 나타난다.

651) *PG* 36, p, 149(31권 16장 (94), ἐμπαθεῖς), p, 157(31권 22장 (25), ἐμπαθής), p, 360(40권 2장 (1), ἐμπαθής)에 나타난다.

652) *PG* 44, p, 1128(1장, ἐμπαθεῖς, ἐμπαθεῖς), p, 1132(1장, ἐμπαθοῦς), p, 1137(2장, ἐμπαθοῦς), p, 1141(2장, ἐμπαθεῖς), p, 1141(2장, ἐμπαθεστέραις), p, 1145(2장, ἐμπαθής), p, 114 8(2장, ἐμπαθοῦς), p, 1168(4장, ἐμπαθὴς)에 나타난다.

한편, 오리게네스의 「기도」와 에바그리우스의 「기도」를 통시적 관점에서 전승사비평을 해 본 결과 에바그리우스는 오리게네스의 「기도」에는 없는 스물한 가지의 정념을 추가로 정화해야 한다고 주장했다. 곧, 신경질, 논쟁, 해로운 기쁨, 시각, 기억, 무절제, 약한 마음, 낙담, 환상, 분심, 경멸, 게으름, 주위를 돌아보는 것, 형상, 탐식, 탐욕, 간음, 복수, 유혹, 매혹, 그리고 욕정 등이다. 이처럼 에바그리우스는 오리게네스의 「기도」에는 없는 스물한 가지의 정념 목록을 추가했다. 그러나 모두가 에바그리우스의 독창적인 것은 아니다. 예를 들어, 에바그리우스가 신약 성서에서 빌려 온 것 같은 정념들은 논쟁, 기억, 무절제, 약한 마음, 낙담. 환상, 경멸, 주위를 돌아보는 것, 형상, 탐욕, 그리고 간음 등이며, 알렉산드리아의 클레멘스에서 빌려 온 것 같은 정념은 시각, 간음, 그리고 욕정이 있는 것 같다. 나아가 플로티노스에서 빌려 온 것 같은 정념은 시각과 욕정, 나지안주스의 그레고리우스와 니사의 그레고리우스에서는 욕정을 빌려 온 것 같다. 그런데도 오직 에바그리우스만의 독특한 정념들도 있는 것 같다. 곧, 신경질, 해로운 기쁨, 분심, 게으름, 탐식, 복수, 유혹과 매혹 같은 정념들은 오직 에바그리우스에게만 나타나는 정념들이다. 따라서 에바그리우스는 오리게네스에 없는 정념들을 추가함으로 정념들을 정화해야 하는 범위를 확장했다. 이것은 에바그리우스가 오리게네스보다 성념의 성화를 너 강조하고 있나는 것을 보여주는 증거들이라고 볼 수 있다.

따라서 에바그리우스가 사용한 정념은 오리게네스에서 전승받은 것도 있지만 신약 성서와 알렉산드리아의 클레멘스, 플로티노스, 나지안주의 그레고리우스, 그리고 니사의 그레고리우스에서 정념의 개념을 전승받아 변용시킨 것도 있다고 보인다. 더욱이 에바그리우스는 알렉산드리아의 클레멘스에서 상당한 영향을 받은 것 같다. 그런데도 스물한가지 정념 가운데 여덟 가지가 오직 에바그리우스에서만 나타난 독창적이라는 사실은 다른 어떤 사람들보다도 에바그리우스가 정념을 강조하고 있다는 것을 보여주는 증거라고 할 수 있다. 다시 말해서, 에바그리우스는 성서와 그리스 철학자, 그리고 동방 그리스도교 교부 문헌을 통해 정념의 개념을 확보하고, 어휘를 포착하여 자기만의 독특한 정념 개념으로 재해석하여 변용시킨 것 같다. 따라서 오리게네스와 에바그리우스가 일부분에서 정화의 연속성을 보이지만, 더 많은 부분에서 비연속성을 보였다. 내용 면으로 보더라도 에바그리우스가 정념의 정화를 더욱 강조하고 있다는 것을 알 수 있다. 왜냐하면, 에바그리우스에게 철저한 정념의 정화가 있어야 그다음 단계인 조명의 단계에 들어갈 수 있기 때문이다.

또 한편, 오리게네스는 정념의 개념을 사용할 때 어떤 구조를 염두에 두지 않지만, 에바그리우스는 정념을 사용할 때 정념의 정화 이후에 있을 조명의 단계를 염두에 두고 있다. 이런 점은 플로티노스의 「엔네아데스」에 나오는 정화 이후에 조명을 강조하는 것과 유사하다. 그런 차원에서 에바그리우스의 정념의 논리구조는 오리게네스보다는 플로티노스에 더 가까워 보인다. 요컨대, 에바그리우스에게 정념의 정화는 단순히 그 단계로 끝나지 않는다. 에바그리우스에게 정념의 정화는 궁극적으로 조명의 단계를 향하고 있기 때문이다.

다음 제5장에서는 위 디오니시우스의 영적 진보의 삼 단계 구조로 공시적 관점에서 오리게네스의 「기도」와 에바그리우스의 「기도」의 연속성과 비연속성을 살펴보겠다. 이 과정에서 에바그리우스가 정념의 정화 이후에 조명의 단계를 강조하고 있다는 것을 밝히겠다.

제5장 오리게네스「기도」와 에바그리우스「기도」의 공시적 관점에서 분석

제5장에서는 3장에서 에바그리우스의「기도」를 위 디오니시우스의 영적 진보의 삼 단계 구조로 분석한 것을 토대로 오리게네스의「기도」와 에바그리우스의「기도」를 공시적653) 관점에서 분석하여 연속성과 비연속성을 찾도록 하겠다. 이 과정에서 에바그리우스의「기도」에는 오리게네스의「기도」에 없는 삼 단계 조명 곧, 아파테이아의 조명, 정신의 빛 조명, 그리고 천사와 성령의 조명 곧, 비연속성이 나타난다는 것을 들어내도록 하겠다.

에바그리우스가 말하는 아파테이아 단계는 정화의 다음 단계로서 위 디오니시우스의 삼 단계 구조로 보면 조명의 단계에 해당한다고 할 수 있다. 위 디오니시우스는 하느님은 정신 안에서 모든 것을 조명해주며, 마침내 완전의 단계로 들어가게 된다고 했다.654) 에바그리우스가 말하는 아파테이아도 정신이 흔들리지 않는 단계에 들어가는 것을 말한다. 그러므로 에바그리우스의 아파테이아의 단계는 위 디오니시우스가 말하는 조명의 단계와 유사하다. 더욱이 두 사람 모두 공통으로 정신의 조명을 강조한다는 점에서 에바그리우스의 아파테이아는 위 디오니시우스의 조명의 단계와 상응한다고 할 수 있다. 나아가 에바그리우스는 아파테이아의 조명에서 정신의 빛 조명으로, 그리고 마지막으로 천사와 성령의 조명으로 발전하여 완전한 조명을 이룬 다음에 완전의 단계인 순수기도로 들어가게 된다고 주장했다. 한편, 에바그리우스의 아파테이아 조명과 정신의

---

653) 공시 언어학은 어떤 언어의 한 시기의 상태를, 특히 체계성에 주목하여 분석하여 기술하는 방법이다. 김민수·고영근·임홍빈·이승재,『금성판 국어 대사전』(서울: 금성출판사, 1991), 256.

654) Pseudo-Dionysius, *op. cit.*, 186~190.

빛 조명은 플로티노스의 「엔네아데스」에 나오는 개념과도 유사성이 있는 것 같다. 한편, 위 디오니시우스의 관점에서 보면 오리게네스 「기도」에는 조명 부분이 나타나지 않는다. 따라서 오리게네스의 「기도」와 에바그리우스의 「기도」를 공시적 관점에서 분석한 결과 조명 부분에서는 연속성이 보이지 않고, 비연속성이 나타났다. 다음은 오리게네스와 비연속성을 보이는 에바그리우스의 아파테이아 조명, 정신의 빛 조명, 그리고 천사와 성령의 조명에 관하여 살펴보겠다.

5.1 아파테이아(ἀπάθεια)의 조명

오리게네스의 「기도」에는 '아파테이아'라는 용어가 나타나지 않는다.655) 아울러 오리게네스의 중요한 작품 「켈수스 논박」에도 아파테이아가 나타나지 않는다.656) 소모스도 오리게네스의 「원리론」이나 「켈수스 논박」에는 아파테이아가 나타나지 않으며, 다만 「시편 37편 설교」에서 약간 언급하고 있으며, 「예레미야 설교」에서 신 스토아학파 철학자 세네카나 에픽테토스657)의 작품에 나타난 아파테이아의 개념을 간단하게 설명할 뿐이라고 했다. 그것들조차도 윤리 교리와 연관된 것처럼 보인다고 했다.658) 한편, 오리게네스의 「원리론」에는 아파테이아와 비슷한 용어를 사용하는

---

655) *PG* 11, 415~561.
656) Ibid., 637~1632.
657) 에픽테토스는 『엥케이리디온』 12장 2절에서 올리브 기름이 엎질러지고, 포도주를 도둑맞았다. 다음과 같이 말하라. "이것은 무감동(ἀπάθεια)을 사기 위해서 치러야 할 그만한 값이고, 이것은 마음의 평정(ἀταραξία)을 사기 위해서 치러야 할 그만한 값이다. 값을 치르지 않고서는 아무것도 얻을 수 없다."(에픽테토스/ 김재홍 옮김, 『엥케이리디온』 (서울: 까치글방, 2003), 27~28). 오리게네스는 에픽테토스가 사용한 무감동 곧, 아파테이아(ἀπάθεια)를 간단하게 설명했다.
658) Robert Somos, *op. cit.*, 365, 367.

것처럼 보이는 부분이 있다. 곧, 「원리론」 1권 7장 4절에 "기도자의 영혼은 절대로 동요되지 않으며, 어떠한 슬픈 감정에도 빠지지 않게 된다."고 했다. 그러나 여기서 오리게네스가 말하는 '동요되지 않는 감정'의 상태는 정념의 근절을 말하는 스토아학파의 '아파테이아'(ἀπάθεια) 개념보다는 아리스토텔레스가 주장한 감정이나 느낌의 절제를 뜻하는 '메트로파테이아'(μετροπάθεια)에 더 가까워 보인다.659) 그러므로 가브리엘 붕게는 에바그리우스는 '아파테이아'를 사용하지만, 오리게네스는 아파테이아를 피하고 '메트로파테이아'를 사용하기 때문에 에바그리우스를 오리게네스 주의자로 볼 수는 없다고 했다. 오히려 에바그리우스는 오리게네스보다는 알렉산드리아의 클레멘스를 따르고 있다고 했다.660) 나아가 수주키도 에바그리우스를 오리게네스 주의자라는 전제하에 에바그리우스의 작품에 나타나는 '아파테이아'와 '메트로파테이아'를 동의어로 보고 에바그리우스의 아파테이아 개념은 스토아학파의 '정념의 방출'이 아니라 아리스토텔레스를 대표하는 소요학파가 말하는 '정념에 대한 수양과 정념에 대한 가장 효과적인 취급'이라고 했다.661) 그러나 에바그리우스가 사용한 아파테이아는 스토아학파가 말하는 '아파테이아'도 아니고 소요학파가 말하는 '메트로파테이아'도 아니다. 왜냐하면, 에바그리우스는 그리스 철학에서 사용한 아파테이아 개념을 빌려 자기 나름대로 재해석한 두 단계의 아파테이아 개념을 사용하고 있기 때문이다. 더욱이 에바그리우스가 말하는 아파테이아에 들어가기 위해서는 먼저 수덕생활을 해야 한다. 수덕생활의

---

659) 오리게네스/ 이성효·이형우·최원오·하성수 해제·역주, *op. cit.*, 480. 다음을 참조하라. 『원리론』 3,3,2; 『창세기 강해』 1,17; 2,6; 『코린토 1서 단편』 33.

660) Gabriel Bunge, *op. cit.*, in "Origenismus-Gnostizismus: zum Geistesgeschichtlichen Standort des Evagrios Pontikos," 26.

661) Jun Suzuki, *op. cit.*, 605~606.

결과로 그다음 단계인 아파테이아 단계에 들어갈 수 있기 때문이다. 그런 차원에서 에바그리우스의 아파테이아는 위디오니시우스가 말하는 조명의 단계에 해당한다고 할 수 있다. 왜냐하면, 위 디오니시우스도 정화의 단계 다음에 조명의 단계가 있다고 말하기 때문이다. 또한, 에바그리우스가 말하는 아파테이아는 오리게네스보다는 플로티노스의 「엔네아데스」에 나오는 아파테이아의 개념과 구조적으로 상당한 유사성을 보인다. 다음은 에바그리우스의 아파테이아의 전승사적 출처를 살펴보고, 에바그리우스가 이 아파테이아를 어떻게 자신의 기도론에 맞게 변용시켰는지를 살펴보겠다.

5.1.1 아파테이아의 전승사적 원천

에바그리우스가 사용한 아파테이아는 크게 두 개의 원천을 가진다. 첫째는 알렉산드리아의 교부 클레멘스에서 전승받은 아파테이아 개념이며, 둘째는 스토아학파와 신플라톤주의자 플로티노스에서 영향받은 아파테이아 개념이다. 에바그리우스는 「기도」에서 아파테이아를 조명의 역할로 사용했다. 곧, 에바그리우스는 아파테이아 조명 없이는 하느님과의 연합이 불가능하다고 보았다. 이렇듯 에바그리우스는 알렉산드리아의 클레멘스의 아파테이아와 스토아학파의 아파테이아, 그리고 신플라톤주의자 플로티노스의 아파테이아 개념을 빌려 와서 조명의 기능으로 아파테이아 개념을 발전시켰다. 다음은 알렉산드리아의 클레멘스의 아파테이아에 관하여 살펴보겠다.

5.1.1.1 알렉산드리아의 클레멘스의 아파테이아

밤버거는 아파테이아라는 용어는 주로 스토아학파가 사용한 용어지만 스토아학파 이전인 그리스 철학 전통에서도 오랫동안 사용한 용어라고 했다. 또한, 그리스도교에서도 아파테이아는 에바그리우스 이전에 교부들이 사용한 용어라고 했다. 예를 들어, 안티오키아의 이그나티우스는 아파테이아를 사용한 첫 번째 사람이며,662) 나아가 알렉산드리아의 아타나시우스도 아리우스와의 논쟁에서 예수의 신인에 대해 설명할 때 아파테이아를 사용했다고 했다. 더욱이 밤버거는 알렉산드리아의 클레멘스는 아파테이아를 금욕신학의 맥락에서 사용한 첫 번째 사람이라고 했다. 또한, 알렉산드리아의 클레멘스는 아파테이아 상태에 다다른 사람이 누리는 평화를 말했으며, 무질서한 정념들에서 영구적인 고요한 상태로 들어가야 한다고 주장했다고 했다.663) 아울러 수주키도 알렉산드리아의 클레멘스는 완전한 그리스도교 현자는 신의 세계를 관상하는 것을 통해 아파테이아를 이룰 수 있다고 주장했다는 것이다.664) 에바그리우스도 관상의 맥락에서 아파테이아를 사용한 것을 보면 에바그리우스의 아파테이아는 클레멘스의 아파테이아에 영향을 받은 것 같이 보인다. 더욱이 에바그리우스의 아파테이아는 클레멘스의 「예언자적 담론들의 선집」(*Eklogoi propheticae*)에 나타난 금욕주의에서 깊이 영향을 받은 것 같다.665)

---

662) 안티오키아의 이그나티누스는 폴리카르푸스에게 보낸 편지 3장 2절에서 아파테스(ἀπαθές)를 사용했다. 그러나 이 경우 이그나티우스가 자기 신학을 설명하기 위해 언급한 것이 아니라 철학자 섹스투스 엠피리쿠스가 철학자는 '신을 무정념적'(ἀπαθές ἐστι τὸ θεῖον)으로 본다고 한 부분을 인용할 때 사용한 것이다. William R. Schedel, *Ignatius of Antioch* Helmut Koester(ed.). (Philadelphia: Ortress Press, 1985), 268.

663) John Eudes Bamberger, *op. cit.*, lxxxiii.

664) Jun Suzuki, *op. cit.*, 606.

따라서 에바그리우스가 사용한 아파테이아 개념은 신학적
으로는 알렉산드리아 클레멘스의 금욕신학의 맥락에서 전
승받은 것으로 보인다.666) 이에 따라 소모스도 에바그리우
스의 역동적 아파테이아 개념은 알렉산드리아 클레멘스의
배경을 가지고 있다고 했다. 그런데도 소모스는 알렉산드
리아 클레멘스의 아파테이아와 에바그리우스의 아파테이아
사이에 차이점을 지적했다. 곧, 클레멘스의 아파테이아가
관념적이고, 완전한 상태를 이룬 것으로 보았다면, 에바그
리우스의 아파테이아는 현세적이고, 더욱 금욕적이며, 완전
한 상태가 아니라고 했다.667) 이런 점을 보면 에바그리우스
가 클레멘스의 아파테이아 개념을 빌려 오지만 그대로 사
용하지 않고 자신의 기도론에 맞게 변용시켜 사용하고 있
음을 알 수 있다. 요컨대, 클레멘스의 아파테이아는 스토아
학파의 아파테이아 개념에서 벗어나지 못한 것 같다. 이에
비해, 에바그리우스의 아파테이아는 클레멘스의 아파테이
아를 극복하고 자신만의 독특한 아파테이아 개념으로 발전
시킨 것 같다. 더욱이 에바그리우스가 주장한 두 단계의
아파테이아 개념은 클레멘스에는 없는 에바그리우스만의
독특한 개념으로 보인다. 이제 스토아학파와 플로티노스의
아파테이아를 살펴보겠다.

5.1.1.2 스토아학파와 플로티노스의 아파테이아

　스토아학파는 아파테이아를 자신들이 추구하는 인간상을
설명하는 데 사용했다.668) 코프메어는 스토아학파의 아파테
이아는 정념이 없는 상태이며, 감정으로부터 자유로운 상

---

665) John Eudes Bamberger, *op. cit.*, lxxii~lxxiii.
666) Ibid., lxxxiv~lxxxv.
667) Robert Somos, *op. cit.*, 372.
668) 스토아학파의 아파테이아 개념에 대해서는 손병석, *op. cit.*, 41~60을 참조하라.

태를 말한다고 했다. 나아가 스토아학파의 창설자 제논은 감정으로부터 자유로운 아파테이아 상태가 가능하다고 주장했다. 제논에게 감정은 영혼의 비이성적인 부분이고, 비본성적인 움직임을 뜻했다.669) 이러한 스토아학파의 철학은 초기 이집트 수도원 운동에 영향을 끼쳤다. 더욱이 수도승들은 그 가운데 아파테이아의 개념을 빌려 와서 사용했다. 가장 대표적인 사람이 바로 에바그리우스이다. 그러나 에바그리우스는 스토아학파로부터 빌린 아파테이아 개념을 그대로 사용하지 않고 그리스도교 신앙에 맞게 변용시켜 사용했다.670) 소모스도 에바그리우스가 사용한 아파테이아는 감각에 기초한 스토아학파의 아파테이아 개념과는 상당한 차이가 있다고 주장했다.671) 그러나 서방교부 히에로니무스는 에바그리우스가 아파테이아를 통해 '돌 같은 하느님'에 대해 말했다고 비판했다.672) 이러한 히에로니무스의 비판은 에바그리우스가 스토아학파의 아파테이아 개념을 그대로 수용한 것으로 잘못 오해했기 때문이다. 에바그리우스는 스토아학파의 아파테이아 개념을 빌려 왔지만 자기의 기도론에 맞게 변용시켰다는 것을 간과한 것이다. 곧, 스토아학파가 아파테이아를 올바른 인식을 위한 심리적 고요와 무감각의 상태로 보았다면, 에바그리우스는 완전히 감각을 초월한 완전한 단계가 아니라 여전히 악령의 공격을 받을 수 있는 임시적인 단계로 보았다. 그러므로 에바그리우스에게는 아파테이아의 단계에 들어갔다고 해서 안심할 수 있는 단계가 아니다. 왜냐하면, 아파테이아의 단계에 들어갔다고 해도 다시 뒤로 물러갈 수 있는 위험성이

---

669) William Charles Korfmacher, *op. cit.*, 45~46.
670) 버나드 맥긴·존 마이엔도르프·장 레크레르크/ 유해룡·이후정·정용석·엄성옥 공역, 『기독교영성(1)-초대부터 12세기까지』(서울: 은성출판사, 1997), 163.
671) Robert Somos, *op. cit.*, 371.
672) Louis Bouyer, *op. cit.*, 386.

있기 때문이다. 이처럼 에바그리우스는 스토아학파의 아파테이아의 개념을 빌려 오지만 그대로 사용하지 않고 자기의 기도론에 맞게 변용시켰다. 673)

한편, 스토아학파에서 현인은 아파테이아에 도달하여 완벽한 사람이 되고 행복을 누리게 되는 단계라고 보았다.674) 아울러 스토아학파가 말하는 아파테이아는 모든 정념을 제거하는 데 목표를 두는 게 아니라 병든 정념을 제거하여 영혼의 본성을 회복하는 데 목적이 있다.675) 그런 점에서 에바그리우스도 스토아학파의 아파테이아 개념을 완전히 거부한 것은 아닌 것 같다. 왜냐하면, 에바그리우스의 아파테이아도 모든 감정을 제거하려는 것이 아니라 병든 정념들을 제거하려는 데 목적이 있기 때문이며, '좋은 정념'을 강조하고 있기 때문이다. 이에 비해, 아우구스티누스는 스토아학파의 아파테이아 개념을 비판했다. 스토아학파가 말하는 아파테이아는 죄를 벗을 때만 가능하여서 현세에서는 불가능하다고 보았기 때문이다. 곧, 아우구스티누스는 인간의 노력으로 죄를 없앨 수 없다는 처지에서 스토아학파의 아파테이아 개념은 현세적 개념이 아니라 미래에 이루어질 상태로 보았던 것이다.676) 요컨대, 에바그리우스는 스토아학파의 아파테이아의 개념을 비교적 긍정적으로 수용하는 데 비해 아우구스티누스는 부정적으로 보았다.

또 한편, 스토아학파의 아파테이아의 개념을 신플라톤주의자들도 수용했다. 신플라톤주의자 플로티노스는 아파테이아에 주목하는 것이 영혼의 참모습이라고 했다. 「엔네아데스」 3권 1장 9절에서 다음과 같이 말했다.

---

673) 남성현, *op. cit.*, 2015, 53, 65~66.
674) 손병석. *op. cit.*, 41.
675) 차정식, *op. cit.*, 319.
676) 아우구스티누스/ 성염 역주, 『신국론 제11~18권』 (왜관: 분도출판사, 2004), 1471.

영혼이 언제든 자체적으로 점점 나빠져서 어디서나 바람직
하지도 않으며 제 스스로 자제할 줄도 모르는 어떤 의욕에
물들어버린다고 한다면[그것 역시 영혼의 참모습은 아닐 것
이다]. 그러나 영혼이 언제든 '맑고도 무감정적인(ἀπαθή) 정
신'에 주목하고 그 고유성을 잃지 않는 가운데 의욕한다면,
그런 영혼의 의욕만이 홀로 '우리의 결정에 의한' 의욕이요,
자발적인 의욕이라고 말해야 할 것이다.677)

플로티노스는「엔네아데스」에서 '아파테이아'를 총 69회
나 사용했다.678) 플로티노스는 이 아파테이아 단계에 들어

677) 조규홍, 『플로티노스의 지혜』(서울: 누멘출판사, 2009), 55.
678) 다음을 참조하라. Plotini, *Plotini Enneades* Vol I, 1권 1장 2절에 2회(ἀπαθὲς,
ἀπαθοῦς, p, 40), 1권 1장 4절에 1회(ἀπαθὲς, p, 42), 1권 1장 5절에 1회(ἀπαθῆ,
p, 42), 1권 1장 6절에 1회(ἀπαθῆ, p, 43), 1권 2장 3절에 1회(ἀπαθής, p, 53), 1
권 2장 5절에 1회(ἀπαθῶς, p, 54), 1권 2장 6절에 2회(ἀπάθεια, ἀπάθὲς, p, 56),
1권 4장 15절에 1회(ἀπαθεῖ, p, 78), 1권 6장 5절에 1회(ἀπαθεῖ, p, 90), 1권 9장
에 1회(ἀπαθής, p, 116), 2권 9장 5절에 1회(ἀπαθεστέραν, p, 189), 2권 9장 7절
에 1회(ἀπαθής, p, 193), 3권 1장 9절에 1회(ἀπαθῆ, p, 224), 3권 5장 6절에 2회ά
πάθὲς, ἀπαθεῖς, p, 274), 3권 6장 1질에 2회(ἀπαθῆ, ἀπαθῆ, pp, 281~282), 3권
6장 2절에 1회(ἀπαθῶς, p, 283), 3권 6장 5절에 3회(ἀπαθῆ, ἀπαθῶς, ἀπαθὲς,
pp, 287~288), 3권 6장 6절에 3회(ἀπαθῆ, ἀπαθῆ, ἀπαθείας, p, 288), 3권 6장 7
절에 2회(ἀπαθὲς, ἀπαθῆ, p, 291~292), 3권 6장 9절에 5회(ἀπαθέστερον, ἀπαθὲ
ς, ἀπαθής, ἀπαθής, ἀπαθεῖς, pp, 294~295), 3권 6장 11절에 3회(ἀπαθής, ἀπαθ
ῆ, ἀπαθῆ, pp, 296~297), 3권 6장 12절에 4회(ἀπαθής, ἀπαθοῦς, ἀπαθείας, ἀπα
θείας, p, 298), 3권 6장 13절에 2회(ἀπαθῆ, ἀπαθῆ, p, 300), Plotini, *Plotini
Enneades* Vol II, 4권 3장 25절에 1회(ἀπαθέσι, p, 38), 4권 3장 32절에 1회(ἀπα
θῶς, p, 46), 4권 4장 18절에 1회(ἀπαθῆ, p, 64), 4권 4장 19절에 1회(ἀπαθῆ, p,
68), 4권 4장 24절에 3회(ἀπαθῶς, ἀπαθῆ, ἀπαθής, p, 72~73), 4권 4장 40절에 1
회(ἀπαθὲς, p, 95), 4권 4장 42절에 3회(ἀπαθὲς, ἀπαθὲς, ἀπαθεῖς, p, 97), 4권 4
장 43절에 2회(ἀπαθὲς, ἀπαθεῖς, p, 97), 4권 6장 2절에 1회(ἀπαθής, p, 116), 4
권 7장 3절에 1회(ἀπαθῶν, p, 122), 4권 7장 13절에 1회(ἀπαθής, p, 140), 4권 8
장 7절에 1회(ἀπαθεῖ, 151), 5권 8장 3절에 1회(ἀπαθεῖ, p, 234), 5권 9장 4절에
1회(ἀπαθὲς, p, 251), 5권 9장 5절에 1회(ἀπαθεῖς, p, 252), 6권 1장 20절에 2회
(ἀπαθής, ἀπαθής, p, 287), 6권 1장 22절에 1회(ἀπαθὲς, p, 289), 6권 5장 3절에
2회(ἀπαθὲς, ἀπαθεῖ, 386), 6권 6장 18절에 1회(ἀπαθὲς, p, 423), 6권 9장 9절에

가려면 정념을 정화해야 한다고 주장했다. 나아가 플로티노스는 「엔네아데스」 4권 4장 42절에서는 정념에서 벗어나야 아파테이아의 단계로 들어갈 수 있다고 반복해서 주장했다.679) 다시 말해서, 플로티노스는 정념을 정화하고 아파테이아에 들어간 후에 마침내 관상의 단계에 들어가 신과 합일할 수 있다고 했다. 예를 들어, 플로티노스는 「엔네아데스」 1권부터 3권에서 아파테이아의 단계를 언급한 후에 관상을 집중적으로 다루고 있다.680) 나아가 플로티노스는

1회(άπαθής, pp, 520~521).
679) Plotini, *Plotini Enneades* Vol II, 97. παθῶν, πάθος, πάθη, άπαθές, άπαθές, άπαθεῖς.
680) Plotini, *Plotini Enneades* Vol I, 334~348. 플로티노스는 「엔네아데스」 1권 1장부터 3권 6장까지 아파테이아를 총 42회 사용한다. 이것은 「엔네아데스」 전체에서 사용한 69회 가운데 절반 이상이 1권에서 3권 6장까지 사용된 것이다. 그런 후에 플로티노스는 3권 8장과 9장에서 관상이라는 용어를 집중적으로 사용했다. 3장 8장과 9장에서만 관상을 총 106회나 사용했다. 다음을 참조하라 3권 8장 1절에 11회(Θεωρίας, Θεωρεῖν, Θεωροῦμεν, Θεωρίας, Θεωρίαν, Θεωρίαν, Θεωρίας, Θεωρία, Θεωρίας, Θεωρίαν, Θεωρίαν, pp, 331~332), 3권 8장 3절에 15회(Θεωρίας, Θεωρία, Θεωρία, Θεωρίας, Θεωρία, Θεωρίας, Θεωρίας, Θεωρίας, Θεωρήσαντος, Θεωρίαν, Θεωρία, Θεωρία, Θεωρία, Θεωρίας, Θεωρίας, pp, 333~334), 3권 8장 4절에 24회(Θεώρημα, Θεωρίας, Θεωροῦν, Θεώρημα, Θεωροῦντες, Θεωρούσης, Θεωρίας, Θεωρούντων, Θεωρίαν, Θεώρημα, Θεωροῦσα, Θεώρημα, Θεώρημα, Θεωρία, Θεωρίας, Θεωρία, Θεώρημα, Θεωρεῖν, Θεωρίας, Θεωρεῖν, Θεωρίας, Θεωρεῖν, Θεωρεῖν, Θεωρίας, pp, 334~336), 3권 8장 5절에 18회(Θεωρία, Θεωρία, Θεώρημα, Θεώρημα, Θεωρήματα, Θεωρίας, Θεωρίας, Θεωρίαν, Θεωρίαν, Θεωρίαν, Θεωρίας, Θεωροῦσα, Θεωρῆσαν, Θεωρία, Θεωρία, Θεώρημα, Θεώρημα, Θεωρία, pp, 336~337), 3권 8장 6절에 10회(Θεωρίας, Θεωρήματος, Θεωρία, Θεωρίαν, Θεωρία, Θεωρία, Θεωρητική, Θεωρηθέντος, Θεωρίαν, Θεωρεῖ, pp, 337~338), 3권 8장 7절에 15회(Θεωρίας, Θεωρούντων, Θεωρήματα, Θεωρίας, Θεωρήματος, Θεωρήματα, Θεωρηθῇ, Θεώρημα, Θεωρία, Θεωρίας, Θεωρήματα, Θεωρεῖν, Θεωρίας, Θεωρούντων, Θεωρητοῦ, p, 339), 3권 8장 8절에 11회(Θεωρίας, Θεωριῶν, Θεωροῦσι, Θεωρία, Θεώρημα, Θεώρημα, Θεωρίας, Θεωρία, Θεώρημα, Θεωρεῖ, Θεωρῆ, pp, 340~341), 3권 9장 1절에 1회(Θεωροῦν, p, 346), 3권 9장 2절에 1회(Θεωρήματα, p, 348) 나타난다. 이 외에도 플로티노스는 「엔네아데스」 여러 곳에서 관상을 언급했다. 다음을 참조하라. Plotini, *Plotini Enneades* Vol I, 1권 1장 1절에 1회(Θεωρητέον, p, 39), 1권 1장 7절에 1회(Θεωρίαν, p, 44), 1권 1장 9절에 2회(Θεωρεῖν, Θεωρεῖν, p, 46), 1권 1장 12절에 1회(Θεωρητικὸς, p, 49), 1권

2장 6절(Θεωρίᾳ, p, 56), 1권 3장 5절에 2회(Θεωρήματά, Θεωρήμασι, p, 61), 1권 3장 6절에 2회(Θεωρεῖ, Θεωροῦσα, p, 61), 1권 4장 2절에 1회(Θεωρίαν, p, 65), 1권 4장 10절에 2회(Θεωρίας, Θεωροῦμεν, p, 74), 1권 4장 13절에 1회(Θεωρίας, p, 76), 1권 4장 15절에 1회(Θεωροῦμεν, p, 78), 1권 6장 1절에 2회(Θεωρήματα, Θεωρούντων, 86), 1권 8장 2절에 1회(Θεωρίαν, p, 100), 1권 8장 13절에 2회(Θε ωρούντι, Θεωρία, p, 112), 2권 3장 18절에 1회(Θεωρεῖν, p, 150), 2권 4장 13절에 1회(Θεωρηθήσεται, p, 162), 2권 7장 3절에 1회(Θεωρεῖσθαι, p, 181), 2권 8장 1절에 1회(Θεωρουμένου, p, 181), 2권 8장 2절에 1회(Θεωροῖ, p, 183), 2권 9장 6절에 2회(Θεωρῇ, Θεωροῦντα, p, 190), 2권 9장 14절에 1회(Θεωρεῖν, p, 204), 2권 9장 15절에 1회(Θεωρητέον, p, 205), 2권 9장 17절에 1회(Θεωρίας, p, 209), 2권 9장 18절에 2회(Θεωρεῖν, Θεωρεῖν, p, 211), 3권 2장 3절에 1회(Θεωρῶ ν, p, 229), 3권 2장 7절에 1회(Θεωρῇ, p, 235), 3권 3장 6절에 6회(Θεωρῶν, Θεω ρεῖ, Θεωρεῖ, Θεωρῶν, Θεωρεῖ, Θεωρεῖ), 3권 5장 7절에 1회(Θεωρεῖ, 277), 3권 6장 17절에 1회(Θεωρουμένων, p, 306), 3권 6장 19절에 1회(Θεωροῖ, 308), 3권 7장 8절에 1회(Θεωρούμενον, p, 320), Plotini, *Plotini Enneades* Vol II, 4권 3장 2절에 1회(Θεώρημα, p, 12), 4권 3장 4절에 1회(Θεωρίαις, p, 14), 4권 4장 1절에 2회(Θεωρεῖν, Θεωρεῖν, p, 47), 4권 4장 2절에 2회(Θεωρῶν, Θεωρῇ, p, 48), 4권 4장 5절에 1회(Θεωρεῖν, p, 51), 4권 4장 6절에 1회(Θεωρήσει, p, 52), 4권 4장 8절에 1회(Θεωρεῖ, p, 53), 4권 4장 9절에 1회(Θεωρουμένου, p, 55), 4권 4장 44절에 3회(Θεωρία, Θεωρούμενον, Θεωρίαν, pp, 98~99), 4권 6장 2절에 1회(Θεωρεῖτ αί, p, 116), 4권 6장 3절에 1회(Θεωρούμενοι, p, 119), 4권 8장 7절에 1회(Θεωρ ίᾳ, 152), 5권 3장 1절에 1회(Θεωροῦν, p, 178), 5권 3장 5절에 15회(Θεωρεῖν, Θε ωρεῖσθαι, Θεωρῶν, Θεωρουμένῳ, Θεωρεῖν, Θεωρουμένῳ, Θεωρεῖν, Θεωρούμενο ν, Θεωροῦντα, Θεωρούμενον, Θεωροῦντα, Θεωρία, Θεωρῶν, Θεωρίαν, Θεωρητῷ, pp, 183~184), 5권 3장 6절에 2회(Θεωρεῖν, Θεωρεῖ, p, 185), 5권 3장 7절에 2회 (Θεωρεῖ, Θεωρεῖ, pp, 186~187), 5권 3장 15절에 1회(Θεωρεῖταί, p, 199), 5권 5장 1절에 4회(Θεωρῶν, Θεωρεῖν, Θεωρεῖ, Θεωρήσει, pp, 207~208), 5권 8장 2절에 1회(Θεωρῶμεν, p, 232), 5권 8장 4절에 1회(Θεωρήματα, p, 237), 5권 8장 5절에 1회(Θεωρημάτων, p, 237), 5권 9장 4절에 1회(Θεωρήσειε, p, 251), 5권 9장 8절에 1회(Θεωρήματα, p, 255), 5권 9장 11절에 2회(Θεωρούσης, Θεωροῦσα, pp, 257~258), 6권 1장 4절에 1회(Θεωροῖτο, p, 267), 6권 1장 7절에 1회(Θεωροῦμεν, p, 270), 6권 1장 8절에 1회(Θεωρεῖν, p, 272), 6권 1장 12절에 1회(Θεώρημα, p, 278), 6권 1장 19절에 1회(Θεωροῦντας, p, 285), 6권 1장 22절에 2회(Θεωρούμεν ον, Θεωρούμενον, p, 289), 6권 2장 6절에 1회(Θεωρία, p, 306), 6권 2장 10절에 1회(Θεωρεῖσθαι, p, 313), 6권 2장 11절에 1회(Θεωρούμενον, p, 315), 6권 2장 14절에 1회(Θεωρηθήσεται, p, 317), 6권 2장 19절에 1회(Θεωρούμενον, p, 321), 6권 3장 2절에 1회(Θεωρητέον, p, 327), 6권 3장 20절에 1회(Θεωρεῖσθαι, p, 351), 6권 3장 21절에 1회(Θεωρήσειε, p, 352), 6권 4장 1절에 1회(Θεωρεῖται, p, 363), 6권 4장 16절에 1회(Θεώρημα, p, 383), 6권 5장 8절에 1회(Θεωρεῖται, p,

「엔네아데스」4권 4장 42절과 43절에서도 아파테이아의 단계를 거쳐 44절에 관상의 단계로 들어갈 수 있다고 주장했다.681) 이처럼 플로티노스는 구조적으로 일자와 합일을 위해서는 먼저, 정신을 정화하고 그다음에 아파테이아로 들어간 후에 신과의 합일을 위한 관상의 단계에 들어간다고 했다. 이러한 구조는 에바그리우스의 「기도」에도 나타난다. 곧, 에바그리우스도 정신이 악한 생각과 정념을 정화하고 아파테이아를 얻어야 하느님과 합일을 이루는 관상기도의 단계에 들어간다고 했기 때문이다. 이 과정에서 플로티노스와 에바그리우스는 정신을 정화해야 아파테이아를 얻을 수 있다고 강조했다는 점에서 두 사람 간에 유사성이 보인다. 그러면 정말 에바그리우스가 플로티노스의 아파테이아 개념을 그대로 답습한 것인가? 이것을 밝히기 위해 에바그리우스와 플로티노스를 비교할 필요가 있다. 우선, 에바그리우스의 아파테이아 개념의 특징을 밝히고, 그 결과를 토대로 플로티노스의 아파테이아와 비교하겠다. 다음은 에바그리우스의 아파테이아에 관하여 살펴보겠다.

---

391), 6권 5장 10절에 1회(Θεώρημα, p, 395), 6권 6장 5절에 6회(Θεωρούμενον, Θεωρουμένου, Θεωρουμένου, Θεωρουμένης, ἐθεωρήθη, ἐπιθεωρεῖταί, pp, 402~403), 6권 6장 6절에 1회(Θεωροῦντα, p, 405), 6권 6장 8절에 1회(Θεωρητέ ον, p, 406), 6권 6장 9절에 2회(Θεωρεῖν, ἐπιθεωρούμενος, pp, 407~408), 6권 6장 11절에 1회(Θεωρουμένης, p, 411), 6권 6장 13절에 1회(Θεωροῖτο, p, 414), 6권 6장 14절에 3회(Θεωρεῖται, Θεωρεῖσθαι, Θεωρουμένους, pp, 416~417), 6권 7장 15절에 4회(Θεωρεῖν, Θεωρεῖ, Θεωρούμενα, ἐθεώει, p, 444), 6권 7장 18절에 1회(Θεωρουμένη, 449), 6권 7장 24절에 1회(Θεωρῶν, p, 455), 6권 7장 35절에 2회(Θεωρεῖ, Θεωροῖ, p, 468), 6권 7장 39절에 2회(Θεωρήσει, Θεωρίαι, pp, 472~473), 6권 8장 6절에 2회(Θεωρίαν, Θεωρητικὸς, p, 485), 6권 8장 7절에 1회(Θε ωρεῖν, p, 487),

681) Plotini, *Plotini Enneades*vol Vol II, 97~99.

5.1.2 에바그리우스의 아파테이아

수주키는 에바그리우스의 아파테이아 개념은 후기 수도원 전통에 가장 큰 영향을 미친 주제라고 했다.[682] 이처럼 에바그리우스에게 아파테이아는 그의 수덕 신학에서 중요한 위치를 차지한다. 고대 스토아 철학자들은 아파테이아를 '욕망에서 벗어나 세상이 주는 어떤 황홀함이나 역경 앞에서도 고요하게 머무는 상태'라고 생각했다. 그러나 에바그리우스의 아파테이아는 '평온', '무정념', '무감각', '고요한 상태', '영혼이 욕정으로부터 혼란을 겪지 않는 상태', 그리고 '가장 아름답고 건강한 영혼의 상태'등 다양하게 확장시켜 사용했다. 또한, 에바그리우스는 아파테이아를 설명하면서 부정적인 뜻보다는 사랑과 덕을 향한 긍정적이고 적극적인 면을 강조했다. 따라서 에바그리우스에게 아파테이아는 덕을 획득해 가는 과정이며, 믿음에서 출발하여 몸과 마음과 영혼을 본래의 상태로 되살리는 삶의 여정이고, 원래 인간이 가진 진정한 모습을 통합적으로 회복해 나가는 과정이다.[683] 따라서 에바그리우스가 주장하는 아파테이아는 히에로니무스가 말하는 정주(stabilitas)나 고요(tranquilitas)와는 다르다. 에바그리우스가 주장하는 아파테이아는 영속하는 상태이며, 그리스도인의 영적 여정에 결정적인 전환점을 이루는 단계이고, 관상의 문이기 때문이다.[684] 그러므로 에바그리우스가 말하는 아파테이아는 스토아학파가 말하는 인간의 감정을 벗어난 무감각의 상태가 아니라 오히려 모든 사람이 평화롭게 살고 다른 사람을 향해 적의 없이 사랑하는 사랑의 상태라고 말할 수 있다.[685] 한편, 힐

---

682) Jun Suzuki, *op. cit.*, 605.
683) 에바그리우스/ 전경미 · 이재길 옮김, 『에바그리우스의 기도와 묵상』(서울: 한국고등신학연구원, 2011), 137~138.
684) John Eudes Bamberger, *op. cit.*, lxxxvi~lxxxvii.

러리 케이스도 에바그리우스의 아파테이아는 사랑의 근원이며, 수행 생활의 꽃이고(「프락티코스」81장), '존재의 참지식'의 관문이라고 했다.686) 아울러 에바그리우스는 「수도사들에 대한 권면」31장에서 수도승이 의지적으로 수덕을 실천할 때 아파테이아의 보좌를 얻을 수 있다고 했다.687) 이러한 의지에 대한 강조는 플로티노스에게도 나타난다. 플로티노스는 영혼의 활동은 정신을 따라 선을 추구하는 의지이며, 그런 의지는 스스로 결단을 내릴 수 있다고 했다.688) 또한, 소모스는 에바그리우스의 아파테이아가 플로티노스의 「엔네아데스」1권 2장에서 말하는 도덕적 이론과 비슷한 용어라고 했다.689) 이처럼 에바그리우스의 아파테이아는 스토아학파보다는 플로티노스의 아파테이아의 개념과 유사성이 더 많아 보인다.

한편, 에바그리우스가 말하는 아파테이아의 또 다른 특징은 그리스도의 몸과 아파테이아를 연결하고 있다는 점이다. 에바그리우스는 「수도사들에 대한 권면」118장에서 그리스도의 몸을 먹는 자는 아파테이아를 얻게 된다고 했다. 그리스도의 몸은 실천 수행의 덕목들이기 때문이라는 것이다.690) 이처럼 에바그리우스는 성체성사를 통해 아파테이아를 얻게 된다고 했다. 이런 점은 에바그리우스가 말하는 아파테이아가 철저히 교회론적이며, 교회 안의 영적 체험을 전제로 한다는 것을 의미하는 것이다.

또 한편, 알렉산드리아에서 활동했던 유대인 출신의 중

---

685) Ibid., lxxxv~lxxxvi.
686) Hilary Case, op. cit., 221.
687) 에바그리우스/ 전경미 · 이재길 옮김, op. cit., 111.
688) 조규홍, 「'運命(Εἱμαρμένη)'과 人間의 自由 - Plotinos의 <Enn. Ⅲ 1>을 중심으로」 『대동철학』 제16집 (2002.3), 26.
689) Robert Somos, op. cit., 371.
690) 에바그리우스/ 전경미 · 이재길 옮김, op. cit., 127.

기 플라톤주의자 필로의 「관상생활에 관하여」에는 아파테이아가 한 번도 나타나지 않는다.691) 이는 에바그리우스가 자신의 기도론에서 아파테이아를 가장 중요한 전문 용어로 사용한 것을 고려할 때, 필로의 관상생활에서 영향을 받지 않은 것 같이 보인다. 이에 비해, 알렉산드리아의 클레멘스는 「양탄자」에서 아파테이아를 총 28회 사용한다.692) 이런 점을 보면 에바그리우스의 아파테이아는 그리스도교 전통에서는 클레멘스의 영향권 아래 있는 것 같다. 반면에 알렉산드리아 클레멘스의 영향을 받은 오리게네스의 「기도」에는 아파테이아가 한 번도 나타나지 않는다.693) 따라서 에바그리우스의 아파테이아는 필로나 오리게네스가 아니라 알렉산드리아 클레멘스의 영향을 받은 것 같다. 한편, 카파도키아의 나지안주스의 그레고리우스의 「연설」에 아파테이아가 총 11회 나타나며694), 니사의 그레고리우스의 「기

---

691) Philo, "Περὶ Βιος Θεωρητικου," in *The Loeb Classical Library Philo IX,* 112~169.
692) *PG* 8, p, 976(2권 8장 (59), ἀπάθειαν), p, 976(2권 8장 (61), ἀπαθοῦς, ἀπαθή ς, ἀπαθῆ), p, 1020(2권 18장 (29), ἀπαθές), p, 1048(2권 20장 (52), ἀπάθειαν), p, 1268(4권 7장 (78), ἀπάθειαν), p, 1329(4권 19장 (35), ἀπαθῆ), p, 1348(4권 22장 (4), ἀπαθείας), p, 1360(4권 23장 (40), ἀπαθὴς), p, 1361(4권 23장 (44), ἀπ άθειαν), *PG* 9, p, 140(5권 14장 (32), ἀπαθής), p, 293(6권 9장 (41), ἀπάθειαν), p, 293(6권 9장 (45), ἀπαθὴς), p, 296(6권 9장 (48), ἀπαθῆ), p, 296(6권 9장 (49), ἀπάθειαν), p, 325(6권 13장 (68), ἀπάθειαν), p, 344(6권 15장 (26), ἀπαθο ῦς), p, 364(6권 16장 (86), ἀπαθεῖς), p, 409(7권 2장 (56), ἀπαθοῦς), p, 413(7권 2장 (69), ἀπαθείας), p, 417(7권 3장 (84), ἀπαθές), p, 417(7권 3장 (88), ἀπαθει αν), p, 417(7권 3장 (89), ἀπαθές, ἀπαθοῦς), p, 517(7권 14장 (46), ἀπαθείας), p, 521(7권 14장 (65), ἀπαθὴς), p, 521(7권 14장 (66), ἀπαθείας)에 나타난다.
693) *PG* 11, 415~561. 오리게네스의 「기도」 2장 2절에 단 한번 ἀπαθέστερον가 나오지만 이 단어는 육체적 정념을 너무 강조하지 않는 상태를 뜻한다. Eric George Jay, *op. cit.,* 83.
694) *PG* 35, 4권 71장 (15)에 1회(ἀπαθοῦς, p, 593), 8권 16장 (38)에 1회(ἀπαθεία ς, p, 808), 15권 10장 (66)에 1회(ἀπαθῆ, p, 929), 16권 7장 (44)에 1회(ἀπαθῆ, p, 944), 17권 12장 (50)에 1회(ἀπαθοῦς, p, 980), 26권 13장 (99)에 1회(ἀπαθὴς, p, 1245), *PG* 36, 29권 4장 (30)에 1회(ἀπαθὴς, p, 77), 30권 5장 (77)에 1회(ἀπαθο

도」에도 아파테이아가 총 4회 나타나지만 에바그리우스처럼 중요하게 사용하지는 않는다.695) 니사의 그레고리우스는 다른 작품에서도 아파테이아를 적게 강조했다.696) 한편, 에바그리우스의 제자로 알려진 요한 카시아누스697)의 「제도서」와 「담화집」에도 아파테이아가 나타나지 않는다.698) 다만, 일부의 요한 카시아누스 학자들은 요한 카시아누스가 에바그리우스의 '아파테이아'를 '마음의 순결'로 바꾸었다고 주장한다.699) 또한, 에바그리우스의 신학을 계승했다고 알려진 위 디오니시우스의 네 개의 작품과 편지에도 아파테이아가 총 6회 나타나지만 에바그리우스만큼 중요하게

οῦς, p, 109), 30권 19장 (80)에 1회(ἀπαθὲς, p, 129), 39권 13장 (52)에 1회(ἀπαθὲς, p, 349), 43권 56장 (41)에 1회(ἀπαθοῦς, p, 568) 나타난다.

695) *PG* 44, 1119~1194. 니사의 그레고리우스의 「기도」에는 아파테이아가 총 4회 나타난다. 곧, 1장에 1회(ἀπαθὲς, p, 1132), 3장에 1회(ἀπαθείας, p, 1157), 4장에 2회(ἀπαθὴς, ἀπαθείας, p, 1168) 나타난다.

696) 로완 윌리암스(Rowan Williams)가 이런 주장을 한다. Morwenna Ludlow, *Gregory of Nyssa, ancient and (post)modern* (Great Clarendon Street : Oxford University Press, 2007), 128.

697) 스미더는 요한 카시아누스를 에바그리우스의 제자로 본다. Edward Smither, *op. cit.*, 488; 반면에 김진하는 이러한 입장을 반대한다. 김진하는 1930년대에 이탈리아의 학자 Salvatore Marsili가 요한 카시아누스의 문헌에 나타난 51개 대목에 대해 에바그리우스와의 공통점을 주장한 이래로 1950년 Owen Chadwic, 1969년 Pierre Courcelle도 동일하게 주장함으로써 움직일 수 없는 사실이 되었다고 한다. 그러나 김진하는 에바그리우스의 짧은 문장과 간결한 스타일과 요한 카시아누스의 긴 문장들과 만년체적인 기록 스타일이 아주 다르며, 수도사들의 복장의 상이점, 로기스모이의 순서의 불일치, 아파테이아를 사용하지 않은 점, 프락티케와 테오로기케의 원천의 불확실성 문제, 그리고 그 핵심 용어들과 개념들에서도 연관성을 찾기 어렵다고 보았다. 김진하, 「존 카시안은 에바그리우스의 제자인가?」 『역사신학논총』 제9집 (2005), 17~31.

698) 요한 카시아누스가 「제도서」와 「담화집」을 라틴어로 썼기 때문에 명시적으로 아파테이아가 나타나지 않는다. 혹시 아파테이아 개념을 염두에 두고 썼다 하더라도 라틴어로 어떤 단어로 번역했는지가 불분명하다.

699) 김진하, *op. cit.*, 16; 요한 카시아누스 사상에 나타난 아파테이아에 대해서는 다음을 참조하라. Augustine Michael Casiday, "Apatheia and Sexuality in the Thought of Augustine and Cassian," *St Vladimir's Theological Quarterly* Vol. 45, No. 4 (2001), 359~394.

사용하지는 않는다.700)

요컨대, 알렉산드리아의 클레멘스나 스토아학파는 아파
테이아를 특별한 기능을 하는 것으로 위치시키지는 않는
다. 이에 비해, 에바그리우스는 아파테이아를 통하여 하느
님과 합일을 하는 순수기도로 들어가는 필수 조건으로 위
치시킨다. 수주키도 에바그리우스의 아파테이아는 인간의
영적 여정의 궁극적인 목적이 아니라 관상을 위한 이정표
이며, 전제 조건이라고 했다.701) 더욱이 에바그리우스는 플
로티노스가 사용한 아파테이아의 구조를 따르고 있다. 곧,
플로티노스가 「엔네아데스」에서 일자와의 합일 이전에 아
파테이아를 위치시킨 것과 같이 에바그리우스도 순수기도
이전에 아파테이아를 위치시키고 있다. 이렇듯 에바그리우
스의 아파테이아 구조는 플로티노스의 「엔네아데스」에 나
타난 정화, 아파테이아, 그리고 관상이라는 삼 단계 구조를
따르고 있는 듯하다. 더욱이 신약 성서에는 '아파테이아'를
한 번도 사용하지 않는다는 점이 특이하다.702) 이런 점은
에바그리우스가 스토아학파, 알렉산드리아의 클레멘스, 그
리고 플로티노스에서 아파테이아 개념을 빌려 와서 두 단
계의 아파테이아 조명으로 변용시켜 자신만의 독특한 기도
론을 구축하는 데 사용했다고 보인다. 다음은 에바그리우
스의 두 단계의 아파테이아 조명에 관하여 살펴보겠다.

---

700) *PG* 3, 119~1120. 위 디오니시우스는 「천상의 위계」에서 3회, 곧, 2장 4절에서
   천사는 초자연적인 것에 대한 무정념(ἀπαθοῦς θεωρίας, p, 144)의 관상을 하는
   존재로 소개했다. Pseudo-Dionysius, *op. cit.*, 151. 7장 1절(ἀπαθείᾳ, p, 205)에
   서는 트로온(θρόνων) 천사가 모든 정념에서 벗어난다고 말할 때 아파테이아를
   사용했다고 했다. 15장 9절(ἀπαθές, p, 568)에서 한 번 더 사용했다. 「교회의 위
   계」에서 2회, 곧, 2장 8절(ἀπαθείᾳ, p, 404)과 3장 7절(ἀπαθεῖ, p, 433)에서 사
   용했다. 「편지 9」(ἀπαθες, p, 1108)에서는 1회, 곧, 총 6회 사용했다.

701) Jun Suzuki, *op. cit.*, 606.

702) K. Aland, *op. cit.*, 67에는 ἀπαθεία가 나오지 않는다. ἀπαγω에서 바로 ἀπαιδε
   υτος로 넘어간다.

5.1.3 에바그리우스의 두 단계 아파테이아 조명

라스무센은 '아파테이아'라는 용어는 신적인 속성을 가진
개념이라고 했다.703) 또한, 신플라톤주의자 플로티노스는
「엔네아데스」 3권 5장 6절에서 "신은 아파테이아(ἀπαθὲς)
를 가진 존재이며, 악령은 정념(πάθη)을 가진 존재."라고
했다.704) 따라서 에바그리우스는 고대 그리스 세계에서 신
적인 속성을 가진 아파테이아 개념을 빌려 자신의 기도론
에서 조명의 단계로 사용한 것 같다. 따라서 위 디오니시
우스도 에바그리우스의 아파테이아의 개념을 변용시켜 정
화 이후의 조명의 단계를 두었다고 할 수 있다. 한편, 이집
트의 포티케의 테오도르도 세 종류의 그리스도인을 주장했
다. 곧, 초심자, 중간자, 그리고 완성자이다. 테오도르는 아
파테이아의 단계를 중간자에 해당한다고 주장했다.705) 그러
므로 에바그리우스의 신학을 이어받은 테오도르가 아파테
이아를 완성자 이전의 단계인 중간자에 두었다는 것은 아
파테이아가 위 디오니시우스가 말하는 삼 단계 구조의 중
간인 조명의 단계에 해당한다고 볼 수 있다. 그러므로 에
바그리우스에게 아파테이아는 완전의 단계인 순수기도로
들어가는 중간 단계인 조명의 단계에 해당한다고 할 수 있
다. 이렇듯 에바그리우스에게 아파테이아는 정화의 단계와
구분되는 새로운 단계의 시작점이라고 할 수 있다. 곧, 이

---

703) Mette Sophia Bøcher Rasmussen, "Like a Rock or like God The Concept of
apatheia in the Monastic Theology of Evagrius of Pontus," *Studia Theolog
ica* Vol. 59, No. 2 (2005), 148.
704) "τὸ μὲν θεῶν ἀπαθὲς λέγομεν καὶ νομίζομεν γένος, δαίμοσι δὲ προστίθεμ
εν πάθη." Plotini, *Plotini Enneades* Vol Ⅱ, 274.
705) 김지호 옮김, 「동방교회 영성의 본질(2)」 『세계의 신학』 제33호 (1996.12), 1
05.

아파테이아는 수도승의 노력으로 이를 수 있는 정화의 단
계가 아니라 하느님의 은총이 시작되는 조명의 첫 단계라
고 할 수 있다.

한편, 수주키는 에바그리우스의 아파테이아의 특징 중에
독특한 것은 아파테이아를 두 단계로 나눈 것이라고 했다.
곧, 에바그리우스는 아파테이아를 불완전한 아파테이아와
완전한 아파테이아로 구분했다.706) 크리스토프 조에스트도
에바그리우스는 두 단계의 아파테이아를 주장했다고 했다.
첫 번째 단계는 불완전한 아파테이아로 아직 마귀의 시험
을 경험하는 단계이며, 두 번째의 완전한 아파테이아 단계
는 마귀의 시험을 극복한 단계라고 했다.707) 이러한 에바그
리우스의 두 단계의 아파테이아 개념은 그의 제자들에게도
전승되어 이어졌다. 예를 들어, 에바그리우스의 신학적 제
자로 알려진 고백자 막시무스의 제자로 알려진 리비아의
성 탈라시오스는 그의 작품「사랑, 절제, 그리고 지성과 일
치하는 삶에 관하여」에서 아파테이아를 불완전한 아파테
이아와 완전한 아파테이아로 구분했다. 그는 불완전한 아
파테이아에 대하여 다음과 같이 말했다. "때때로 부분적인
아파테이아를 획득한 지성은 요동함이 없이 지냅니다. 그
러나 그것은 지성을 자극하는 것들이 부재하기 때문에 시
험을 받지 않기 때문입니다."라고 했다. 또한, 그는 완전한
아파테이아에 대해서도 다음과 같이 언급했다. "물질 또는
물질에 대한 기억의 영향을 받지 않는 사람은 완전한 아파
테이아를 획득한 사람입니다."라고 했다.708) 이처럼 에바그
리우스가 불완전한 아파테이아와 완전한 아파테이아를 구
분한 것이 그의 제자들에게도 계승되었다는 것을 알 수 있

706) Jun Suzuki, *op. cit.*, 607.
707) Christoph Joest, *op. cit.*, 280~281.
708) 성산의 성 니코디모스·고린도의 성 마카리오스 편찬/ 엄성옥 옮김, *op. cit.*,
    530~532.

다.709) 이러한 에바그리우스의 두 단계의 아파테이아는 스토아학파나 알렉산드리아의 클레멘스, 플로티노스, 그리고 나지안주스의 그레고리우스나 니사의 그레고리우스에 나타나지 않는 에바그리우스만의 독특한 개념이다. 다음은 불완전한 아파테이아의 조명을 살펴보겠다.

5.1.3.1 불완전한 아파테이아 조명

에바그리우스는 「기도」 55장에서 수도승이 욕정에서 벗어났다고 해서 완전한 아파테이아의 단계에 이르렀다고 생각해서는 안 된다고 했다. 욕정에서 벗어났다고 완전한 아파테이아의 단계에 도달한 것이 아니기 때문이다.710) 이처럼 에바그리우스는 영혼의 욕망부에서 발생하는 탐식, 음욕711), 그리고 탐욕의 욕정을 극복했을 때 불완전한 아파테이아에 이르게 되며, 이 불완전한 아파테이아 단계 이후에 정념부에서 오는 슬픔, 분노, 그리고 아케디아를 극복했을 때 완전한 아파테이아의 단계에 이르게 된다고 했다.712) 더

---

709) 유은호, *op. cit.*, 2016, 269~270.
710) *PG* 79, 1177.
711) 에바그리우스는 음욕의 악한 생각과의 싸움에서 이길 수 있도록 성경 구절 65개를 제시했다. 탈출 20:17; 탈출 23:22~23; 탈출 23:29-30; 탈출 30:14; 탈출 32:33; 신명 6:3; 신명 6:13; 신명 7:17~18; 신명 9:3; 신명 12:8~9; 신명 33:29; 판관 4:14; 판관 16:20~21; 1사무 2:1; 1사무 2:4~5; 1사무 11:1~2; 1열왕 21:3; 2역대 36:3~4; 참조: 2열왕 23:35; 에즈 9:6~7; 에즈 9:11; 시편 3:2~4; 시편 4:5; 시편 6:9~10; 시편 9:7~8; 시편 13:4~5; 시편 18:43; 시편 30:12~13; 시편 35:4; 시편 35:5~6; 시편 35:13; 시편 37:10; 시편 52:7; 시편 129:5~6; 잠언 1:26~27; 잠언 5:20; 잠언 6:25~26; 잠언 6:27~29; 잠언 17:3; 잠언 26:11; 코헬 7:5; 코헬 10:4; 아가 1:6; 욥 1:5; 욥 7:1; 욥 5:14; 욥 34:10~11; 욥 41:11; 이사 14:30; 이사 32:6; 예레 20:12; 애가 1:9; 애가 1:11; 애가 2:19; 애가 3:55~57; 다니 4:28~29; 마태 5:28; 마태 26:41; 1코린 6:9~10; 1코린 10:8; 에페 5:5; 야고 1:13~14; 야고 4:1; 1베드 4:12~13; 1베드 5:8~9; 2베드 2:9절이다. 에바그리우스 폰티쿠스/ 허성석 옮김, *op. cit.*, 2014, 77~98.
712) 에바그리우스 폰티쿠스/ 허성석 역주 · 해제, *op. cit.*, 2016, 21.

욱이 에바그리우스는 불완전한 아파테이아 단계에서 나타나는 형상을 강하게 비판했다. 왜냐하면, 형상은 객관적 인식 대상과 추론적 생각을 포함하고 있기 때문이다.713) 그래서 사막의 성 안토니우스도 기도할 때 인식 대상을 거부했다.714) 이런 점은 에바그리우스가 사막 교부전통을 계승하고 있다는 것을 보여주는 증거이다.

한편, 에바그리우스는「프락티코스」60장에서 불완전한 아파테이아와 완전한 아파테이아로 구분하고 있는데, 이두 단계의 아파테이아를 구분하는 기준은 악마의 영향력에 따라 구분했다. 곧, 불완전한 아파테이아는 수도승이 영적으로 관상하는 동안 아직 악마의 힘이 존재한다고 느낄 때이며, 완전한 아파테이아는 모든 악마의 힘을 굴복시킬 때 찾아온다고 했다.715) 이처럼 에바그리우스는 악마와의 투쟁을 통해 얻은 아파테이아를 불완전한 아파테이아라고 했으며, 악마에게 승리해서 얻은 아파테이아를 완전한 아파테이아라고 했다.716)

또 한편, 에바그리우스는「기도」69장에서 기도할 때에 정신에 혼합된 생각들을 피해야 한다고 했다. 그래야 고요한(ἡρεμία) 정주(οἰκεία)를 성취할 수 있다는 것이다.717) 그러므로 혼합된 생각을 피하고 고요한 정주의 자리를 얻

---

713) Martin Laird, "The "Open Country Whose Name is Prayer": Apophasis, Deconstruction, And Contemplative Practice," *Modern Theology* Vol. 21, No. 1 (Jan., 2005), 146.
714) 요한 카시아누스는「담화집」(*Collationum*)에서 사막의 성 안토니우스가 "수도승이 기도하면서 자기 자신을 인식하거나, 그가 기도하는 대상 자체를 인식하는 것은 완전한 기도가 아니다(Non est, inquit, Perfecta oratio in qua se monachus, vel hoc ipsum quod orat, intelligit)."라고 말했다고 기록했다. *PL* 49, 808.
715) 에바그리우스/ 전경미·이재길 옮김, *op. cit.*, 87.
716) Bernard McGinn, *op. cit.*, 151, 156.
717) *PG* 79, 1181.

게 되면 그 상태가 불완전한 아파테이아의 단계에 접어든 것이라고 했다. 아울러 에바그리우스는「그노스티코스」28장에서 '버려짐'은 '아파테이아의 딸'이라고 했다. 곧, 불완전한 아파테이아에 도달한 사람이라도 버려짐을 경험할 수 있다는 것이다. 그러나 이 버려짐의 목적은 그에게 악을 경험하게 하여 악을 더욱 증오하게 하기 위함이며, 이를 통하여 가장 높은 단계인 완전한 아파테이아까지 나아가게 하기 위한 하나의 장치에 해당한다고 할 수 있다.[718] 이처럼 에바그리우스는 완전한 아파테이아의 단계에 들어가기 전에 불완전한 아파테이아의 단계가 있다고 주장했다. 더욱이 에바그리우스는 불완전한 아파테이아의 조명으로 비로소 악마의 힘을 인식하게 된다고 했다. 그러나 이 불완전한 아파테이아의 조명으로는 악마의 힘을 완전히 이길 수는 없다. 따라서 완전한 아파테이아의 조명을 받아야 악마의 영향력에서 완전하게 벗어날 수 있게 된다. 그러므로 수도승은 불완전한 아파테이아의 조명에서 완전한 아파테이아의 조명으로 나아가야 한다. 그래야 비로소 완전의 단계인 순수기도에 한 걸음 더 다가서게 되는 것이다.[719] 다음은 완전한 아파테이아의 조명에 관하여 살펴보겠다.

· 5.1.3.2 완전한 아파테이아 조명

에바그리우스는「기도」52장에서 완전한 아파테이아는 최고 높은 정신의 단계로서, 영적인 정신을 얻는 단계라고 했다.[720] 이런 점은 플로티노스가 말하는 영혼이 정신으로 완전히 충만해진 상부 정신의 상태와 유사하다. 곧, 에바그

---

718) 에바그리우스 폰티쿠스/ 허성석 역주·해제, *op. cit.*, 2016, 59~60.
719) 유은호, *op. cit.*, 2016, 270~271.
720) *PG* 79, 1177.

리우스가 아파테이아를 둘로 나눈 것은 플로티노스가 정신을 상부 정신과 하부 정신으로 구분하는 것과 유사하다.[721] 그러므로 플로티노스가 말하는 하부 정신이 에바그리우스의 불완전한 아파테이아의 단계에 해당한다면, 상부 정신은 완전한 아파테이아의 단계에 해당한다고 할 수도 있다. 요컨대, 에바그리우스는 플로티노스의 정신의 형이상학 구조를 빌려 와서 자기만의 두 단계 아파테이아 이론을 구축한 것 같다.

한편, 에바그리우스는 수도승이 완전한 아파테이아의 조명을 받았는지를 알 수 있는 첫 번째 표지는 수도승이 기쁨(χαρᾶς)으로 기도하는지를 보면 안다고 했다. 따라서 수도승은 완전한 아파테이아 단계에서 기쁨을 얻기 위해서 인내해야 하며(「기도」 23장),[722] 고통스러운 것을 견뎌야 한다고 했다(「기도」 93장).[723] 아울러 에바그리우스는 「기도」 61장에서 수도승이 기쁨으로 기도할 때 비로소 하느님과 만나는 기도의 경계선(ὄροις)에 가까이 간 것이라고 했다.[724] 이처럼 하느님께 가까이 갈수록 기쁨을 얻게 된다는 사상은 스토아학파가 말하는 좋은 정념 곧, '에우파테이아'(εὐπάθεια)를 얻는 것과 유사하다.[725] 알렉산드리아의 클레멘스는 「양탄자」에서 '에우파테이아'를 여러 번 사용했다.[726] 플로티노스도 「엔네아데스」에서 '에우파테이아'를

---

721) 이부현, 「영혼과 정신-플로티노스의 『에네아데』 5권 3장 6절-9절에 대한 해석과 재구성」 「시대와 철학」 제12권 제2호 (2001), 331.

722) *PG* 79, 1172.

723) Ibid., 1188.

724) Ibid., 1180.

725) 손병석, *op. cit.*, 57~58.

726) 알렉산드리아의 클레멘스는 「양탄자」에서 '에우파테이아'를 총 5회 사용했다. 다음을 참조하라. *PG* 8, p, 1341(4권 21장 82절, εὐπαθεῖς), *PG* 9, p, 16(5권 1장 (20), εὐπαθειας), p, 412(7권 2장 (58), εὐπαθειαν), *PG* 9, p, 16(5권 1장 (20), εὐπαθειας), p, 412(7권 2장 (58), εὐπάθειαν)에 나타난다.

여러 번 사용했다.727) 나지안주스의 그레고리우스의 「연설」에는 한 번 나온다.728) 이렇듯 에바그리우스가 기쁨을 좋은 정념으로 해석했다는 것은 스토아학파나 알렉산드리아의 클레멘스, 그리고 플로티노스의 에우파테이아 개념을 계승한 것처럼 보인다. 나아가 에바그리우스는 수도승이 완전한 아파테이아의 단계에 들어갔는지를 알 수 있는 두 번째 표지는 아가페(ἀγάπη)를 얻었는지를 보면 안다고 했다.729) 이런 점은 아파테이아의 조명이 자기에게 머물지 않고 이웃을 향해 있는 단계라는 것을 보여주는 것이다.

또 한편, 앤드루 라우스는 에바그리우스가 말하는 완전한 아파테이아는 평온의 상태 곧, 영혼이 더는 정념으로부터 방해받지 않는 상태이며, 사랑을 위한 필수 조건이며, 참된 '수행학의 목표'이고, 가장 본디 상태라고 했다.730) 다시 말해서, 에바그리우스가 말하는 완전한 아파테이아 상태는 영혼의 가장 건강한 상태이며(「프락티코스」56장), 영혼이 자신의 빛을 보기 시작할 때이고, 영혼이 삶에 곤경을 당하면서도 평온함을 유지하는 상태이다(「프락티코스」64장). 루이 부이에도 에바그리우스가 말하는 완전한 아파테이아에 이르렀다는 표지는 분심 없이 기도하는 상태로 알 수 있다고 했다. 영혼의 평화가 외부적인 것들에 직면했을 때뿐만 아니라 내부적으로도 평화가 있을 때 완전

---

727) 플로티노스는 「엔네아데스」에서 '에우파테이아'를 총 10회 사용했다. 다음을 참조하라. Plotini, *Plotini Enneades* Vol I, 1권 4장 1절에 4회(εύπαθεια, εύπαθ εῖν, εύπαθεῖ, εύπαθεῖν, pp, 62~63), 1권 8장 14절에 2회(εύπαθῆ, εύπαθές, p, 112), 2권 3장 1절에 1회(εύπαθοῦντας, p, 133), 2권 3장 2절에 1회(εύπαθούντω v, p, 135), Plotini, *Plotini Enne ades* Vol II, 4권 6장 3절에 2회(εύπαθοῦσα, εύ παθές, pp, 117~118) 나타난다.

728) *PG* 35, p, 941(16권 5장 (26), εύπαθεῖ).

729) 김주한, 「폰투스 에바그리우스의 영성 신학 - 그의 *The Praktikos*를 중심으로」 『신학연구』 제44집 (2003), 255.

730) Andrew Louth, *op. cit.*, 2007, 100.

한 아파테이아의 단계에 들어간 것이라는 것이다. 아울러 완전한 아파테이아 상태는 의식의 가장 깊은 층에까지 평화를 회복시키는 상태이며, 꿈속에서도 고요하게 되는 상태라고 했다.[731] 밤버거도 에바그리우스가 말하는 완전한 아파테이아는 수도승이 정념의 상태에서 빠져나와 영속적인 평온의 상태를 얻게 되고, 완전한 사랑에 대해 알게 되어, 하느님과 연합을 희망하는 단계라고 했다.[732] 또한, 데이비드 린지도 에바그리우스가 말하는 완전한 아파테이아의 상태는 더욱 완전한 신학적 지식을 얻은 단계를 말하며, 의식이 맑은 상태이고, 마귀와의 싸움에서 더욱 멀리 벗어난 상태라고 했다.[733] 더욱이 에바그리우스는 완전한 아파테이아에 이른 사람들만이 분노를 억제할 수 있다고 했다(「그노스티코스」 45장).[734] 아울러 완전한 아파테이아의 조명을 얻으면 악마의 힘을 굴복시킬 수 있고, 분노를 억제하고, 평온한 상태를 얻게 되며, 완전한 사랑을 알게 된다고 했다. 그러나 에바그리우스는 완전한 아파테이아를 얻었다고 해서 완전의 단계에 이른 것으로 생각해서는 안 된다고 했다. 왜냐하면, 에바그리우스에게 완전한 아파테이아는 모든 관상적 활동을 위한 출입문에 해당하기 때문이다.[735] 따라서 에바그리우스에게 완전한 아파테이아가 끝이 아니다. 두 번째 조명 단계인 정신의 빛 조명을 받아야 완전의 단계인 순수기도에 한 걸음 더 다가서게 되는 것이다.[736] 다음은 두 번째 조명 단계인 정신의 빛 조명에 관하여 살펴보겠다.

---

731) Louis Bouyer, op. cit., 386.
732) John Eudes Bamberger, op. cit., 49.
733) David E. Linge, op. cit., 563.
734) 에바그리우스 폰티쿠스/ 허성석 역주 · 해제, op. cit., 2016, 76~77.
735) David E. Linge, op. cit., 564.
736) 유은호, op. cit., 2016, 272~273.

5.2 정신의 빛 조명

에바그리우스는 영혼이 정화되고, 완전한 아파테이아의 조명을 받은 후에 정신의 빛 조명을 받는 단계에 들어간다고 했다. 한편, 수주키도 에바그리우스가 말하는 정신의 빛은 종말론적 완전의 서곡이며, 수도원적 삶의 목표라고 했다.[737] 따라서 수주키가 볼 때 에바그리우스가 말하는 정신의 빛은 완전한 단계가 아닌 완전의 단계로 들어가기 위한 서곡의 기능을 한다. 따라서 에바그리우스가 말하는 정신의 빛은 완전한 상태가 아니라 완전의 상태로 들어가기 위한 준비 단계로서 두 번째 단계인 조명의 기능을 한다. 한편, 에바그리우스는「기도」74장에서 하느님의 천사가 풍부한 에너지인 정신의 빛으로 나아가게 한다고 했다.[738] 플로티노스도「엔네아데스」1권 6장 9절에서 영혼이 정화된 후에 정신의 빛을 본다고 했다.

> 한편 나쁜 것들 때문에 불투명한 시야나 정화되지 못한 영혼 혹은 나약한 상태로 그와 같은 것을 보려고 한다면, 그 광채를 온전히 볼 수 있는 능력을 갖추지 못한 사람에 불과하다고 하겠다.[739]

아울러 플로티노스는 정신의 빛은 신과 합일을 위해 꼭 있어야 할 선한 빛이라고 했다. 플로티노스는「엔네아데스」5권 3장 8절에서 정신의 빛에 대하여 다음과 같이 언급했다.

---

737) Jun Suzuki, *op. cit.*, 607.
738) *PG* 79, 1184.
739) 플로티노스/ 조규홍 옮김, *op. cit.*, 2009, 49.

정신의 빛은 어떤 빛을 보는 동시에 자기 자신을 본다고 하겠다. 이런 빛이 영혼 안에서 빛난다면, 영혼을 밝게 해 줄 것이다. 이는 곧 영혼을 정신적 존재로 만든다는 것을 가리킨다.[740]

이처럼 플로티노스는 정신의 빛을 통해 영혼을 정신적 존재로 만든다고 했다. 나아가 플로티노스는 「엔네아데스」 5권 3장 9절에서도 "영혼은 정신에서 유래하여 정신 주변을 맴도는 빛과 같은 어떤 것으로 생겨났다."고 했다.[741] 나아가 영혼이 정신의 빛을 받는다는 사상은 플로티노스 「엔네아데스」 5권 3장 17절에도 나타난다.

그[하나]를 만난 자는 제 영혼이 순간 빛을 받았다는 것을 믿을 수 있다. 왜냐하면, 그것은 하나에서 비롯된 바로 그 빛이자 하나 자체이기 때문이다...그렇게 영혼도 저 너머로부터 빛을 받지 못하면 신을 모른 채 존재하게 될 것이다. [그러나] 빛을 받게 되면 영혼이 애써 찾던 것을 찾게 될 것이다. 따라서 이는 영혼에 [더없이] 참된 의미의 최종 목표라고 할 수 있다. 저 너머의 빛으로 둘러싸여 그에 힘입어 그를 바라보게 되는 것, [그래서] 그와 다른 어떤 빛이 아니라 바로 그 빛에 힘입어 영혼이 눈을 뜨게 되는 것이 최종 목표인 셈이다. 왜냐하면, 우리가 다른 어떤 빛이 아니라 바로 태양 빛을 받아서 태양을 알아볼 수 있듯이 저 너머의 빛을 받음으로써 진정 우리가 보아야 할 것으로서 저 너머를 알아볼 수 있겠기 때문이다.[742]

이처럼 플로티노스는 정신이 일자와 합일을 이루기 직전에 일자로부터 흘러나오는 정신의 빛을 받는다고 했다. 에

---

740) 플로티노스/ 조규홍 옮김, *op. cit.*, 2008, 101.
741) Ibid., 104.
742) 플로티노스/ 조규홍 옮김, *op. cit.*, 2008, 126~127.

바그리우스도 순수기도를 통하여 하느님과 합일을 이루기 직전에 정신의 빛을 받는다고 했다. 이처럼 에바그리우스와 플로티노스가 공통으로 정신의 빛을 받는다고 주장했다는 점에서 두 사람 간에 연속성이 보인다. 그런데도 에바그리우스의 빛의 개념이 플로티노스가 말하는 정신의 빛개념과 유사하지만, 빛의 본성에서는 상이점을 보인다. 에바그리우스는 「안티레티코스」에서 "정신-수도승은 기도 중에 성삼위의 빛을 보는 자."라고 했다.[743] 이렇듯 에바그리우스는 플로티노스와 달리 이 정신의 빛을 삼위일체 빛과 동일시했다. 반면에 플로티노스가 말하는 정신의 빛은 신과 합일하기 위한 지성적인 정신의 빛으로 보인다. 그리고 그 빛이 '일자'에서 온 빛인지는 불분명하다.[744] 그러나 에바그리우스는 완전한 아파테이아의 조명을 받고 정신의 빛 조명을 받아야 순수기도로 들어갈 준비를 한 것이라고 했다.[745] 물론 수도승이 정신의 빛 조명을 받았다고 해서 완전의 단계인 순수기도로 바로 들어가는 것은 아니다. 마지막 세 번째 조명 단계인 천사와 성령의 조명을 받아야 비로소 완전의 단계인 순수기도로 들어갈 수 있게 된다. 다음은 천사와 성령의 조명에 관하여 살펴보겠다.

5.3 천사와 성령의 조명

에바그리우스는 정신의 빛 조명을 받은 후에 마지막 세 번째 조명 단계인 천사와 성령의 조명을 받아야 완전의 단계인 순수기도로 들어갈 수 있다고 했다. 이 장에서는 오

---

743) 에바그리우스 폰티쿠스/ 허성석 옮김, *op. cit.*, 2014, 52.
744) 플로티노스는 「엔네아데스」 6권 9장 3절에서 '일자의 본성은 존재하는 것 가운데 어떤 것도 아니고, 질적인 것도 아니며, 정신도 아니며 영혼도 아니'라고 했기 때문에 플로티노스가 말하는 정신의 빛은 일자에서 온 것 같지는 않다.
745) 유은호, *op. cit.*, 2016, 277~279.

리게네스의「기도」에 나타난 천사와 성령의 역할과 에바그리우스의「기도」에 나타난 천사의 조명과 성령의 조명을 비교하여 오리게네스는 천사와 성령 자체를 강조하지만 에바그리우스는 천사와 성령이 조명의 역할을 한다는 것을 밝히도록 하겠다. 다음에는 천사의 조명을 살펴보겠다.

5.3.1 천사의 조명

오리게네스는「기도」11장에서 대제사장이신 예수가 기도할 뿐만 아니라 하늘에 있는 천사들(ἄγγελοι)도 기도하는 사람들과 함께 기도하며,746) 천사들이 기도하는 사람의 곁에서 기도할 것을 생각나게 하고, 하느님께 받은 명령을 완성하도록 한다고 했다.747) 아울러 오리게네스는 천사가 기도자들을 도와서 중보기도 하게 하고, 기도자에게 기도할 것을 생각나게 하며, 하느님께 받은 명령을 완수하는 존재로 소개하고 있다. 그러나 오리게네스의「기도」에 나타난 천사는 기도자를 그다음 단계로 이끄는 조명의 기능을 하지는 않는다. 반면에 에바그리우스의「기도」에 나타난 천사는 기도자가 완전의 단계인 순수기도로 들어가도록 이끄는 조명의 역할을 한다. 곧, 에바그리우스는「기도」30장에서 천사가 돌볼 때 정신은 온전히 깊은 쉼 속에서 기도할 수 있게 된다고 했다.748) 이렇듯 천사의 조명이 있을 때 정신이 깊은 쉼 속 곧, 순수기도를 할 수 있다는 것이다. 연이어「기도」75장에서는 천사가 기도자의 기도 지식을 격려하면서 정신을 모든 분주함, 게으름, 그리고 게으르지 않도록 고무한다고 했다.749) 여기서도 천사의 격려를 통

---

746) *PG* 11, 448 (90).
747) Ibid., 449 (98).
748) *PG* 79, 1173.
749) Ibid., 1184.

해 정신이 고무된다고 말한다. 나아가 「기도」 81장에서는
거룩한 천사들(οἱ ἅγιοι ἄγγελοι)이 기도자를 순수기도로
들어가도록 권고하고, 기도자를 위해 기도하면서 함께 한
다고 했다.750) 이처럼 에바그리우스는 천사의 도움과 조명
을 통하여 순수기도로 들어가게 된다고 했다. 더 나아가
「기도」 96장에서는 기도자가 주의 깊고, 겸손한 마음을
유지하면 방자한 악령이 영혼을 묶지 못할 것이며, 그러면
보이지 않는 천사가 악령을 쫓아낼 것이라고 했다.751) 따라
서 에바그리우스는 천사의 조명을 통하여 순수기도로 들어
가지 못하게 방해하는 악령마저 쫓아낸다고 했다. 이렇듯
에바그리우스의 「기도」에서 천사는 정신을 지키고, 격려
하며, 조명시키는 역할을 한다.752) 다음으로 에바그리우스
의 「기도」에 나타난 성령의 조명에 관하여 살펴보겠다.

5.3.2 성령의 조명

오리게네스는 「기도」 1장에서 예수 그리스도의 동역자인
성령의 도움으로(ὑπηρέτου τοῦ συνεργοῦ πνεύματος), 그
리고 성령의 가르침에서(ἐν διδακτοῖς τοῦ πνεύματος) 하
느님의 뜻을 알 수 있다고 했다.753) 이처럼 오리게네스는
성령을 삼위일체로 설명하면서 성령이 하느님의 뜻을 파악
하는 역할을 한다고 했다. 나아가 오리게네스는 「기도」 2
상 6절에서 삼위일체의 관점에서 기도를 논하면서 성령과
기도를 긴밀하게 연결하고 있다. 더 나아가 「기도」 2장에
서는 구약성경에 나오는 안나의 기도, 다윗의 기도, 모세의
기도, 그리고 가난한 자의 기도는 하느님의 지혜로 성령으

---

750) Ibid., 1185.
751) Ibid., 1188.
752) 유은호, *op. cit.*, 2016, 276~277.
753) *PG* 11, 416 (75, 81).

로 하는 진실한 기도라고 했다.754) 이렇듯 오리게네스는 기도와 성령을 긴밀하게 연결했다. 더욱이 오리게네스는「기도」3장에서 로마 8장 26~27절과 갈라 4장 6절을 언급하면서 기도와 성령을 밀접하게 연결하고 있다. 이런 점을 보면 오리게네스는「기도」에서 주로 성령을 교리적인 삼위일체의 관점에서 설명하고 있는 것 같다. 다만 기도와 성령을 연관시켰지만, 뚜렷하게 성령이 기도자를 어떻게 조명하고 있는지는 뚜렷하게 설명하고 있지 않다. 반면에 에바그리우스는「기도」에서 뚜렷하게 성령의 조명을 통해 기도자가 순수기도로 들어가게 된다고 주장했다.

예를 들어, 에바그리우스는「기도」59장에서 영(Πνεύματι)과 진리(ἀληθείᾳ)로 기도하는 사람은 창조주께 다다른다고 했다.755) 여기서 에바그리우스가 말하는 영은 성령을 가리킨다. 에바그리우스는 성령의 조명을 통하여 기도자가 순수기도로 들어가 창조주께 다다를 수 있다는 것이다. 나아가 에바그리우스는「기도」62장에서 거룩한 성령(ἅγιον Πνεῦμα)은 수도승으로 하여금 영적인 기도를 하도록 헌신시킨다고 했다.756) 이렇듯 에바그리우스는 성령의 조명을 통하여 순수기도를 성취할 수 있도록 돕는다고 했다. 또한, 에바그리우스는「기도」62장에서 성령이 기도자를 둘러싸고 있는 모든 악한 생각들과 밀집한 다량의 생각들을 몰아낸다고 했다.757) 또한,「기도」58장에서는 성령(ἅγιον Πνεῦμα)과 하느님의 외아들(ὁ μονογενής)께서 예배하는 자들은 영(Πνεύματι)과 진리(ἀληθείᾳ)로 예배를 드려야 한다고 말씀하고 있다.758) 더욱이 여기서는 성령의 조명의 역할

---

754) Ibid., 424 (5, 6).
755) *PG* 79, 1180.
756) Ibid.
757) Ibid.
758) Ibid.

뿐만 아니라 하느님의 외아들 그리스도도 언급하고 있다. 나아가「기도」77장에서는 기도는 영(Πνεύματι)과 진리(άλ ηθείᾳ)안에서 활동(ἐνεργεῖται)하게 된다고 했다.759) 여기 서도 영은 성령을 가리키며, 성령은 기도가 활동하도록 돕는 조명의 역할을 한다. 이처럼 에바그리우스는 기도자가 성령의 조명을 받을 때 완전의 단계인 순수기도로 들어가게 된다고 했다.760)

이상에서 살펴본 바와 같이 오리게네스의「기도」와 에바그리우스의「기도」를 공시적 관점에서 분석한 결과 오리게네스의「기도」에는 위 디오니시우스가 말하는 조명에 해당하는 부분이 나타나지 않는다. 이에 비해, 에바그리우스는 두 단계의 아파테이아의 조명, 정신의 빛 조명, 그리고 천사와 성령의 조명의 삼 단계 조명이 나타났다. 그 가운데 두 단계의 아파테이아의 조명과 정신의 빛 조명은 플로티노스의「엔네아데스」에 나타나는 구조와 유사하다. 그런데도 플로티노스는 아파테이아나 정신의 빛을 조명의 단계로 다루고 있지는 않다. 이렇듯 에바그리우스의「기도」는 구조나 내용에서 보면 오리게네스의「기도」보다는 플로티노스의「엔네아데스」에 더 가까워 보인다. 그런데도 에바그리우스는 플로티노스에게는 없는 천사와 성령의 조명을 강조함으로 플로티노스와 상이점을 보인다. 더욱이 에바그리우스는 두 단계의 아파테이아 조명을 강조하고 있는데 이것은 플로티노스의「엔네아데스」나 알렉산드리아의 클레멘스의「양탄자」, 나지안주의 그레고리우스의「기도」와 니사의 그레고리우스의「기도」에는 나타나지 않는 에바그리우스만의 독특한 개념이다. 요컨대, 에바그리우스

---

759) Ibid., 1184.
760) 유은호, *op. cit.*, 2016, 276~277.

는 오리게네스보다 플로티노스, 알렉산드리아의 클레멘스, 나지안주스의 그레고리우스, 그리고 니사의 그레고리우스와 구조와 내용 면에서 유사성을 보인다. 그러나 그들의 개념을 그대로 빌려 와서 그대로 답습하지 않고 자신만의 독창적인 기도론에 맞게 확장, 변용시켜 사용한 것으로 보인다.

다음 6장에서는 오리게네스의 「기도」와 에바그리우스의 「기도」를 주제 중심으로 비교하여 특이성을 살펴보겠다.

제6장 오리게네스「기도」와 에바그리우스「기도」의 특이성

제6장에서는 오리게네스의「기도」와 에바그리우스의 「기도」를 주제 중심으로 비교하여 특이성을 밝히겠다. 오리게네스의「기도」와 에바그리우스의「기도」는 공통으로 정신과 정신의 기도를 강조한다. 더욱이 에바그리우스는 오리게네스보다 정신의 관상을 더욱 강조한다. 아울러 에바그리우스의 정신의 관상은 관상 자체에 머물지 않고 관상이 활동을 지향하는 특이성을 보인다. 이장에서는 오리게네스와 에바그리우스가 공통으로 강조하는 정신의 관점에서 특이성을 살펴보겠다.

6.1 오리게네스와 에바그리우스의 정신(νοῦς)

오리게네스의「기도」와 에바그리우스의「기도」에는 공통으로 '정신'을 강조하는 특이성을 보인다. 우선 오리게네스의 정신의 특이성을 살펴보겠다.

6.1.1 오리게네스의 정신

오리게네스는「기도」에서 정신을 강조했다. 오리게네스는「기도」2장에서 "성령이 정신(νοεῖν) 활동에서 필요하다."[761]고 말하면서 정신을 위해 성령이 필요하다고 했다. 나아가「기도」9장 1절에서 "정신(νοῦν)은 다른 생각으로 혼란스러워지지 않도록 기도하는 동안에 기도 외의 모든 것을 잊어야 합니다."라고 말하면서 정신의 집중이 기도를 위한 필수 조건이라고 말했다.[762] 더 나아가「기도」13장 3

---

761) *PG* 11, 424 (7).

절에서는 "오랫동안 메말랐던 영혼은 자신의 황폐한 이성과 메마른 정신을 깨닫고서, 끊임없는 기도를 통해 성령에 의해서 진리에 대한 깨달음으로 가득 찬 구원의 말씀을 잉태하여 낳았습니다."고 말했다.763) 이처럼 오리게네스는 메마른 정신(voῦ)을 가지고는 기도를 할 수 없다고 했다. 아울러 「기도」 16장 2절에서는 고양된 정신(vῷ)으로 하느님께서 우리에게 미리 베풀어 주신 선물을 숙고한다면 물질적인 것은 자연스럽게 따라온다고 했다.764) 연이어 「기도」 16장 3절에서는 히스기야의 사건을 영적으로 해석하면서 정신을 강조했다. 곧, 몸의 자녀는 몸의 씨로부터 태어났는데, 히스기야는 몸보다 정신(voῦ)에서 신성한 자녀를 더 많이 낳았다고 했다.765) 이어서 「기도」 17장 1절에서는 신체와 뼈의 건강을 건강하게 만드는 정신과 강한 영혼과 조화로운 사고와 비교할 수 없다고 하면서 건강하게 만드는 정신을 가장 앞에 두고 강조했다.766) 이어 「기도」 17장 2절에서는 그리스도의 흔들리지 않는 나라를 통찰한다면 정신(voῦς)이 땅의 모든 왕국의 가치를 아무것도 아닌 것으로 경멸할 것이라고 했다. 이렇듯 오리게네스는 영혼이라는 표현을 쓰지 않고 정신을 사용했다.767) 또한, 「기도」 23장 2절에서 아들이 아버지께 올라간다는 뜻은 몸이 아니라 정신이 올라가는 것(ἀνάβασι voῦς)이라고 말하면서 정신을 강조했다.768) 이처럼 정신이 올라간다는 표현은 정신이 일자와 합일을 하기 위해 올라간다는 플로티노스적 표현으로

---

762) 오리게네스/ 이두희 번역·장용재 주해, *op. cit.*, 174~175.
763) Ibid., 210~211.
764) Ibid., 248~249.
765) Ibid., 250~251.
766) Ibid., 256~257.
767) Ibid., 258~259.
768) Ibid., 300~301. 오리게네스가 영혼이나 영이 올라간다고 하지 않고 정신이 올라간다고 한 것은 정신을 강조하고 있다는 증거가 될 수 있다.

보인다. 한편, 에바그리우스도 「기도」 35장에서 기도를 정의할 때 "기도는 정신이 하느님을 향해 올리는 것"이라고 했다.769) 또한, 오리게네스는 「기도」 27장 2절에서 하느님의 지혜를 붙드는 자가 정신(νῷ)을 더 명예롭다고 한다고 했다.770) 연이어 「기도」 27장 9절에서는 하늘에서 내려오는 살아 있는 빵이 정신(νοῦν)과 영혼에 능력을 부여한다고 했다.771) 이어서 「기도」 27장 10절에서는 육체적인 빵에 항상 천사들이 참여하여 양육 받는다고 생각할 정도로 우리 정신(νοῦς)이 빈곤해지지 않도록 촉구하고 있다.772) 아울러 「기도」 28장 2절에서는 예리한 정신과 분별 있는 말을 통해 혼이 게으르지 않게 할 의무가 있다고 했다.773) 연이어 「기도」 31장 2절에서는 기도의 자세를 논하면서 손 이전에 영혼을 펼치고, 눈 이전에 정신을 하느님께 주목하라고 한다.774) 이처럼 오리게네스는 「기도」에서 정신의 역할을 강조했다. 다음은 에바그리우스의 정신에 대해 살펴보겠다.

6.1.2 에바그리우스의 정신

에바그리우스도 「기도」에서 정신을 강조했다. 오라우그린은 에바그리우스가 정신(νοῦς)을 강조한 것은 아주 특징적이라고 했다.775) 더욱이 에바그리우스는 자아 안에 하느님의 신비적 경험을 설명하기 위해 신플라톤주의의 정신(νοῦς) 개념을 사용했다.776) 신플라톤주의자 플로티노스는 정

---

769) *PG* 79, 1173(Προσευχή ἐστιν ἀνάβασις νοῦ πρὸς Θεόν).
770) 오리게네스/ 이두희 번역 · 장용재 주해, *op. cit.*, 358~359.
771) Ibid., 374~375.
772) Ibid., 378~379.
773) Ibid., 402~403.
774) Ibid., 478~479.
775) Michael Wallace O'Laughlin, *op. cit.*, 1999, 348.
776) Michael Wallace O'Laughlin, *op. cit.*, 1997, 229.

신을 신성한 존재로 이해하면서 첫 번째 단계에서 제일 높
은 단계로 상승하는 자기 확장성을 주장했다.[777] 이에 비
해, 에바그리우스는 정신의 중요성을 강조하지만, 정신을
신성한 신적 존재로 이해하지는 않는다. 에바그리우스는
「기도」 41장에서 기도는 습관적으로 하는 것이 아니라 정
신이 자각하면서 하는 것이라고 했다.[778] 한편, 버트란트도
에바그리우스의 「기도」 에서 정신이 중요한 위치를 차지한
다고 했다.[779] 함레스도 에바그리우스의 기도는 환상이 아
니라 자신의 순전한 상태로 돌아오는 정신의 상태라고 했
다(「성찰」 26, 27장).[780] 아쉬켈로니도 에바그리우스의 인
식론적이고 자기 반성하는 신비 이론의 본질은 바로 정신
활동에 기초를 두고 있으며, 이 정신은 하느님의 다양한
차원의 지식에 대한 끊임없는 활동이라고 했다.[781] 또한,
에바그리우스는 기도를 하는 과정에서 자기 반성하는 정신
적인 자각을 강조했다. 「기도」 42장에서는 자각하는 기도
의 특징은 영혼의 고통과 놀람, 경건한 정신이 하는 기도
라고 했다.[782] 나아가 「기도」 70장에서는 기도는 정신이 생
각들을 잊어버리는 것이라고 했다.[783] 여기에 생각들을 잊
어버린다는 것은 정신의 작용과 관계가 있다. 더 나아가
「기도」 83장에서는 기도는 자기 자신에게 부여된 고유한

---

777) A. H. Armstrong, "The Plotinian Doctrine of Nous in Patristic Theology,"
   Vigiliae Christianae Vol. 8, No. 4 (Oct., 1954), 235~236.
778) *PG* 79, 1176.
779) Dominique Bertrand, "L'implication Du NOYΣ Dans La Prière Chez Origène
   Et Evagre lE Pontique," in *Origeniana Septima* Origenes in den Auseinander
   setzungen des 4. Jahrhunderts (peeters, 1999), 355~363.
780) William Harmless and Raymond R. Fitzgerald, *op. cit.*, 514.
781) Brouria Bitton-Ashkelony, "The Limit of the Mind (NOYΣ) Pure Prayer
   according to Evagrius Ponticus and Isaac of Nineveh," *Zeitschrift für anti
   kes Christentum* Vol. 15, No. 2 (2011), 292.
782) *PG* 79, 1176.
783) Ibid., 1181.

에너지를 정신에 준비시키는 활동이라고 했다.784) 또한, 「기도」 118장에서는 언제나 하느님을 향한 온전한 갈망을 얻으려는 정신은 복되다고 했다.785) 한편, 힐러리 케이스는 에바그리우스 기도의 궁극적인 목적은 하느님과 모든 다른 피조된 존재들과 종말론적인 연합으로 들어가는 것이라고 했다. 여기에서 정신은 기도를 위한 독특한 활동으로 작용한다고 했다(「기도」 83장). 따라서 종말론적 연합도 하느님을 향한 정신의 회귀를 통해 이루어진다.786)

또 한편, 에바그리우스의 「기도」에서 정신의 기능은 플로티노스의 「엔네아데스」에서 말하는 정신의 기능과 유사성을 보인다. 요컨대, 플로티노스의 「엔네아데스」에서는 정신이 일자와 합일을 하는 결정적인 수단으로 작용한다. 에바그리우스의 「기도」에서도 정신은 삼위일체 하느님과의 연합을 위한 결정적인 역할을 한다. 이를 위해 에바그리우스는 「기도」 28장에서 오직 외견상의 겉모습으로 기도하지 말고, 오히려 많은 두려움을 가지고 영적인 기도를 하도록 정신을 교육하고 길러야 한다고 했다.787) 또한, 함레스는 에바그리우스는 「성찰」 34장에서 "정신은 삼위일체 하느님의 성전."이라고 말했듯이 에바그리우스는 정신이 영혼의 가장 높은 차원에 있고, 창조주와 가장 비슷한 하느님의 형상으로 생각했다고 주장했다.788) 플로티노스도 정신이 없으면 영혼은 단지 자신을 망각한 채 물질에 집착하고 욕망에 사로잡힌 삶을 살게 되며, 자신의 본연에 대해 기억을 할 수 없게 된다고 했다.789) 이런 점에서 에바그리

---

784) Ibid., 1185.
785) Ibid., 1193.
786) Hilary Case, *op. cit.*, 203~209.
787) *PG* 79, 1173.
788) William Harmless and Raymond R. Fitzgerald, *op. cit.*, 513.
789) 김영철, 「인간 본연으로의 회귀-동학의 수양론과 신플라톤주의 영혼론을 중심

제6장 오리게네스 「기도」와 에바그리우스 「기도」의 특이성 248

우스의 정신은 플로티노스의 정신과 성격상 유사성을 보인다. 다만 에바그리우스가 플로티노스의 정신의 개념을 빌려 왔다고 하더라도 그대로 답습하지는 않은 것 같다. 곧, 플로티노스의 정신이 일자와 신비적 합일을 추구했다면, 에바그리우스의 정신은 삼위일체 하느님과 인격적 합일을 추구했기 때문이다. 이처럼 오리게네스와 에바그리우스는 공통으로 정신을 강조하지만 에바그리우스는 오리게네스보다 정신을 더 많이 강조하고 있는 것 같이 보이며, 플로티노스의 정신과 유사성을 보이지만 동시에 상이점도 보이는 것 같다.

6.1.3 에바그리우스의 정신과 연관된 용어들

에바그리우스의 「기도」에는 오리게네스「기도」에는 없는 정신과 연관된 여러 용어를 사용한다. 예를 들어, 지혜(σοφία), 기억(μνήμη), 인식(αἰσθησις), 그리고 이성(λογος)등은 에바그리우스의 「기도」에만 나타나는 정신과 연관된 독특한 용어들이다.

6.1.3.1 지혜(σοφία/소피아)

에바그리우스는 「기도」18장에서 "만약 수도승이 기도하려고 한다면 순간마다 자신을 부인해야 하며, 어떤 사람이 매우 많이 고통을 겪는다면 기도를 위해 지혜를 사랑해야(φιλοσόφει) 한다."고 했다.790) 나아가 「기도」19장에서 "만약 지혜를 얻기 위해 심한 고통을 참는다면 기도의 때에 열매를 맺게 될 것이라."고 했다.791) 이같이 에바그리우

으로」『동학학보』제31권 (2014), 154.
790) *PG* 79, 1172.

스는 정신을 암시하는 용어로 지혜를 사용했다.

6.1.3.2 기억(μνήμη/므네메)

에바그리우스는 「기도」 21장에서 형제와 화해하지 않을 때 기도자의 기억(μνησικακία)을 어둡게 인도하고, 기도를 어둡게 만든다고 했다.792) 나아가 「기도」 44장에서는 기억을 지키라고 했다. 그렇지 않으면 과거의 정념을 만들어 낸다고 했다.793) 더 나아가 「기도」 44장에서는 정신을 기억에 빼앗기지 않기 위해서는 자신을 알아야 한다고 했다.794) 연이어 「기도」 45장에서는 기도할 때에 기억은 최근의 생각들, 괴로움을 준 얼굴을 보여주어 그곳으로 인도하여 투쟁하도록 한다고 했다.795) 또한, 「기도」 46장에서는 악령은 육체를 통하여 욕정을 자극하고, 기억을 통하여 악한 생각을 멈추지 않게 한다고 했다.796) 이처럼 에바그리우스는 기억을 정신의 한 기능으로 해석했다.

6.1.3.3 인식(αἰσθησις/아이스테시아)

에바그리우스는 「기도」 41장에서 바른 기도는 습관적으로 길들여진 기도가 아니라 인식(αἰσθήσει)하면서 하는 기도라고 했다.797) 나아가 「기도」 42장에서는 인식(αἰσθησις)하면서 하는 기도는 영혼의 고통과 놀람, 그리고 경건한

---

791) Ibid.
792) Ibid.
793) *PG* 79, 1176.
794) Ibid.
795) Ibid.
796) Ibid.
797) Ibid.

명상 기도라고 했다.798) 한편, 에바그리우스는 「그노스티코스」 5장에서 "인식에 도달했지만 쉽게 분노하는 사람은 바늘로 자기 눈을 찌르는 사람과 비슷하여서 분노는 인식하는 기도를 방해한다."고 했다.799) 이처럼 에바그리우스에게 인식한다는 것은 정신이 인식하는 것을 의미한다.

6.1.3.4 이성(λογος/로고스)

에바그리우스는 「기도」 50장에서 "악령들은 욕정을 통해 이성적인(λογικῶς) 부분으로 나아가지 못하게 한다."고 했다.800) 이렇듯 에바그리우스에게 이성적인 부분은 곧, 정신의 또 다른 부분을 표현한 것이다.

이상에서 제시되듯 에바그리우스는 오리게네스의 「기도」에는 없는 지혜, 기억, 인식, 그리고 이성의 네 가지 용어들로 정신의 특성을 보충해서 설명했다. 이처럼 에바그리우스는 정신을 강조하기 위해 정신과 연관된 용어들을 추가해서 사용했다.

6.2 오리게네스와 에바그리우스의 정신의 기도

오리게네스의 「기도」 와 에바그리우스의 「기도」 에는 공통으로 '정신의 기도'를 강조하는 특이성을 보인다.

---

798) Ibid.
799) 에바그리우스 폰티쿠스/ 허성석 역주 · 해제, *op. cit.*, 2016, 38.
800) *PG* 79, 1177.

6.2.1 오리게네스의 정신의 기도

오리게네스는 「기도」 2장에서 1코린 14장 15절을 인용하면서 "영으로 기도하고, 정신(voῖ)으로 기도하며, 영으로 찬양하고, 정신으로 찬양하는 것처럼 만약 성령이 기도하지 않는다면 우리의 정신(voῦς)은 기도할 능력을 갖출 수 없다."고 했다.801) 나아가 「기도」 12장에서는 "성도의 기도에서 영으로 기도하고, 정신(voῖ)으로 기도할 때 능력으로 충만을 유지한다."고 했다.802) 더 나아가 「기도」 28장에서는 영혼이 기도를 위해 예리한 정신(voῦ)을 인식해야 한다고 했다.803) 이처럼 오리게네스는 주로 성서로부터 정신의 기도를 빌려 와서 사용했으며, 「기도」 전체에서 정신의 기도를 언급한 부분도 불과 몇 군데 정도에 불과하다.

6.2.2 에바그리우스의 정신의 기도

메엔도르프는 에바그리우스가 비잔틴 헤즈카즘에서 통상적인 용어가 된 '정신의 기도'라는 용어를 처음 사용한 사람이라고 했다.804) 또한, 아쉬켈로니는 에바그리우스의 정신의 기도는 그 이전 그리스도교 작가들이나 그리스 철학자들에게서는 볼 수 없는 독특성을 가지고 있다고 했다.805) 이어서 아쉬켈로니는 에바그리우스가 말하는 정신의 기도는 기도에 내한 철학적인 변을 확상한 섯이며, 하느님께 접근하기 위해 자기 인식을 증대하기 위한 내적 기법이며,

---

801) *PG* 11, 421 (97).
802) Ibid., 452 (6).
803) Ibid., 524 (60).
804) 존 메이엔도르프/ 박노양 옮김, 『비잔틴 신학』 (서울: 정교회출판사, 2010), 133.
805) Brouria Bitton-Ashkelony, *op. cit.*, 303.

기도하게 하는 능력이고, 하느님과의 정신의 대화라고 했다.806) 실제로 에바그리우스는「기도」3장에서 "기도는 하느님과의 정신의 대화다."라고 했다. 한편, 에바그리우스는「기도」62장에서 "성령은 영적인 기도(πνευματικῆς προσευχῆς)를 성취하도록 헌신시킨다."고 했다.807) 여기서 에바그리우스가 말하는 영적인 기도는 곧, 정신의 기도를 의미한다.808) 나아가「기도」66장에서는 기도할 때 하느님에 대한 형상(σχημτίζης)을 만들지 말아야 하며, 정신에 어떤 인상(τυπωθῆναι)을 일으키는 모양(μορφήν)도 만들지 말아야 한다고 했다.809) 더 나아가「기도」110장에서는 기도할 때 눈이 고양되는 것을 붙잡아야 하며, 육체와 영혼을 부정하고 정신(voῦν)을 따라 살아야 한다고 했다.810) 또한,「기도」84장에서는 기도는 정신의 적절한 활동(ἐνέργεια)이며, 정신의 가치를 강력하게 해주고, 정신의 사용을 순수하게 한다고 했다.811) 이렇듯 기도가 정신의 적절한 활동이라는 주장은 훗날 동방정교회의 그레고리 팔라마스(기원후 1296~1359)가 삼위일체의 창조되지 않은 빛으로부터 흘러나오는 '에네르게이아'(ἐνέργεια)를 주장하는 바탕이 되었다. 한편,「기도」117장에서는 기도 시간에 완전한 모양 없는(ἀμορφίαν)것을 얻은 정신(voῦς)은 복되다고 했다.812) 연이어「기도」119장에서는 기도할 때에 비물질적이고, 물욕이 없는 정신은 복되다고 했다.813) 아울러「기도」120장에

---

806) Ibid., 298.
807) *PG* 79, 1180.
808) 에바그리우스는「기도」에서 영적인 기도, 순수기도, 진실한 기도, 단순한 기도를 정신의 기도를 동의어로 사용했다.
809) *PG* 79, 1181.
810) Ibid., 1192.
811) Ibid., 1185.
812) Ibid., 1193.
813) Ibid.

서는 기도할 때에 완전히 비감각적인 것을 얻은 정신은 복되다고 했다.[814] 또 한편, 플로티노스는 정신의 상승을 통해 일자에게 도달하는 방법을 제시했다. 이것은 기도의 효력이 없다고 주장하는 플라톤 철학과 스토아철학자들과는 다르다.[815] 그런 점에서 에바그리우스의 정신의 기도는 플로티노스의 정신의 상승과 유사성을 보인다. 요컨대, 에바그리우스는 오리게네스보다 정신의 기도를 더욱 강조했다. 이것은 에바그리우스 기도론의 특이성이 정신의 기도라는 것을 보여주는 증거라고 할 수 있다.

6.2.3 에바그리우스의 정신의 기도와 연관된 동의어들

에바그리우스는 정신의 기도와 연관된 동의어를 다양하게 사용했다. 곧, 정신의 기도 동의어로 순수기도, 진실한 기도, 영적인 기도, 단순한 기도, 비물질적 기도, 그리고 분심없는 기도로 표현했다.[816] 그런데 이 기도들은 각각 독특한 특징을 가지고 있다. 이러한 특징은 에바그리우스의 정신의 기도를 보충적으로 설명해 주는 역할을 한다. 여기서는 순수기도, 진실한 기도, 영적인 기도, 그리고 단순한 기도를 중심으로 각 기도의 특징을 살펴보겠다.

6.2.3.1 순수기도(καθαρῶς προσευχῆς)

에바그리우스 「기도」의 중요한 특징 중의 하나는 순수함을 강조한 것이다. 에바그리우스가 말하는 순수는 모든 제한된 개념을 넘어서며, 고귀하고, 고결하며, 고상한 상태

---

814) Ibid.
815) 장용재, *op. cit.*, 32.
816) Brouria Bitton-Ashkelony, *op. cit.*, 315.

를 의미한다. 따라서 순수는 모든 형태를 넘어설 뿐만 아니라 다수를 넘어서는 삼위일체 사이에 있는 단일한 형태이다. 이처럼 에바그리우스는 영혼이 최고로 단일할 때 삼위일체에 접근할 수 있다고 생각했다.[817] 나아가 에바그리우스는「기도」70장에서 물질적인 문제에 뒤얽혀서 행하고, 흔들리는 숙고를 붙들어서는 순수기도를 할 수 없다고 했다.[818] 이러한 에바그리우스의 순수기도는 기원후 7세기의 시리아의 니네베의 이삭에게 계승되었다. 이삭은 에바그리우스의 순수기도 개념을 재해석하여 관상적 맥락에서 사용했다.[819] 이렇듯 에바그리우스의 정신의 기도는 정신이 순수한 상태에서 가능하다는 것을 강조했다.

6.2.3.2 진실한 기도($\dot\alpha\lambda\eta\Theta\tilde{\omega}\varsigma\ \pi\rho\sigma\sigma\epsilon\upsilon\chi\tilde{\eta}\varsigma$)

에바그리우스는 분심을 가지고 하는 기도는 진실한 기도가 될 수 없다고 했다. 에바그리우스는「기도」55장에서 아파테이아를 얻은 사람이라도 진실한 기도($\pi\rho\sigma\sigma\epsilon\dot\upsilon\chi\epsilon\tau\alpha\iota\ \dot\alpha\lambda\eta\Theta\tilde{\omega}\varsigma$)에 도달한 사람이 아니라 분심으로부터 벗어난 사람이 진실한 기도를 하는 사람이라고 했다.[820] 나아가「기도」17장에서는 "가라, 너의 소유를 팔아 가난한 자에게 주라 그리고 너의 십자가를 지라 그러면 너는 아무런 분심이 없이 기도할 수 있다."고 했다.[821] 이처럼 에바그리우스는 분심없이 기도하는 것이 곧, 진실한 기도를 하는 것이라고 했다. 또한, 에바그리우스는 진실한 기도는 인간의 능력으로는 성취할 수 없고, 하느님의 은총을 받아야 가능하

---

817) John Eudes Bamberger, *op. cit.*, 48~49.
818) *PG* 79, 1181.
819) Brouria Bitton-Ashkelony, *op. cit.*, 295.
820) *PG* 79, 1177.
821) Ibid., 1172.

다고 했다(「기도」58장, 62장, 69장). 따라서 에바그리우스에게 진실한 기도는 하느님의 은총 중의 최고이다. 왜냐하면, 이 세상에서 진실한 기도보다 고귀한 것은 없기 때문이다.[822] 더 나아가 「기도」75장에서는 천사가 진실한 기도의 지식을 격려하면서 정신으로 모든 분주함을 제거하고, 게으르지 않도록 고무한다고 했다.[823] 아울러 「기도」80장에서는 진실한 기도를 하면 크고 충만한 확신을 발견하게 될 것이며, 그러면 천사들이 말씀들을 가지고 만나려고 한다고 했다.[824] 한편, 에바그리우스는 「기도」113장에서 수도승은 진실한 기도를 통하여 또 다른 천사('Ισαγγελος)가 된다고 했다.[825] 에바그리우스에게 영혼들은 타락한 정신들이기 때문에 영혼이 정신으로 그 본연의 활동을 회복하는 것은 진실한 기도를 통해서 가능하다고 했다. 곧, 에바그리우스에게 천사들은 하느님의 얼굴을 바라보는(마태 18:10) 순수한 정신들이기 때문이다. 앤드루 라우스는 에바그리우스가 천사를 순수한 정신으로 보고, 인간과 마귀를 타락한 정신으로 보는 사상은 플라톤 혹은 신플라톤주의의 영향이라고 했다.[826] 연이어 에바그리우스는 「기도」114장에서 진실한 기도를 통하여 또 다른 천사가 될 수 있는 것은 하늘 아버지의 얼굴을 보기를 동경하기 때문이라고 했다.[827] 이렇듯 에바그리우스가 말하는 진실한 기도의 목표는 또 다른 천사가 되어 하느님의 얼굴을 관상하는 목적을 가진다. 이런 진실한 기도는 정신의 기도가 추구한 복적 중의 하나라고 할 수 있다.

---

822) John Eudes Bamberger, op. cit., 47.
823) PG 79, 1184.
824) Ibid.
825) Ibid., 1192.
826) Andrew Louth, op. cit., 2007, 108.
827) PG 79, 1192.

6.2.3.3 영적인 기도(πνευματικῆς προσευχῆς)

에바그리우스는 「기도」 62장에서 성령은 영적인 기도(πν
ευματικῆς προσευχῆς)를 성취하도록 헌신시킨다고 했다.
828) 나아가 「기도」 71장에서는 정념의 종이 된 정신은 영
적인 기도를 하지 못한다고 했다.829) 더 나아가 「기도」
101장에서는 빵이 육체의 음식이고, 덕이 영혼의 음식인
것 같이 영적인 기도는 정신의 음식이라고 했다.830) 아울러
「기도」 128장에서는 만약 영으로 기도하기를 원한다면 육
체에서는 아무것도 취하지 말아야 한다고 했다.831) 이처럼
에바그리우스는 정신의 기도를 영적인 기도와 동일시한다.
곧, 정신의 기도는 영으로 하는 기도라는 것이다. 이런 점
은 에바그리우스와 플로티노스가 상이점을 보이는 부분이
다. 플로티노스의 정신의 상승은 곧, 지성의 상승이며, 지
성의 기도이기 때문이다.

6.2.3.4 단순한 기도(ἀπλανῶς προσευχῆς)

에바그리우스는 「기도」 72장에서 순수하고(καθαρῶς), 단
순하며(ἀπλανῶς), 진실한 기도(ἀληθῶς προσευχῆς)를 말
하고 있다고 해서 순조롭게 악령들을 초과하여 넘어섰다고
할 수 없다고 했다.832) 이렇듯 에바그리우스는 단순한 기도
를 방해하는 악령의 세력이 있음을 암시했다. 이처럼 에바
그리우스의 정신의 기도는 곧, 단순하게 드리는 기도이다.

---

828) Ibid., 1180.
829) Ibid., 1181.
830) Ibid., 1189.
831) Ibid., 1193.
832) Ibid., 1181.

이상에서 제시되듯 에바그리우스는 정신의 기도를 순수 기도, 진실한 기도, 영적인 기도, 그리고 단순한 기도 등으로 다양하게 표현함으로 정신의 기도에 관한 특성을 보충해서 설명했다. 더욱이 에바그리우스는 정신의 기도가 영적인 기도의 특징을 가지고 있다는 점을 강조했다. 이것은 에바그리우스의 정신의 기도가 플로티노스의 기도를 그대로 답습한 것이 아니라 성서의 사상을 계승하고 있다는 점을 보여주는 증거라고 할 수 있다.

6.2.4 에바그리우스의 정신의 기도를 약화시키는 것들

에바그리우스는 정신의 기도를 약화시키는 방해 요소들이 있다고 주장했다. 예를 들어, 에바그리우스는 정신의 기도를 약화시키는 것으로 '보는 것', '정욕', 그리고 '헛된 영광'을 제시했다.

6.2.4.1 보는 것(Θεώρημα)

에바그리우스는 「기도」56장에서 정신이 보는 것(Θεώρήματα)에 몰두하면 정신에 깊은 영향을 주기 때문에 하느님에게서 멀어지도록 한다고 했다.833) 따라서 「기도」110장에서는 기도할 때 눈이 고양되는 것을 붙잡아야 하며, 육체와 영혼을 부정하고 정신(voῦv)을 따라가야 한다고 했다.834) 이처럼 에바그리우스에게 보는 것은 정신의 기도를 약화시키는 외부적인 방해 요소이다.

---

833) Ibid., 1180.
834) Ibid., 1192.

6.2.4.2 정욕(πάθος/파토스)

에바그리우스는 「기도」 71장에서 정욕에 종이 된 정신은 영적인 차원의 기도를 하지 못한다고 했다.[835] 나아가 「기도」 141장에서는 정욕을 포기하지 않으면 정신은 덕과 진리와 대립한다고 했다.[836] 이처럼 에바그리우스에게 정욕은 정신의 기도를 약화시키는 육체적인 방해 요소이다.

6.2.4.3 헛된 영광(κενοδοξία/케노도키아)

에바그리우스는 「기도」 116장에서 헛된 영광(κενοδοξία)은 정신(νοῦς)을 움직이는 유혹의 시작이라고 했다.[837] 따라서 에바그리우스에게 헛된 영광은 정신의 기도를 약화시키는 악령적인 요소이다.

이처럼 에바그리우스는 정신의 기도를 방해하는 가시적인 것과 비가시적인 것들이 정신의 기도를 방해하는 심리학적 요소가 될 수 있다고 했다. 다음은 에바그리우스의 정신의 기도를 방해하는 악령들에 대하여 살펴보겠다.

6.2.5 에바그리우스의 정신의 기도를 방해하는 악령들

에바그리우스는 악령들이 정신의 기도를 방해한다고 주장했다. 에바그리우스는 「기도」 46장에서 악령들은 기도할 때에 중상하며, 모든 도구를 다 사용하여 염탐하고 파괴하며, 하느님을 향해 여행하려는 길목을 방해하고, 육체를 통

---

835) Ibid., 1181.
836) Ibid., 1197.
837) Ibid., 1193.

하여 욕정을 자극하며, 기억을 통하여 생각들이 행동하도록 한다고 했다.838) 나아가「기도」47장에서는 악령이 사람의 본성을 초과하게 하여 기도의 결실을 파괴하며, 쾌락을 주목하게 하여 정신을 방종하게 한다고 했다.839) 더 나아가「기도」50장에서는 악령이 탐식, 간음, 탐욕, 충동, 악의, 그리고 슬픔을 통하여 정신이 기도할 수 없도록 무감각하게 만든다고 했다. 이는 욕정이 이성적 부분으로 나아가지 못하게 하고, 하느님의 말씀을 열심히 구하지 못하게 하려는 목적이 있기 때문이다.840) 또한,「기도」67장에서는 악령이 신적 존재를 닥치는 대로 판단하게 하여 어떤 이상하고 장식이 없는 모양을 제공하며, 신적 존재에 대해 순종하도록 유혹한다고 했다.841)

또한, 에바그리우스는「기도」68장에서 시기심 많은 악령은 기도할 때 기억을 소란하게 만들며, 정신에 어떤 이상한 상상(φαντασίαν)과 형태(μορφῶσαι)를 만들어 왜곡시킨다고 했다.842) 나아가「기도」72장에서도 수도승이 순수하고, 단순하고, 진실한 기도를 하고 있다고 해서 순조롭게 악령들을 초과하여 넘어섰다고 할 수 없다고 했다. 왜냐하면, 악령들은 하느님에 대한 망상(δόξαν)과 기도에 완벽하게 도달했다고 상상하게 하는 어떤 감각적인 것을 사랑하도록 형상(σχηματισμόν)을 주기 때문이다.843) 더 나아가「기도」73장에서는 악령이 정신(νοῦν) 주위의 빛(φῶς)을 자기가 원하는 대로 변화시키기 위해 맹렬하게 공격히고, 헛된 영광의 정념을 자극하며, 신적 형상을 향하여 정신이

---

838) Ibid., 1176.
839) Ibid., 1177.
840) Ibid.
841) Ibid., 1181.
842) Ibid.
843) Ibid.

빛을 보는 모양을 생각나게 한다고 했다.844) 아울러 「기
도」 90장에서는 악령이 수도승의 분별력을 방해하고, 경건
과 두려움으로 하느님 곁에 있는 수도승을 하느님으로부터
분리한다고 했다.845)

　따라서 에바그리우스는 정신의 기도를 방해하는 악령을
물리치는 처방책으로 「기도」 94장에서 만약 악령들이 어떤
환영(ὀπτασίας)으로 속이려 하고, 그 생각이 하느님에서 온
것이 아닌 것 같으면 빛을 주시도록 하느님을 불러야 한다
고 했다. 만약 나타나지 않는다면 빨리 배회자를 쫓아야
한다고 했다.846) 이어서 「기도」 95장에서는 악령들이 천사
들의 모습으로 나타나서 앞의 악령 그룹을 몰아낸다고 했
다.847) 이것은 악령들의 위장수법으로서 기도자를 방해하는
수법이라고 했다. 연이어 「기도」 97장에서는 순수한 자들
이 기도할 때 악령들의 시끄러운 소리와 큰 소음, 울부짖
음, 난폭을 들을 때에 주의하면서 두려움을 갖지 말아야
한다고 했다.848) 이어 「기도」 99장에서는 악령들이 갑자기
수도승에게 나타나 내리누르고(ἀέρος), 치려 하고, 큰소리
를 치며, 정신을 노략질하며, 거친 짐승같이 수도승의 육체
를 상해한다 해도 악령들을 두려워하지 말고, 악령들의 허
풍을 전적으로 고려하지 말아야 한다고 했다. 왜냐하면, 악
령들은 수도승이 전적으로 악령에게 접근하는지, 악령의
눈요기를 멸시하는지, 아니면 기도할 때에 전능하시고, 창
조자이신 하느님 곁에서 준비하는지를 시험하고 위협하기
때문이라고 했다.849) 아울러 「기도」 134장에서는 악령들은

---

844) Ibid., 1184.
845) Ibid., 1188.
846) Ibid.
847) Ibid.
848) Ibid.
849) Ibid., 1189.

수도승이 악령들의 악한 생각들과 위협을 극복했다고 자신을 믿도록 속인다고 했다.[850] 이처럼 에바그리우스는 악령들이 정신의 기도를 방해한다고 생각했다. 악령이 정신의 기도를 방해한다는 사상은 오리게네스나 플로티노스에게는 나타나지 않는 에바그리우스만의 독특한 점이라고 할 수 있다.

6.3 오리게네스와 에바그리우스의 정신의 관상

신약 성서 루카 23장 48절에 '관상'이라는 단어가 한 번 나타난다. 그러나 그 경우도 신을 관상하는 데 사용되지 않고 군중이 십자가에 달리신 예수를 '바라보고'(θεωρίαν)라고 할 때 사용한다.[851] 이에 비해, 오리게네스의 「기도」와 에바그리우스의 「기도」에는 공통으로 '정신의 관상'을 강조하는 특이성을 보인다. 다음은 오리게네스의 정신의 관상을 살펴보겠다.

6.3.1 오리게네스의 정신의 관상

동방 그리스 교부 알렉산드리아의 클레멘스는 자신의 「양탄자」에서 '관상'(θεωρία)이라는 단어를 총 85회 사용했다.[852] 한편, 오리게네스는 자신의 스승인 알렉산드리아

---

850) Ibid., 1196.
851) *Novum Testamentum Graece*, 285.
852) *PG* 8, p, 697(1권 1장 (29), θεωρίαν), p, 704(1권 1장 (50), θεωρίαν), p, 705(1권 1장 (54), θεωρίας), p, 717(1권 4장 (94), θεωρίας), p, 728(1권 6장 (24), θεωρουμένη), p, 740(1권 9장 (59), θεωρίαν), p, 784(1권 15장 (48), θεωρίαν), p, 880(1권 21장 (40), θεωρήσας), p, 912(1권 25장 (44), θεωρία), p, 913(1권 25장 (49), θεωρητικὸν), p, 913(1권 25장 (51), θεωρία), p, 924(1권 28장 (77), θεωρίας), p, 940(2권 2장 (30), θεωρίαν), p, 944(2권 4장 (53), θεωρητική), 957(2권 5장 (12), θεωρητικήν), p, 981(2권 10장 (89), θεωρίας), p, 984(2권 10장 (98), θ

의 클레멘스로부터 관상의 개념을 전승받았을 가능성이 있다. 이에 오리게네스는 순례의 과정을 관상(θεωρία)과 활동(πρᾶξις)의 단계로 나누면서 가능한 한 세속적인 일들에서 벗어나서 정신을 하느님께 향하게 하고 그분을 관상하도록 가르쳤다(「레위기 설교」 6장 6절). 나아가 오리게네스는 인간의 정신은 타락했지만, 아직 인간 영혼에는 '영'(πνεῦμα)이 남아 있기 때문에 인간은 하느님의 형상을 관상함으로 원상태를 회복할 수 있다고 가르쳤다.853) 더 나아가 오리게네스는 관상은 정신이 천상의 실체에 대한 안목을

εωρία), p, 1016(2권 17장 (12), Θεωρίαν), p, 1076(2권 21장 (51, Θεωρίαν), p, 1221(4권 3장 (4), Θεωρίας), p, 1233(4권 5장 (42), Θεωρίας), p, 1252(4권 6장 (15), Θεωρίᾳ), p, 1305(4권 16장 (8), Θεωρίᾳ), p, 1345(4권 22장 (97), Θεωρίας, Θεωρία), p, 1361(4권 23장 (48), Θεωροῦσα), p, 1364(4권 25장 (53), Θεωρητικὸ ν), p, 1364(4권 25장 (54), Θεωρητικὸν), p, 1364(4권 25장 (58), Θεωρητικὸνς), PG 9, p, 9(5권 1장 (2), Θεωρίᾳ), p, 28(5권 1장 (68), Θεωρῶμεν), p, 32(5권 3장 (78), Θεωρητὸς), p, 64(5권 6장 (87), Θεωρίᾳ), p, 67(5권 6장 (2), Θεωρίας), p, 85(5권 8장 (60), Θεωρίαν), p, 89(5권 8장 (76), Θεωρίαν), p, 101(5권 9장 (27), Θεωρία), p, 116(5권 12장 (5), Θεωρίαν), p, 124(5권 12장 (38), Θεωρῶ), p, 149(5 권 14장 (98), Θεωροῦντες), p, 212(6권 2장 (82), Θεωρίας), p, 284(6권 7장 (10), Θεωρίας), p, 296(6권 9장 (50), Θεωρίας, Θεωρῆται), p, 301(6권 10장 (67), Θεω ρῶν), p, 312(6권 11장 (16), Θεωρητικοῦ, Θεωρητικοῦ, Θεωρίαν), p, 320(6권 12 장 (47), Θεωρίᾳ), p, 344(6권 15장 (26), Θεωρεῖται), p, 344(6권 15장 (27), Θεωρ ουμένη), p, 349(6권 15장 (42), Θεωρητική), p, 357(6권 15장 (65), Θεωρίαν), p, 385(6권 17장 (71), Θεωρητική), p, 388(6권 17장 (72), Θεωρίας), p, 388(6권 17 장 (74), Θεωρίας), p, 392(6권 17장 (94), Θεωρήμασι), p, 400(6권 17장 (18), Θε ωρεῖν), p, 401(6권 17장 (25), Θεωρίαν), p, 405(7권 1장 (35), Θεωρίαν), p, 416(7권 3장 (75), Θεωρίας), p, 464(7권 7장 (69), Θεωρίας, Θεωρητῶν, Θεωρίᾳ), p, 465(7권 7장 (78), Θεωρίαν), p, 480(7권 10장 (19), Θεωρίᾳ), p, 485(7권 11장 (37), Θεωρίας), p, 485(7권 11장 (39), Θεωροῦμεν), p, 500(7권 12장 86절, Θεωρί αν), p, 504(7권 12장 93절, Θεωρίαις), p, 505(7권 12장 1절, Θεωρῶν), p, 508(7 권 12장 (10), Θεωρίας), p, 516(7권 13장 (45), Θεωρίαν, Θεωρίας), p, 525(7권 15장 (72), Θεωρίᾳ), p, 541(7권 16장 (20), Θεωρία), p, 581(8권 6장 (54), Θεωρου μένων, Θεωρίαν), p, 581(8권 6장 (57), Θεωρία), p, 581(8권 6장 (58), Θεωρίαν), p, 585(8권 6장 (65), Θεωρεῖται, Θεωρεῖν), p, 589(8권 8장 (74), Θεωρήμασι), p, 589(8권 8장 (80), Θεωρητὰ), p, 600(8권 9장 (2), Θεωρητῶν)에 나타난다.
853) 오유석, op. cit., 2008, 17.

갖게 하며, 하느님에 대한 지식을 갖게 한다고 했다.(「원리론」 2권 11장 6~7절).854) 또 한편, 오리게네스는 「원리론」 1권 1장 5~9절에서 인간의 지성은 피와 살로 가로막혀서 물질적 실체와 교제함으로 둔하고, 약해져서 하느님을 바라볼 수 없지만 순수한 정신을 가진 사람은 지성적 인식을 통해서 하느님을 알 수 있다고 주장했다.855) 이에 비해, 위 디오니시우스는 하느님은 인식될 수도 없고 인식할 수도 없다고 주장했다.856)

또한, 오리게네스는 「기도」 23장에서 요한복음 20장 17절을 주해하면서 성자가 아버지를 향해 올라가는 것은 육체가 올라가는 것이 아니라 정신(νοῦς)이 올라가는 것이라고 했다.857) 이렇듯 오리게네스가 정신이 올라간다고 말한 것은 플로티노스가 정신이 일자를 향하여 상승한다는 주장과도 유사하다. 한편, 플로티노스는 「엔네아데스」 4권 8장 4절에서 다음과 같이 주장했다.

인간의 개별 영혼은 타락하여 [육체에] 사로잡혔고, 육체의 굴레에 안주함으로 감각 활동에 몰입하게 되었다. 왜냐하면, 그의 사유활동이 방해받는 일이 새로 시작된 삶 안에서 계속 일어나기 때문이다. 그로써 소위 영혼이 [육체라는] 무덤 속에 놓여있다고 하거나 동굴 속에 갇혀 있다고 말한다. 그러나 정신을 찾아 되돌아간다면 그러한 굴레에서 벗어나 상승하게 될 것이요, 그리하여 기억을 되살려 시원을 회복함으로 마침내 [진정] 존재하는 것들을 바라보게 될 것이다.858)

이처럼 플로티노스는 육체에서 벗어난 정신이 시원을 관

---

854) 정용석, *op. cit.*, 2000, 190, 208~209.
855) 오유석, *op. cit.*, 2008, 12.
856) Pseudo-Dionysius, *op. cit.*, 141.
857) *PG* 11, 488 (40).
858) 플로티노스/ 조규홍 옮김, *op. cit.*, 2008, 21~22.

상함으로 상승한다는 이론을 주장했다. 위 디오니시우스도 관상을 통한 상승이론을 주장했다. 위 디오니시우스는 하느님이 통일성의 능력을 주면, 다수로부터 일자로 복귀한다고 했다.859) 또한, 오리게네스도 「기도」 25장에서 기도하는 사람이 하느님과 얼굴과 얼굴을 대면할 때 정신(νοῦς)은 인식의 중재 없이 인식할 수 있는 하느님에게 몰두한다고 했다.860) 나아가 오리게네스는 「기도」 31장 2b절에서 기도를 위해서는 눈보다 먼저 정신(νοῦν)을 하느님을 향하여 두어야 한다고 했다.861) 이렇듯 정신이 신을 관상한다는 사상은 플로티노스의 「엔네아데스」 5권 3장 7절에도 나타난다.

> 우리는 정신이 신(神)을 관조(觀照)한다고 말하기도 한다. 그런데 이때 정신이 신을 알아본다는 것은 반드시 어떤 정신이 그러한 인식행위에 자신을 할애하고 나아가 자기 자신을 인식하는 데에 동의해야 가능하다. 왜냐하면, 정신이 저 신에 대해 알아보게 되었다는 것은 곧, 신이 기꺼이 내어준 것들을 갖게 되었다는 것이요, 그것은 또한 신의 능력을 공유하게 되었음을 가리키는데, 거기서 정신이 배웠고 또 알아본 것들에는 자기 자신을 인식하는 것도 포함되기 때문이다.862)

그러므로 플로티노스에게 정신은 신을 관상하는 데 가장 중요한 기능을 한다. 따라서 오리게네스가 정신이 하느님을 관상한다는 주장은 플로티노스와 유사성을 보인다. 오리게네스와 플로티노스 두 사람 모두 알렉산드리아의 플라톤주의자 암모니아 삭가스에게서 플라톤 철학을 배운 것을

---

859) Pseudo-Dionysius, *op. cit.*, 129.
860) *PG* 11, 497 (70).
861) Ibid., 549 (22).
862) 플로티노스/ 조규홍 옮김, *op. cit.*, 2008, 98.

고려한다면, 두 사람의 유사성은 자연스러워 보인다.

6.3.2 에바그리우스의 정신의 관상

오리게네스 주의자로 알려진 에바그리우스는 오리게네스에서 정신의 관상을 계승 받았을 가능성이 있다. 또한, 에바그리우스의 신학적 스승으로 알려진 나지안주스의 그레고리우스의「연설」에도 '관상'이 총 77회 나타나며.[863] 니

---

863) *PG* 35, p, 432(2권 21장 (86), Θεωρουμένης), p, 437(2권 24장 (36), Θεωρίᾳ), p, 500(2권 97장 (67), Θεωρεῖν), p, 596(4권 72장 (37), Θεωρίᾳ), p, 649(4권 113장 (99), Θεωρίαν), p, 649(4권 113장 (1), Θεωρίαν), p, 649(4권 113장 (2), Θεωρίας), p, 653(4권 115장 (24), Θεωρίας), p, 660(4권 120장 (57), Θεωρητικὸς), p, 709(5권 35장 (78), Θεωρήμασι), p, 776(7권 17장 (61), Θεωρίαν), p, 781(7권 21장 (89), Θεωρίᾳ), p, 796(8권 6장 53절, Θεωρίᾳ), p, 816(8권 23장 (81), Θεωρουμένης), p, 884(14권 20장 (60), Θεωρήσαντες), p, 1052(19권 7장 (81), Θεωρίαν), 1069(20권 5장 (67), Θεωρίαν), p, 1072(20권 6장 (80), Θεωρουμένης), p, 1080(20권 12장 (11), Θεωρίας), p, 1084(20권 1장 (34), Θεωρίας), p, 1088(21권 6장 (49), Θεωρίας, Θεωρίᾳ), p, 1093(21권 10장 (69), Θεωρίας), p, 1093(21권 10장 (72), Θεωρίας), 1128(21권 37장 (53), Θεωρουμένης), p, 1164(23권 11장 (21), Θεωρῆται), p, 1245(26권 13장 (99), Θεωρήσωμεν), p, 1249(26권 16장 (16), Θεωρίας), p, 1252(26권 19장 (36), Θεωρίας), *PG* 36, p, 13(27권 3장 (24), Θεωρίᾳ), p, 21(27권 8장 (59), Θεωρίας), p, 28(28권 2장 (86), Θεωρίας), p, 32(28권 5장 (10), Θεωρητὰ), p, 37(28권 9장 (33), Θεωρίαν), p, 40(28권 12장 (51), Θεωροὶ), p, 41(28권 13장 (59), Θεωρήμασιν), p, 53(28권 13장 (19), Θεωρίας), p, 140(31권 6장 (36), Θεωρουμένων), p, 145(31권 11장 (70), Θεωρῶν), p, 152(31권 16장 (1), Θεωρίας), p, 172(31권 33장 (96), Θεωροῦντι), 200(32권 23장 (26), Θεωρῶ), p, 201(32권 24장 (29), Θεωρίᾳ), p, 212(32권 33장 (86), Θεωρίας), p, 212(32권 33장 (95), Θεωρίας), p, 296(37권 9장 (91), Θεωρήμασιν), p, 520(38권 8장 (14), Θεωρουμένου), p, 320(38권 9장 (20), Θεωρίᾳ), p, 324(38권 12장 (31), Θεωρία, Θεωρία), p, 344(39권 8장 (26), Θεωρίας, Θεωρία), p, 364(40권 5장 (19), Θεωρητικὸν), p, 412(40권 37장 (5), Θεωρίας), p, 417(40권 41장 (36), Θεωρούμενον), p, 417(40권 41장 (38), Θεωρίᾳ), p, 464(42권 4장 (56), Θεωρητῇ), p, 464(42권 4장 (61), Θεωρουμένων), p, 509(43권 6장 (17), Θεωρήσωμεν), p, 528(43권 23장 (19), Θεωρητική), p, 548(43권 38장 (29), Θεωρῶ), p, 564(43권 52장 (11), Θεωρεῖν), p, 584(43권 65장 (37), Θεωρίᾳ), p, 585(43권 67장 (44), Θεωρίας), p, 592(43권 70장 (72), Θεωρήσαντες), p, 596(43권 73장 (1), Θεωρίας), p, 617(44권 9장 (17), Θεωρητικός), p, 624(45권 1장 (44), Θεωρίας), p, 628(45권 4장 (73), Θεωρουμέν

사의 그레고리우스도 그의 「기도」에도 '관상'이 총 8회864)
나타나기 때문에 에바그리우스는 나지안주스의 그레고리우
스와 니사의 그레고리우스에서 관상의 개념을 계승하여 정
신의 관상을 주장했을 가능성도 있다. 그러므로 에바그리
우스는 「기도」 61장에서 정신이 하느님을 향해 갈망하고
있을 때 비로소 기도의 영역에 가까이 간다고 했다.865) 한
편, 위 디오니시우스도 거룩한 제자도의 완전함은 정신의
관상 능력에 있으며,866) 하느님을 완전하게 관상하기 위해
서는 정신의 거룩한 눈이 들어 올려져야 한다고 주장했다.
867) 또 한편, 아쉬켈로니는 에바그리우스가 말하는 정신은
그리스 철학 전통에 따라 감각 대상에 대한 인식을 불러일
으키는 상상의 근원과 동일시했으며, 정신의 기도는 그리
스 철학적인 배경을 가지고 관상 기도로 발전시켰다고 했
다.868) 이런 맥락에서 플로티노스도 「엔네아데스」 6권 9장
4절에서 정신이 '하나'869)를 관상한다고 주장했다.

  그렇다면 각자 안에 자리하는 능력과 '하나'로부터 비롯된 그
  어떤 것(작용력)이 같은 연원에서 생겨났다는 말인데, 이는

ου), p, 629(45권 5장 (82), Θεωρία), p, 632(45권 8장 (97), Θεωρία, Θεωρία), p,
644(45권 15장 (56), Θεωρίας), p, 645(45권 17장 (77), Θεωρίαν), p, 649(45권 18
장 (91), Θεωρητικοῦ), p, 652(45권 20장 (1), Θεωρῆς), p, 664(45권 30장 (54), Θ
εωρούμενε)에 나타난다.

864) PG 44, p, 1124(1장, Θεωρία), p, 1141(2장, Θεωρούμενος), p, 1165(4장, Θεωρε
ῖται, Θεωρία), p, 1181(5장, Θεωρίας), p, 1184(5장, Θεωρουμένου), p, 1185(5장,
Θεωρουμένης), p, 1192(5장, Θεωρουμένων)에 나타난다.

865) PG 79, 1180.

866) Pseudo-Dionysius, op. cit., 146.

867) Ibid., 155.

868) Brouria Bitton-Ashkelony, op. cit., 298~300.

869) 플로티노스가 말하는 '일자'는 파르메니데스의 '하나와 존재'와 플라톤의 '선의
이데아', 그리고 아리스토텔레스의 '움직이는 최초의 부동자' 개념으로부터 발전
시킨 개념이다. 조규홍, 「神(Θέος)과 하나(Εν) - Plotinos의 『Enn. VI 9(善 혹은
하나에 관하여)』를 중심으로」 『대동철학』 제28집 (2004.12), 26.

일찍이 모든 것이 '하나'에서 나온 것이라는 점에서 그렇게 그 본성에 따라 이미 저 '하나'가 관조 되는 것으로 존재하듯 이 모든 것은 '하나'를 관조할 수 있다.[870]

또한, 에바그리우스는 「프락티코스」에서 수도승이 수덕을 통해 얻은 아파테이아를 힘입어 자연학을 인식하고, 마침내 하느님 인식에까지 접근할 수 있다고 했다. 이런 사람을 에바그리우스는 관상가라고 했다.[871] 나아가 에바그리우스는 정신이 욕망과 정념을 정화한 다음에 밝게 빛나는 정신으로 하느님을 관상할 수 있다고 했다.[872] 나아가 함레스는 에바그리우스가 말하는 정신의 빛은 삼위일체 하느님의 빛과 유사하다고 했다. 하느님이 이 빛의 근원이시며, 두 빛은 동종의 빛이라고 했다.[873] 나아가 에바그리우스는 「성찰」에서 인간의 중심은 정화된 정신이며, 이 정신은 삼위일체 하느님의 사파이어 빛(sapphire light)을 만나는 내적인 시나이와 같은 '하느님의 장소'(place of God)라고 했다.[874] 한편, 위 디오니시우스도 관상 속에서 정신이 정념에서 벗어날 때 하느님이 주시는 빛을 소유하고, 하느님과 합일을 이룰 수 있다고 했다.[875] 나아가 위 디오니시우스는 자연의 빛을 넘어서는 빛이신 하느님과의 합일은 어둠과 침묵 안으로 빠져들어 가는 것으로 묘사하고 있다. 여기에 신적인 어둠은 빛의 부재가 아니라 다다를 수 없는 빛을 말한다. 그 빛은 빛을 넘어서는 빛이다.[876] 이처럼 위 디오니시우스에게 하느님은 빛의 원천이시기 때문에 하느

---

870) 플로티노스/ 조규홍 옮김, op. cit., 2010, 30.
871) 에바그리우스 폰티쿠스/ 허성석 역주 · 해제, op. cit., 2016, 17~18.
872) 남성현, op. cit., 2016, 81.
873) William Harmless and Raymond R. Fitzgerald, op. cit., 518.
874) Ibid., 502.
875) Pseudo-Dionysius, op. cit., 52~53.
876) Seely J. Beggiani, op. cit., 222.

님을 관상하는 정신은 빛을 소유하게 된다고 했다.[877] 더 나아가 위 디오니시우스는 다음과 같이 주장했다. "우리는 영적이고 확고한 정신의 눈을 들어 올려 주요하며, 신성의 근원이신 아버지에서 오는 빛의 유출을 보아야 한다."고 했다.[878] 이렇듯 에바그리우스와 위 디오니시우스는 정신이 빛을 보는 관상을 주장했다. 이것은 플로티노스의 형이상학의 구조와 유사하다. 플로티노스도 정신이 정화를 통해 상승하면 빛을 경험하고 마침내 일자와 하나가 된다고 주장했기 때문이다. 에바그리우스의 신학적 제자인 신플라톤주의자 위 디오니시우스와 에바그리우스가 정신의 빛에서 공통을 보이는 것은 두 사람 모두의 원천이 플로티노스일 가능성을 높여 준다. 아쉬켈로니도 에바그리우스의 정신의 기도에서 빛을 보는 것은 플로티노스가 표현한 철학적 전형과 같다고 했다. 플로티노스의 지성의 관상 개념은 빛 자체를 보는 것과 연관되어 있기 때문이다.[879]

더 나아가 위 디오니시우스는 빛이신 하느님은 정신에 끊임없이 빛을 제공하시는 분이시며[880], 정신은 빛을 향해 상승해야 한다고 했다. 곧, "우리 자신이 신앙심 깊은 마음으로 하느님의 온화한 광선의 더욱 높은 곳으로 상승하기 위해 뻗어 나가야 하며, 엄청나게 빛나는 쇠사슬이 하늘의 가장 높은 곳에서 땅에 가장 낮은 곳까지 매달려 있다고 상상해 보면, 그것을 우리에게 끌어당기는 것이 아니라, 그 광선의 눈부시고 찬란한 빛으로 끌려 올라가게 된다."고 했다.[881] 이렇듯 위 디오니시우스는 플로티노스의 빛을 향한 정신의 상승 구조를 계승하고 있는 듯하다. 한편, 데이

877) Pseudo-Dionysius, *op. cit.*, 178.
878) Ibid., 145~146.
879) Brouria Bitton-Ashkelony, *op. cit.*, 304.
880) Pseudo-Dionysius, *op. cit.*, 205.
881) Ibid., 68.

비드 린지도 에바그리우스가 인간을 육체, 영혼, 그리고 정
신으로 구분하고 있는 것은 오리게네스보다는 플라톤이나
플로티노스의 인간론에 더 가까운 것이며, 더욱이 에바그
리우스는 플로티노스같이 인간의 가장 중요한 중심 장소를
정신으로 보고 있고, 정신을 인간이 관상하는 본질로 생각
했다고 했다.882) 또 한편, 위 디오니시우스도 선이신 하느
님이 초자연적인 광선을 발하여 각 존재를 계몽시켜서 거
룩한 정신으로 하여금 하느님을 관상하고, 참여하며, 닮도
록 한다고 주장했다.883)

위의 논의에서 드러나듯이, 에바그리우스의 정신의 관상
은 그리스도교 전통에서는 오리게네스뿐만 아니라 알렉산
드리아의 클레멘스, 나지안주스의 그레고리우스, 그리고 니
사의 그레고리우스에서 영향을 받은 것으로 보이며, 철학
전통에서는 플로티노스에서 영향을 받은 것으로 보인다.
또한, 정신의 빛에 대해서는 에바그리우스와 플로티노스,
그리고 위 디오니시우스가 공통을 보인다. 이것은 에바그
리우스와 위 디오니시우스가 플로티노스의 영향권 안에 있
다는 것을 보여주는 증거라고 할 수 있다. 더욱이 정신의
관상은 플로티노스의 형이상학 삼 단계 구조에서 가장 강
조하는 핵심적인 내용이다.884) 그러므로 에바그리우스와 위

---

882) David E. Linge, op. cit., 544~545. 데이비드 린지는 오리게네스의 인간론은 육
체, 영혼, 그리고 신적인 요소로 구성된 프뉴마로 구분되었다고 말했다.
883) Pseudo-Dionysius, op. cit., 50.
884) 플로티노스가 원초적 정신인 일자를 향한 정신의 관상을 말하고 있는 것은 인
도의 「바가바드기타」의 영향일 수도 있다. Andrew Louth는 플로티노스가 힌
두교 수도사로 추정되는 알렉산드리아의 철학자 암모니우스 삭카스 아래에서
철학을 배운 후에, 동방사상 곧, 페르시아와 인도 사상에 끌려 고르디안 황제가
이끄는 페르시아 원정군에 군인으로 지원하여 전쟁에 참가했다고 주장했다.
Andrew Louth, op. cit., 2007, 35. 이 과정에서 플로티노스가 인도의 경전인
「바가바드기타」를 통해 정신(자아)이 크리슈나와 믿음과 사랑으로 합일하는
'신애 사상'에 영향을 받았을 수도 있다. 「바가바드기타」 15장 4절을 보면 정신

디오니시우스도 정신의 관상을 말한다는 점에서 두 사람은 플로티노스와 유사성 보인다. 그러나 아쉬켈로니는 플로티노스의 정신이 일자와 합일을 추구했다면, 에바그리우스의 정신은 신비적 행동을 증진하거나 하느님과의 합일로 이끌지는 않는다고 했다.885) 이런 점에서 플로티노스와 에바그리우스는 상이점을 보인다. 따라서 에바그리우스의 정신의 관상 구조는 플로티노스의 정신의 상승 구조를 빌려 와서 자기의 독창적인 기도론에 맞게 변용시켰다고 볼 수 있다.

6.3.2.1 에바그리우스의 정신의 삼 단계 관상

아쉬켈로니는 에바그리우스가 순수기도라는 이름을 붙인 관상 기도 이론을 처음으로 발전시킨 사람이라고 했다.886) 한편, 힐러리 케이스는 에바그리우스의 관상을 삼 단계로 보았다. 곧, 첫 번째 단계는 피조된 육체적 본성을 관상하고, 그다음으로는 지성적인 존재를 관상하며, 마지막으로 삼위일체 하느님을 관상한다고 했다.887) 에바그리우스는 「그노스티코스」 49장에서 이 세 가지 관상의 관계를 다음과 같이 설명했다. 곧, "수행의 목적은 정신을 정화하여 욕정에서 자유롭게 하는 것이며, 자연학의 목적은 모든 존재 안에 감추어진 진리를 드러내는 것이다. 그러나 정신을 사물에서 멀어지게 하여 제일원인을 향해 돌아서게 하는 것, 그것은 신학의 한 선물이다."라고 했다.888) 이처럼 에바그

이 원초적 정신인 크리슈나 비슈누에게로 돌아가라고 말하고 있기 때문이다. 곧, "가면 더는 돌아오지 않은 곳을 찾아야만 한다. [온 우주의] 태곳적 활동이 흘러나온 바로 그 원초적 정신에 나는 귀의하노라."고 했다. 길희성 역주, 『바가바드기타』(서울: 서울대학교출판문화원, 2010), 315, 385, 403, 더욱이 315를 참조하라.

885) Brouria Bitton-Ashkelony, op. cit., 299.
886) Ibid., 294.
887) Hilary Case, op. cit., 112.

리우스는 육체의 본성을 관상하는 것을 첫 번째 관상의 단계라고 했다. 따라서 에바그리우스는 「기도」 57장에서 정신이 육체의 본성에 관한 관상(θεωρίαν)을 초월하지 않으면 하느님의 완전 단계에 다다르지 못한다고 했다. 왜냐하면, 생각 안에 지식이 강렬하여, 그 지식이 복잡하기 때문이라고 했다.[889]

두 번째 관상 단계로 에바그리우스는 영혼이 자연의 질서 자체를 관상하는 단계가 있다고 주장했다. 이 자연관상에서 자연 질서의 배후에 깔린 원리들을 식별하게 된다. 물질에서 비물질로, 형태가 부여된 존재의 세계에서 비물질적 존재의 영역으로 곧, 항상 하느님의 얼굴을 바라보는 천사의 영역으로 옮겨간다. 이 단계를 넘어서면 신학의 영역에 들어가 신적 관상을 하게 된다.[890] 밤버거도 에바그리우스의 시편 주석을 보면 그가 비록 자연관상이라는 용어를 사용하지는 않지만, 영이 쓴 하느님의 책으로서 자연세계에 대하여 말하고 있으며, 이 자연관상으로부터 하느님의 지식이 유래한다고 했다. 그러므로 에바그리우스에게 자연관상은 관상의 중간 단계를 나타내며, 그것은 축성된 삼위일체 관상보다 초보의 지식이라고 할 수 있다. 이처럼 수도승은 관상의 하위 단계인 자연관상에서는 단일한 사상을 완전하게 얻을 수 없으며, 관상의 최고의 단계인 신적 관상의 단계에서만 단일성을 인식할 수 있다. 따라서 에바그리우스에게 자연관상의 단계가 노력과 투쟁으로 얻어지는 단계라면, 신적 관상은 하느님의 은총으로 얻는 단계이다.[891]

세 번째 단계로 에바그리우스는 신적 관상의 단계가 있

---

888) 에바그리우스 폰티쿠스/ 허성석 역주·해제, op. cit., 2016, 81.
889) PG 79, 1180.
890) Andrew Louth, op. cit., 2007, 104~105.
891) John Eudes Bamberger, op. cit., lxxxviii~lxxxix.

다고 주장했다. 더욱이 신적 관상의 단계는 부정신학과 침묵을 통해 신을 관상하는 단계이다. 버나드 맥긴은 에바그리우스가 말하는 신적 관상은 무한한 지식인 동시에 무한한 무지의 단계이며, 하느님을 향한 영혼의 끊임없는 움직임을 말하는 니사의 그레고리우스의 '에펙타시스'(ἐπέκτασις)892)와 흡사한 '무지의 지식'과 같은 부정신학이 강력하게 나타나는 단계라고 했다.893) 여기서 에바그리우스가 사용하는 부정신학은 당시 아리우스파인 유노미우스가 말하는 신은 보이지 않고, 형태와 크기가 없으며, 혼합되지 않고, 변하지 않으며, 절대적이며 유일한 존재로 이해하는 부정신학이 아니라 카파도키아 교부들의 변증법적 부정신학을 말한다. 곧, 카파도키아 교부들은 그들의 변증법적인 도구와 수단으로 인간이 하느님을 완전히 이해할 수 없다는 부정신학을 주장했다. 그러면서도 그들은 불가지론 또는 하느님을 알아가는 것을 거부하는 도구로서 부정신학을 사용하지는 않았다. 오히려 부정신학을 변증의 도구로 사용했다. 요컨대, 카파도키아 교부들의 부정신학은 하느님을 알아가기 위한 계시신학과 자연신학 모두를 다루는 변증법적인 방법론이라고 할 수 있다.894) 더욱이 에바그리우스에게 가장 많은 영향을 끼친 니사의 그레고리우스가 말하는 부정신학은 초월적인 하느님의 지식에 대한 부정신학 측면과 이성을 통한 긍정신학의 측면을 동시에 포함한다. 이런 점에서 카파도키아 교부들이 말하는 부정신학은 당시 고전교

---

892) 니사의 그레고리우스는 『모세의 생애』에서 하느님을 향한 끊임없는 전진을 의미하는 '에펙타시스' 개념을 사용했다. 다음을 참조하라. Kristina Robb Dover, "Gregory Nyssa's Perpetual Progress," *Theology Today* Vol. 65 (2008), 213~214; Morwenna Ludlow, "Spirituality : Perpetual Progress in the Good," in *Gregory of Nyssa, ancient and (post)modern,* 125~134.

893) Bernard McGinn, *op. cit.,* 155.

894) 김경수, 「갑바도기아 교부들의 변증신학으로서 부정신학」 『조직신학연구』 제8호. (2006), 274~275.

리인 영혼 불멸, 신론, 창조론과 같은 이교사상들에서 그리스도교 신앙을 구분하며, 고전문화를 그리스도교 교리 안에서 변형을 가져왔다고 할 수 있다.895) 한편, 플로티노스역시 가장 기초적인 부정신학의 구절들을 남긴 작가로 알려졌다. 그는 '존재를 넘어서'는 제한되지 않는 곳을 언급했으며, '부정의 길'이라고 번역할 수 있는 '아포리아 아포파시스'(aporia apophasis)를 사용했다.896) 또 한편, 에바그리우스의 신학적 제자이며, 신플라톤주의자로 알려진 위디오니시우스도 이 부정신학을 계승했다. 위 디오니시우스는 하느님을 설명할 수 없는 선, 일자, 모든 합일의 근원, 초 실존적인 분이지만 말로 표현할 수 없는 분이라고 하면서 부정신학을 주장했다.897) 연이어 위 디오니시우스는 하느님은 본질상 알 수 없으며, 지성과 정신으로도 알 수도 없고 미칠 수 없어서 오직 지식과 무지를 통해서만 알 수 있다고 했다. 곧, 하느님에 대한 가장 신성한 지식은 무지를 통해서만 알 수 있다는 것이다.898) 나아가 위 디오니시우스는 바로 이것을 '신적인 어둠'이라고 말했다. 그러면서도 신성은 밝음으로도 어둠으로도 포착될 수 없어서 이러한 이중부정을 넘어서는 신성의 초월성을 강조하기 위해 '찬란한 어둠'이라는 역설적인 모순 어법을 사용했다. 하느님은 인간의 감각과 언어의 지성을 초월한 알 수 없는 분이시기에 역설적으로 앎을 포기하는 무지의 방식을 통해 하느님에 대한 참다운 인식에 도달할 수 있다는 것이다.899) 이 과정에서 위 디오니시우스는 유사성과 차이점이라는 신

895) Ibid., 290~292.
896) Michael Anthony Sells, op. cit., 47~48.
897) Pseudo-Dionysius, op. cit., 50.
898) Ibid., 108~109.
899) 서종원, 「디오니시우스 총서에 대한 일고찰」 『기독교언어문화논집』 제18집 (2015.12), 115~116.

학적 기호론의 원리를 사용하고 있다. 하느님에게 모든 것의 차이점은 하느님과 유사하도록 모든 것을 가능하게 한다는 것이다. 모든 것은 하느님을 뜻할 수 있다. 왜냐하면, 어떤 것도 하느님을 뜻할 수 없기 때문이다.900) 이처럼 위 디오니시우스의 하느님에 대한 부정신학은 신플라톤 철학에서 일자를 설명하는 방식과 유사하다. 위 디오니시우스는 하느님을 지성과 모든 존재를 초월한 존재로 설명하면서 하느님을 불가해한 일자로 묘사하기 때문이다. 그러면서 그는 일자로서 하느님은 표현 불가능한 선이고, 모든 일치의 근원이고, 초월적 존재이고, 마음을 초월한 마음이고, 말을 넘어선 언어로 묘사했다. 아울러 그는 하느님을 '인식할 수 없고', '접근할 수 없으며', '측정할 수 없고', '언표 불가능한 분'으로 묘사했다.901) 이런 부정신학은 이사야의 주님이 "내 생각은 너희 생각보다 높다."는 성서에 바탕을 둔 것으로 하느님은 볼 수 없고, 설명할 수 없고, 이해할 수 없다는 이 세 가지를 포함한다. 이러한 모든 부정은 신적인 초월에 대한 인식에서 오는 것이다.902) 그러므로 위 디오니시우스의 부정신학의 근저에는 신의 초월성이 놓여 있다. 이러한 신의 초월성은 플라톤사상과 중기 플라톤사상, 그리고 신플라톤주의 철학의 핵심에 놓여 있는 주제이다. 이 과정에서 플라톤에게 나타난 초월사상은 신플라톤주의에 이르러 매우 강화되어 나타났다.903) 이상에서 제시되듯 위 디오니시우스가 말하는 무지의 방식은 인간의 노력으로는 불가능한 단계이기 때문에 하느님의 은총을 상징

---

900) Jeffrey Fisher, op. cit., 536~537.
901) 유재경, op. cit., 2009, 3~4.
902) Paul Rorem, "Negative Theologies and the Cross," Lutheran Quarterly Vol. 23, No. 3 (Aut., 2009), 314.
903) 전광식,「Thelogia Negativa 부정신학의 역사와 의미」『석당논총』제45권 (2009), 33~71, 더욱이 36을 참조하라.

적으로 표현한 것이라고도 볼 수 있다. 또한, 위 디오니시우스는 그의 유명한「신비신학」에서 하느님의 비밀들은 침묵의 어둠 가운데에 단순하고, 절대적이며, 변함이 없이 놓여 있으며, 모든 것을 초월하는 신적 어둠의 광선으로 끌려 올라갈 것이라고 했다. 그러면서 그는 무지의 신비스러운 어둠으로 들어가 신과 일치를 이룬 사람으로 모세를 들고 있다.904) 모세가 시내 산에서 신비한 어둠에서 신과 일치를 이룬다는 사상은 이미 중기 플라톤주의자 필로에서 나타난 사상이며, 카파도키아의 니사의 그레고리우스의「모세의 생애」에서도 나타난 주제이다.905) 그러므로 위 디오니시우스의 부정신학도 에바그리우스의 부정신학의 연장 선상에 있다고 할 수 있다.

또 한편, 에바그리우스는「그노스티코스」41장에서 삼위일체 하느님같이 형언할 수 없는 분은 침묵 중에서 흠숭해야 한다고 했다.906) 이러한 침묵 주제는 플로티노스에게도 나타난다. 플로티노스는 일자와 하나가 될 때 혼절한 나머지 심지어 말할 힘조차 없다고 했다.907) 또한, 위 디오니시우스도 낮은 것에서 초월적인 것으로 올라가면 말을 더듬게 되고, 더 올라가면 완전한 침묵으로 들어가서 나중에는 묘사할 수 없는 분과 하나가 된다고 했다.908) 나아가 위 디오니시우스는 상승할수록 언어는 머뭇거리고, 설명할 수 없는 분과 일치하게 되고, 침묵으로 축소되며,909) 이 침묵 안에서 부성도 넘어서고, 하느님과 연합하는 신비의 단계로 들어간다고 했다.910) 따라서 위 디오니시우스에게 이 침

---

904) Pseudo-Dionysius, op. cit., 135~137.
905) Gregory of Nyssa, op. cit., in The Life of Moses, 94~97.
906) 에바그리우스 폰티쿠스/ 허성석 역주 · 해제, op. cit., 2016, 70.
907) 플로티노스/ 조규홍 옮김, op. cit., 2008, 126.
908) Pseudo-Dionysius, op. cit., 139.
909) Seely J. Beggiani, op. cit., 221.

묵은 하느님과 직접 만남과 일치를 보여주는 중요한 단계
이다.911)

  이상에서 제시되듯 에바그리우스는 정신의 삼 단계 관상
을 통하여 삼위일체 하느님과의 합일을 추구했다. 이 과정
에서 에바그리우스와 플로티노스, 그리고 위 디오니시우스
는 부정신학과 침묵 주제에서 공통을 보인다. 그런데도 에
바그리우스는 플로티노스의 부정신학보다는 카파도키아의
교부들 부정신학을 계승하고 있는 듯하다. 다만 침묵의 주
제는 플로티노스와 에바그리우스, 그리고 위 디오니시우스
가 서로 연관되어 있다. 한편, 오리게네스도 정신의 관상을
말하지만, 정신의 삼 단계 관상을 말하지는 않는다. 오히려
에바그리우스의 정신의 삼 단계 관상은 플로티노스의 정신
의 삼 중 구조와 유사하다. 그러나 플로티노스가 정신의
관상을 통하여 일자와 합일을 추구했다면, 에바그리우스는
정신의 관상을 통하여 삼위일체 하느님과 합일을 추구했다
는 점에서 상이점을 보인다. 다시 말해서, 에바그리우스는
플로티노스에서 구조를 빌려 오지만 관상의 대상은 다르
다. 에바그리우스가 합일을 추구한 대상은 일자가 아니라
삼위일체 하느님이기 때문이다. 다음은 에바그리우스의 정
신의 삼위일체 관상을 살펴보겠다.

6.3.2.2 에바그리우스의 정신의 삼위일체 관상

  에바그리우스는 정신의 신적 관상의 대상이 일자가 아니
라 삼위일체 하느님이라고 주장했다. 에바그리우스의 기도
론을 계승한 위 디오니시우스도 기도는 삼위일체 하느님을

---

910) Paul Rorem, *op. cit.*, 1993, 200.
911) Alexander Golitzin, *op. cit.*, 168.

관상해야 한다고 주장했다.912) 이런 점은 에바그리우스와 신플라톤주의자로 알려진 위 디오니시우스가 플로티노스와 상이점을 보이는 부분이다. 에바그리우스는 삼위일체 관상은 분해할 수 없는 정신의 직관적 지식 혹은 본질적 지식에서 기인한다고 했다. 삼위일체 관상은 하느님에 대한 경험적 지식이며, 하느님 안으로 침투하는 것으로 인간의 능력을 넘어서는 정신이 고양된 상태라고 했다.913) 이처럼 에바그리우스에게 관상의 최종 지향점은 삼위일체 하느님 관상이다. 이러한 점은 에바그리우스의 신학을 계승했다고 알려진 위 디오니시우스와 상이점을 보이는 부분이다. 왜냐하면, 위 디오니시우스는 관상의 대상을 오직 삼위일체뿐만 아니라 단자(monad)와 일자(Henad)를 동시에 포함하고 있기 때문이다.914) 또한, 위 디오니시우스는 신에 대한 인간지성과 언표의 사용은 불가하다고 보며, 사유의 작용이나 언어적 표현을 사용하지 않고, 침묵과 관조 속에서 신 직관을 할 수 있다고 했다.915) 이런 차이는 에바그리우스가 카파도키아 교부들의 정통적 삼위일체 신학에 바탕을 두고 있다면, 신플라톤주의자인 위 디오니시우스는 신플라톤주의의 영향이 있었기 때문으로 보인다. 여기서 정신이 '일자'을 관상한다는 사상은 플로티노스에게 나타나는 사상이다. 플로티노스는 "'정신' 주위를 맴돌면서 춤을 추는 '영혼'은 '정신'을 바라보면서 동시에 그 내심 깊숙이 자리 잡고 있는 '하나'(일자) 곧, 그 '성신'을 통하여 신을 보게 된다."고 했다(「엔네아데스」 1.8; 2.23~25).916) 심지어 플로티노스는 일자와의 연합에 물질적인 요소도 포함했다. 곧, 성

912) Pseudo-Dionysius, *op. cit.*, 68.
913) John Eudes Bamberger, *op. cit.*, xc.
914) Pseudo-Dionysius, *op. cit.*, 51.
915) 전광식, *op. cit.*, 35.
916) 조규홍, *op. cit.*, 2010, 91.

적인 성교를 통한 사랑의 연합을 말하기도 했다.917) 플로티
노스는 「엔네아데스」 6권 9장 2절에서 영혼이 정신 안에서
일자를 관상한다고 했다.

영혼은 정신이 바라본 그것을 깨어난 상태로 수용하여 그 정
신 안에서 '하나'를 관상하게 된다. 이때 영혼은 결코 감각적
인 사물에 [직접] 의지하지 않을 뿐만 아니라 나아가 감각적
인 것과 관련된 그 어떤 것조차 받아들이지 않는다. 오히려
순수한 정신 안에서 가장 순수한 것을 관상하게 되니, 곧 정
신이 바라본 그 첫 번째 것을 관상하게 되는 셈이다.918)

나아가 플로티노스는 「엔네아데스」 5권 1장 6절에서 신
이 인간 영혼의 내면에 순수한 정신으로 존재한다고 했다.

신(神)을 직접 불러들였던 사람들에서 어떤 답변이 이루어지
기를 바라기보다는 차라리 각자의 영혼을 저편의 신을 향한
염원(念願)으로 가득 채우고 저마다 총력을 기울여 오로지 그
만을 지향하는 그런 방식으로 기도하는 일이 필요하다고 말
한다. 그렇게 해야만 저편의 신이 우리 내면에 마치 그 자체
로 존재하는 [순수한] 정신처럼 존재한다는 사실을, 저편의
모든 것들은 평화로이 머물러 있다는 사실을 알아볼 수 있을
것이다.919)

이처럼 플로티노스는 영혼이 신을 만나기 위해서는 내면
으로 들어가야 한다고 했다.920) 더 나아가 플로티노스는

---

917) Kevin Corrigan, ""Solitary" Mysticism in Plotinus, Proclus, Gregory of
   Nyssa, and Pseudo-Dionysius," *Journal of Religion* Vol. 76, No. 1 (Jan.,
   1996), 34.
918) 플로티노스/ 조규홍 옮김, *op. cit.*, 2010, 25~26.
919) 플로티노스/ 조규홍 옮김, *op. cit.*, 2008, 55.
920) 플로티노스의 「엔네아데스」에서 인간의 내면에 대한 강조 혹은 신이 인간의
   내면에 존재한다는 표현이 여러 곳 나온다. 예를 들어, 4권 8장 1절; 5권 1장 12

「엔네아데스」 4권 8장 1절에서 관상을 통하여 "나 자신 안으로 들어가(ἐμαυτου εἴσω)...신에서 태어나는 사람이 된 다(τῷ θείῳ εἰς ταὐτὸν γεγενημένος)."고 했다.921) 이런 점들을 보면 에바그리우스의 기도론은 신플라톤주의자 이 암블리코스보다는 플로티노스에 더 가까워 보인다. 왜냐하 면, 플로티노스가 관상(thoria/테오리아)을 통해 '일자'와 합 일을 추구했다면, 이암블리코스는 신인 합일의 궁극적 합 일을 테우르기아(theurgia) 곧, 신성한 행위로 보았기 때문 이다.922) 그러므로 에바그리우스는 주술제의를 통하여 신 과 동화를 지향하는 이암블리코스보다는 그리스의 사변 철 학 전통을 강조한 플로티노스의 관상에 더 많은 영향을 받 은 것 같다. 그런데도 에바그리우스는 신이 영혼의 내면에 있지 않고 외부에 있다고 주장했다. 에바그리우스는「기 도」 114장에서 하느님을 "하늘에 계신 아버지이시다."라고 부르고 있기 때문이다.923) 따라서 플로티노스가 인간의 정 신 속에 철학적 신이 있다고 생각했다면, 에바그리우스는 인간 영혼 밖에 삼위일체 하느님이 있다고 보았다. 이런 점은 에바그리우스와 플로티노스의 신론의 결정적인 차이 점이라고 할 수 있다. 그래서 가브리엘 붕게는 에바그리우 스의 수도승이 순수기도의 단계에서 만나게 되는 신은 철 학적 헤나스 혹은 모나드가 아니라 성서에 나타난 성부와 성자, 그리고 성령의 삼위일체 하느님이라고 했다.924)

절; 1권 6장 8절; 5권 8장 2절; 5권 8장 4절; 5권 8장 11절; 6권 9장 2절; 6권 9 장 7절; 6권 9장 9절; 6권 9장 11절에 나타난다.

921) Plotini, *Plotini Enneades* Vol I, 142.

922) 송현종 · 박규철, *op. cit.*, 32.

923) *PG* 79, 1192.

924) Gabriel Bunge, *op. cit.*, in "The Spiritual Prayer On the Trinitarian Myst icism of Evagrius of Pontus," 193, 196~197. 가브리엘 붕게는「기도」 58, 59, 77, 146장에 나오는 요한복음 4장 23절의 영과 진리로 경배해야 한다는 구절이 에바그리우스의 삼위일체 신비주의의 핵심이라고 했다. 요한복음에서 성부에 대

또한, 에바그리우스가 정신의 관상을 통해 만나는 대상이 삼위일체 하느님이라면, 플로티노스는 정신 자체이다. 이처럼 두 사람은 관상의 대상에서 현격한 상이점을 보인다. 그래서 플로티노스는 「엔네아데스」 5권 1장 6절에서 영혼이 오직 정신을 꾸준히 응시해야 한다고 주장했다.

> 영혼의 개념은 [정신보다] 흐릿하다. 그것은 영혼이 정신의 복사체이기 때문이다. 영혼은 그러므로 정신을 [꾸준히] 응시해야만 한다. 정신 역시 그와 마찬가지로 저 앞선 것을 응시해야 할 것이니, 그로써 정신으로 존재할 것이기 때문이다. 925)

이처럼 플로티노스가 말하는 영혼은 정신의 복사체이다. 그러므로 영혼은 원래의 정신을 향하여 응시해야 한다. 에바그리우스도 정신을 고양해 정신이 하느님과 하나가 되는 기도론을 주장했지만(「기도」 35장) 플로티노스같이 영혼을 정신의 복사체로 보지는 않는다. 더 나아가 플로티노스는 「엔네아데스」 4권 8장 1절에서 정신과 일자의 합일을 주장했다.

> 나의 육체로부터 나 자신에게로 깨어나는 경우 대부분 나는 나 자신의 바깥에 다른 것들을 내버려두고 홀가분하게 나 자신 안으로 파고들게 되는데, 그때 아주 놀랍고도 능력에 찬 아름다운 광경을 목격하게 된다. 그리하여 그 같은 체험을 통하여 과연 훨씬 더 높은 경지의 무엇이 존재한다는 한 가지

한 경배는 영과 진리로만 가능하기 때문이다. 참고로 기도의 대상자로서 성부에 대한 언급은 에바그리우스의 「기도」 1169(6장), 1173(32장), 1173(34장), 1177(51장), 1177(54장), 1180 (58장), 1180(59장), 1192(114장)에 언급되어 있고, 기도의 중보자로서 성자에 대한 언급은 1180(60장)에, 기도를 성취하는 성령에 대한 언급은 1180(62장)에 나타난다.
925) 플로티노스/ 조규홍 옮김, *op. cit.*, 2008, 58.

사실을 믿을 수 있게 되었으니, 그것은 내가 신적인 존재와
하나가 되는 체험 덕분이다...그 밖의 다른 정신적인 것들을
넘어선 저편에다 나 자신의 위상을 열어 놓을 수 있었다.926)

이처럼 플로티노스의 영혼이 신적인 존재와 하나가 될
수 있는 것은 영혼이 본래부터 신적인 존재였기 때문이
다.927) 플로티노스가 말하는 '정신적인 것들을 넘어선 저편'
은 일자의 세계이기 때문이다. 이 일자와 하나가 되는 것
이 플로티노스가 말하는 신적인 체험이다. 이에 비해, 에바
그리우스는 영혼을 신적인 존재로 보지 않는다. 영혼이 하
느님과 합일하는 것은 신적인 합일이 아니다. 따라서 에바
그리우스는 신과의 완전히 분리된 분화된 합일을 말하고
있다. 반면에 플로티노스가 말하는 영혼은 신적인 존재이
기 때문에 영혼이 일자와 합일을 하는 것은 신과 미분화된
합일 상태를 말하는 듯하다. 곧, 플로티노스는 '일자'의 초
월성을 한시도 잊지 않지만, 세계에 내재하는 모든 것들이
'일자'와의 나눔 및 참여를 할 수 있어야 한다고 말한다.
이때 '일자'가 허락하는 나눔은 분리 없는 나눔(ἀμερίστως
μείζεται)이다.928) 물론 플로티노스가 「엔네아데스」 6권 9
장 1절에서 "영혼은 일자 자체가 될 수 없다."고 말한 것을
보면 완전한 미분화 상태는 아닌 것처럼 보인다.929) 하지만
플로티노스의 합일은 거의 미분화에 가깝다. 이런 점은 에
바그리우스가 삼위일체 하느님과의 합일을 주장한 것과는
결정적인 상이점을 보여주는 부분이라고 할 수 있다. 한편,

---

926) Ibid., 12.
927) 플로티노스/ 조규홍 옮김, *op. cit.*, 2009, 41. 플로티노스에게 영혼이 신적인 존
재라고 언급한 곳은 여러 곳에 나타난다. 예를 들면, 1권 6장 6절, 5권 1장 10절,
6권 9장 9절.
928) 조규홍, 「플로티노스의 형이상학」 『철학논집』 제34호 (2014), 29.
929) 플로티노스/ 조규홍 옮김, *op. cit.*, 2010, 18.

위 디오니시우스도 신적인 분화를 언급했다. 그가 말하는 신적인 분화는 신적인 발현으로 신성이 만물에 흘러넘치며, 다중적이면서도 단일하다고 했다.930) 물론 위 디오니시우스는 분화된 상태를 말하고 있지만, 신성에서 흘러넘치는 분화 사상은 플로티노스의 유출 사상을 따르고 있는 듯하다.

이상에서 제시되듯 에바그리우스의 정신의 삼위일체 관상은 정통 카파도키아 교부들의 삼위일체를 계승한 것같이 보이며, 위 디오니시우스는 삼위일체 하느님과 플로티노스의 일자를 동시에 관상의 대상으로 삼은 듯하다. 또한, 에바그리우스가 하느님과 분화된 합일을 말했다면, 플로티노스는 일자와 미분화된 합일을 말한 것 같다. 관상의 대상에서도 플로티노스가 정신 자체와 합일을 주장했다면, 에바그리우스는 삼위일체 하느님과의 합일을 주장했다. 따라서 에바그리우스는 정신의 삼위일체 관상을 주장하는 과정에서 플로티노스의 정신의 관상 구조를 빌려 와서 그리스도교 정통 삼위일체론의 관점에서 변용시켰다고 할 수 있다.

6.3.2.3 에바그리우스의 관상 중의 활동

에바그리우스의 관상의 특이한 점은 관상은 궁극적으로 활동을 지향하고 있다는 점이다. 예를 들어, 본 논문 제2장에서 주장한 바와 같이 오리게네스가 주로 사용한 '유케'는 서원과 간청의 의미가 있다. 이에 비해, 에바그리우스가 주로 사용한 '프로슈케'는 중보기도의 의미가 담겨 있다.931)

---

930) Pseudo-Dionysius, op. cit., 66.
931) 본 논문 제2장의 '유케'와 '프로슈케'의 부분을 참조하라.

나아가 오리게네스가 「기도」에서 1티모 2장 1절의 네 개의 기도 용어 가운데 오리게네스의 '유케'(εὐχή)는 '데헤시스'(δεήσεις)같이 간구에 가까운 용어라면, '프로슈케'(προσευχή)는 '엔테우키스'(ἐντευξις)같이 중보기도에 가까운 용어이다. 곧, 오리게네스가 쓰고 있는 유케는 개인적인 간구와 간청의 뜻을 담은 서원의 뜻을 포함한다. 이것은 오리게네스가 기도 무용론자들을 반박하기 위한 목적이 있었기 때문에 선택한 용어로 보인다. 이에 비해, 에바그리우스가 선택한 '프로슈케'는 중보기도와 하느님을 찬양하는 뜻을 담고 있다. 에바그리우스는 수도승들이 중보기도와 하느님을 찬양하는 기도를 통하여 이웃을 돕는 사명을 강조한 것으로 보인다. 다시 말해서, 에바그리우스는 '프로슈케'의 중보기도를 통해 이웃을 사랑하는 관상 중에 활동을 지향할 목적이 있었다고 보인다.

한편, 데이비드 린지는 에바그리우스의 아파테이아의 열매로 나타난 사랑은 자아 초월의 경험만이 아니라 이웃에게 자신을 열어 놓는 행동을 강조한 것이라고 했다.932) 에바그리우스는 「프락티코스」에서 아파테이아의 자손을 아가페라고 했다.933) 이에 비해, 플로티노스는 영혼이 상부정신으로 충만해지면 에로스를 얻게 된다고 했다. 이것은 플로티노스가 플라톤의 에로스(ἔρως) 사상에 영향을 받았기 때문으로 보인다(「엔네아데스」1권 6장, 3권 5장, 5권 8장, 6권 7상).934) 플로티노스는 에로스를 신과의 합일을 추구하는 동력으로 보았다.935) 이처럼 플로티노스가 일자와의 합일에서 에로스를 강조했다면, 에바그리우스는 아가페

---

932) David E. Linge, op. cit., 565.
933) 에바그리우스 폰티쿠스/ 허성석 역주 · 해제, op. cit., 2011, 61.
934) 조규홍, op. cit., 2010, 105.
935) 송유례, 「신(神)을 향한 에로스 - 플로티누스의 철학적 신비주의」『서양고전학연구』제51권 (2013.9), 100.

를 강조했다. 곧, 플로티노스가 에로스를 강조함으로 사변 철학에 머물렀다면, 에바그리우스는 아가페를 강조함으로 하느님 사랑뿐만 아니라 이웃사랑을 포함한 활동을 지향했다고 볼 수 있다. 이는 에바그리우스의 수행생활의 목적이 자아를 초월하여 다른 사람들을 향해 열려 있는 것과 연속성이 있다(「기도」 125장, 122장).936) 나아가 에바그리우스가 아가페를 강조한 것은 스토아학파의 사상을 계승했기 때문으로 보인다. 곧, 스토아학파는 고독 속에서 고립하는 키니코스 학파나 에피쿠로스 학파와는 달리 인간은 사회적 존재이며, 인간이 자기 자신을 찾으려면 동시에 남들도 찾아야 한다고 주장했기 때문이다.937) 더 나아가 에바그리우스의 정신의 관상도 관상 자체를 추구하지 않고 궁극적으로 관상이 이웃을 돕는 활동을 지향하고 있기 때문이다.938) 한편, 지금까지는 에바그리우스가 켈리아에서 관상 생활만 하다가 죽은 것으로 알려졌지만, 에바그리우스가 한 관상 생활은 안토니우스같이 고립된 독수도 생활이나 파꼬미우스 수도원같이 봉쇄된 수도원에서 정주하면서 한 관상 생활이 아니었다. 오히려 에바그리우스의 관상 생활은 관상 중에 활동을 지향한 생활이었다. 예를 들어, 에바그리우스가 이집트 수도승들이 반독수도 생활을 하고 있었던 켈리아를 선택한 이유도 바로 여기에 있었다. 켈리아는 관상 생활과 활동 생활을 동시에 할 수 있었던 지역이었기 때문이다.

---

936) David E. Linge, *op. cit.*, 564~565.
937) 최양석, 「마르쿠스 아우렐리우스의 정치적 지향성으로서의 명예」 『인문학연구』 제82권 (2011), 404.
938) 이런 점은 가톨릭 교회가 말하는 관상 기도의 목표와 궤를 같이한다. 가톨릭 교회는 그리스도교 관상 기도는 이웃 사랑과 고통의 수락에로 인도하고 이를 통하여 하느님께로 나아가게 하는 것이라고 말하고 있기 때문이다. 정제천, 「그리스도교 기도의 이해와 실천」 『신학전망』 제164호 (2009.3), 129~130.

한편, 스미더는 에바그리우스가 수도원적 삶을 추구하면서 정기적으로 사람들과 접촉하며 성경과 기도, 그리고 영적 훈련과 방문자들을 환대했으며, 자기가 스스로 손노동을 해서 생계를 유지했고, 자발적 가난을 추구하면서 손노동을 통해 얻은 잉여 재산에 대해서는 가난한 자에게 나눠주었다고 했다. 아울러 에바그리우스는 필사(calligrapy)하는 손노동을 했는데, 이것은 당시에 밧줄(rope)를 꼬는 것과 비교할 때 하위의 직업이었는데, 에바그리우스는 바로 이 하위 직업을 통해 일한 것으로 가난한 자와 방문자들을 도왔다고 했다. 따라서 스미더는 에바그리우스를 '직업을 가진 선교사'(Tentmaking)라고 했다.939) 따라서 에바그리우스는 그의 이집트 생활의 대부분을 켈리아에서 반 독수도사 생활을 하면서 관상 중에 활동을 지향하는 생활을 했다고 할 수 있다. 또한, 에바그리우스는 켈리아보다 더 깊은 은수생활만 할 수 있는 스케테스 사막으로 들어가지 않았다. 안토니우스는 이집트의 콜줌산에서 20년 동안 무덤에서 수덕 생활과 관상 기도를 한 독수도사로 유명하다.940) 이에 비해, 에바그리우스는 켈리아에서 사람들과 접촉을 하면서 관상 기도를 했다. 이것은 에바그리우스가 관상 중에 활동을 지향하려는 목표가 있었기 때문으로 보인다. 만약 에바그리우스가 안토니우스같이 독수도만을 하고 관상 생활만을 원했다면 안토니우스의 직 제자로 알려진 이집트의 마카리우스(기원후 300~391)가 있는 스케테스 사막으로 들어갔을 것이다. 그러나 에바그리우스는 반독수도생활을 하는 사람들이 있었던 니트리아와 스케테스의 중간 지점인 켈리아에 머물러 살았다. 이곳에서 에바그리우스는 독수도

---

939) Edward Smither, op. cit., 487~494.
940) Athanasius, The Life of Saint Antony, trans. Robert T. Meyer (Westminster, Maryland : The Newman Press, 1950), 32~33.

생활과 공동체 생활을 동시에 했던 것이다.941) 이처럼 에바그리우스가 켈리아를 선택했던 것은 관상 생활과 공동체 생활을 확장한 활동 생활을 동시에 할 수 있었기 때문으로 보인다. 요컨대, 에바그리우스는 켈리아에서 관상 생활을 하면서도 자신의 관상 결과로 이웃을 섬기려는 활동의 의도를 가졌다고 볼 수 있다. 그러므로 에바그리우스의 제자로 알려진 요한 카시아누스에 따라 서방에 소개된 에바그리우스 곧, 독수도를 하면서 관상 생활만 한 에바그리우스의 이미지는 왜곡된 것으로 보인다. 오히려 에바그리우스는 관상에만 전념한 관상가가 아니라 그의 관상은 궁극적으로 활동을 지향한 관상 중에 활동을 지향한 관상 활동가로 평가해야 정당하다.

또 한편, 에바그리우스가 관상 중에 활동을 지향했다는 점은 「기도」 113장에 나타난 관상 기도의 결과로 '또 다른 천사로 변형된다'는 것에서 알 수 있다. 에바그리우스의 관상의 결과로 나타난 '또 다른 천사로의 변형'의 궁극적인 목표는 천사같이 하느님의 얼굴을 더 가까이 보는 것만이 아니라 또 다른 천사가 되어 이웃을 위한 중보기도자로 활동하기 위해서이다. 또한, '또 다른 천사'로 변했다는 것은 존재의 변화로 볼 수 있기 때문에 이웃을 위한 사랑의 존재로 변한 것이라고도 할 수 있다. 한편, 플로티노스는 신비 철학을 통해 신과의 일치를 통한 신과의 접촉을 목표로 했다면, 에바그리우스는 하느님의 얼굴을 보는 것을 넘어 이웃의 얼굴을 보기 위해 관상을 했다고 볼 수 있다. 이처럼 에바그리우스는 오리게네스와 플로티노스에게는 없는 관상 중에 활동을 지향하는 특이성을 보인다.

---

941) 앙뚜안 귀오몽/ 허성석 로무알도 옮김, 「켈리아 수도승들의 이야기」 『코이노니아』 제30집 (2005), 8~13.

이상에서 살펴본 바와 같이 오리게네스와 에바그리우스는 정신, 정신의 기도, 그리고 정신의 관상에서 공통을 보이며 특이성을 보인다. 그러나 에바그리우스는 오리게네스보다 정신과 정신의 기도, 그리고 정신의 관상을 더욱 강조한 듯하다. 또한, 에바그리우스는 오리게네스에 없는 정신관 연관된 용어와 동의어를 사용하여 정신의 기도를 강조했으며, 악령들이 정신의 기도를 방해한다는 점을 강조했다. 한편, 오리게네스는 정신의 관상을 말하지만, 정신의 삼 단계 관상을 말하지는 않는다. 한편, 에바그리우스의 정신의 삼 단계 관상은 플로티노스의 정신이 일자와 합일을 추구하는 형이상학 삼 중 구조와 유사하다. 그러나 플로티노스가 정신의 관상을 통하여 일자와 합일을 추구했다면, 에바그리우스는 정신의 관상을 통하여 삼위일체 하느님과 합일을 추구했다는 점에서 상이점을 보인다. 이 과정에서 에바그리우스는 플로티노스의 정신의 상승 구조를 빌려 와서 그대로 사용하지 않고 자기의 기도론에 맞게 변용시켜 사용했다. 요컨대, 에바그리우스는 성서에 나타난 정신의 개념에 플로티노스의 정신의 상승 구조를 빌려 와서 그리스도교 신학에 맞는 관상 기도 이론으로 변용하여 사용했다. 에바그리우스의 관상 기도에서 또 하나 특이한 점은 플로티노스가 주장한 것 같이 일자와 합일을 추구하는 사변철학에 머물지 않고, 중보기도를 통해 이웃을 더욱 실제로 돕는 활동에 녹석을 둔 섬이나. 곧, 에바그리우스는 오리게네스와 플로티노스에게는 없는 관상 중에 활동을 지향하는 특이성을 보인다.

제7장 결론

이상에서 드러난 바와 같이 에바그리우스의 기도론 연구를 위해 오리게네스의 기도론과 비교한 결과 다음과 같은 결론을 얻었다.

첫째, 오리게네스가 사용한 '유케'는 서원과 간청의 의미가 있다. 이에 비해, 에바그리우스가 사용한 '프로슈케'는 중보기도의 의미를 담고 있다. 오리게네스는 철학적으로는 플라톤과 신플라톤주의자 플로티노스의 영향을 받았으며, 신학적으로는 알렉산드리아 클레멘스의 영향을 받은 것으로 보인다. 더욱이 오리게네스는 알렉산드리아의 두 단계의 정화와 관상의 구조를 자신의 기도 신학에서 발전시켰다. 그러나 이 과정에서 오리게네스는 알렉산드리아의 클레멘스가 사용했던 아파테이아 개념을 사용하지는 않는다. 오히려 에바그리우스가 알렉산드리아의 클레멘스에게 나타난 정화와 관상의 구조와 아파테이아 개념을 사용한 듯하다. 나아가 에바그리우스는 카파도키아의 바실리우스와 나지안주스의 그레고리우스에서 오리게네스 사상을 배우고, 예루살렘에서 멜라니아와 루피누스, 그리고 이집트 켈리아 수도승들을 통해 오리게네스 주의자가 된다. 또한, 에바그리우스는 니사의 그레고리우스에서 신플라톤주의자 플로티노스의 영향을 받는다. 나아가 에바그리우스는 오리게네스의 창조론, 삼위일체론, 인간론, 정신, 그리고 자유의지론을 계승한다. 그러나 에바그리우스는 「기도」에서 오리게네스의 「기도」에는 없는 부정신학, 관상 중의 활동, 아파테이아, 그리고 순수기도를 강조했다. 이렇듯 에바그리우스는 신학적으로는 오리게네스를 따르면서 동시에 기도의 내용과 구조에서는 스토아학파와 알렉산드리아의 클레멘스, 그리고 플로티노스를 따른 것 같이 보인다. 그런 차원에서 에바그리우스의「기도」는 독특한 성격을 가진다. 곧, 서방 교부 떼리뚤리아누스의「기도」와 치쁘리아누스의「기도」, 그리고 동방의 알렉산드리아의 클레멘스의「양탄자」, 오리게네스의「기도」, 나지안주스의 그레고리우스의「연설」과 니사의 그레고리우스「기도」가 '주의 기도' 중심으로 일반적인 기도론을 논했다. 곧, 정신으로 하는 관상 기도를 논하지 않았다. 반면에 에바그리우스의「기도」는 정신이 기도하는 관상 기도를 논하고 있는 특징을 보인다. 그런 차원에서 에바그리우스의「기도」는 그리스도교 최초의 관상 기도 책이라고 할 수 있다. 다만, 에바그리우스의 관상 기도의 독특한 점은 안토니우스같이 고립된 독수도 생활이나 파꼬미우스 수도원같이 봉쇄된 수도원에서 정주하면서 한 관상 기도가 아니라 관상 중에 활동을 지향한 기도를 한 점이다.

둘째, 에바그리우스의「기도」를 위 디오니시우스의 영적 진보의 삼 단계 구조로 분석한 결과 에바그리우스의「기도」에는 이미 위 디오니시우스의 영적 진보의 삼 단계 구조가 나타나고 있는 것 같이 보인다. 첫 번째 단계로 에바그리우스의「기도」에는 정화의 단계가 나타났다. 곧, 욕정과 탐식, 간음, 탐욕, 유혹, 매혹, 쾌락, 그리고 충동과 같은 욕망부의 감각적 정화가 나타났다. 이러한 욕망부의 성화는 플로티노스의「엔네아데스」에 나오는 성화와 유사하다. 나아가 에바그리우스는 분노와 게으름, 낙담, 복수, 그리고 말다툼의 악한 생각을 정화해야 한다고 했다. 더 나아가 에바그리우스는 헛된 영광과 망상, 형상, 환영, 방종, 그리고 해로운 기쁨 같은 이성부의 악한 생각을 정화해야 한다고 했다. 이렇듯 에바그리우스는 욕망부, 정념부, 그리고 이성부에 속한 악한 생각을 정화해야 그다음 조명의 단계로 들어갈 수 있다고 주장했다.

두 번째 단계로 에바그리우스의 「기도」에 삼 단계 조명이 나타났다. 곧, 아파테이아의 조명, 삼위일체 하느님의 빛 조명, 그리고 영들의 조명이다. 에바그리우스는 스토아 학파와 알렉산드리아의 클레멘스, 그리고 플로티노스가 사용한 아파테이아 개념을 빌려 와서 자신의 기도론에서 조명의 단계로 변용시킨 것 같이 보인다. 또한, 에바그리우스가 말하는 삼위일체 하느님의 빛 조명은 플로티노스가 「엔네아데스」에서 말하는 정신이 상승하여 일자와 합일할 때 나타나는 빛과 유사하지만, 에바그리우스는 플로티노스같이 삼위일체 하느님의 빛을 신과 합일을 위한 필수 조건으로 보지는 않는다. 더욱이 에바그리우스는 악령이 빛을 사용할 수도 있다고 했다. 곧, 에바그리우스는 악령이 수도승의 정신 주위에 나타나는 빛을 교묘하게 속인다고 했다. 이처럼 에바그리우스의 삼위일체 하느님의 빛과 플로티노스의 빛과는 유사점이 있지만, 상이점도 나타난다. 나아가 에바그리우스는 마지막 조명의 단계인 영들의 조명을 받아야 완전의 단계에 들어갈 수 있다고 주장했다.

세 번째 단계로 에바그리우스의 「기도」에 완전의 단계가 나타났다. 에바그리우스는 순수 기도의 단계는 하느님의 은총을 받은 단계요, 완전의 단계라고 했다. 이 완전의 단계는 부정신학의 단계를 넘어서는 신비신학의 단계이며, 천사와 동등하게 변형하는 단계이다.

요약하면, 에바그리우스의 「기도」에 나타나는 관상의 삼 단계 구조는 플로티노스의 「엔네아데스」에 나오는 일자와 합일할 때 나타나는 형이상학 구조와 유사하다. 따라서 에바그리우스는 자신의 기도 신학의 구조를 위해 플로티노스에서 구조를 빌려 와서 변용시킨 것 같이 보인다. 이 과정에서 에바그리우스는 플로티노스에게는 없는 삼위일체 하느님의 빛 조명이나 영들의 조명을 추가한다. 이러한 결과는 에바그리우스의 「기도」는 플로티노스가 「엔네아데스」에서 주장한 신비 철학의 관상 구조를 빌려 와서 변용시킨 것이라고 할 수 있다.

셋째, 오리게네스의 「기도」와 에바그리우스의 「기도」를 위 디오니시우스의 정화, 조명, 그리고 완전의 영적 진보의 삼 단계 구조로 통시적 관점에서 분석한 결과 정화에서 연속성을 보였다. 곧, 두 작품은 여섯 가지의 정념 곧, 분노, 화, 불순, 악의, 쾌락, 그리고 욕망을 정화해야 한다고 했다. 이 여섯 가지의 정념을 다시 자세히 분석하면 다음과 같다. 곧, 오리게네스와 에바그리우스는 신약 성서와 알렉산드리아의 클레멘스에서 분노, 화, 쾌락, 그리고 욕망을 빌려 온 것 같고, 스토아학파에서는 화와 쾌락을, 플로티노스에서는 화, 쾌락과 욕망을, 나지안주스의 그레고리우스와 니사의 그레고리우스에서는 화, 쾌락, 그리고 욕망을 빌려 온 것 같으며, 오리게네스에게서만 불순과 악의가 나타났다. 이렇듯 오리게네스와 에바그리우스는 여섯 가지의 정념들에서 연속성을 보였다.

한편, 오리게네스의 「기도」와 에바그리우스의 「기도」를 전승사비평을 통해 통시적 관점에서 분석한 결과 에바그리우스는 오리게네스의 「기도」에는 없는 스물한 가지의 정념을 추가로 정화해야 한다는 비연속성이 나타났다. 곧, 신경질, 논쟁, 해로운 기쁨, 시각, 기억, 무절제, 악힌 미음, 낙담, 환상, 분심, 경멸, 게으름, 주위를 돌아보는 것, 형상, 탐식, 탐욕, 간음, 복수, 유혹, 매혹, 그리고 욕정이다. 이처럼 에바그리우스는 오리게네스의 「기도」에는 없는 스물한 가지의 정념 목록을 추가했다. 하지만 모두가 에바그리우스의 독창적인 것은 아니다. 예를 들어, 에바그리우스가 신약 성서에서 빌려 온 같은 정념들은 논쟁, 기억, 무절제,

약한 마음, 낙담, 환상, 경멸, 주위를 돌아보는 것, 형상, 탐욕, 그리고 간음 등이 있으며, 알렉산드리아의 클레멘스에서 빌려 온 것 같은 정념은 시각, 간음, 그리고 욕정이 있다. 나아가 플로티노스에서 빌려 온 것 같은 정념은 시각과 욕정이며, 나지안주스의 그레고리우스와 니사의 그레고리우스에서는 욕정을 빌려 온 것 같다. 그런데도 오직 에바그리우스만의 독특한 정념들이 있다. 예를 들어, 신경질, 해로운 기쁨, 분심, 게으름, 탐식, 복수, 유혹과 매혹 같은 정념들은 오직 에바그리우스에게만 나타나는 정념들이다. 따라서 에바그리우스는 오리게네스에 없는 정념들을 추가함으로 정념들을 정화해야 하는 범위를 확장했다. 이것은 에바그리우스가 오리게네스보다 정념의 정화를 더 강조하고 있다는 것을 보여주는 증거들이다.

따라서 에바그리우스가 사용한 정념은 오리게네스에서 전승받은 것도 있고, 신약 성서와 알렉산드리아의 클레멘스, 플로티노스, 나지안주의 그레고리우스, 그리고 니사의 그레고리우스에서 정념의 개념을 전승받아 변용시킨 것도 있는 것 같다. 더욱이 에바그리우스는 스물한 가지의 정념 가운데 여덟 가지가 오직 에바그리우스에서만 나타난 독창적이라는 사실은 다른 어떤 사람들보다도 에바그리우스가 정념의 정화를 강조하고 있다는 것을 보여주는 증거라고 할 수 있다. 다시 말해서, 에바그리우스는 성서와 그리스 철학자, 그리고 동방 그리스도교 교부 문헌을 통해 정념의 개념을 확보하고, 어휘를 포착하여 자기만의 독특한 정념 개념으로 재해석하여 변용시켜 사용한 것 같다. 그러므로 오리게네스와 에바그리우스가 일부분에서 정념의 정화 연속성을 보이지만, 더 많은 정념의 정화 부분에서 비연속성을 보인다. 왜냐하면, 에바그리우스의 관상의 구조는 철저한 정념의 정화가 있어야 그다음 단계인 조명의 단계에 들어갈 수 있기 때문이다. 오리게네스는 정념의 정화를 말할 때 어떤 구조를 염두에 두지 않지만, 에바그리우스는 정념의 정화를 사용할 때 정념의 정화 이후에 있을 조명의 단계를 염두에 두고 있다. 따라서 에바그리우스의 이런 점은 플로티노스의 「엔네아데스」에 나오는 신과 합일을 위한 세 자립체의 위계구조와 유사하다. 그런 차원에서 에바그리우스의 정념의 논리 구조는 오리게네스보다는 플로티노스에 더 가까워 보인다.

넷째, 위 디오니시우스의 영적 진보의 삼 단계 구조로 오리게네스의 「기도」와 에바그리우스의 「기도」를 공시적 관점에서 분석한 결과 조명 부분에서 비연속성이 나타났다. 곧, 오리게네스의 「기도」에는 조명에 해당하는 부분이 나타나지 않는 데 비해, 에바그리우스의 「기도」에는 삼 단계 조명 곧, 두 단계의 아파테이아 조명, 정신의 빛 조명, 그리고 천사와 성령의 조명이 나타났다. 첫 번째 조명은 두 단계의 아파테이아 조명이다. 에바그리우스는 스토아학파, 알렉산드라의 클레멘스, 그리고 플로티노스가 사용한 아파테이아 개념을 빌려 와서 자기의 기도론에 맞게 두 단계의 아파테이아 조명으로 변용시켰다. 곧, 에바그리우스는 아파테이아를 불완전한 아파테이아와 완전한 아파테이아로 구분했다. 에바그리우스는 완전한 아파테이아의 단계에 들어가기 전에 불완전한 아파테이아의 단계가 있다고 주장했다. 더욱이 에바그리우스는 불완전한 아파테이아 조명으로 비로소 악마의 힘을 인식하게 된다고 했다. 그러나 이 불완전한 아파테이아 조명으로는 악마의 힘을 완전히 이길 수는 없다. 따라서 완전한 아파테이아 조명을 받아야 악마의 영향력에서 완전하게 벗어날 수 있게 된다. 그러므로 수도승은 불완전한 아파테이아 조명에서 완전한 아파테이아의 조명으로 나아가야 한다고 주장했다.

두 번째 조명의 단계는 정신의 빛 조명이다. 에바그리우스는 순수기도를 통하여 하느님과 합일을 이루기 직전에 정신의 빛 조명을 받는다고 했다. 플로티노스도 정신이 신과 합일을 이루기 직전에 빛을 본다고 했다. 이런 점에서 두 사람 간에 연속성이 보인다. 그런데도 에바그리우스의 정신의 빛의 개념이 플로티노스가 말하는 정신의 빛 개념과 유사하지만, 빛의 본성에서는 상이점을 보인다. 플로티노스의 빛이 일자에서 오는 것인지 불분명하지만, 에바그리우스의 정신의 빛은 삼위일체 하느님에서 오는 빛이다.

세 번째 조명의 단계는 천사와 성령의 조명이다. 오리게네스의「기도」에 나타난 천사는 기도자를 그다음 단계로 이끄는 조명의 기능을 하지 않는다. 반면에 에바그리우스의「기도」에 나타난 천사는 기도자가 완전의 단계인 순수 기도로 들어가도록 이끄는 조명의 역할을 한다. 또한, 오리게네스의「기도」에서는 성령을 교리적인 삼위일체의 관점에서만 설명하고 있다. 곧, 기도와 성령을 연관시켰지만, 성령이 기도자를 어떻게 조명하고 있는지는 뚜렷하게 설명하고 있지 않다. 반면에 에바그리우스는「기도」에서 뚜렷하게 성령의 조명을 통해 기도자가 순수 기도로 들어간다고 주장했다.

요컨대, 에바그리우스의 두 단계의 아파테이아의 조명과 정신의 빛 조명은 플로티노스의「엔네아데스」에 나타나는 구조와 유사하다. 그런데도 플로티노스는 아파테이아나 정신의 빛을 조명의 단계로 다루지는 않는다. 따라서 에바그리우스의「기도」는 구조나 내용에서 오리게네스의「기도」보다는 플로티노스의「엔네아데스」에 더 가까워 보인다. 그런데도 에바그리우스는 플로티노스에게는 없는 천사와 성령의 조명을 강조함으로 플로티노스와 상이점을 보인다. 더욱이 에바그리우스는 두 단계의 아파테이아 조명을 강조하고 있는데, 이것은 플로티노스의 「엔네아데스」나 알렉산드리아의 클레멘스의 「양탄자」, 나지안주의 그레고리우스의 「연설」과 니사의 그레고리우스의 「기도」에는 나타나지 않는 에바그리우스만의 독특한 개념이다. 그러므로 에바그리우스는 오리게네스보다 플로티노스, 알렉산드리아의 클레멘스, 나지안주스의 그레고리우스, 그리고 니사의 그레고리우스와 구조와 내용 면에서 유사성을 보인다. 그러나 그들의 이론을 그대로 빌려 와서 그대로 답습하지 않고 자신만의 독창적인 관상 기도론에 맞게 확장, 변용시켜 사용했다고 볼 수 있다.

다섯째, 오리게네스의 「기도」와 에바그리우스의 「기도」를 주제 중심으로 비교하여 특이성을 밝힌 결과 오리게네스와 에바그리우스는 공통으로 정신과 정신의 기도를 강조했다. 그러나 에바그리우스는 오리게네스보다 정신을 더 강조한 것 같이 보인다. 오리게네스가 주로 성서에 나오는 정신을 인용했다면, 에바그리우스의 정신은 플로티노스의 정신과 유사성을 보인다. 더욱이 에바그리우스는 오리게네스의 「기도」에는 없는 지혜, 기억, 인식, 그리고 이성의 네 가지 용어들로 정신의 특성을 보충해서 설명했다. 또한, 에바그리우스는 정신의 기도를 순수기도, 진실한 기도, 영적인 기도, 그리고 단순한 기도 등으로 다양하게 표현함으로 정신의 기도에 관한 특성을 보충했다. 아울러 에바그리우스는 정신의 기도가 영적인 기도의 특징을 가지고 있다는 점을 부각했다. 이것은 에바그리우스의 정신의 기도가 플로티노스의 사변 철학을 그대로 답습한 것이 아니라 성서의 사상을 계승하고 있다는 점을 보여주는 증거이다.

한편, 에바그리우스는 정신의 기도를 방해하는 요소로 '보는 것', '정욕', 그리고 '헛된 영광'을 제시했다. 곧, 에바그리우스는 가시적인 것과 비가시적인 것들이 정신의 기도를 방해하는 심리학적 요소가 될 수 있다고 주장했다. 나아가 에바그리우스는 악령들이 정신의 기도를 방해한다고 주장했다. 이처럼 악령이 정신의 기도를 방해한다는 사상은 오리게네스나 플로티노스에게는 나타나지 않는 에바그리우스만의 독특한 점이라고 할 수 있다.

또 한편, 오리게네스와 에바그리우스는 공통으로 정신의 관상을 주장했다. 오리게네스의 정신의 관상은 플로티노스와 유사성을 보인다. 이에 비해, 에바그리우스의 정신의 관상은 그리스도교 전통에서는 오리게네스뿐만 아니라 알렉산드리아의 클레멘스, 나지안주스의 그레고리우스, 그리고 니사의 그레고리우스에서 영향을 받은 것 같으며, 철학 전통에서는 플로티노스에서 영향을 받은 것 같다. 그러나 플로티노스의 정신이 일자와 합일을 추구했다면, 에바그리우스의 정신은 신비적 행동을 증진하거나 하느님과의 합일로 이끌지는 않는다. 이런 점에서 플로티노스와 에바그리우스는 상이점을 보인다. 이렇듯 에바그리우스는 플로티노스의 정신의 상승 구조를 빌려 와서 자기의 독창적인 관상 기도론에 맞게 변용시켰다고 보인다.

더 나아가 에바그리우스는 정신의 삼 단계 관상을 통하여 삼위일체 하느님과의 합일을 추구했다. 이 과정에서 에바그리우스와 플로티노스, 그리고 위 디오니시우스는 부정신학과 침묵 주제에서 공통을 보였다. 그런데도 에바그리우스는 플로티노스의 부정신학이 아니라 카파도키아 교부들의 부정신학을 계승했다. 다만 침묵의 주제는 플로티노스와 에바그리우스, 그리고 위 디오니시우스가 서로 연관되어 있다. 한편, 오리게네스도 정신의 관상을 말했지만, 정신의 삼 단계 관상을 말하지는 않았다. 오히려 에바그리우스의 정신의 삼 단계 관상은 플로티노스의 정신의 삼 중

구조와 유사하다. 그러나 플로티노스가 정신의 관상을 통하여 일자와 합일을 추구했다면, 에바그리우스는 정신의 관상을 통하여 삼위일체 하느님과 합일을 추구했다는 점에서 상이점을 보인다. 다시 말해서, 에바그리우스는 플로티노스에서 구조를 빌려 오지만 관상의 대상은 다르다. 에바그리우스가 합일을 추구한 대상은 일자가 아니라 삼위일체 하느님이기 때문이다. 곧, 에바그리우스의 정신의 삼위일체 관상은 정통 카파도키아 교부들의 삼위일체를 계승하고 있다. 관상의 대상에서도 플로티노스가 정신 자체와 합일을 추구했다면, 에바그리우스는 삼위일체 하느님과의 합일을 추구했다. 따라서 에바그리우스는 정신의 삼위일체 관상을 주장하는 과정에서 플로티노스의 정신의 관상 구조를 빌려 와서 그리스도교 정통의 관점에서 변용시켜 사용했다고 할 수 있다.

또한, 에바그리우스의 관상 기도에서 또 하나 특이한 점은 플로티노스가 주장한 것 같이 일자와 합일을 추구하는 사변철학에 머물지 않고, 중보기도를 통해 이웃을 더욱 실제로 돕는 활동에 목적을 둔 점이다. 곧, 에바그리우스의 「기도」는 오리게네스와 플로티노스에게는 없는 관상 중에 활동을 지향하는 특이성을 보이고 있다.

이상에서 제시되듯 오리게네스의 「기도」와 에바그리우스의 「기도」를 비교한 목적은 에바그리우스의 기도의 원천을 찾기 위해서였다. 만약 에바그리우스의 「기도」의 원천이 오리게네스의 「기도」라면, 에바그리우스의 「기도」가 그리스도교 최초의 관상 기도 책이 아니라 오리게네스의 「기도」가 최초의 관상 기도 책이 될 수도 있다. 그러나 지금까지 오리게네스의 「기도」와 에바그리우스의 「기도」를 비교한 결과 두 작품은 연속성보다는 비연속성이 더 많이 나타났다. 곧, 두 작품이 공통으로 정신을 강조하는 특이성이 나타났지만, 관상의 관점에서 보면 에바그리우스의 「기도」가 더욱 관상 기도에 가까운 특이성을 보였다. 그러므로 기도에는 에바그리우스가 오리게네스 주의자가 아닐 가능성이 높다. 오히려 기도에 있어서는 에바그리우스는 플로티노스나 클레멘스에 가까워 보인다. 그런데도 에바그리우스는 그들을 그대로 답습하지 않고 자신의 관상 기도론에 맞는 부분을 적절하게 빌려 와서 자신의 독자적인 그리스도교 최초의 관상 기도 책을 집필한 것으로 보인다.

이상의 결론을 종합하면 에바그리우스는 오리게네스의 「기도」보다는 플라톤 전통과 필로의 「관상생활」, 플로티노스의 「엔네아데스」에서 말하는 사변적 관상 전통과 알렉산드리아의 클레멘스의 두 단계 곧, 정화와 관상의 구조를 빌려와서 정화, 조명, 그리고 순수기도를 통해 삼위일체 하느님과 합일을 추구하는 관상 기도의 구조를 체계화시켜 그리스도교 최초의 관상 기도 책을 집필했다고 할 수 있다.

참고 문헌

1. 성서 · 사전

1.1 성서

주교회의 성서위원회 편찬.『성경』. 서울: 한국천주교중앙협의
    회, 2008.
Biblia Hebraica Stuttgartensia. K. Elliger et W. Rudolph(ed.).
    Stuttgart : Deutsche Bibelgesellschaft, 1984.
Novum Testamentum Graece. 28th edition Aland, K. & Aland,
    B. & Karavidopoulos, J. & Martini, C. M. & Metzger,
    B. M.(ed.). Stuttgart : Deutsche Bibelgesellschaft, 201
    2.
SEPTUAGINTA. Alfred Rahlfs(ed.). Germany: Deutsche Bibel
    gesellschaft Stuttgart, 1979.

1.2 사전

김민수 · 고영근 · 임홍빈 · 이승재.『금성판 국어 대사전』. 서울:
    금성출판사, 1991.
표준국어연구원.『표준국어대사전 하 ㅈ~ㅎ』. 서울: 두산동아,
    1999.
Aland, K. *Vollstandige Konkordanz Zum Griechischen Neuen
    Testament.* New York: Walter De Gruyter Berlin, 1975.
Exegetical Dictionary of the New Testament. Vol 3 Horst
    Balz and Gerhard Schneider(ed.). Michigan, Grand
    Rapids: William B. Eerdmans Publishing Company,

1993.

Liddell and Scott's Greek-English Lexicon Abridged. the Litt
le Liddell Simon Wallenberg Press, 2007.

Lsowsky, Gerhard. *Konkordanz zum Hebräischen Alten Testa
ment.* Zweite Auflage. Stuttgart : Deutsche Bibelgese
llschaft, 1981.

Smith, J. B. *Greek-English Concordance to the New Testa
ment.* Scottdale, Pennsylvania: Herald Press, 1955.

*The New Brown, Driver, and Briggs Hebrew and English
Lexicon of the Old Testament.* S. R. Driver and Charl
es A. Briggs(ed.). London : Houghton, Mifflin & Co.
Boston and Oxford University, 1981.

Theological Dictionary of the New Testament. Volume II
Gerhard Kittel(ed.), Translated by Geoffrey W. Bromi
ley Grand Rapids. Michigan : William B. Eerdmans Pu
blishing Company, 1964.

*Wilhelm Geesenius' Hebräisches und Aramäisches Handwörte
rbuch über das Alte Testament.* 17. Auflage, Bearbei
tet von Frants Buhl Berlin/ Göttingen/ Heidelberg :
Springer-Verlag, 1962.

2. 오리게네스와 에바그리우스의 저술들 및 현대어 번역본

2.1 오리게네스의 1차 자료 및 현대어 번역본

*Patrologiae curses completus...*Series graeca et orientalis. 11.
J. P. Migne(ed.). Parigi, 1857~1886.

오리게네스/ 이두희 번역 · 장용재 주해. 『오리게네스 기도론』

. 서울: 새물결플러스, 2018.

_____./ 이성효 · 이형우 · 최원오 · 하성수 해제 · 역주.『원
리론』. 서울: 아카넷, 2014.

_____./ 임 걸 옮김.『켈수스를 논박함』. 서울: 새물결출
판사, 2005.

클레멘스, 알렉산드리아의 · 오리게네스/ 정용석· 주승민· 이은
혜: 김시호 옮김.『알렉산드리아 기독교: 클레멘스와
오리게네스』. 서울: 두란노 아카데미, 2011.

Jay, Eric George. *Origen's Treatise on Prayer.* London: SPC
K. 1954.

Koetschau, P. *Origenes Werke, Zweiter Band: Buch V-
VIII gegen Celsus. Die Schriftvom Gebet.* Die
griechischen christlichen schriftsteller der ersten
jahrhunderte 3=Orig. 2 Leipzig: Hinrichs, 1899.

O'Meara, John J. *Origen : Prayer, Exhortation to Martyrdom.*
New York: Newman Press, 1954.

Oulton J. E. L. & Chadwick Henry(ed.). *Alexandrian Christi
anity.* Philadelphia: The Westminster Press, 1962.

Stritzky, Maria-Barbara von. *Origenes Werke mit deutsher
übersetzung. Band 21: über das Gebet.* Berlin: De
Gruyter, 2014.

2.2 에바그리우스의 1차 자료 및 현대어 번역본

*Patrologiae curses completus...*Series graeca et orientalis. 40,
79. J. P. Migne (ed.). Parigi, 1857~1886.

에바그리우스 폰티쿠스/ 허성석 역주 · 해제.『그노스티코스』.
왜관: 분도출판사, 2016.

_____./ 가브리엘 붕게 주해 · 남성현 번역.『폰투

스의 에바그리오스 실천학』. 서울 : 새물결플러스, 20
15.

_____./ 허성석 옮김.『안티레티코스 : 악한 생각
과의 싸움』. 왜관 : 분도출판사, 2014.

_____./ 허성석 역주 · 해제.『프락티코스』. 왜관 :
분도출판사, 2011.

_____./ 전경미 · 이재길 옮김.『에바그리우스의
기도와 묵상』. 서울 : 한국고등신학연구원, 2011.

_____. · 요한 카시아누스/ 허성준 옮김.『스승님, 기도
란 무엇입니까?』. 서울 : 생활성서사, 2007.

Bamberger, John Eudes. *Evagrius Ponticus: The Praktikos &
Chapters on Prayer.* Michigan, Kalamazoo : Cisterc
ian Publications, 1981.

Brakke, David. *Talking Back Antirrhētikos.* Minnesota College
ville : Liturgical Press, 2009.

Casiday, A. M. *Evagrius Ponticus.* London and New York :
Routledge, 2006.

Hausherr, Irénée. *Les Leçons D'un Contemplatif : Le Traite
de l'Oraison d'Evagre le Pontique.* Paris : Beauch
esne Et Ses Fils, 1960.

Nau, Sr. Pascale-Dominique. *Evagrius Ponticus' Chapters on
Prayer.* Rome, 2012.

Sinkewicz, Robert E. *Evagrius of Pontus: The Greek Ascetic
Corpus.* New York : Oxford University Press, 2003.

3. 단행본 · 연구논문

『제2차 바티칸 공의회 문헌』. 서울 : 한국천주교중앙협의회,
2008.

Bormolini, Guidalberto/ 허성석 로무알도 옮김.「로기스모이 (logismoi) 사막 교부들 안에서 생각들에 대한 통제」『코이노니아선집 2』(2004.5): 306~327.

강성훈.「플라톤에서 영혼의 기개적 부분과 분노」『철학사상』제47권 (2013.2): 33~65.

공성철.「하나님의 의로움 아니면 하나님의 전능-오리게네스의 원리론 해석」『신학과 문화』제19집 (2010): 95~123.

곽승룡.「부정신학-동방 그리스도교 신학을 중심으로-」『가톨릭신학과사상』제66호 (2010.12): 113~145.

권명수 · 김기범.「관상기도와 명상의 효과에 관한 연구」『신학과 실천』제41집 (2014): 151~176.

귀오몽, 앙뚜안/ 허성석 로무알도 옮김.「켈리아 수도승들의 이야기」『코이노니아』제30집 (2005): 7~21.

길희성 역주.『바가바드기타』. 서울: 서울대학교출판문화원, 2010.

김경수.「갑바도기아 교부들의 변증신학으로서 부정신학」『조직신학연구』제8호(2006): 272~292.

김수천.「신을 향한 갈망-관상기도(Contemplative Prayer)의 역사와 적용 고찰-」『한국기독교신학논총』제99집(2016.1): 121~153.

김영철.「인간 본연으로의 회귀-동학의 수양론과 신플라톤주의 영혼론을 중심으로」『동학학보』31권(2014): 129~162.

_____.「플로티노스의 형이상학의 구조와 특징」『범한철학』제42집 (2006.가을): 137~159.

김윤동.「플라톤에 있어서 영혼의 三分」『대동철학』제6집 (1999.12): 1~20.

김재현.「중세기독교의 천사론-위 디오니시우스의 천상의 위계를 중심으로」『기독교철학연구』제5권 (20

06): 81~97.

김주한.「폰투스 에바그리우스의 영성신학 – 그의 The Pra
ktikos를 중심으로–」『신학연구』제44집 (2003):
241~258.

김지호 옮김.「동방교회 영성의 본질(2)」『세계의 신학』
제33호 (1996.12): 98~108.

김진하.「존 카시안은 에바그리우스의 제자인가」『역사
신학논총』제9집 (2005): 10~36.

김태규.「Plotinos에 있어서 실재의 위계구조」『범한철학』제79
권 (2015.12): 187~217.

남성현.「플라톤의 영혼의 삼분법과 에바그리오스의 영성
신학」『장신논단』제48권 제2호 (2016): 67~93.

_____.「폰투스의 에바그리오스의 영성 테라피–『실천학
』에 나타난 영혼의 삼분법을 중심으로」『서양
고대사연구』제43집 (2015.12): 39~77.

_____.「바실리우스(Basilius)의 4~5세기 공주수도원을 위
한 편람(便覽)」『한국기독교신학논총』제53권
(2007): 141~167.

_____.「관상기도 전통에 대한소고」『한국교회사학회지
』제21권 (2007): 95~123.

노성기.「바실리우스가 세운 사랑의 도시, '바실리아드'」『신학
전망』제200호 (2018.3): 39~68.

_____.「알렉산드리아 학파와 안티오키아 학파」『신학전
망』제147호 (2004): 163~190.

니코디모스, 성산의 성 · 마카리오스, 고린도의 성/ 엄성옥 옮김.
『필로칼리아 2권』. 서울: 은성출판사, 2002.

닛싸의 그레고리오 성인 지음/ 최익철 신부 옮김.『모세의 한평
생』. 서울: 가톨릭출판사, 2005.

드롭너, H. R/ 하성수 옮김.『교부학』. 왜관: 분도출판사. 2001.

떼르뚤리아누스/ 이형우 역주.『그리스도의 육신론』. 왜관: 분
　　도출판사, 1994.
라우스, 앤드루/ 배성옥 옮김.『서양 신비사상의 기원』. 왜관:
　　분도출판사, 2001.
뤼박, 앙리 드/ 곽진상 옮김.「삼분법적 인간학(Anthropo
　　logie tripartite, 몸, 영혼, 영) 사도 바오로에서부
　　터 교부시대까지」『가톨릭 신학』제22집 (2013):
　　1~55.
맥긴, 버나드/ 방성규 · 엄성옥 공역.『서방 기독교 신비주의의
　　역사 신비주의의 토대: 그 기원부터 5세기까지』. 서울:
　　은성출판사, 2000.
＿＿＿＿＿＿／ · 마이엔도르프, 존 · 레크레르크, 장/ 유해룡 · 이
　　후정 · 정용석 · 엄성옥 공역.『기독교영성(1)-초대부터
　　12세기까지』. 서울: 은성출판사, 1997.
머튼, 토마스/ 윤종석 옮김.『묵상의 능력』. 서울: 두란노, 2006.
＿＿＿＿＿＿／ 오지영 옮김.『새 명상의 씨』. 서울: 가톨릭출판사,
　　2005.
＿＿＿＿＿＿＿／ 조철웅 올림.『명상의 씨』. 서울: 경향신문사,
　　1961.
메이엔도르프, 존/ 박노양 옮김.『비잔틴 신학』. 서울: 정교회
　　출판사, 2010.
박영식.「플라톤의 영혼관」『인문과학』제12권 (1964): 67~85.
박인철.「정념의 근원」『발경계 인문학』세3권 제3호 (2010.10):
　　121~156.
박준서.『구약세계의 이해』. 서울: 한들출판사, 2001.
부이에, 루이/ 정대식 옮김.『영성 생활 입문』. 서울: 가톨릭출
　　판사, 1991.
서종원.「디오니시우스 총서에 대한 일고찰」『기독교언
　　어문화논집』제18집 (2015.12): 95~122.

성종현. 「신 · 구약성서와 유대문헌에 나타난 하나님의 성
　　　호와 예수의 이름에 대한 고찰」 『장신논단』 제8
　　　집 (1992.11): 102~125.

_____. 「유대문헌과 신약성서에 나타난 기도」 『장신논
　　　단』 제9집 (1993): 39~65.

세네카, 루키우스 안나이우스/ 김경숙 옮김. 『화에 대하여』. 서
　　　울: 사이출판사, 2013.

손병석. 「무정념(ἀπάθεια) 현인(賢人)에 이르는 스토아적
　　　이상과 실천」 『哲學硏究』 제80권 (2008): 41~60.

송유레. 「신(神)을 향한 에로스 - 플로티누스의 철학적 신비주
　　　의」 『서양고전학연구』 제51권 (2013.9): 71~106.

송현종 · 박규철. 「테오리아(Theoria)인가 테우르기아(Theu
　　　rgia)인가 De Mysteriis에 나타난 이암블리코스의 영적
　　　플라톤주의」 『동서철학연구』 제63집 (2012): 25~52.

아우구스띠누스/ 성염 역주. 『자유의지론』. 왜관: 분도출판사,
　　　2012.

_____./ 성염 역주. 『신국론 제11-18권』. 왜관: 분도출판
　　　사, 2004.

아타나시우스 · 안토니우스, 알렉산드리아/ 허성석 옮김. 『사막
　　　의 안토니우스』. 왜관: 분도출판사, 2015.

에픽테토스/ 김재홍 옮김. 『엥케이리디온』. 서울: 까치글방,
　　　2003.

염창선. 「오리게네스의 "Peri Euches"의 이해와 의미」
　　　『한국교회사학회지』 제28권 (2011): 35~56.

오방식. 「개혁교회 전통에서 바라본 관상기도」 『장신논총』 제3
　　　집 (2010): 267~300.

오유석. 「알렉산드리아의 클레멘트에 있어서 철학과 믿음 그리
　　　고 진정한 그노시스 - Stromata의 저술의도를 중심으
　　　로」 『기독교 철학』 제11권 (2010): 55~87.

_____. 「오리게네스에 있어 영혼의 부분과 악의 기원」
『동서철학연구』 제52집 (2009.6): 59~83.

_____. 「오리게네스의 인간 이해-타락과 회복을 중심으
로」 『기독교와 철학』 제9집 (2008): 5~24.

유은호. 「에바그리우스의 기도에 관한 연구 - Περὶ Προσε
υχῆς를 중심으로」 『신학논단』 제83집 (2016.3):
257~287.

_____. 「이세종의 생애와 영성사상에 관한 연구」 『신학논
단』 제74집 (2013.12): 87~117.

_____. 「누가복음에 나타난 기도의 영성」 『신학과 실천』 32
호 (2012.9): 571~606.

유재경. 「에바그리우스 폰티쿠스의 신비신학에 나타난 영적 성
장의 역동적 구조에 대한 연구」 『신학과 실천』 제52
집 (2016): 445~472.

_____. 「하일러의 신비적 기도와 에바그리우스의 관상기도에
대한 비교분석」 『신학논단』 제71집 (2013): 203~237.

_____. 「영적 성장의 관점에 본 에바그리우스의 인간 이해」
『한국기독교신학논총』 제79집 (2012): 327~352.

_____. 「영적 상승의 방법으로서의 위 디오니시우스의 부정신
학의 분석」 『신학과 목회』 제31호 (2009): 247~273.

이부현. 「영혼과 정신-플로티노스의 『에네아데』 5권 3장
6절~9절에 대한 해석과 재구성」 『시대와 철학』
제12권 제2호 (2001): 325~401.

이상봉. 「서양 고대의 '신비철학'과 '신비신학'」 『철학논총』 제82
집 (2015.10): 375~397.

이성효. 「오리게네스의 인간 이해 안에 나타난 '누스(νοῦς)'의 번
역 문제」 『이성과 신앙』 제50호 (2012.봄): 5~40.

이종성. 『삼위일체론』. 서울: 대한 기독교출판사, 1991.

이충범. 「중세영성의 두 축, 위 디오니시우스와 성 버나드

전통의 신학적 방법론에 관한 소묘」 『역사신학
　　　　논총』 제12권 (2006): 141~169.
이후정.「쎈터링기도와 그 역사적 기원」 『신학과 세계』 제51집
　　　　(2004): 147~168.
임성철.「고대 희랍 철학에 나타난 '관상적 생활'-이상(理想)의
　　　　기원과 의미에 관한 연구」 『철학탐구』 제21집 (2007):
　　　　121~154.
장용재.「기도와 섭리, 모순인가 조화인가-막시모스와 세
　　　　네카, 그리고 오리게네스의 기도이해를 중심으로
　　　　」 『한국교회사학회지』 제29집 (2011): 7~41.
장 자/ 오강남 풀이.『장자』. 서울: 현암사, 1999.
전광식.「Thelogia Negativa 부정신학의 역사와 의미」
　　　　『석당논총』 제45권 (2009): 33~71.
전영준.「니사의 그레고리우스의 신비사상과 부정신학」 『가톨
　　　　릭 신학과 사상』 66 (2010): 11~43.
정양모 역주.『열두 사도들의 가르침-디다케-』. 왜관: 분도출판
　　　　사, 1993.
정용석.「그리스도인의 삶에 관한 오리겐의 가르침」 『신
　　　　학사상』 제110호 (2000): 188~218.
＿＿＿.「오리게네스 영성신학의 연구동향(II)」 『기독교사상』
　　　　제35권 제8호 (1991): 98~105.
＿＿＿.「오리게네스 영성신학의 연구동향(I)」 『기독교사상』
　　　　제35권 제7호 (1991): 131~147.
정제천.「그리스도교 기도의 이해와 실천」 『신학전망』
　　　　제164호 (2009.3): 115~142.
조규홍.「플로티노스의 형이상학」 『철학논집』 제34호 (2014):
　　　　9~39.
＿＿＿.「위-디오니시오스의 신비신학-플로티노스의 신비사상과
　　　　의 비교 및 오늘날 종교적 체험을 위한 의미 모색」

『가톨릭 신학과 사상』 제66호 (2010.12): 81~112.

_____. 『플로티노스의 지혜』. 서울: 누멘출판사, 2009.

_____. 「神(Θὲος)과 하나(Εv) - Plotinos의 『Enn. VI 9(善 혹은 하나에 관하여)』를 중심으로」 『대동철학』 제28집 (2004.12): 1~29.

_____. 「'運命(Εἱμαρμένη)'과 人間의 自由 - Plotinos의 <Enn. III 1>을 중심으로」 『대동철학』 제16집 (2002.3): 415~442.

존스, C. P. M. 와인라이트, G. 야놀드, E/ 권순구 옮김. 『기독교 영성학』. 서울: 도서출판 영성, 2000.

주재용. 「오리겐의 신학사상 소고」 『신학연구』 35 (1994): 51~65.

차정식. 「고대 히브리사상과 헬레니즘에 비추어 본 '감정'의 세계」 『신약논단』 제22권 제2호 (2015): 283~337.

최양석. 「마르쿠스 아우렐리우스의 정치적 지향성으로서의 명예」 『인문학연구』 제82권 (2011): 403~432.

치쁘리아누스/ 이형우 옮김. 『도나뚜스에게 · 가톨릭 교회 일치 · 주의 기도문』. 왜관: 분도출판사, 1996.

캄펜하우젠, 한스 폰/ 김광식 역. 『희랍 교부 연구』. 서울: 대한기독교출판사, 1977.

파울 틸리히/ 송기득 옮김. 『그리스도교 사상사』. 서울: 대한기독교서회, 2005.

팔라디우스/ 엄성옥 옮김. 『팔라디우스의 초대 사막 수도사들의 이야기』. 서울: 은성출판사, 2009.

페리시, 로버트/ 심종혁 옮김. 『관상과 식별』. 서울: 성서와 함께, 2009.

페이, 유진 드/ 박창훈 옮김. 『오리게네스의 영성-그의 생애와 사상』. 서울: 누멘출판사, 2010.

플로티노스/ 조규홍 옮김.『플로티노스의 <하나>와 행복』. 서
울: 누멘출판사, 2010.

_____.『Ἐννεάδες 엔네아데스』. 서울: 지식을
만드는 지식, 2009.

_____.『영혼-정신-하나』. 경기도: 나남출판사,
2008.

허성석 편저.『수도승 영성사』. 왜관: 들숨날숨, 2011.

허성준.「베네딕도 규칙서에 나타난 렉시오 디비나」『神學展
望』(2006): 70~89.

히뽈리뚜스/ 이형우 역주.『사도전승』. 왜관: 분도출판사, 2005.

Armstrong, A. H. "The Plotinian Doctrine of Nous in
Patristic Theology." *Vigiliae Christianae* Vol. 8,
No. 4 (Oct., 1954): 234~238.

Ashkelony, Brouria Bitton. "The Limit of the Mind (NO
YΣ) Pure Prayer according to Evagrius Pontic
us and Isaac of Nineveh." *Zeitschrift für antikes
Christentum* Vol. 15, No. 2 (2011): 291~321.

Athanasius. *The Life of Saint Antony,* Translated by Robert
T. Meyer Westminster. Maryland : The Newman
Press, 1950.

Balthasar, Hans Urs von. "The Metaphysics and Mytica
l Theology of Evagrius." *Monastic Studies* 3
(1965): 183~195.

_____. "Metaphysik und Mstik des Evagriu
s Ponticus." *Zeitschrift Für Aszese und Mystik* 14
(1939): 31~47.

Beggiani, Seely J. "Theology at the Service of Mysticis
m: Method in Pseudo-Dionysius." *Theological
Studies* Vol. 57, No. 2 (Jan., 1996): 201~223.

Bertrand, Dominique. "L'implication Du ΝΟΥΣ Dans La Prière Chez Origène Et Evagre lE Pontique." in *Origeni ana septima* Origenes in den Auseinandersetzungen des 4. Jahrhunderts (peeters, 1999): 355~363.

Bloomfield, Morton W. "The Origin of the Concept of the Seven Cardinal Sins." *The Harvard Theological Review* Vol. 34, No. 2 (Apr., 1941): 121~128,

Bouyer, Louis. *The Spirituality of the New Testament and the Fathers.* New York : Desclee Company, 1963.

Bunge, Gabriel. *Despondency: The Spiritual Teaching of Evagrius Ponticus on Acedia,* Translated by An thony P. Gythiel Yonkers. New York: St Vladimir's Seminary Press, 2012.

_____. "The Spiritual Prayer On the Trinitarian Mysti cism of Evagrius of Pontus." *Monastic Studies* 17 (1986): 191~208.

_____. "Origenismus-Gnostizismus zum Geistesgeschi chtlichen Standort des Evagrios Pontikos." *Vigiliae Christianae* Vol. 40, No. 1 (Mr., 1986): 24~54.

Callahan, Virginia Woods. "Saint Gregory of Nyssa Ascetical Works." in *The Fathers of the Church* Vol 58. Wa shington: The Catholic University of America Press, 1967.

Case, Hilary. *Becoming One Spirit-Origen and Evagrius Pon ticus on Prayer.* M.A diss. of Saint John's Univer sity, 2006.

Casiday, Augustine Michael. "Apatheia and Sexuality in the Thought of Augustine and Cassian." *St Vladimir's Theological Quarterly* Vol. 45, No. 4 (2001): 359~

394.

Chang, Y. J. *Origenes: über das Gebet. Studien Zur theolo gie und Frommigkeit in der fruhen Kirche.* Dr. theol. diss, Philipps-Universität Marburg, 2011.

Christie, Douglas Burton. "Evagrius on Sadness." *Cistercian Studies Quarterly* Vol. 44, No. 4 (2009): 395~409

Coates, Delman L. "Origen of Alexandria." *Union Semi nary Quarterly Review* Vol. 59, No. 3~4 (2005): 107~112.

Corrigan, Kevin. ""Solitary" Mysticism in Plotinus, Proclus, Gregory of Nyssa, and Pseudo-Dionysius." *Journal of Religion* Vol. 76, No. 1 (Jan., 1996): 28~42.

_____. *Evagrius and Gregory: mind, Soul and Body in the 4th Century.* England: Ashgate, 1988.

Crislip, Andrew. "The Sin of Sloth or the Illness of the Demons? The Demon of Acedia in Early Christian Monasticism." *The Harvard Theological Review* Vol . 98, No. 2 (Apr., 2005): 143~169.

Crouzel, Henri. *Origen: the Life and Thought of the First Great Theologian.* San Fracisco, CA, Haper & Row, 1989.

_____. "Current Theology The Literature on Origen 1970~1988." *Theological Studies* 49 (1988): 499~516.

Cunningham, Lawrence S. "Origen's On Prayer : A Reflection and Appreciation." *Worship* Vol. 67, No. 4 (Jul., 1993) : 332~339.

Daly, Robert J. "Origen studies and Pierre Nautin's Ori gène." *Theological Studies* 39 (1978): 508~519.

Deun, P. Van. "EYXH Distingué De ΠΡΟΣΕΥΧΗ: Un Essai

De Précision Terminologique Les Pères Grecs Et les Ecrivains Byzantins." in *The Impact of Scripture in Early Christianity*. J. Den Boeft and M. L. Van Poll-Van De Lisdonk(ed.). Brill Leiden · Boston · Köln, (1999): 202~222.

Dover, Kristina Robb. "Gregory Nyssa's Perpetual Progress." *Theology Today* Vol. 65 (2008): 213~225.

Dräseke, Johannnes. "Zu Euagrios Pontikos." *Zeitschrift für wisenschaftliche Theologie* 37 (1894): 125~137.

Driscoll, Jeremy. *Steps to Spiritual Perfection: Studies on Spiritual Progress in Evagrius Ponticus*. Mahwah, New York: The Newman Press, 2005.

Dysinger, Luke. *Psalmody and Prayer in the Writings of Evagrius Ponticus*. New York: Oxford University Press, 2005.

Fisher, Jeffrey. "The Theology of Dis/similarity Negation in Pseudo-Dionysius." *Journal of Religion* Vol. 81, No. 4 (2001): 529~548.

Gerson, Lloyd P. "What is Platonism." *Journal of the History of Philosophy* Vol. 43, No. 3 (July., 2005): 253~276.

Golitzin, Alexander. "Dionysius Areopagita a Christian Mysticism." *Pro Ecclesia* Vol. 12, No. 2 (Spr., 2003): 161~212.

Graumann, Thomas. "Reading De Oratione: Aspects of Religious Practice Condemnation of Origen." in *Origeniana Nona* G. Heidl-R. Somos(ed.). Uttgeveru Peeters Leuven-Paris-Walpole, MA (2009): 159~177.

Gregory of Nyssa, St. *Gregory of Nyssa: The Lord's Prayer,*

The Beatitudes. (Ancient Christian Writers), Trans
lated by Hilda C. Graef. New York: Paulist Press,
1978.

_____. *The Life of Nyssa,* Translated by Abraham
J. Malherbe and Everett Ferguson. New York :
Paulist Press, 1978.

Guillaumont, A. *Les 'Képhalaia gnostica' d'Évagre le Ponti
que.* Patsor 5: Paris du Seuil, 1962.

Hadidian, Diran Y. "The Background and Origin of the
Christian Hours of Prayer." *Theological Studies* Vol
. 25, No. 1 (Mar., 1964): 59~69.

Hammerling, Roy. "Gregory of Nyssa's Sermons on the
Lord's Prayer: Lessons from the Classics." *Word &
World* Vol. 22, No. 1 (Wint., 2002): 64~70.

Harmless, William and Fitzgerald, Raymond R. "The Sapphire
light of the Mind: The Skemmata of Evagarius Pon
ticus." *Theological Studies* Vol. 62, No. 3 (2001):
498~529.

Heine, Ronald E. "Origen and Hermeneutic for Spirituali
ty." *Stone Campbell Journal* Vol. 14, No. 1 (S
pr., 2011): 67~79.

Hinson, E. Glenn. "The Catholicizing of Contemplation:
Thomas Merton's Place in the Church's Prayer
Life." Perspectives in Religious Studies Vol. 1,
No. 1 (Spr., 1974): 69~88.

Jackson, B. Darrell. "Sources of Origen's Doctrine of
Freedom." *Church History* Vol. 35, No. 1 (Mar.,
1966): 13~23.

Joest, Christoph. "The Significance of acedia and apatheia in

Evagrius Ponticus Part II." *The American Benedic tine Review* Vol. 55, No. 3 (Sep., 2004): 273~307.

_____. "The Significance of acedia and apatheia in Evagrius Ponticus Part I." *The American Benedic tine Review* Vol. 55, No. 2 (June., 2004): 121~150.

Jugrin, Daniel. "Negation and Mystical Union in Plotinus." *Philobiblon* Vol. 20, No. 1 (Jan~Jun., 2015): 94~108.

Kalleres, Dayna S. "Demons and Divine Illumination A Consid eration of Eight Prayers by Gregory of Nazianzus." *Vigiliae Christianae* Vol. 61, No. 2 (2007): 157~188.

Karras, Valerie A. "Overcoming Greed: an Eastern Chris tian Perspective." *Buddhist-Christian Studies* 24 (2004): 47~53.

Katos, Demetrios S. "Humility as the Harbinger of Imageless Prayer in the Lausiac History." *St Vladimir's Theolo gical Quarterly* Vol. 51, No. 1 (2007): 107~121.

Kim, Ee Kon. ""Outcry" Its context in Biblical Theology." *Interpretation* Vol. 42, No. 3 (July., 1988): 229~239.

Konstantinovsky, Julia. *Evagrius Ponticus: The Making of a Gnostic.* England: Ashgate, 2009.

Korfmacher, William Charles. "Stoic Apatheia and Sene ca's De Clementia." Transactions and Proceedi ngs of the American Philological Association Vol. 77, (1946): 44~52.

Laird, Martin. "The "Open Country Whose Name is Pra yer": Apophasis, Deconstruction, And Contempl ative Practice." *Modern Theology* Vol. 21, No. 1 (Jan., 2005): 141~155.

Lane, Belden C. "The Sinai Image in the Apophatic Tr

adition." *St Vladimir's Theological Quarterly* Vol. 39, No. 1 (1995): 47~69.

Lashier, Jackson. "The Mediated and Undiluted Divine Light: Hierarchy, Mediation, and the Vision of God in the Works of Dionysius Areopagitica." *Greek Orthodox Theological Review* Vol. 51, No. 1~4 (2006): 45~70.

Leferber, P. S. A. "The Same View on Prayer in Origen's Sermons and his Treatise *on Prayer.*" in *Origeniana Septima* Origenes in den Auseinandersetzungen des 4. Jahrhunderts (peeters, 1999): 33~38.

Lekkas, Georgios. "Plotinus Towards an Ontology of Likeness (On the One and Nous)." *International Journal of Philo sophical Studies* Vol. 13, No. 1 (Mar., 2005): 53~68.

Linge, David E. "Leading the Life of Angels Ascetic Practice and Reflection in the Writings of Evag rius of Pontus." *Journal of the American Acade my of Religion* Vol. 68, No. 3 (Sep., 2000): 537~568.

Louth, Andrew. "The Reception of Dionysius in the Byzantine World Maximus to Palamas." Modern Theology Vol. 24, No. 4 (Oct., 2008): 585~599.

_____. *The Origins of the Christian Mystical Traditi on.* New York : Oxford University Press, 2007.

Ludlow, Morwenna. *Gregory of Nyssa, ancient and (post) modern.* Great Clarend on Street : Oxford University Press, 2007.

McGinn, Bernard. *The Foundations Mysticism : Origins to the fifth Century.* New York : The Crossroad Publishing Company, 1991.

Meredith, Anthony. "Origen and Gregory of Nyssa on the Lord's Prayer." *Heythrop Journal* Vol. 43, No. 3 (Jul., 2002): 344~356.

Morgan, Jonathan. "A Radiant Theology The Concept of Light in Pseudo-Dionysius." *Greek Orthodox Theological Review* Vol. 55, No. 1~4 (2010): 127~147.

Musurillo, Herbert. "The Recent Revival of Origen Studies." *Theological Studies* 24 (1963): 250~263.

O'Cleirigh, Padraig. "Origen's Consistency: An Issue in the Quarrel between Rufinus and Jerome." in *Origeniana Septima* Origenes in den Auseinandersetzungen des 4. Jahrhunderts (peeters, 1999): 225~231.

O'Laughlin, Michael Wallace. "Closing the Gap between Antony and Evagrius." in *Origeniana Septima* Origenes in den Auseinandersetzungen des 4. Jahrhunderts (peeters, 1999): 345~354.

_____. "Evagrius Ponticus in Spiritual Perspective." *stpatr* 30 (1997): 224~230.

_____. *Origenism in the Desert: Anthropology and integration in Evagrius Ponticus.* Harvard University, ProQuest Dissertations Publishing, 1987.

Ousley, David Alan. *Evagrius Theology of Prayer and the Spiritual Life.* Ph. D. diss. University of Chicago, 1979.

Outler, Albert C. "Origen and the Regulae Fidei." *Church History* Vol. 8, No. 3 (Sep., 1939): 212~221.

Palladius. *The Lausiac History,* Translated by Robert T. Meye

r Westminster. Maryland : The Newman Press, 1965.
Palmer, G. E. H, Sherrard, P, Ware K. T(ed.). *The Philokalia*.
    Vol 1. London & Boston: Faber, 1979.
Patrologiae curses completus...Series graeca et orientalis. 3, 8,
    9, 34, 36, 37, 44. J. P. Migne(ed.). Parigi, 1857~1886.
Patrologiae curses completus...Series latina. 1, 4, 49. J. P.
    Migne(ed.). Parigi, 1844~1864.
Perrone, Lorenzo. "Prayer in Origen's Contra Celsum."
    Vigiliae Christianae Vol. 55, No. 1 (2001): 1~19.
Plotini. *Plotini Enneades Praemisso porphyrii De Vita Plotini
    Deque Ordine Librorum Eius Libello* Vol I Ricardus
    Volkmann(ed.). Lipsiae : Aedibus B.G. Teubneri, 1883
    ~1884.
_____. *Plotini Enneades Praemisso porphyrii De Vita Plotini
    Deque Ordine Librorum Eius Libllo* Vol II Ricardus
    Volkmann(ed.). Lipsiae : Aedibus B.G. Teubneri, 1883
    ~1884.
Pseudo-Dionysius. *Pseudo-Dionysius: The Complete Works,*
    Translated by Luibheid. Colm, Rorem. Paul, New York
    : Paulist, 1987.
Quispel, G. "Origen and the Valentinian Gnosis." *Vigiliae
    Christianae* Vol. 28, No. 1 (Mar., 1974): 29~42.
Rasmussen, Mette Sophia Bøcher. "Like a Rock or like
    God The Concept of apatheia in the Monastic
    Theology of Evagrius of Pontus." *Studia Theol
    ogica* Vol. 59, No. 2 (2005): 147~162.
Rhee, Jong Sung. "Plotinus and His Triad-Doctrine." 『연세논
    총』 Vol. 3, No. 1 (1964): 153~211.
Richardson, Cyril C. "The Condemnation of Origen." *Ch*

urch *History* Vol. 6, No. 1 (Mr., 1937): 50~64.

Rorem, Paul. "Negative Theologies and the Cross." *Lutheran Quarterly* Vol. 23, No. 3 (Aut., 2009): 314~331.

_____. *Pusedo-Dionysius.* Oxford University Press, 19 93.

Schedel, William R. *Ignatius of Antioch.* Helmut Koester(ed.). Philadelphia: Ortress Press, 1985.

Scully, Jason. "Angelic Pneumatology in the Egyptian Desert: The Role of the Angels and the Holy Spirit in Evagrian Asceticism." *Journal of Early Christian Studies* Vol. 19, No. 2 (Sum., 2011): 28 7~305.

Sells, Michael Anthony. "Apophasis in Plotinus: A Criti cal Approach." *Harvard Theological Review* Vol. 78, No. 3~4 (Ja~Ap., 1985): 47~65.

Smither, Edward. "Lessons from a Tentmaking Ascetic in the Egyptian Desert The Case of Evagrius of Pontus." *Missiology* Vol. 39, No. 4 (Oct., 201 1): 485~496.

Somos, Robert. "Origen, Evagrius Ponticus and the idea l of Impassibility." in *Origeniana Septima* Orige nes in den Auseinandersetzungen des 4. Jahr hunderts, (peeters, 1999): 365~373.

Stefaniw, Blossom. "Evagrius Ponticus on Image and Material." *Cistercian Studies Quarterly* Vol. 42, No. 2 (2007): 125~135.

Stewart, Columba. "Evagrius Ponticus and The Eastern Monastic Tradition on The Intellect and The Passions." *Modern Theology* Vol. 27, No. 2 (20

11): 263~275.

_____. "Imageless Prayer and the Theologi
cal Vision of Evagrius Ponticus." *Journal of
Early Christian Studies* Vol. 9, No. 2 (Sum., 20
01): 173~204.

Stuckwisch, D. Richard. "Principles of Christian Prayer from
the Third Century : A Brief Look at Origen, Tertul
lian and Cyprian With Some Comments on Their
Meaning for Today." *Worship* Vol. 71, No 1 (Jan.,
1997): 2~19.

Suzuki, Jun. "The Evagrius Concept of Apatheia and his Orig
enism." in *Origeniana Nova* G. Heidi-R. Somos(ed.).
Uttgeveru Peeters Leuven-Paris-Walpole, (2009):
605~611.

The Loeb Classical Library Philo IX. E. H. Warmington(ed.).
Mcmlxvii : Harvard University Press, 1967.

Torjesen, Karen Jo. ""Body", "Soul," and "Spirit" in Orig
en's Theory of Exegesis," Anglican *Theological
Review* Vol. 67, No. 1 (Jan., 1985): 17~30.

Trigg, Joseph W. "A Decade of Origen Studies." *Religio
us Studies Review* Vol. 7, No. 1 (Jan., 1981):
21~27.

Tsakiridis, George. *Evagrius Ponticus Cognitive Science: A
Look at Moral Evil and the Thoughts* Eugene, Orego
n: Pickwick Publications, 2010.

Turner, H. J. M. "Evagrius Ponticus, Teacher of praye
r." *Eastern Churches Review* 7 (1975): 145~148.

Tzamalikos, Panayiotis. "Origen and the Stoic View of
Time." *Journal of the History of Ideas* Vol. 52,

No. 4 (Oct.~Dec., 1991): 535~561.

Van Der Eijk, Ph. J. "Origenes' Verteidigung des Freien Wille ns in De Oratione 6,1~2." *Vigiliae Christianae* Vol. 42, No. 4 (Dec., 1988): 339~351.

Van Winden, J. C. M. "Origen's Definition of εὐχαριστία in De Oratione 14,2." *Vigiliae Christiana* Vol. 28, No. 2 (Jan., 1974): 139~140.

Wenzel, Siegfried. *The Sin of Sloth : Acedia.* North Carolina: The University of North Carolina Press, 1967.